普通の組織

ホロコーストの社会学

Ganz normale Organisationen

Zur Soziologie des Holocaust

シュテファン・キュール Stefan Kühl　田野大輔＝訳

人文書院

GANZ NORMALE ORGANISATIONEN:
Zur Soziologie des Holocaust
by Stefan Kühl

Japanese edition published by arrangement through The Sakai Agency

普通の組織　目次

普通の組織——ホロコーストの社会学

序章

ホロコーストの恐怖を目の当たりにすると、単純な回答をもとめようとするのも理解できる。ゲットーの解体、大量射殺、絶滅収容所でのガス殺を、加害者たちがアドルフ・ヒトラーに誘惑されたからだとか、彼らがとくに残忍な人間のタイプに属していたからだとか、彼らがすべて抹殺的反ユダヤ主義者で、ドイツ文化に深く根付いたユダヤ人への憎悪のために、ほとんど不可避的に「ヒトラーの自発的死刑執行人」になってしまったからだと説明することは、何か安心感を与えてくれるのだろう。

このような個人化は一部の人に責任を負わせるので、他のすべての人びとに安心感を与える機能をもっている。個人化とは、特定の生物学的、医学的、文化的特性にもとづいて人びとを同定し、病理的、犯罪的、異常なものとして区別することを意味する。これらの人びとに帰責された行為は、それによって同時に、対応する特性を有していないと感じている他のすべての人びとによって「脱個人化」される。そうすると——一見安心感を与える説明によれば——狂信的なナチス、病的なサディスト、とくに積極的な抹殺的反ユダヤ主義者が、大量虐殺《ジェノサイド》の責任を負うべきだということになる。もし自分がこれらのグループの一つに属していなければ、安心してくつろぎ、自分ならまったく違った行動をしていただろうという考えに浸っていられる(1)。

だがこのような責任の個人化は、すぐに限界に直面する。ナチズムがドイツ国民の大部分から歓迎されていたことは疑いないし、警察部隊や強制収容所の中に自分たちの仕事を根深いサディズムを発散する機会ととらえていた人たちがいたことは間違いないし、ドイツの確信的な反ユダヤ主義者の中にユダヤ人の「根絶」さえも積極的に宣伝した多くの人たちがいたことは明らかである。だが驚くべきことに、第二次世界大戦の開戦前も終戦後もそのような殺人的な行動や態度が見られなかった多くの人びとも、大量殺戮に関与していたのである。

本書が焦点を当てるのは、ホロコースト研究において最も議論の分かれる問題の一つ、なぜ「普通の男たち」、そして多くの場合には「普通の女たち」も、何百人もの、ときに何千人もの男性、女性、子供を辱め、拷問し、殺害することを厭わなかったのかという問題である(2)。私は本書で、歴史学的、政治学的、哲学的、社会心理学的研究から既存の視点を取り上げ、システム理論社会学の助けを借りて包括的な説明アプローチに結びつけることで、この問題に明確な社会学的回答を与えたいと考えている(3)。

取り組むべき課題は、社会学にもとづいた分析を、ホロコーストに関する幅広い議論に接合可能な形で提示することである。というのも、システム理論社会学においてはしばしばあまりにも抽象的な記述が用いられるため、歴史学、政治学、哲学、心理学といった他の学問分野が、よく理解できる理由から、そのような記述に刺激を受けることはおろか、苛立たされることさえなくなっているからである。社会学者がホロコーストを説明するために、バイナリーコード化、オートポイエーシス的再生産、自己言及的閉鎖性などといった概念を用いるならば、その社会学者はこの理論に特化した社会学のサブグループの中では野心的な理論家として認められるかもしれないが、他の学問分野の学者たちは、そうした不必要に複雑に思える説明アプローチを単に無視するだけだろう(4)。

しかしながら、本書の読者諸君は安心してよい。本書では、非社会学者にとってしばしば恐怖の的となるシステム理論の基礎の提示が控えられるだけでなく、具体的な例を通じて社会学的な考察が例示される。その例とは、これまで学界で最も詳細に研究されてきたナチ国家の「殺戮部隊」、ハンブルクの第一〇一警察予備大隊である。(5) この警察大隊についてはすべてのことが語り尽くされたように思われるし、この大隊ほど激しい論争の対象となったものはないが、まさにそれゆえにこそ、既存のホロコースト研究の説明モデルを補完し、しばしばその対照をなす社会学的な説明アプローチの強みが明らかになるはずである。

「普通の男たち」と「普通のドイツ人」の論争を超えて

第一〇一警察予備大隊がこれほど研究で注目されるのは、その隊員が顕著に「普通」だったからである。ハンブルクで採用された警察官の大半は、予備警察官としてポーランドに派遣される前は、港湾労働者、美容師、職人、商人といった民間の職業に就いていた家族もちの男性だった。五〇〇名強の大隊員のうちごく少数の者だけが、ポーランドへの派遣の前に積極的なナチ党員や親衛隊員として頭角を現していた。(6)

この警察大隊をめぐる激しい論争は、これらの男たちがどんな特別の意味で「普通」だったのかという問題を中心に展開されている。(7) これまでの議論を一つの問いでまとめると、彼らは「普通の男たち」だったのか、それとも「普通のドイツ人」だったのかということになる。事情に疎い読者は、この対立に驚きを覚えるかもしれない。というのも、一九三三年から一九四五年までの間、ハンブルクの警察官の全員とは言わないまでも、大多数が「男性」かつ「ドイツ人」だったことは明らかだからである。しかしながら、議論において一方の言葉を強調するか他方の言葉を強調するかで、根本的な違いが生じる。

「男性」という言葉を強調することで示されるのは、警察大隊の隊員と同じ状況に置かれさえすれば、原則としてどんな男性でもユダヤ人を殺害することができたに違いないということである。とくにクリストファー・ブラウニングが指摘するように、これらの「普通の男たち」が「殺人者」になるためにはいくつかの条件が必要だった。すなわち、「戦時下の残虐化」、顕著な「人種主義」、「増大するルーティンと結びついた分業的行動」、指導層に支配的な「出世主義」、「盲目的な服従と権威の信奉」、「イデオロギー教化と順応」などである。それに加えて、「顕著な軍団メンタリティ」、「著しい集団圧力」、「あらゆる形態の暴力行為に対する感覚の鈍化をもたらすアルコールの過剰摂取」もあった。(8) 行為を導くこれら一連の要因の背後には究極のところ、ナチ国家の強制装置の中で個々人の行為の可能性がかなり制限されていることを強調する穏健な構造主義的アプローチがある。(9)

「ドイツ人」という言葉を強調することは、残虐化、集団圧力、権威の信奉が一定の役割を果たした可能性を排除するわけではない。こうした見方によれば、まさにホロコーストに関与した非ドイツ人——たとえば占領地で非ユダヤ人のウクライナ人、ポーランド人、ラトヴィア人、リトアニア人、エストニア人から徴集された補助部隊など——の場合、これらの要因が重要であり、ドイツ人の警察官、親衛隊員、国防軍の兵士の場合も、そうした側面を完全に無視することはできない。だがこれらの要因はドイツ人の行動にとって、せいぜい二義的なものにすぎなかったという。とくにダニエル・ゴールドハーゲンによれば、「普通のドイツ人」は以前から広まっていた絶滅志向の反ユダヤ主義にもとづいて、「ユダヤ人は死ぬべきだ」という結論に達した。「加害者たち」は自分たちの文化に深く根付いた「信念と道徳観念」に従ったがゆえに、ユダヤ人の大量殺戮を正当なことと考えていたというのである。こうした説明は究極のところ、加害者自身の動機を強調するホロコースト研究の主意主義的アプローチの急進的な変種である。端的に言えば、ドイツ人はホロコーストに対して「ノー」と言い「たくなかった」、それどころか、大部分がヨーロッパ・ユダヤ人の殺戮に対して「イエス」と言いたかったということになる。(10)

社会学的な観点からすると、どちらの説明アプローチも不十分である。ドイツ人の根深い抹殺的反ユダヤ主義を介して行動を説明する主意主義的なアプローチは、警察の目的——「ヨーロッパ・ユダヤ人の絶滅」——と組織メンバーの動機——「抹殺的反ユダヤ主義」——との単純な一致を前提としている。[11]だがこうした説明は、遅くとも非ドイツ人の補助部隊——「絶滅の下働き人たち」——の関与を説明する段になると役に立たなくなる。[12]これに対して、多様な要因を強調する構造主義的アプローチには、一連の説明を通じて間違った結論を提示しないという利点がある。だがそれは短所でもある。実直な要因の検証の中で多様な動機が列挙されるが、[13]様々な側面が根拠づけられるわけでも、評価されるわけでもなく、——さらに重大なことに——互いに関連づけられるわけでもない。反ユダヤ主義的な基本姿勢、戦争による残虐化、出世志向、権威の信奉、軍団メンタリティ、集団圧力が一定の役割を果たしたことが仮定されるが、これらすべてが互いにどう関連しているのかは不明なままである。[14]

歴史学では、「普通の男たち」対「普通のドイツ人」の対立が大きな論争の材料を提供しなかったという見解が広く浸透している。ゴールドハーゲンの「抹殺的反ユダヤ主義」という単因論的な説明は、理論的にも経験的にも説得力を欠き、他の学者から十分な支持を集められなかったという見方が支配的である。[15]「ゴールドハーゲン現象」——あるいは「ゴールドハーゲンの悲劇」と言うべきか——の問題は、その主張を詳細に論じるべきだと考えた歴史学者が少なかったのに、「驚くべき公的な反響」とユルゲン・ハーバーマスのような「有名な知識人による好意的な受容」のせいで、そのような議論が歴史学者に強制されてしまったことに起因していた。[16]だが結局のところ、ホロコースト研究ではゴールドハーゲンの本に従う者はいないだろうと予言した歴史学者たちは正しかったようである。[17]この学問的な論争は、そもそも本格的に始まる前に終わっていたのである。だがなぜ何十万人もの男女が進んでホロコーストの実行に進んで関与したのかという根本的な疑問は、いまだに解明されていない。

ホロコーストの社会学的な説明アプローチ

ホロコーストの分析においては、二つの根本的な問いが区別されなければならない。第一の問いは、ヨーロッパ・ユダヤ人を組織的に殺害するという決定——より正確には複数の決定——がどのようにして行われたのかに関わる。ナチ指導部による中心的な決定——すなわちマスタープラン——があって、それが開戦とともに段階的に実行されたのか、それともホロコーストはむしろベルリンの、またとくに東欧の占領地のナチ諸機関の競合するイニシアティブによって引き起こされたものだったのか。[18] 第二の問いは、ホロコーストが決定事項となった後、どのようにして「普通のドイツ人」や「普通の男たち」がゲットーの解体や大量射殺、絶滅収容所への強制移送を実行するようになったのかということである。ハーバート・A・サイモンの言葉を借りれば、第一の問いにおいては大量虐殺に向けて計画する意思決定が、第二の問いにおいては大量虐殺が個々の決定を通じて実行されていく際のすでに計画された意思決定が問題となっている。[19] もちろん、この二つの問いは相互に関連している。組織のトップによる計画の決定は、それが実際に実施されてはじめて効力を発揮する。そして、計画の決定が行われた時点ですでに、実行の可能性も考慮される。しかし分析的には、これら二つの問いは互いに切り分けることができる。[20]

この本での私の関心は、二つ目の問い、すなわち「普通の男たち」や「普通のドイツ人」がいかにして何万人ものユダヤ人を殺害するにいたったのかということにある。[21] その際、システム理論に触発された社会学的分析は、「普通の男たち」や「普通のドイツ人」の行為について根本的に新しい説明を提供できるわけではない。その反対である。歴史学、政治学、哲学、社会心理学の研究には、反ユダヤ主義、集団圧力、利得機会、強制メカニズム、残虐化の役割など、個々の側面に関する多数の説得力ある説明アプローチが存在する。しかしながら、これらのアプローチを社会学的観点から体系的に相互に関連づけることで、各々がホロコーストにおける普通の男たちの行動にとってどんな意味をもつかを詳述することができるようになる。

よりによって社会学的な――さらにはシステム理論的な――アプローチがホロコースト研究の中心的な問いをより明確にするというのは、驚くべきことかもしれない。第一〇一警察予備大隊をめぐる論争においては結局のところ、「社会学」という言葉は一方が他方を中傷する罵言として使われることが多かったからである。ゴールドハーゲン流の主意主義的アプローチの支持者たちは、その批判者たちが「社会学的アプローチ」によって大量射殺に対する警察官の責任を隠蔽していると非難したし[22]、反対にゴールドハーゲンの批判者たちは、支持者たちの目が社会学主義によって曇っていると主張した。たとえばメリアム・ニルーマンドは、ゴールドハーゲンが一種の「社会学的偽装コードをもつパルプフィクション」を生み出したとして非難したし、ポール・ジョンソンはゴールドハーゲンの「ソシオバブル」――「社会学者の無駄口」――を批判し、それによって結局のところ正確な分析を行う努力を回避したのだと主張した[23]。ここには逆説がある。このように批判された者の中には誰一人として社会学者はいなかったし、誰一人として社会学理論に体系的に取り組んだ者はいなかったし、誰一人として初歩的な社会学の概念装置すら使った者はいなかったのである[24]。

見落としてはならないことだが、社会学者たちはたしかに「社会学的」という言葉がホロコースト研究において罵言として定着するのに寄与した。というのも、少数の例外を除けば、彼ら自身がホロコーストに関する論争に独自の寄与を行ったことがなかったからである[25]。ハンナ・アーレントがエルサレムのアイヒマン裁判に関する報告によって引き起こした「悪の凡庸さ」に関する論争においてもすでに、社会学者たちは異様なほど控えめな姿勢をとっていた。歴史家論争――つまりホロコーストの唯一性に関する論争――ではユルゲン・ハーバーマスが論陣を張ったので、社会学者が中心的な役割を果たしたことはたしかである。だがハーバーマスの批判は、彼が社会学者としてよりもドイツ連邦共和国の将来に関心をもつ知識人として論争に加わったことを示していた(26)。そして、普通のドイツの男たちがいかにして大量殺人者になりえたのかをめぐる議論にも、歴史学者、政治学者、哲学者、人類学者、神学者、社会心理学者は加わったが、社会学者はほとんど参入しなかった(27)。ジグムント・バウマンが要約しているように、社会学はホロコーストをめぐる論争において数十年にわたり、集合的に目を閉ざしている印象を与えてきたのである(28)。

学問分野としての社会学にとってはたしかに、ナチズムが第二次世界大戦後の社会学的分析においてこれほど完全に無視されてきたのはなぜかを体系的に解明することが必要である(29)。だが私の見るところでは、この社会学的な自己確認以上に重要なのは、社会学的観点からどんな新しい洞察が得られるかを、他の学問分野との議論の中で具体的な研究課題にもとづいて明らかにすることである。本書で提示する「普通の組織」に関するテーゼによって、私はホロコーストにおける「普通の男たち」や「普通のドイツ人」の行動の問題を社会学的にどう説明できるかを示したいと思う。

国家暴力組織によるホロコーストの実行

「普通の組織」に関する私のテーゼの出発点は、ユダヤ人殺害全体の九九％以上が国家暴力組織のメンバーによって実行されたという事実への着眼である(30)。国家暴力組織としては、軍隊、民兵、警察などの組織が挙げられるが、それらの組織は暴力で脅すか暴力を行使するかして、国家の決定を押し通そうとするものである。それらは国家によって正当化された要求を押し通すことをもって自分たちの行為を根拠づけることができる点で、暴力団やテロ組織、略奪を行う傭兵集団のような非国家暴力組織から区別される(31)。

ナチ時代にはたしかに、ユダヤ人に対する非国家的に組織された多様な形態の暴力が存在した。一九三三年のナチスによる権力掌握直後に起こったユダヤ人商店に対するボイコットの際の暴力行為や、いわゆる「人種汚辱」を理由にしたユダヤ系・非ユダヤ系市民の市中引き回し、そして一九三八年の一一月ポグロムの際のシナゴーグや商店、住居の破壊を思い浮かべてみればよい。これらの事件には――これまでほとんど研究されてこなかったことだが――ヴァイマール共和国期の反ユダヤ主義的な集団によるユダヤ人への攻撃から、ナチ時代の非国家的なナチ組織による――しばしば国家によって黙認されるか支援されるかした――暴力行為へとつながる、軽視できない連続性が存在した。[32]

だが――この違いこそが重要なのだが――ユダヤ人の大量射殺と絶滅収容所への移送は、反ユダヤ主義的な利益団体による私的なイニシアティブによって実行されたわけではなかった。それらはむしろ、ヨーロッパ・ユダヤ人の絶滅をめざす国家的計画の一環だった。[33]「普通の男たち」や「普通の女たち」は、国家組織の一員として絶滅計画に貢献するよう要求されたその瞬間から、ユダヤ人の殺戮に関与し始めた。そして彼らのほとんど全員が、これらの殺戮組織を離れたまさにその瞬間から、再び殺戮に関与しなくなったのだ。いずれにせよ、私たちの知る限りでは、元秩序警察官、元親衛隊保安部職員、元国防軍兵士が退役後も宗教的・民族的少数派の射殺を私的なイニシアティブで続けることはほとんどなかった。

ホロコーストが主として国家組織を担い手とする殺戮計画だったとする認識そのものは、いまとなってはけっして目新しいものではない。結局のところ、ユダヤ人の大多数が「非組織的」で野蛮な反ユダヤ主義的ポグロムの枠組みにおいてではなく、ナチスの政策を実行する過程で国家暴力組織のメンバーによって殺害されたということは、一目瞭然である。[34] たとえばラウル・ヒルバーグは、ヨーロッパ・ユダヤ人の絶滅の全体像を描いた著作がいまなおホロコースト研究の重要文献とされている人物だが、彼はきわめて詳細かつ厳密に、ユダヤ人がいかにしてドイツ帝国および占領地の国家登録機関によって捕捉され、国有鉄道《ライヒスバーン》によって東方へ移送され、警察大隊によってゲットー内で虐げられ、親衛隊や警察の部隊、あるいは非ドイツ人の補助部隊によって大量射殺で、または絶滅収容所内で殺害されたのかを立証している。(35)

マシーンとしての組織のイメージを超えて

だが組織という枠組みに目を向けると、従来の——とくにホロコーストに関する議論に参入しようとした少数の社会学者たちの——研究を規定してきたのは、ほとんど戯画的な、究極のところマックス・ヴェーバーに遡るような組織の理解だった。(36) そこでは「精密さ」、「スピード」、「明確さ」、「文書主義」、「継続性」、「秘密保持」、「一貫性」、「厳格な従属関係」、「摩擦の低減」によって特徴づけられるマシーンのごとき「官僚機構」に関するヴェーバーの説明にもとづいて、ホロコーストは結局のところ、「官僚機構」の活用が人びとの大量殺戮に役立ったからこそ可能になったのだと説明される。そうした見方によれば、ホロコーストは「リソースの最適利用」や「綿密で専門的な行動様式」という観念の産物だった。分業によって、机上の犯罪者たちは犠牲者を「脱個人化された」「無限の数列」としてしか認識しなくなったというのである。(37)

こうしたマシーンのごとき組織の理解は、ホロコーストを近代の現象として理解する説明に組み込まれている。(38) この見方によると、啓蒙によってはじめて打算と官僚機構の「致命的な結合」が生じ、「近代の怪物」がもたらされた。ジグムント・バウマンによれば、組織を通じて完璧さを追求するホロコーストは「近代のコード」であり、「近代という家の正当な住人」だった。近代がめざすものは「より良い」、「より効率的な」、「より美しい」世界であり、ユダヤ人の大量殺戮はこの観念を押し通す試みだったというのである。[39]

結局のところ従来の研究を規定しているのは、かつてアドルフ・アイヒマンの人物像に関するハンナ・アーレントの研究を見事に破綻させたのと同じ組織理解である。マックス・ヴェーバーに依拠した組織理解では、ホロコーストは「官僚によって計画され」、「工業的に遂行された」「行政的大量殺人」としてしか理解できない。[40] 第二次世界大戦の直後にマルティン・ハイデガーが要約しているように、ホロコーストは主として「死体の製造」、「何十万人もの秘密裏の抹殺」と見なされている。[41] その後、たとえばヴォルフガング・ゾフスキーによって、ホロコーストは「死の工場」で遂行された「跡形もない大量の人間の絶滅」と説明されている。この「死の工場」は「大量かつ高速」に人びとが殺害される「ほとんど摩擦なく機能する装置」と説明される――自動車や飛行機の工場に関する社会学的研究から、「摩擦なく機能する装置」なるものが経営陣の作り出したまったくの虚構であることがすでに明らかになっているにもかかわらずである。[42] またこうした見方からすると、ホロコーストの同義語となりうるのは「アウシュヴィッツ」だけであり、しばしば即興的に行われた大量射殺や、部分的に無秩序に遂行されたゲットーの解体、あるいは計画上の不備により混乱に陥ったベウジェツ、ソビブル、トレブリンカの絶滅収容所における最初の大量殺戮ではないということになる。[43]

ホロコースト研究者たちが単純化された組織理解にもとづく記述を行うことで、マックス・ヴェーバーを志向する組織研究を特徴づけていたあらゆる問題を引き受けるようになったことは明らかである。すなわち、目的を志向する組織の合理性を過度に強調すること、組織がしばしば互いに矛盾する目標を追求しているという事実を無視すること、人びとの行為の志向における矛盾を過小評価すること、「下から」くるイニシアティブの力を無視すること、部下がトップの決定に大きく寄与するのを促す「上司の監督」の重要性を軽視することである。[44]

ホロコーストに関与した組織についてのこうした複雑さに欠けるイメージは、ほとんど組織のトップにいたるまでの全人員をもっぱら機械の歯車としてのみ提示するものだが、それは組織に注目する説明アプローチを拒否することを容易にした。説得力ある批判によれば、そうしたイメージにおいては人間はもっぱら「マリオネットのような役者」、「チェスの駒」、「魂のないテクノクラート」としてしか登場しない。そこには「従順で意志のない世界観の実行者」、「感情のない命令ロボット」、「情熱のない机上の犯罪者」だけが登場するような印象が生じている。「加害者の道徳的原動力」は平板化され、それによって結局のところ「彼らがその行為に同意していたこと」も否定されることになる。批判によれば、「彼らがそのように行動せざるをえなかったのは、外的勢力による圧力があったからだ」ということになる。[45]

ホロコースト研究においては、すでに数十年前に一般的な形で行われていた組織に関する論争が――ほとんどの論客がそれを認めないか、それに気づくことさえないまま――再現された。心理学者、経営学者、社会学者が一九世紀末に組織という現象に関心をもち始めたとき、人びとはマシーンのごとき組織への適合性という点にのみ関心をもつというようなイメージが支配的だった。当時主流だった構造主義的な仮定によれば、規則と指令系統からなるできる限り効率的なネットワークを構築し、このネットワークの各ポイントに最適な人材を見つけ、魅力的な報酬を通じて彼らをこの地位に誘導することだけが重要だった。[46]組織の人員を多かれ少なかれ合理的な組織における単なる「充足機能」へと還元することのような見方に対する批判的な反動として、人員という要因が組織の理解にとって中心的だとする主意主義的な人間観にもとづく観念が登場した。組織は人間から構成されるので、その成否はもっぱら人員の構成に左右されるという、社会学的に素朴な考え方が前提とされるようになった。[47]その結果として生じたのは、マシーンのごとき組織理解にもとづいて雇用される人員の重要性を低く見積もる一方の研究者たちと、組織現象を組織で活動する人びとの動機だけから説明しようとする他方の研究者たちとの間の、実りの少ない対立だった。ニクラス・ルーマンが批判するように、そこでは第一の立場の代表者が組織の人員の重要性を過小評価し、第二の立場の代表者がその重要性を過大評価する傾向があった。[48]

構造主義でも主意主義でもなく

本書で提示される「普通の組織」についての社会学的アプローチは――この点はいくら強調してもしすぎることはないが――マシーンとしての組織という複雑さを欠いたイメージとは何の関係もないし、組織における人間の行為についての純粋に主意主義的な説明に陥るものでもない。システム理論社会学の強みは、しばしば想定されるのとは違って、構造志向のアプローチを人間志向のアプローチに対抗させないことにある。むしろそれは――ここが肝心なところだが――組織、小集団、抗議運動、家族といった社会システムの構造的特徴として人間を理解するものである。小集団、抗議運動、家族、そして何よりも組織における期待の確実性が、役割への志向を通じてだけでなく、まさに人間の多様な行為についての知識によっても生じることは、社会学の素人にもすぐにわかることである。[49]

このような視点を通じて、システム理論にもとづく組織社会学は、ホロコースト研究における「構造主義的アプローチ」と「主意主義的アプローチ」の対立を克服するのに寄与することができる。[50] それによって――ハンナ・アーレントのように――秩序警察と保安警察のメンバーの行動をきわめて厳密に規定された正式なメンバーの役割の枠内での行動としてのみ理解するのではなく、むしろなぜ彼らがユダヤ人の殺戮を自発的に実行したのか、なぜ彼らが強制移送と殺戮の効率化に積極的に関与したのか、なぜ彼らがしばしば組織によって容認される境界領域においても射殺を実行し、たびたび熱意さえもって残虐行為を実行したのかを説明することができるのである。[51]

これから述べるように、普通のドイツ人男性は組織の成員資格という枠組みの中ではじめて、多くの人びとが抱いていた潜在的な反ユダヤ主義を強制移送、ゲットー解体、大量射殺への具体的な関与に転化する姿勢を身につけたのだった（第一章）。しかし、だからといって――ここにハンナ・アーレントの伝統に則った説明アプローチとの決定的な違いがあるのだが――組織のメンバーが機械の歯車のように機能したということにはならない。その反対に、配属された警察官全員がヨーロッパ・ユダヤ人の絶滅という目的に共感していたわけではなく、反ユダヤ主義的な教育をただ聞き流していた者でさえ、ユダヤ人殺害をもっぱら克服すべき警察の課題と見なすことに加担していたのだった（第二章）。ユダヤ人の殺戮に参加できないと表明して、強制組織の要求から逃れた警察官たちでさえ、殺戮計画が妨害なく続行されるよう――自分の弱さ、病気、または良心に言及することで――これに加担したのである（第三章）。ゲットー解体、強制移送、射殺に参加するようもとめる期待は、ヒエラルキーを通じて押し通す必要がなかったことも多く、同志たちが互いに抱く期待の一部となっていた（第四章参照）。こうした同志への期待は、様々な作戦に参加した際、組織の規則に反して私腹を肥やす機会が得られたことによって強化された（第五章）。正式に許可され、任務遂行上必要とされる程度をしばしば超えるほどの残虐性は、大隊員が犠牲者を殺害することを容易にした（第六章）。つまりホロコーストの遂行を可能にしたのはまさに、組織メンバーの逸脱、再解釈、イニシアティブの力であった[52]。

だが社会学的な洞察にもとづく研究は、警察大隊の隊員の潜在的な動機を列挙するだけにとどまってはならない。それだけでは既存の研究にはない明らかな付加価値を生み出すことはできないだろう。むしろどんなメカニズムが様々な動機をもった人間を大量殺戮に関与させるのかを明らかにしなければならない。組織メンバーの政治的信念、頻繁に変化する動機、行動のニュアンスは――ハンナ・アーレントが見落としていたことだが――けっして無視できるものではない。もっともホロコーストはけっして——この点でダニエル・ゴールドハーゲンは誤りを犯しているのだが——組織の目的、ここではヨーロッパ・ユダヤ人の絶滅という目的に合致した信念をもつ人びとだけによって、あるいは主としてそのような人びとによって実行されたわけではない。むしろ関与した人びとの動機も、殺戮行為への意欲も反応も大きく異なっていた。それにもかかわらず、彼らが結局のところ一致して効率的に行動したという事実は——クリストファー・ブラウニングはこの点を見落としているのだが——中心的な視点、すなわち組織メンバーの動機の一般化という視点から理解されなければならない（第七章）。

暴力の行使は、それが法的な枠組みの中で行われる場合にのみ、国家暴力組織内で公式に期待しうるものとなる。第二次世界大戦に動員された組織にとって、女性、男性、子供の大量射殺に参加し、ゲットー解体の際に病人、老人、幼児を殺害し、「ユダヤ人狩り」の際に拘束した人びとをただちに殺害するようもとめる指令は、それに従う警察官にとっては、当時有効だった合法的秩序の枠内にあるかどうか確信がもてない命令だった。ゲットー解体、強制移送、射殺の場合、彼らは警察官に期待される典型的な行動の枠内に収まるよう、自分の行動を調整した。このように何を合法とするかという理解は、そのつどの行動によって繰り返し確認されたのである（第八章）。

はっきりと強調しておかなければならないのは、ホロコーストが組織内の行動だけによっては説明できないことである。だが組織についての根本的な理解なしには、なぜ「普通の男たち」や「普通のドイツ人」がそれに関与したのかについてのどんな説明も不完全なものにとどまらざるをえない。ホロコースト研究が明らかにした恐るべき認識は、組織メンバーを大量殺戮に関与させるのに、殺戮行為のための特別なプログラムを開発したり、特別なコミュニケーション経路を構築したり、殺戮のための特別な人員を徴募したりする必要はなかったということである。国家暴力組織のメンバーが普通の人びとであっただけでなく、大量殺戮を計画・実行した組織も普通の組織の特徴をもっていたのだった（第九章）。

ホロコースト社会学という無理な要求

社会学者にとって本書は、このテーマを扱うことからして異例である以上、無理な要求に映るはずである。「普通の男たち」や「普通のドイツ人」がどうして何万人ものユダヤ人を殺害するにいたったのかという問いは、ホロコーストを扱う者に課せられた課題のように思われる。だがエミール・デュルケームの伝統を受け継いで社会構造に関心を示してきた社会学にとっては、個々人の動機に焦点を当てたアプローチはむしろ異例である。[53] 社会学者がホロコーストに関する議論に参入する場合、彼らは——たとえばテオドーア・W・アドルノやノルベルト・エリアスのように——自らの説明アプローチを抽象的な社会理論のレベルに設定するか、ホロコーストを例にしてナチズムに向かう国民国家の様々な反応パターンを検討したり、ホロコーストを他の大量虐殺と比較したりするかしたのである。[54] 殺戮を行う意欲の創出、ひいては殺戮計画の日常的な実践に焦点を当てるのは、むしろ驚くべきことに思えるかもしれない。[55]

この無理な要求という印象は、本書の抽象性が理論に関心をもつ社会学者にとって異例のレベルに設定されている事実によって強められている。「地名も人名も記さない」——これは社会学的分析の一般化の要求を示すためにニクラス・ルーマンが行った有名な発言である。社会学者は原則として個々の戦争にも、ましてや個々の戦闘にも関心をもたず、暴力的紛争の社会理論にのみ関心をもつ。[56] 社会学者にとって重要なのは個々の大量殺戮ではなく、民族的・宗教的特徴にもとづく民間人の大量殺戮に関する一般化理論である。本書ではこうした社会学の基本原則に反して、名前が——虐殺が行われた場所、それに関与したナチ国家の組織単位、そしてこうした組織単位の枠内で虐殺に関与した人びとの名前が——挙げられている。[57]

本書でハンブルクの警察大隊の歴史を包括的に提示しようとは思わないが、各章はこの組織単位に関する——部分的に新しい史料にもとづく——叙述で始められており、各章のテーゼはこの組織単位への言及によって例示されていて、必要な場合には、それがさらにナチ国家の別の組織単位への言及と対比され、補完されている。このよく研究された事例にもとづいて私の考察を提示することで、読者は具体的な事例に対する私の考察の妥当性を理解し、確認することができるだけでなく、私のテーゼを他の学問分野のアプローチと関連づけることもできるはずである。だがこれによって社会学的な一般化の要求が放棄されることはない。その反対に本書の目的は、この事例を通じて「普通の男たち」や「普通の女たち」の組織への関与についての一般的な洞察を切り拓くことにある。

だが社会学者以外の人びとにとっては、本書が無理な要求を突きつけているという印象はおそらくさらに大きなものとなっている。学問分野としての社会学は、道徳的な観点からホロコーストにアプローチすることはない。たとえば何千人ものユダヤ系ポーランド人の処刑が大量殺人にあたること、それゆえ「殺人者」が道徳的な意味でも刑法的な意味でも自動的に「加害者」にほかならず、したがって彼らが大量殺人者として厳しく訴追されるべきだったし、いまなお訴追されるべきであることは、今日の私たちにとって自明のことのように思われる[58]。だがこうした今日の視点からするとあまりにも自明な暴力行使の責任追求は、暴力行使に関与した組織において当時支配的だった正当性の秩序、より正確には合法性の秩序を再現することを困難にしてしまう。社会学的分析においては、できる限り中立的な言葉の選択につとめる必要がある。これはたとえば次のことを意味する。すなわち、最初から大量殺人と言わず、大量殺害と言うことによってはじめて、大量殺害が各々の視点と時点に応じて明らかに大量殺人となる場合もあれば、そうならない場合もあると示すことができるということである[59]。

この無理な要求という印象は、社会学者が通常、出来事の根底にある合理性を再現するという事実によってさらに強められている[60]。今日のホロコースト研究の一部には、強制移送、大量射殺、絶滅収容所での殺戮は説明できるものではないという立場がある[61]。これはたしかに社会学的な観点からしても重要な側面、すなわち多くの暴力行使はそれらに内在する葛藤の力学のために合理性や動機の観点からは不十分にしか理解できないという側面を突いている。[62] だが暴力のプロセスに内在する力学にもっと注目するとしても、そのようなプロセスに関与する人びとが自分自身や他者に対してたえず合理性を付与していることを見落としてはならない。[63] とはいえ、だからこそ社会学的な観点からすると——そしてこれこそが多くの非社会学者に学問分野としての社会学を疑わしく思わせているのだが——、ホロコーストを原子力の発展や新たな工場労働体制の形成、普遍的人権の発明などと同じように再現できないことを示す体系的な理由はないのである。

さらにこの無理な要求という印象は、「普通の男たち」や「普通のドイツ人」がいかにしてホロコーストに関与するにいたったのかという問いにおいて、犠牲者に考察の焦点が当てられていないという事実によって強められている。このことは、ホロコーストを加害者への視点からではなく(ましてや加害者自身の視点からでもなく)、ユダヤ人犠牲者への視点から(もっと好ましいのは犠牲者自身の視点から)説明し、少なくとも叙述すべきだという要求がますます高まっていることと対照的である。[64] これは暴力社会学においてもときおり提起される要求、すなわち「厚い記述」によって「犠牲者の苦しみ」を可視化すべきだという要求と両立しうるものかもしれない。[65] だが社会学的なアプローチにとっては、「加害者の視点」を「犠牲者の視点」に置き換えるべきだとか、「行為の理論」の代わりに「苦しみの理論」が必要ではないかといった道徳的な議論は重要ではない。

暴力行使の形態が加害者・被害者いずれの視点から分析されるべきか、またどの程度まで分析されるべきかは、分析される対象次第である。ゲットー、強制収容所、そして絶滅収容所の社会学的な分析には、犠牲者の視点が導入されなければならない。というのも、そのような分析は——刑務所や精神病院に関する社会学的研究がすでに示唆しているように——国家暴力組織のメンバーとゲットーの被収容者、あるいは強制収容所や絶滅収容所の囚人との相互作用に注目することによってのみ可能になるからである。[66] これに対して、第一〇一警察大隊の男たちの行動を理解しようとするなら、犠牲者側の視点、ましてや犠牲者自身の視点は従属的な役割しか果たさない。これは犠牲者の苦しみに目を閉ざしたいからではなく――誰にそんなことができようか――、この場合は何が起こったのかを説明するのに犠牲者の視点がほとんど寄与しないからである。[67] たしかに強制移送や銃殺の際の暴力の行使そのものを、「苦しみ」と「苦しみの付与」の相互作用のプロセスとして正確に再現することは重要である。だがこのプロセスは通常はあまりにも短いので、大隊員は具体的な犠牲者の「苦しみ」をごくわずかにしか考慮しなくてよかったのである。

ホロコースト社会学の用語について

社会学的アプローチを採用するということには、できるだけ独自の概念を使用し、ナチ時代およびその後に使用された概念を慎重に扱うことが含まれる。ナチスによる言語の使用は、しばしば婉曲表現によって特徴づけられていた。[68] ナチスのプロパガンダは、「民衆共同体」という概念によって、その人種政策が国民の大多数に支持されていることを示唆しようとした。一〇〇〇万人を超えるヨーロッパ・ユダヤ人を殺害する計画は「ユダヤ人問題」の「最終解決」という概念で無害化された。絶滅収容所への移送は「疎開」、「掃討」、「再定住」と呼ばれ、たとえば絶滅収容所への鉄道輸送が不可能であったために現地で直接行われた射殺は「局地的移住」、「平定作戦」、「執行措置」などと呼ばれた。「作戦」という言葉は、たとえば知的障害者や精神病患者の殺害（「T４作戦」）や、総督府の全ユダヤ人の殺害（「ラインハルト作戦」）のような一時的な計画に用いられた。[69] 学術的な分析においては、ナチスによって開発されたこのような概念の使用を完全に避けることはできない。だが本書では、それがナチスの特殊用語であることを示すために、対応する用語は一貫して引用符で括って明示している。
第二に明確に認識しておく必要があるのは、ユダヤ人または非ユダヤ人という人物の呼称がつねに自称だったわけではなく、多くの場合はナチスによって押しつけられた他称だったことである。ナチスはニュルンベルク人種法によって、ある人物に「ユダヤ人の血を引く祖父母が三人」いれば、たとえ本人がもうユダヤ教を信仰していなくても、その人を「完全ユダヤ人」とすると決定した。これに対して本人がユダヤ教の宗教団体に属している場合、「完全ユダヤ人」とされるには祖父母が二人いるだけで十分だった。ナチスは独自の算術を発展させ、人びとを「完全ユダヤ人」だけでなく「半ユダヤ人」、「四分の三ユダヤ人」、「八分の五ユダヤ人」、さらには「三二分の一ユダヤ人」などと規定した。[70] ナチ国家の絶滅政策が恣意的なユダヤ人規定に依拠していたことを踏まえて、本書もそうした呼称を採用している。だがその際、ナチスがユダヤ人としてゲットーに収容し、強制移送し、殺害した人びとの中には、自らをユダヤ人と呼ばなかった者も少なくなかったことを見落としてはならない。[71]
第三に、一方の「ドイツ人」、「ウクライナ人」、「ポーランド人」といった国民として規定される集団と、他方のユダヤ人という宗教的に――しばしば民族的にも――定義された集団という、一部の研究文献でも採用されている対立が存在する。「ドイツ人」、「ポーランド人」、「ウクライナ人」と「ユダヤ人」との対立は反ユダヤ主義的な基本姿勢の一部で、一九世紀にはすでに確立していたが、その後ナチスによって国家イデオロギーとされたものである。第一次世界大戦においてドイツ帝国の側で戦ったユダヤ教の信者にとって、ナチスが国民的および宗教的アイデンティティの対立を構築したことは平手打ちのようなものだった。だがこの違いはたえず繰り返されることによって高度の信憑性を獲得し、一九四五年以降も言葉の用法を規定し続けた。[72] もっとも「ユダヤ人」は――他の宗教団体のメンバーと同じく――国民国家の形成以来、つねに「ポーランド人」、「ルーマニア人」、「リトアニア人」、「エストニア人」、「ラトヴィア人」、「ドイツ人」でもあった。この結びつきを断ち切ろうとする自称・他称はつねに存在していたものの、ユダヤ人の国民への帰属を組織的に剥奪したのはナチスの政策がはじめてだった。ナチスによる言葉の用法と対比するには、本来はつねにユダヤ系ポーランド人やユダヤ系ドイツ人、非ユダヤ系ポーランド人や非ユダヤ系ドイツ人と言わなければならない。だがこの分析上より正確な用法は、ユダヤ人のゲットーへの収容、強制移送、殺戮を担当した「非ユダヤ系ドイツ人」を記述する際にはまだ有効かもしれないが、「ユダヤ系ドイツ人」、「ユダヤ系ハンガリー人」、「ユダヤ系ポーランド人」を説明する際にはすぐに困難に直面する。第一〇一警察大隊の犠牲者はたしかにその多くがユダヤ系ポーランド人だったが、第二次世界大戦の開戦後、ナチスによって開始された住民移動のために、総督府内のゲットーにはヨーロッパ各地から来たユダヤ人が収容されていた。それゆえ本書では、不正確ではあるものの言語上の簡略化を目的として、いくつかの箇所で「ユダヤ人」を「ポーランド人」や「ドイツ人」と区別して用いるものの、できるだけ多くの箇所で「非ユダヤ系ドイツ人」と「ユダヤ系ドイツ人」、または「非ユダヤ系ポーランド人」と「ユダヤ系ポーランド人」をより正確に区別して用いることにする。(73)

注

(1) この点については、Raul Hilberg, »The Significance of the Holocaust«, in: Henry Friedlander, Sybil Milton (Hg.), *The Holocaust: Ideology*, Millwood 1980, S. 95-102, hier: S. 101 f. を参照。スケープゴートの機能については、René Girard, *Le bouc émissaire*, Paris 1982 も参照。

(2) 絶滅政策の遂行における女性の役割は、この二〇年間でますます注目されるようになった。たとえば初期の研究として、Gisela Bock, »Ganz normale Frauen. Täter, Opfer, Mitläufer und Zuschauer im Nationalsozialismus«, in: Kirsten Heinsohn,

Barbara Vogel u. a. (Hg.), *Zwischen Karriere und Verfolgung. Handlungsräume von Frauen im nationalsozialistischen Deutschland*, Frankfurt/M., New York 1997, S. 245-277 を参照。

（3）読者の中には私がこの間のホロコースト研究でポピュラーになった文献、すなわち服従に関する社会心理学的な実験への言及を省略していることに気づいた人もいるかもしれない。そうした文献としては、たとえば Jerome D. Frank, »Experimental Study of Personal Pressures and Resistance«, in: *Journal of General Psychology* 30 (1944), S. 23-64; Craig Haney u. a., »Interpersonal Dynamics in a Simulated Prison«, in: *International Journal of Criminology and Penology* 1 (1973), S. 69-97; Stanley Milgram, »Behavioral Study of Obedience«, in: *Journal of Abnormal and Social Psychology* 67 (1963), S. 371-378 が挙げられる。私の見るところでは、とくにスタンフォード監獄実験やミルグラムの服従実験への言及は、あまりにも無秩序に導入されている。それはたとえば Christopher R. Browning, *Ganz normale Männer. Das Reserve-Polizeibataillon 101 und die »Endlösung« in Polen*, Reinbek 2005, S. 224 ff.; Zygmunt Bauman, *Dialektik der Ordnung. Die Moderne und der Holocaust*, Hamburg 1992, S. 166 ff. を見ればわかる。転用の問題については、Thomas Sandkühler, Hans Walter Schmuhl, »Milgram für Historiker. Reichweite und Grenzen einer Übertragung des Milgram Experiments auf den Nationalsozialismus«, in: *Analyse & Kritik* 20 (1998), S. 3-26 を参照。

（4）このシステム理論社会学がビーレフェルトのものである場合はとくに、不信感は適切である。というのも、ヴァレンティン・グレープナーの魅力的な疑念によれば、ビーレフェルトは主として「文頭に置かれた条件法や関係節、名詞として使われる動詞、「es ist ein zu Klärendes（それははっきりさせるべきことである）」のような多数の属格や属格詞」が作り出す「音調」であり、すべてが「話し手である主語を伴わない動作の指示」だからである。Valentin Groebner, »Theoriegesättigt. Angekommen in Bielefeld 1989«, in: Sonja Asal, Stephan Schlak (Hg.), *Was war Bielefeld? Eine ideengeschichtliche Nachfrage*, Göttingen 2009, S. 179-189, hier: S. 182 には、社会学的な音調に強く影響された一九九〇年代の「理論が飽和した」歴史学部における「文法的状況」が描写されている。ビーレフェルトの社会学者たちはその音調において、歴史学者たちと少なくとも拮抗していた（そして現在も拮抗している）し、場合によっては彼らを凌駕してさえいる。システム理論家による差別化の試みはかなりの程度まで、他の理論論争との接続を最小限に抑えた理論提示という形で表現されている。

（5）中心的な参考文献は、第一〇一警察大隊に関するクリストファー・ブラウニングとダニエル・ゴールドハーゲンの二つの著作である（Christopher R. Browning, *Ordinary Men. Reserve Police Battalion 101 and the Final Solution in Poland*, New York 1992、新たなあとがきを付したドイツ語版は、Browning, *Ganz normale Männer*、および Daniel Jonah Goldhagen,

Hitler's Willing Executioners. Ordinary Germans and the Holocaust, New York 1996、いくつかの箇所で英語版と明らかに異なる内容となっているドイツ語版は、Daniel Jonah Goldhagen, *Hitlers willige Vollstrecker. Ganz gewöhnliche Deutsche und der Holocaust*, Berlin 1996)。これまで学界でほとんど注目されてこなかったのが、第一〇一警察大隊に関する三冊目の著作である（Jan Kiepe, *Das Reservepolizeibataillon 101 vor Gericht. NS-Täter in Selbst- und Fremddarstellungen*, Hamburg 2007)。私の見るところでは、この著作は歴史学方法論の観点からしても最も洗練されている。補足として、二次文献を通じて容易に調査できる他の警察大隊——とくにドルトムントの第六一警察大隊とヴィーン・カグランの第三二二警察大隊——も適宜分析に加えた。細部には多くの違いがあるが、様々な警察大隊に関する研究が進むにつれて、警察大隊に関する説明はかなり一般化できることがわかってきた。ドイツ語訳は英語の原文と異なることが多いので、いくつかの参考文献は英語の原著とドイツ語の翻訳の両方を挙げることにする。

（6）メンバーの普通さは、ブラウニングやゴールドハーゲンよりずっと以前から指摘されていた。そのことは、Fred E. Katz, »A Sociological Perspective to the Holocaust«, in: *Modern Judaism* 2 (1982), S. 273-296, hier: S. 275; Fred E. Katz, »Implementation of the Holocaust. The Behavior of Nazi Officials«, in: *Comparative Studies in Society and History* 24 (1982), S. 510-529, hier: S. 511 を見るだけでわかる。Hans-Martin Lohmann, »Die Normalität im Ausnahmezustand. Anmerkungen zu Raul Hilbergs ›Gesamtgeschichte des Holocaust‹«, in: Hans-Martin Lohmann (Hg.), *Psychoanalyse und Nationalsozialismus. Beiträge zur Bearbeitung eines unbewältigten Traumas*, Frankfurt/M. 1984, S. 259-266, hier: S. 263; Herbert Jäger, *Makrokriminalität. Studien zur Kriminologie kollektiver Gewalt*, Frankfurt/M. 1989, S. 52 も参照。占領地に投入された約一〇〇の警察大隊のうち、高齢の予備役が多数を占めたのはわずか二〇——そのうちの一つが第一〇一警察予備大隊である——にすぎなかった（この点については、Peter Longerich, *Politik der Vernichtung. Eine Gesamtdarstellung der nationalsozialistischen Judenverfolgung*, München 1998, S. 306; Edward B. Westermann, *Hitler's Police Battalions. Enforcing Racial War in the East*, Lawrence 2005, S. 15 を参照)。

（7）ゴールドハーゲンの著作が出版された後、アメリカではすぐに——とりわけ一九九六年四月に米国ホロコースト記念博物館で開かれたコロキウムによって——ブラウニングの「普通の男たち」に関する説明とゴールドハーゲンの「普通のドイツ人」に関する説明の対立をめぐる論争が起こったのに対し、ドイツではゴールドハーゲンの著作が主としてブラウニングへの反応として読めることに多くの人びとが気づくまでに、もう少し時間がかかった（Jan Philipp Reemtsma, »Die Mörder waren unter uns. Daniel Jonah Goldhagens Hitlers willige Vollstrecker. Eine notwendige Provokation«, in: *Süddeutsche Zeitung* vom 24. 8. 1996; Reinhard Rürup, »Viel Lärm um nichts? D.J. Goldhagens ›radikale Revision‹ der Holocaust-Forschung«, in: *Neue Politische Literatur* 41 (1996), S. 357-363, hier: S. 361 を参照。前者は私の知る限りドイツではじめてこの問題に注目した論説の一つで、後者はゴールドハーゲンの著書を「アンチ・ブラウニング」と評している）。

（8）Browning, *Ganz normale Männer*, S. 209; Ulrich Herbert, »Vernichtungspolitik. Neue Antworten und Fragen zur Geschichte des »Holocaust«, in: Ulrich Herbert (Hg.), *Nationalsozialistische Vernichtungspolitik 1939-1945. Neue Forschungen und Kontroversen*, Frankfurt/M. 1998, S. 9-66, hier: S. 30 を参照。また、Wolfgang Curilla, *Der Judenmord in Polen und die deutsche Ordnungspolizei. 1939-1945*, Paderborn 2011, S. 882 ff. も参照。同書には、残虐化、出世欲、覚悟、訓練、慣れ、服従の伝統、集団圧力、少数派の排除などからなる同様のリストが記載されている。

（9）ナチ国家を独裁体制ととらえれば、この構造主義的なアプローチはもっともなものに思われる。そのことは Martin Broszat, *Der Staat Hitlers*, München 1978, S. 82 ff.; Richard J. Evans, *Das Dritte Reich. Band II/I Diktatur*, München 2006, S. 27 ff. を参照するだけでわかるが、同様の傾向を示す文献としては、Norbert Frei, *Der Führerstaat. Nationalsozialistische Herrschaft 1933 bis 1945*, München 2007, S. 43 ff. も挙げられる。

（10）Goldhagen, *Hitlers willige Vollstrecker*, S. 28. 強調は原文ママ。この「イエス」というのはゴールドハーゲン自身の言葉ではなく、彼の主張の趣旨を汲めば明らかなものである。彼が他の要因を相対化していることは、次の文章の一字一句から読み取れる。「加害者たちの信念、つまり彼ら特有の反ユダヤ主義が、彼らの行動の唯一の原因でなかったことは明らかだが、私の見るところでは、その決定的な原因であった」。「ドイツ人加害者の行為」は「構造的要因」によってではなく、「文化的認知」によってのみ説明しうるものだったというのである。Goldhagen, *Hitlers willige Vollstrecker*, S. 28. 英語版の記述も参照。Goldhagen, *Hitler's Willing Executioners*, S. 14. ここで使われている用語からも、根本的な疑問が生じる。「文化的認知」とはいったい何なのか。「文化」は個人の行為に影響を与える「構造」ではないのか。「文化」を含まない「構造的要因」とは何を意味するのか。ゴールドハーゲンの理論的枠組みを再構成する有意義な試みとして、Volker Pesch, »Die künstlichen Wilden. Zu Daniel Goldhagens Methode und theoretischem Rahmen«, in: *Geschichte und Gesellschaft* 23 (1997), S. 152-162 を参照。

（11）第一〇一警察大隊に関する史料をざっと確認するだけで、歴史学者たちはゴールドハーゲンが自分の単因論的なテーゼに都合よく史料を利用していることに気づく。ゴールドハーゲンの史料の扱い方は、様々な文献で詳細に分析されている。Wolfgang Scheffler, »Ein Rückschritt in der Holocaustforschung«, in: *Tagesspiegel* vom 3. 9. 1996; Fritz Stern, »The Past Distorted: The Goldhagen Controversy«, in: Fritz Stern (Hg.), *Einstein's German World*, Princeton, 1999, S. 272-288, hier: S. 275 f. はすでに早い段階でそのことを指摘しているが、とくに詳細な分析を行っているのは、Ruth Bettina Birn, »Eine neue Sicht des Holocaust«, in: Norman G. Finkelstein, Ruth Bettina Birn (Hg.), *Eine Nation auf dem Prüfstand. Die Goldhagen-These und die historische Wahrheit*, Hildesheim 1998, S. 137-192; Ruth Bettina Birn, Volker Rieß, »Das Goldhagen-Phänomen oder fünfzig Jahre danach«, in: *Geschichte in Wissenschaft und Unterricht* 49 (1998), S. 80-98 である。

（12）ホロコーストに関与した非ドイツ人を扱わなかったことを、ゴールドハーゲンは研究上のプラグマティズムの観点から説明している。彼の著作はすでにきわめて広範なテーマを扱っており、「処理可能な状態を保つためには対象を限定せざるをえなかった」というのである（Goldhagen, *Hitlers willige Vollstrecker*, S. 557; Goldhagen, *Hitler's Willing Executioners*, S. 476）。だが彼はその際、非ドイツ人補助部隊の関与こそが彼の議論に根本的な疑問を突きつけており、自著の中ではこの点に関して間に合わせの印象を与える多因論的説明モデルに頼るしかなかったという事実を見落としている。「ホロコーストの決定的な推進力」がドイツから、したがって「ドイツ人」からもたらされたことは疑いないが、それでも「普通のドイツ人」や「普通の非ドイツ人」を殺戮部隊に積極的に参加させることがどうして可能であったのかについては、依然として説明が必要である。

（13）「実直な要因研究」ないしは「陳腐な要因社会学」に対する非難は通常、第二次世界大戦後の古典的な暴力研究に向けられたもので、それらは家族内暴力、青年集団の非行、抗議運動の枠内での政治的動機にもとづく犯罪に関心を向けるものだったが、そうした非難はホロコースト研究にも適用することができる。Trutz von Trotha, »Zur Soziologie der Gewalt«, in: Trutz von Trotha (Hg.), *Soziologie der Gewalt. Sonderheft der Kölner Zeitschrift für Soziologie und Sozialpsychologie*, Opladen 1997, S. 9-56, hier: S. 18 を参照。

（14）要因を列挙するような多因論的アプローチは、ホロコースト研究――またジェノサイド研究一般――で主流となっている（Donald Bloxham, *The Final Solution. A Genocide*, Oxford 2009, S. 288; Olaf Jensen, »Evaluating Genocidal Intent. The Inconsistent Perpetrator and the Dynamics of Killing«, in: *Journal of Genocide Research* 15 (2013), S. 1-19, hier: S. 2 を参照）。このアプローチによって言えることはせいぜい、実態の次元に関しては、たとえばユダヤ系ポーランド人に対する行動の際には、非ユダヤ系ポーランド人に対する行動の際よりもナチズムの教化が大きな役割を果たした可能性があること、社会的次元に関しては、親衛隊では反ユダヤ主義がより大きな役割を果たす傾向があったため、親衛隊部隊と警察大隊を区別しなければならないこと、時間的次元に関しては、当初は権威志向が中心だったが、後になると鈍化がより重要になったことぐらいである（Browning, *Ganz normale Männer*, S. 172 f.; Browning, *Ordinary Men*, S. 128）。だが結局のところ、これらすべての要因が互いにどう関連しているのかは不明なままである。非ドイツ人の加害者グループに関してはダニエル・ゴールドハーゲン自身も多因論的アプローチを採用しているのだが、それゆえにこそ彼はあらゆる動機を並べるだけの「物干しロープの原則」に言及しているのである。

（15）第一〇一警察大隊に関するダニエル・ゴールドハーゲンのテーゼをめぐって生じた論争は当初、第一次世界大戦の勃発に関するフリッツ・フィッシャーの著書をめぐる論争、ハンナ・アーレントの著書『エルサレムのアイヒマン』や、ホロコーストの唯一性に関する歴史学者のテーゼをめぐる激しい論争など、二〇世紀の主要な現代史論争と比較された（この点については、Gavriel D. Rosenfeld, »The Controversy that isn't. The Debate over Daniel J. Goldhagen's Hitler's Willing Executioners in Comparative Perspective«, in: *Contemporary European History* 8 (1999), S. 249-273, hier: S. 250 f. を参照。もっともこの論文は、これらの論争の中心的な相違点にも注目している）。だが結局のところ、ゴールドハーゲンの考察は学術的な議論にはほとんど影響を与えなかった。ゴールドハーゲンの著書の商業的成功と学術的な評価の低さのコントラストは、すでに早くから指摘されていた。Ulrich Herbert, »Academic and Public Discourses on the Holocaust. The Goldhagen Debate in Germany«, in: *German Politics and Society* 17 (1999), S. 33-54, hier: S. 33; Peter Weingart, Petra Pansegrau, »Reputation in Science and Prominence in the Media: the Goldhagen Debate«, in: *Public Understanding of Science* 8 (1999), S. 1-16, hier: S. 5 ff. ゴールドハーゲンのアプローチが単純だったために論争が一方的なものになってしまい、ブラウニングの著作に対する批判的な検証がなされずに終わったのはまさに悲劇的としか言いようがない。ゴールドハーゲンがブラウニングを厳しく批判した後、一部の歴史学者はブラウニングを支持する以外に選択肢はないと考えたようだ。ゴールドハーゲンとは対照的に、ブラウニングの著作は――ジャック・セムランの言葉を借りれば――まさに「傑作」として登場しなければならなかったのである。Jacques Sémelin, *Säubern und Vernichten. Die Politik der Massaker und Völkermorde*, Hamburg 2007, S. 12.

（16）ゴールドハーゲンに対するハーバーマスの賛辞は、ドイツ語では Jürgen Habermas, »Über den öffentlichen Gebrauch der Historie. Warum ein ›Demokratiepreis‹ für Daniel Goldhagen?«, in: Karl D. Bredthauer, Arthur Heinrich (Hg.), *Aus der Geschichte lernen – How to Learn from History*, Bonn 1997, S. 14-37、英語の翻訳では Jürgen Habermas, »Goldhagen and the Public Use of History: Why a Democracy Prize for Daniel Goldhagen?«, in: Robert R. Shandley (Hg.), *Unwilling Germans? The Goldhagen Debate*, Minneapolis, London 1998, S. 263-274 に見られる。ドミニク・ラカプラは、歴史学者の「ダブルバインド」について次のように語っている。「彼らは少なくともその大部分において、ゴールドハーゲンの本には学術的に注目する価値がないと考えている。だがそのすばらしい大衆的な成功や、一部の著名な知識人や学者――その大半はプロの歴史学者ではなく、少なくともナチスによるジェノサイドの専門家ではなく、オピニオンメーカーにすぎない――による好意的な受容のために、彼らはこの本に注目しないわけにはいかないのである」。Dominick LaCapra, »Perpetrators and Victims«, in: Dominick LaCapra (Hg.), *Writing History, Writing Trauma*, Baltimore 2001, S. 114-140, hier: S. 116.

(17) Rürup, »Viel Lärm um nichts?«, S. 361. 同様の指摘として、たとえば Ian Kershaw, *Der NS-Staat. Geschichtsinterpretationen und Kontroversen im Überblick*, Reinbek bei Hamburg 1999, S. 391 を参照。

(18) この論争——長きにわたって「意図主義者対機能主義者」というラベルのもとで行われてきた論争——に関する文献は、ここで挙げることはできない。社会学的研究の出発点としてとくに適しているのは、ユートピア的なものの実現に関するハンス・モムゼンのいまなお比類なき研究である。Hans Mommsen, »Die Realisierung des Utopischen. Die ›Endlösung der Judenfrage‹ im ›Dritten Reich‹«, in: *Geschichte und Gesellschaft* 9 (1983), S. 381-420. 最近のより詳細な研究として、Hans Mommsen, *Das NS-Regime und die Auslöschung des Judentums in Europa*, Göttingen 2014 も参照。

(19) この点については、Herbert A. Simon, »Recent Advances in Organization Theory«, in: Brookings Institution (Hg.), *Research Frontiers in Politics and Gouvernement. Brooking Lectures*, Washington, D.C. 1955, S. 23-44 を参照。サイモン（Herbert A. Simon, *Perspektiven der Automation für Entscheider*, Quickborn 1966）は——この点にルーマンは注目しているのだが——この区別を弱め、より計画された決定とより計画されていない決定の間の連続性を支持した。Niklas Luhmann, »Positivität des Rechts als Voraussetzung einer modernen Gesellschaft«, in: Niklas Luhmann, *Ausdifferenzierung des Rechts*, Frankfurt/M. 1981, S. 113-153, hier: S. 134 f. を参照。ホロコースト研究では、この二つの問いの違いは決定のタイプの違いによってではなく、加害者のタイプの違いによって特徴づけられる。Jacques Sémelin, »Éléments pour une grammaire du massacre«, in: *Le débat* (2003), S. 154-170, hier: S. 164 における「決定者」、「組織者」、「宣伝者」、「実行者」の区別、あるいは Christopher R. Browning, »Ideology, Culture, Situation, and Disposition. Holocaust Perpetrators and the Group Dynamic of Mass Killing«, in: Alfred B. Gottwaldt, Norbert Kampe u. a. (Hg.), *NS-Gewaltherrschaft. Beiträge zur historischen Forschung und juristischen Aufarbeitung*, Berlin 2005, S. 66-76, hier: S. 66 f. における「イデオローグ」、「マネージャー」、「普通の男たち」の区別を参照。

(20) この二つの問いの関連をとくに際立たせているのは、ホロコーストの実行におけるドイツ帝国および占領地双方の無統制なイニシアティブを強調する研究である。占領地の民政機関、国防軍の秘密野戦警察、さらにはトット組織の場合、大量殺戮の決定をもたらす前提条件に関する決定からこうした決定の実行への移行は流動的であった。この点については、Christian Gerlach, »Extremely Violent Societies. An Alternative to the Concept of Genocide«, in: *Journal of Genocide Research* 8 (2006), S. 455-472, hier: S. 456 を参照。

(21) 組織社会学的な観点からだけでも、次のような多数のテーマがさらなる研究の対象となるだろう。すなわち、ユダヤ人を東方の絶滅収容所へ移送する際の国有鉄道の役割（Raul Hilberg, *Sonderzüge nach Auschwitz*, Mainz 1981 を参照）、収容所内の「下層社会」（最初の社会学的アプローチとして啓発的な研究としては、Wolfgang Kirstein, *Das*

Konzentrationslager als Institution totalen Terrors, Pfaffenweiler 1992; Maja Suderland, *Territorien des Selbst. Kulturelle Identität als Ressource für das tägliche Überleben im Konzentrationslager*, Frankfurt/M., New York 2004; Maja Suderland, *Ein Extremfall des Sozialen*, Frankfurt/M., New York 2009、最新の研究としては、Tobias Hauffe, *Hier ist kein Warum. Willkür in den nationalsozialistischen Konzentrationslagern – eine soziologische Analyse*, Bielefeld 2013 が挙げられる）、ユダヤ人評議会の役割（基本文献として、Isaiah Trunk, *Judenrat: The Jewish Councils in Eastern Europe under Nazi Occupation*, Lincoln 1996、最初の社会学的な整理の試みとして、Bauman, *Dialektik der Ordnung*, S. 132 ff. を参照）、秩序警察・保安警察の活動の枠内における非ドイツ人の殺戮部隊の動員（Raul Hilberg, *Perpetrators, Victims, Bystanders. The Jewish Catastrophe 1933-1945*, New York 1992, S. 87 ff. の概説を参照）などである。

（22）「社会学的説明」と言われている。Michael Brennan, »Some Sociological Contemplations on Daniel J. Goldhagen's Hitler's Willing Executioners«, in: *Theory, Culture and Society* 18 (2001), S. 83-109, hier: S. 93.「社会学的アプローチ」という非難を浴びるのに社会学者である必要はなく、論争の中で歴史学者が「集団圧力」という用語を使うだけで十分だった。それは主に社会心理学者が使う用語だが、社会学的観点からすると、警察大隊内のインフォーマルなプロセスをとらえるには不十分なものである。

（23）Mariam Niroumand, »Little Historians. Das Buch des amerikanischen Politologen Daniel Jonah Goldhagen wird keinen neuen Historikerstreit auslösen«, in: *taz* vom 13. 4. 1996; Paul Johnson, »Eine Epidemie des Hasses«, in: Julius H. Schoeps (Hg.), *Ein Volk von Mördern? Die Dokumentation zur Goldhagen-Kontroverse um die Rolle der Deutschen im Holocaust*, Hamburg 1996, S. 28-31 を参照。「社会学者」という言葉はいくつかの新聞や雑誌の記事に登場した。ジャーナリストのマティアス・アルニングとロルフ・パーシュは「米国の社会学者」ゴールドハーゲンと書き、厳しい批判を浴びた。Matthias Arning, Rolf Paasch, »Die provokanten Thesen des Mister Goldhagen«, in: *Frankfurter Rundschau* vom 12. 4. 1996. ルドルフ・アウグスタインは、ゴールドハーゲンを批判した論考に「死刑執行人としての社会学者」というタイトルをつけ、ゴールドハーゲンが「従来の研究で気に入らないものはすべて切り捨てる」と不満を述べたが、この発言はそういう姿勢が社会学者にとって一般的なやり方だと示唆している。Rudolf Augstein, »Der Soziologe als Scharfrichter«, in: Julius H. Schoeps (Hg.), *Ein Volk von Mördern? Die Dokumentation zur Goldhagen-Kontroverse um die Rolle der Deutschen im Holocaust*, Hamburg 1996, S. 106-109.

（24）ゴールドハーゲンはその後、マスメディアによって「ハーバード大学社会学教授」とも呼ばれている。Rudolf Augstein, »Der Soziologe als Scharfrichter«, in: Der *Spiegel* vom 15. 4. 1996, S. 29 f. を参照。アウグスタインのほか、たとえば Mechtild Blum, Wolfgang Storz, »Killing for Desire. Interview with Klaus Theweleit«, in: Robert R. Shandley (Hg.), *Unwilling Germans? The*

Goldhagen Debate, Minneapolis, London 1998, S. 211-216も参照。

(25) H. G. Adler, *Theresienstadt 1941-1945*, Tübingen 1955; Eugen Kogon, *Der SS-Staat. Das System der deutschen Konzentrationslager*, München 1946; Anna Pawełczyńska, *Values and Violence in Auschwitz*, Berkeley 1979のような初期の研究がそれまでの知識によって少なくとも「社会学化」されていたことを考えると、社会学がホロコースト研究を無視してきたのは驚くべきことである。

(26) こうした見方については、Brennan, »Some Sociological Contemplations on Daniel J. Goldhagen's Hitler's Willing Executioners«, S. 81を参照。歴史家論争に関するハーバーマスの論説を読むと、この見方はもっともらしく思われる。Jürgen Habermas, *Eine Art Schadensabwicklung. Kleine politische Schriften VI*, Frankfurt/M. 1987に収録されたハーバーマスの論考も参照。

(27) たとえば以下の論集を参照。Julius H. Schoeps (Hg.), *Ein Volk von Mördern? Die Dokumentation zur Goldhagen-Kontroverse um die Rolle der Deutschen im Holocaust*, Hamburg 1996; Robert R. Shandley (Hg.), *Unwilling Germans? The Goldhagen Debate*, Minneapolis, London 1998; Johannes Heil, Rainer Erb (Hg.), *Geschichtswissenschaft und Öffentlichkeit. Der Streit um Daniel Goldhagen*, Frankfurt/M. 1998; Jürgen Elsässer, Andrej S. Markovits (Hg.), *»Die Fratze der eigenen Geschichte«. Von der Goldhagen-Debatte zum Jugoslawien-Krieg*, Berlin 1999; Geoff Eley (Hg.), *The »Goldhagen Effect«. History Memory Nazism – Facing the German Past*, Ann Arbor 2000. 例外はWerner Bergmann, »Im falschen System. Die Goldhagen Debatte in Wissenschaft und Öffentlichkeit«, in: Johannes Heil, Rainer Erb (Hg.), *Geschichtswissenschaft und Öffentlichkeit. Der Streit um Daniel Goldhagen*, Frankfurt/M. 1998, S. 131-147だがこの論考は差別化理論にもとづくメタ視点を議論に取り入れている。

(28) Zygmunt Bauman, *Modernity and the Holocaust*, Ithaca 1989, S. 9 f.、ドイツ語版ではBauman, *Dialektik der Ordnung*, S. 14 f.を参照。バウマン以前の指摘としては、たとえばBarry M. Dank, »Review of ›On the Edge of Destruction‹ by Celia S. Heller«, in: *Contemporary Sociology* 8 (1979), S. 129, hier: S. 129 f.; Katz, »Implementation of the Holocaust«, S. 511 f.を参照。社会学者がホロコースト研究に参入していないという批判は、社会学では現在までほとんど単調に繰り返されている。多かれ少なかれ新しいタイプの批判としては、たとえば以下を参照。Wolfgang Sofsky, »Zivilisation, Organisation, Gewalt«, in: *Mittelweg 36* 3 (1994), S. 57-67, hier: S. 58; Peter Imbusch, »Deutsche Geschichte, der Holocaust an den Juden und die Besonderheit der bundesrepublikanischen Genozidforschung. Acht Thesen«, in: Hartwig Hummel, Ulrich Albrecht (Hg.), *Völkermord. Friedenswissenschaftliche Annäherungen*, Baden-Baden 2001, S. 123-134, hier: S. 123 ff.; Fred E. Katz, »Holocaust«, in: George Ritzer (Hg.), *The Blackwell Encyclopedia of Sociology*, Malden 2007, S. 2142 f., hier: S. 2142 f.; Michaela Christ, »Die

Soziologie und das ›Dritte Reich‹. Weshalb Holocaust und Nationalsozialismus in der Soziologie ein Schattendasein führen«, in: *Soziologie* 40 (2011), S. 407-431, hier: S. 407 ff.; Stefan Friedrich, *Soziologie des Genozids. Grenzen und Möglichkeiten einer Forschungsperspektive*, Paderborn 2012, S. 5 und 21; Martin Shaw, »Sociology and Genocide«, in: Donald Bloxham, A. Dirk Moses (Hg.), *The Oxford Handbook of Genocide Studies*, Oxford, New York 2010, S. 142-162, hier: S. 144 f.

（29）出発点となりうるのは、ナチズム下のドイツ社会学に関する基礎的研究である。Otthein Rammstedt, *Deutsche Soziologie 1933-1945. Die Normalität einer Anpassung*, Frankfurt/M. 1986; Carsten Klingemann, *Soziologie im Dritten Reich*, Baden-Baden 1996; Carsten Klingemann, *Soziologie und Politik. Sozialwissenschaftliches Expertenwissen im Dritten Reich und in der frühen westdeutschen Nachkriegszeit*, Wiesbaden 2009.

（30）つまり本書はある意味で、集団暴力を国家組織の存在によってではなく、その不在によって説明しようとする昨今の潮流に逆らっている。この点については、Jacques Sémelin, *Purify and Destroy: The Political Uses of Massacre and Genocide*, New York 2007; Christian Gerlach, *Extrem gewalttätige Gesellschaften. Massengewalt im 20. Jahrhundert*, München 2011, S. 8 ff. を参照。この説明は一九六五年から六六年にかけてのインドネシア、一九七一年から七七年にかけてのバングラデシュでの大虐殺については妥当であると考えられるし、一九九四年のルワンダ、一九九一年から九五年にかけての旧ユーゴスラヴィアでの大虐殺にも概ね当てはまると思われるが、ホロコーストの説明においては一九四四年末から四五年五月初めまでの局面にしか妥当性をもたない。ホロコーストと他の多くの政治的・民族的・宗教的少数派の大量殺戮との違いは、まさにホロコーストが国家秩序に大きく依存して行われた点にある。

（31）興味深いことに、ホロコーストに関する様々なデータを統計的に処理する努力がなされているにもかかわらず、国家組織のメンバーでない人物によって殺されたユダヤ人がどれほどいたかを示す正確な記録は存在しない。だがそのような人物によるユダヤ人の殺害は第二次世界大戦後には殺人として訴追される可能性があったにもかかわらず、国家組織のメンバーでない人物に対する捜査はほとんど知られていないため、その数は比較的少なかったと推測される。この点については、より詳細な歴史学的研究が待たれるところである。また、個別事例研究——たとえば強制収容所の組織において公式の職位をもたなかった「ブーヘンヴァルトの魔女」、イルゼ・コッホに関する研究——をこうした観点から再解釈してみても面白いだろう。Jürgen Finger, »Zeithistorische Quellenkunde von Strafprozessakten«, in: Jürgen Finger (Hg.), *Vom Recht zur Geschichte. Akten aus NS-Prozessen als Quellen der Zeitgeschichte*, Göttingen 2009, S. 97-113, hier: S. 103 を参照。コッホが「あらゆるヒエラルキーの外部」にいたという評価については、たとえば Arthur L. Smith, *Die Hexe von Buchenwald*, Köln 1983; Alexandra Przyrembel, »Ilse Koch – ›normale‹ SS-Ehefrau oder ›Kommandeuse von Buchenwald‹?«, in:

Klaus-Michael Mallmann, Gerhard Paul (Hg.), *Karrieren der Gewalt. Nationalsozialistische Täterbiographien*, Darmstadt 2004, S. 126-133 を参照。

（32）親衛隊や突撃隊のような党組織を国家機構に統合することがナチスの目標だったため、こうした国家的暴力と非国家的暴力の区別は複数政党制の国家におけるほど明確ではない。この点を詳細に論じた研究として、Armin Nolzen, »›Totaler Antisemitismus‹. Die Gewalt der NSDAP gegen die Juden, 1933-1938/39«, in: Detlef Schmiechen-Ackermann (Hg.), *»Volksgemeinschaft«: Mythos, wirkungsmächtige soziale Verheißung oder soziale Realität im »Dritten Reich«? Zwischenbilanz einer kontroversen Debatte*, Paderborn 2012, S. 179-198; Michael Wildt, *Volksgemeinschaft als Selbstermächtigung*, Hamburg 2007 を参照。国家的暴力と非国家的暴力の違いをテーマ化することについては、Wildt, *Volksgemeinschaft als Selbstermächtigung*, S. 96 ff. を参照。「ヴァイマール共和国はそのあらゆる弱点にもかかわらず」、被害者が加害者に対して法的措置をとることができる「法治国家的制度を提供していた」という事実に、ミヒャエル・ヴィルトは正しく注目している。初期の研究として、Peter H. Merkl, *Political Violence under the Swastika. 581 Early Nazis*, Princeton 1975 も参照。ナチ国家末期の暴力行使を論じた著作として、Sven Keller, *Volksgemeinschaft am Ende. Gesellschaft und Gewalt 1944/45*, München 2013 も参照。

（33）ドイツでこの点に繰り返し注意を喚起してきたのがハンス・モムゼンで、彼は「絶滅プロセスは官僚機構」を必要としていたのだから、この側面をアプローチに組み込まなければならないと述べて、いわゆる加害者研究を非難している（たとえば Hans Mommsen, »Probleme der Täterforschung«, in: Helgard Kramer (Hg.), *NS-Täter aus interdisziplinärer Perspektive*, München 2006, S. 425-433, hier: S. 429 を参照）。

（34）ポグロムにおける殺戮は通常、国家暴力組織によって遂行された大量虐殺の規模には達しない。ティモシー・スナイダーが注目しているように、一九四一年後半の任意の一日にドイツ人によって射殺されたユダヤ人の数は、ロシア帝国の全期間中にポグロムで殺されたユダヤ人の総数を上回っていた。Timothy Snyder, *Bloodlands. Europa zwischen Hitler und Stalin*, München 2010, S. 236 を参照。

（35）原著は Raul Hilberg, *The Destruction of the European Jews*, London 1961 だが、これに由来する様々な版を参照。本書では主としてドイツ語版 Raul Hilberg, *Die Vernichtung der europäischen Juden*, Frankfurt/M. 1990 を用いる。ヒルバーグの前提の普遍性については、Dan Stone, *Constructing the Holocaust*, London 2003, S. 147 ff. を参照。

（36）このテーマに関する最近の社会学的研究のほとんどについては、広範な「組織社会学的無関心」を指摘してもいいくらいである。こうした無関心を示す顕著な例として、Bauman, *Dialektik der Ordnung*, S. 24 ff. を参照。同書はより先進的な組織社会学的アプローチを一貫して無視している。だが空間に焦点を当てることで加害者と被害者の相互作用を明らかにしている革新的な最近の社会学的研究も、組織の視点を広範に無視しているという特徴がある（Michaela Christ, *Die Dynamik des Tötens. Die Ermordung der Juden von Berditschew, Ukraine 1941-1944*, Frankfurt/M. 2011 を参照）。例外の一つは、きわめて読む価値が高いが、ほとんど注目されてこなかった Jörg Balcke, *Verantwortungsentlastung durch Organisation. Die »Inspektion der Konzentrationslager« und der KZ-Terror*, Tübingen 2001 である。強制収容所に関する社会学的研究においてさえ同書が受け入れられていないという事実は、社会学的な議論の中でも組織社会学が無視されていることの証しである。たとえば以下の重要な歴史学的な地域研究が組織をほとんどの社会学的研究よりもずっと精確に分析していることは、社会学の研究状況について多くのことを物語っている。Walter Manoschek, *»Serbien ist judenfrei«. Militärische Besatzungspolitik und Judenvernichtung in Serbien 1941/42*, München, Wien 1993; Christian Gerlach, *Kalkulierte Morde. Die deutsche Wirtschafts- und Vernichtungspolitik in Weißrußland 1941 bis 1944*, Hamburg 2000; Dieter Pohl, *Nationalsozialistische Judenverfolgung in Ostgalizien 1941-1944. Organisation und Durchführung eines staatlichen Massenverbrechens*, München 1996; Thomas Sandkühler, *»Endlösung« in Galizien. Der Judenmord in Ostpolen und die Rettungsinitiativen von Berthold Beitz, 1941-1944*, Bonn 1996; Bogdan Musial, *Deutsche Zivilverwaltung und Judenverfolgung im Generalgouvernement. Eine Fallstudie zum Distrikt Lublin 1939-1944*, Wiesbaden 1999.

（37）Bauman, *Dialektik der Ordnung*, S. 113 ff. und 118 ff. しばしば「組織」の代わりに「官僚制」が話題にされることにも、ヴェーバー的な組織理解への志向が読み取れる。だが似たような概念の使い方は、Raul Hilberg, *Die Vernichtung der europäischen Juden*, S. 1080 にも見られる。ヒルバーグの思考に官僚制を志向する伝統が継承されていることについては、Raul Hilberg, *Unerbetene Erinnerung. Der Weg eines Holocaust-Forschers*, Frankfurt/M. 1994, S. 50 ff. を参照。これを批判した研究として、Nicolas Berg, *Der Holocaust und die westdeutschen Historiker. Erforschung und Erinnerung*, Göttingen 2003, S. 135 f.; James E. Waller, »The Social Sciences«, in: Peter Hayes, John K. Roth (Hg.), *The Oxford Handbook of Holocaust Studies*, Oxford, New York 2010, S. 667-679, hier: S. 670 f. も参照。バウマンの官僚制理論を検証した興味深い研究として、Paul Du Gay, *In Praise of Bureaucracy*, London 2000, S. 35 ff. を参照。バウマンのヴェーバー的な視野狭窄を明確に指摘しているのは、Balcke, *Verantwortungsentlastung durch Organisation*, S. 14 だけである。

（38）あらゆる批判にもかかわらず、社会学の功績は――すでに第二次世界大戦中にラファエル・レムキンが提示していた考察の伝統に則って――ホロコーストを「野蛮主義の再発」、「歴史の偶発事故」、「ドイツ人のメンタリティの異常」と見なすべきだとする考えが神話にすぎないことを暴露したことにあった（Raphael Lemkin, *Axis Rule in Occupied Europe*, Washington, D.C. 1944 を参照）。よく知られているように、ナチズムを近代社会の現象と見なす解釈は早くから存在していた。そのことは、Max Horkheimer, Theodor W. Adorno, *Dialektik der Aufklärung*, Frankfurt/M. 1969; Hannah Arendt, *Elemente und Ursprünge totaler Herrschaft*, München 1986 を想起すればわかるだろう。この点に関する賛否両論ある研究として、Michael Prinz, Rainer Zitelmann, »Vorwort«, in: Michael Prinz, Rainer Zitelmann (Hg.), *Nationalsozialismus und Modernisierung*, Darmstadt 1991, S. vii-xi を参照。これを検討した研究として、たとえば Stone, *Constructing the Holocaust*, S. 36 f.; Dan Stone, *Histories of the Holocaust*, Oxford, New York 2010, S. 113 ff. も参照。「民族浄化」の基本条件としての近代性を比較の視点から考察した研究として、Michael Schwartz, *Ethnische »Säuberungen« in der Moderne. Globale Wechselwirkungen nationalistischer Gewaltpolitik im 19. und 20. Jahrhundert*, München 2013, S. 5 ff. und 626 f. も参照。

(39) バウマンの主張の核心は、彼の見るところでは近代が大量殺戮の手段――官僚制組織、殺戮の技術、人員の拘束可能性――だけでなく、その目的も提供したということである。バウマンのホロコースト理解については、たとえば Hans Joas, »Soziologie nach Auschwitz. Zygmunt Baumans Werk und das deutsche Selbstverständnis«, in: *Mittelweg 36* 5 (1996), S. 18-28, hier: S. 18 ff.; Peter Imbusch, *Moderne und Gewalt. Zivilisationstheoretische Perspektiven auf das 20. Jahrhundert*, Wiesbaden 2005, S. 449 ff. を参照。バウマンに対する批判として、たとえば Frank Robert Chalk, Kurt Jonassohn, *The History and Sociology of Genocide. Analyses and Case Studies*, New Haven 1990, S. 5 ff.; Michael Freeman, »Genocide, Civilization and Modernity«, in: *British Journal of Sociology* 46 (1995), S. 207-223, hier: S. 214; Stone, *Constructing the Holocaust*, S. 239 ff.; Klaus Dammann, *Genocide, Individuals and Organization: Choice, Actions and Consequences for Contemporary Contexts*, Bielefeld 2007, S. 3 ff. を参照。

(40) Hannah Arendt, *Eichmann in Jerusalem. A Report on the Banality of Evil*, London 1984. 第一〇一警察大隊の分析の枠内での批判に対してアーレントを擁護した研究として、Géraldine Muhlmann, »Le comportement des agents de la ›Solution finale‹. Hannah Arendt face à ses contradicteurs«, in: *Revue d'histoire de la Shoah* (1998), S. 25-52 を参照。このようにホロコーストを官僚制的に組織された絶滅産業として理解する伝統は、ホロコースト研究の初期段階にまで遡る。たとえば Léon Poliakov, Joseph Wulf, *Das Dritte Reich und die Juden*, Berlin 1955, S. 3 f. を参照。同書は「新たな産業」の成立を指摘しているが、その「機構」は「まさにドイツ人の組織能力から期待される通りに」機能したという。

(41) Martin Heidegger, »Bremer und Freiburger Vorträge (Vorträge 1949 und 1957)«, in: Martin Heidegger, *Gesamtausgabe. Band 79*, Frankfurt/M. 1994, S. 56.

(42) Wolfgang Sofsky, *Die Ordnung des Terrors. Das Konzentrationslager*, Frankfurt/M. 1997, S. 296. 死の工場の概念を用いた初期の研究として、Hannah Arendt, *Nach Auschwitz. Essays & Kommentare*, Berlin 1989, S. 11 を参照。死の工場の概念を詳細

に考察しているのは、Alf Lüdtke, »Der Bann der Wörter: ›Todesfabriken‹. Vom Reden über den NS-Völkermord – das auch ein Verschweigen ist«, in: *Werkstattgeschichte* 13 (1996), S. 5-18 である。ゾフスキーとバウマンはたしかにホロコーストの説明において組織を中核に据えて考察しているのだが、重要な組織社会学的研究をほとんど完全に無視している。私の推測では、両者とも多かれ少なかれ無自覚にヴェーバー的な官僚制理論に従っているのだが、ゾフスキーの場合は彼がライナー・パリスとともに展開した社会的権力の形象化に関する考察と著しい対照をなしている。Wolfgang Sofsky, Rainer Paris, *Figurationen sozialer Macht. Autorität, Stellvertretung, Koalition*, Frankfurt/M. 1994.

（43）こうした批判については、たとえば Kiepe, *Das Reservepolizeibataillon 101 vor Gericht*, S. 58; Donald Bloxham, »Organized Mass Murder: Structure, Participation, and Motivation in Comparative Perspective«, in: *Holocaust and Genocide Studies* 22 (2008), S. 203-245, hier: S. 209 を参照。ゾフスキーはベウジェツ、ソビブル、トレブリンカの「原始的モデル」を認識しているが、彼にとってその「高度な即興性」は組織的ルーティンではなく、アウシュヴィッツ＝ビルケナウのより合理的な絶滅の形態に向かう前段階でしかなかった（Sofsky, *Die Ordnung des Terrors*, S. 297）。だがゾフスキー自身は、「官僚制の概念を集合的暴力の過程に適用」しないよう警告している（Wolfgang Sofsky, *Zeiten des Schreckens. Amok, Terror, Krieg*, Frankfurt/M. 2002, S. 69）。アウシュヴィッツに焦点を当てることが重要だと思われるのも、アウシュヴィッツの唯一性が殺戮の工場的組織によってのみ根拠づけることができるからである。歴史家論争の枠内でこの問題を考察した研究として、たとえば Mathias Brodkorb, »Habermas gegen Habermas verteidigen! Ein etwas anderes Vorwort«, in: Mathias Brodkorb (Hg.), *Singuläres Auschwitz? Erich Nolte, Jürgen Habermas und 25 Jahre »Historikerstreit«*, Banzkow 2011, S. 5-16 を参照。

（44）ヴェーバー的な組織モデルの弱点を列挙した初期の研究として、Niklas Luhmann, »Zweck – Herrschaft – System. Grundbegriffe und Prämissen Max Webers«, in: Niklas Luhmann, *Politische Planung*, Opladen 1971, S. 90-112; Renate Mayntz, »Max Webers Idealtypus der Bürokratie und die Organisationssoziologie«, in: *Kölner Zeitschrift für Soziologie und Sozialpsychologie* 17 (1965), S. 493-502 を参照。この点を要約した研究として、Stefan Kühl, *Organisationen. Eine sehr kurze Einführung*, Wiesbaden 2011, S. 57 ff. und 74 ff. も参照。マルティン・ブロシャートとハンス・モムゼンの初期の歴史学的研究を見れば、彼らが史料研究のみを通じてヴェーバーの官僚制モデルの修正に成功していることがわかる。たとえばナチズムにおける多様な権力中枢の競合や、知的障害者や精神病患者の大量殺戮の際に試された技術の「ユダヤ人問題の最終解決」への応用に関する彼らの記述は、すでにポスト・ヴェーバー的な組織社会学の洞察に相応するものである。ネットワーク概念を通じてホロコースト研究においてポスト・ヴェーバー的な組織理解を確立しようとする試みについては、Wolfgang Seibel, »A Market for Mass Crime? Inter-Institutional Competition and the Initiation of the Holocaust in France, 1940-1942«, in:

Journal of Organization Theory and Behavior 5 (2002), S. 219-257; Wolfgang Seibel, »Restraining or Radicalizing? Division of Labor and Persecution Effectiveness«, in: Gerald D. Feldman, Wolfgang Seibel (Hg.), *Networks of Nazi Persecution. Bureaucracy, Business, and the Organization of the Holocaust*, New York 2005, S. 340-360 も参照。

（45）「マリオネットのような役者」や「チェスの駒」といった概念、および「加害者の道徳的原動力」の平板化やいわゆる「外的勢力による圧力」に関する記述の出所は、Daniel Jonah Goldhagen, »Die Notwendigkeit eines neuen Paradigmas«, in: Jürgen Elsässer, Andrej S. Markovits (Hg.), *»Die Fratze der eigenen Geschichte«. Von der Goldhagen-Debatte zum Jugoslawien-Krieg*, Berlin 1999, S. 80-102, hier: S. 81 である。ゴールドハーゲンを参照して「魂のないテクノクラート」を、アーレントを参照して「情熱のない机上の犯罪者」を話題にしているのは、Matthias Heyl, *Zur Diskussion um Goldhagens Buch »Hitlers willige Vollstrecker«*, Hamburg 1996, S. 1 und 23 である。「従順で意志のない世界観の実行者」や「感情のない命令ロボット」という表現を用いているのは、Gerhard Paul, »Von Psychopathen, Technokraten des Terrors und ›ganz gewöhnlichen‹ Deutschen. Die Täter der Shoah im Spiegel der Forschung«, in: Gerhard Paul (Hg.), *Die Täter der Shoah. Fanatische Nationalsozialisten oder ganz normale Deutsche?*, Göttingen 2002, S. 13-87, hier: S. 17 である。ホロコースト研究の機械モデルに対する批判は、ホロコーストの決定をナチ国家の様々な行政単位間の競合によって説明するという、いわゆる機能主義的アプローチに対する批判と結びつくことが多かった。このようなアプローチでは、「個人の責任」が「抽象的なプロセスの霧」や「計画性のないイニシアティブ」の中に消えてしまうというのである。この点については、たとえば Saul Friedländer, »Wege der Holocaust-Geschichtsschreibung«, in: Ulrich Bielefeld, Heinz Bude u. a. (Hg.), *Gesellschaft – Gewalt – Vertrauen. Jan Philipp Reemtsma zum 60. Geburtstag*, Hamburg 2012, S. 471-488, hier: S. 481 を参照。

（46）この伝統を代表しているのが、何よりもフレデリック・テイラーである。Frederick W. Taylor, *The Principles of Scientific Management*, London 1967. こうした組織の見方については、Alfred Kieser, »Managementlehre und Taylorismus«, in: Alfred Kieser (Hg.), *Organisationstheorien*, Stuttgart, Köln, Berlin 1995, S. 57-90 の概説を参照。

（47）こうした考えは、とくに人間関係論によって人口に膾炙した。中心的な研究と見なせるのは、Elton Mayo, *The Human Problems of an Industrial Civilization*, New York 1933 である。こうした視点については、Alfred Kieser, »Human Relations Bewegung und Organisationspsychologie«, in: Alfred Kieser (Hg.), *Organisationstheorien*, Stuttgart, Köln, Berlin 1995, S. 91-122 も参照。

（48）Niklas Luhmann, *Organisation und Entscheidung*, Opladen 2000, S. 279 ff.

（49）人間と役割の区別については、Niklas Luhmann, *Rechtssoziologie*, Reinbek 1972, S. 81 ff. が詳細に論じている。そこでは

成員資格にもとづく様々なシステムが、人間や役割にどう帰せられるかによって区別されている。この点を根本的に考察した研究として、Stefan Kühl, »Gruppen, Organisationen, Familien und Bewegungen. Zur Soziologie mitgliedschaftsbasierter Systeme zwischen Interaktion und Gesellschaft«, in: Bettina Heintz, Hartmann Tyrell (Hg.), *Interaktion – Organisation – Gesellschaft revisited. Sonderband der Zeitschrift für Soziologie*, Stuttgart 2014, S. 65-85 を参照。

（50）社会学においても、一方の行為理論と他方の構造理論の間に分裂がある。だが野心的な理論構築は、たえずこの分裂を克服しようとつとめてもいる。構造の客体化は行為する人間によってもたらされるというピーター・L・バーガーとトーマス・ルックマンのテーゼ、構造が行為者の行為を可能にし、行為者の行為を通じてこれらの構造が再生産されるというアンソニー・ギデンズの社会学的通説の理論的刷新、あるいは一方の構造の拘束性と他方の行為の自由を社会の様々なレベルに位置づけようとするニコス・P・ムゼーリスの試みなどを思い浮かべればよい。この点については、Peter L. Berger, Thomas Luckmann, *The Social Construction of Reality*, New York 1966; Anthony Giddens, *The Constitution of Society*, Cambridge 1984; Nicos P. Mouzelis, *Back to Sociological Theory. The Construction of Social Orders*, New York 1991 を参照。だがタルコット・パーソンズやニクラス・ルーマンのように、しばしば性急に構造理論家と見なされる著者たちでさえ、行為と構造を結びつける困難な試みを提示してきた。

（51）ホロコースト研究における自発性と強制性、人間と構造の単純な対置は、こうして克服できるようになる。また大量殺戮の説明においては、「非人格的な構造も集合的・個人的行為者も重要である」といったソロモン的な決まり文句を一貫して避けることも重要である（引用は Gerlach, *Extrem gewalttätige Gesellschaften*, S. 378 より）。合理的選択理論の表現を用いるなら、集合的行為者と個人的行為者の関係を厳密に規定することこそ、どこで誰によって個人的・非個人的な構造に帰せられるかを理解する上で重要だということになる。合理的選択理論の一貫した適用については、Douglass C. North u. a., *Violence and Social Order. A Conceptual Framework for Interpreting Recorded Human History*, Cambridge 2009 を参照。

（52）このアプローチの社会学的伝統としては、とくにフレッド・E・カッツの考察が挙げられる。カッツはオットー・オーレンドルフとアドルフ・アイヒマンの例を用いて、ナチ国家の「官僚たち」がかなりの程度の自律性を有していたことを強調している。Katz, »Implementation of the Holocaust«, S. 522 ff.; Fred E. Katz, *Ordinary People and Extraordinary Evil. A Report on the Beguilings of Evil*, Albany 1993. カッツは米国の病院に関する初期の経験的研究に続いて、ナチ組織における自律性に関する考察を行った。Fred E. Katz, *Autonomy and Organization*, New York 1968. だがカッツが組織内で計画を行う機関の自律性に注目しているのに対して、私が第一〇一警察大隊に焦点を当てて論じるのは、組織の技術的中核に位置づけられる計画された機関の自律性である。

（53）例外の一つは経済学の影響を受けた社会学の合理的選択学派で、方法論的個人主義の前提にもとづいて個々人の利害、ひいてはその動機を問題にしている。根本的な研究として、James S. Coleman, *Foundations of Social Theory*, Cambridge 1990、入門的な説明として、Thomas Voss, Martin Abraham, »Rational Choice Theory in Sociology. A Survey«, in: Arnaud Sales, Stella R. Quah (Hg.), *The International Handbook of Sociology*, London, Thousand Oaks 2000, S. 50-83を参照。だが私の知る限り、こうした理論的視点からホロコーストにおける動機の問題を解明しようとした試みは存在しない。

（54）ごく簡単な議論への参入として、Theodor W. Adorno, »Erziehung nach Auschwitz«, in: Theodor W. Adorno, *Erziehung zur Mündigkeit*, Frankfurt/M. 1970, S. 92-109; Norbert Elias, »Zivilisation und Gewalt. Über das Staatsmonopol der körperlichen Gewalt und seine Durchbrechungen«, in: Joachim Matthes (Hg.), *Lebenswelt und soziale Probleme. Verhandlungen des 20. deutschen Soziologentages in Bremen 1980*, Frankfurt/M., New York 1981, S. 98-122を参照。Chalk/Jonassohn, *The History and Sociology of Genocide*, S. 29は、様々なジェノサイドを相互に比較している。Helen Fein, *Accounting for Genocide. National Responses and Jewish Victimization during the Holocaust*, New York 1979は、ヨーロッパの占領地の国ごとの違いを論じている。ジェノサイドの類型化の傾向については、とくにHans Vest, *Genozid durch organisatorische Machtapparate. An der Grenze von individueller und kollektiver Verantwortlichkeit*, Baden-Baden 2002, S. 34 ff. を参照。

（55）こうした問題提起によって——システム理論家の中にはこれを批判する者もいるかもしれないが——個々人の行為に焦点が当てられることになるので、行為者理論的アプローチによく見られる定式化が紛れ込むことになる。私は（とりわけNiklas Luhmann, *Funktionen und Folgen formaler Organisation*, Berlin 1964に同じような定式化の技法があることを踏まえて）こうしたリスクを冒すことにしたが、人間の（当人に帰せられる）行為が組織的な文脈においてのみ、すなわち組織というシステム準拠との関連においてのみ理解できることを体系的に示したいと考えている。

（56）この原則の実践例として、バーバラ・クフラーによる戦争のシステム理論的分析を参照。そこではシステム理論的な伝統に則って、名前、日付、さらには戦争の名称が一貫して挙げられていない。Barbara Kuchler, *Kriege. Eine Gesellschaftstheorie gewaltsamer Konflikte*, Frankfurt/M., New York 2013.

（57）その際、私はブラウニングやゴールドハーゲンよりもさらに進んで、彼らが依然として行っている人物の匿名化を放棄する。警察官は公務員であるため、ハンブルク市の州立文書館が規定する匿名化義務の対象ではない。匿名化を放棄することにより、他の文書館でこれらの人物について具体的な調査を行うことが可能になるだけでなく、大隊員たちの個人的な書類を見つけることもできるようになるはずである。ブラウニングとゴールドハーゲンが大隊員たちの姓名に略称を使っていたことから、両者の研究と関連づけることも容易である。

（58）道徳的な責任と刑法的な責任の関係については、Giorgio Agamben, *Was von Auschwitz bleibt. Das Archiv und der Zeuge*, Frankfurt/M. 2003, S. 20 f. を参照。ジョルジョ・アガンベンが強調しているのは、「道徳的責任の引き受けは、それが法的帰結を受け入れる姿勢を伴ってはじめて価値をもつ」ということである。

（59）こうした手法をとる根拠については、Raul Hilberg, *Die Quellen des Holocaust. Entschlüsseln und interpretieren*, Frankfurt/M. 2002 を参照。警察官のホロコーストへの関与を扱った研究のタイトル（たとえば Harald Welzer, *Täter. Wie aus ganz normalen Menschen Massenmörder werden*, Frankfurt/M. 2005）が戦後の殺人捜査官の自伝的記述のタイトル（たとえば Josef Wilfling, *Abgründe. Wenn aus Menschen Mörder werden*, München 2010 を参照）とほとんど同じであることからも、その問題を認識することができる。

（60）この問題については、Jan Philipp Reemtsma, *Die Gewalt spricht nicht. Drei Reden*, Stuttgart 2002, S. 89 ff. を参照。

（61）この立場については、Jürgen Müller-Hohagen, *Verleugnet, verdrängt, verschwiegen. Die seelischen Auswirkungen der Nazizeit*, München 1988, S. 29; Yehuda Bauer, »Is the Holocaust Explicable?«, in: *Holocaust and Genocide Studies* 5 (1990), S. 145-156, hier: S. 145 ff.; Harald Welzer, »Härte und Rollendistanz. Zur Sozialpsychologie des Verwaltungsselbstmordes«, in: *Leviathan* 21 (1993), S. 358-373, hier: S. 358 を参照。説明の試みが「アウシュヴィッツの独特で不可解な特徴」を破壊してしまうという仮定に対する最良の論評はアガンベンによるもので、彼はなぜ「絶滅を神秘主義の威光で飾る」必要があるのかと問いかけている。Agamben, *Was von Auschwitz bleibt*, S. 28 を参照。

（62）たとえば Michael Neumann, »Schwierigkeiten der Soziologie mit der Gewaltanalyse«, in: *Mittelweg 36* 4 (1995), S. 65-68, hier: S. 67 を参照。暴力が原則として「無意味」であると主張する Wolfgang Sofsky, *Traktat über die Gewalt*, Frankfurt/M. 1996, S. 69 も参照。

（63）この点については、暴力行使における「相互の意味のカーテン」を再現すべきだとする Birgitta Nedelmann, »Gewaltsoziologie am Scheideweg. Die Auseinandersetzung in der gegenwärtigen und Wege der künftigen Gewaltforschung«, in: Trutz von Trotha (Hg.), *Soziologie der Gewalt. Sonderheft der Kölner Zeitschrift für Soziologie und Sozialpsychologie*, Opladen 1997, S. 59-85, hier: S. 78 f. の提案を参照。

（64）すでに一九八〇年代半ばに生じたホロコーストの歴史化に関するマルティン・ブロシャートとザウル・フリードレンダーの論争を参照。Martin Broszat, »Plädoyer für eine Historisierung des Nationalsozialismus«, in: *Merkur* 39 (1985), S. 373-385; Saul Friedländer, »Some Reflections on the Historicisation of National Socialism«, in: *Tel Aviver Jahrbuch für deutsche Geschichte* 16 (1987), S. 310-324; Martin Broszat, Saul Friedländer, »Um die ›Historisierung im Nationalsozialismus‹. Ein Briefwechsel«, in:

Vierteljahrshefte für Zeitgeschichte 36 (1988), S. 339-372. これについては、Ian Kershaw, »›Normality‹ and Genocide«, in: Thomas Childers, Jane Caplan (Hg.), *Reevaluating the Third Reich*, New York, London 1993, S. 20-41 も参照。この論争は、Norbert Frei (Hg.), *Martin Broszat, der »Staat Hitlers« und die Historisierung des Nationalsozialismus*, Göttingen 2007 で総括されている。ザウル・フリードレンダーはこの論争を契機に、ナチ組織の決定、ドイツ帝国の住民の支持と抵抗、ユダヤ人住民の認識と反応を相互に結びつける統合的なホロコーストの歴史記述を要求した。

(65) ゾフスキーによれば、「行為の理論は被征服者の状況を隠蔽する」。それは「犠牲者の苦しみに耳を貸さず、目を閉ざしている」という（Sofsky, *Traktat über die Gewalt*, S. 68）。ゾフスキーの暴力中心主義の分析的かつ規範的な性格については、Trotha, »Zur Soziologie der Gewalt«, S. 39 を参照。「犠牲者中心主義」の危険性については、Michel Wieviorka, *Die Gewalt*, Hamburg 2006, S. 103 ff. を参照。

(66) もっとも、絶滅収容所での出来事を理解する上でとくに興味深いのは、絶滅計画の枠内での活動のために数カ月にわたって強制的に徴集された数百名の囚人の存在である。たとえばソビブル絶滅収容所の分析に大きく貢献しているトーマス・トイヴィ・ブラットの報告を参照。Thomas Toivi Blatt, *From the Ashes of Sobibor. A Story of Survival*, Evanston 1997.

(67) ユダヤ人犠牲者についての史料は、数少ない生存者の戦後の証言という形だけでなく、迫害されたユダヤ人に関する——ますます充実している——同時代人の報告という形でも存在している（この点についての概説として、Henry Greenspan, »Survivors' Account«, in: Peter Hayes, John K. Roth (Hg.), *The Oxford Handbook of Holocaust Studies*, Oxford, New York 2010, S. 414-427; Amos Goldberg, »Jews' Diaries and Chronicles«, in: Hayes/Roth (Hg.), *The Oxford Handbook of Holocaust Studies*, S. 397-413 を参照）。そのような史料を私は——入手可能な限りで——利用した（経験的基盤に関する付録の注釈を参照）。とくに興味深いのは、クラウス＝ペーター・フリードリヒがまとめた総督府のユダヤ人の日記、手紙、報告である——これはまさにドイツ占領当局の公式記録とは対照的なものである。Klaus-Peter Friedrich (Hg.), *Polen, September 1939-Juli 1941*, München 2011; Klaus-Peter Friedrich (Hg.), *Polen: Generalgouvernement August 1941-1945*, München 2014. ワルシャワ・ゲットーのエマヌエル・リンゲルブルムが記した印象深い報告については、Samuel D. Kassow, *Who Will Write Our History? Emanuel Ringelblum, the Warsaw Ghetto, and the Oyneg Shabes Archive*, Bloomington 2007 を参照。

(68) 古典的著作はもちろん、Victor Klemperer, *LTI. Notizbuch eines Philologen*, Berlin 1947 である。Karl Heinz Brackmann, Renate Birkenhauer, *NS-Deutsch. Selbstverständliche Begriffe und Schlagwörter aus der Zeit des Nationalsozialismus*, Straelen 1988; Iris Forster, *Euphemistische Sprache im Nationalsozialismus*, Bremen 2009 の詳細な概説も参照。ジェノサイドにおける言語の役割を一般的に考察した研究として、Herbert Hirsch, Roger W. Smith, »The Language of Extermination in Genocide«, in: Israel

W. Charny (Hg.), *Genocide. A Critical Bibliographic Review*, London 1988, S. 386-404 を参照。

(69)「T4作戦（Aktion T4）」の表記はベルリンのティアガルテン通り4番地の本部の所在地によって統一されていたが、総督府におけるナチスの殺戮計画である「ラインハルト作戦」には「Aktion Reinhard」と「Aktion Reinhardt」の二つの呼称が存在した。この点については、研究文献における議論にも言及しているMommsen, *Das NS-Regime und die Auslöschung des Judentums in Europa*, S. 160 f. を参照。本書では「Aktion Reinhard」という表記を用いるが、これは総督府の秘密無線通信で使われていたものである。だが英国が傍受して解読した無線通信にも、この作戦を示す様々な表記が見られた。Stephen Tyas, »Der britische Nachrichtendienst: Entschlüsselte Funkmeldung aus dem Generalgouvernement«, in: Bogdan Musial (Hg.), *»Aktion Reinhardt«. Der Völkermord an den Juden im Generalgouvernement 1941-1944*, Osnabrück 2004, S. 431-447, hier: S. 439 ff. を参照。ナチ統治下で何年にもわたって様々な表記が存続しえたのは、作戦についての基本的な文書指令が存在しなかったこと、マスメディアによる報道が欠如していたために一義的な表記が発達しえなかったことの表れである。

(70) この点については、Horst Dieter Schlosser, *Sprache unterm Hakenkreuz*, Köln 2013, S. 233 を参照。こうしたナチスの算術がいかに馬鹿げたものであったかは、半ユダヤ人、四分の一ユダヤ人、八分の一ユダヤ人といった概念に示されている。もしナチスが人びとを半ユダヤ人、四分の一ユダヤ人、八分の一ユダヤ人などと呼んだのだとしたら、これらの人びとは半ドイツ人、四分の三ドイツ人、八分の七ドイツ人でもあったのだろうか（Doris L. Bergen, »Controversies about the Holocaust: Goldhagen, Arendt, and the Historians' Conflict«, in: Hartmut Lehmann (Hg.), *Historikerkontroversen*, Göttingen 2000, S. 141-174, hier: S. 161 を参照）。

(71) Hazel Rosenstrauch, *Aus Nachbarn wurden Juden. Ausgrenzung und Selbstbehauptung 1933-1942*, Berlin 1988, S. 11 f. Ulrich Beck, »Wie aus Nachbarn Juden werden. Zur politischen Konstruktion des Fremden in der reflexiven Moderne«, in: Max Miller, Hans-Georg Soeffner (Hg.), *Modernität und Barbarei. Soziologische Zeitdiagnose am Ende des 20. Jahrhunderts*, Frankfurt/M. 1996, S. 318-343, hier: S. 318 f. も参照。

(72) ドイツ人としての国民的アイデンティティとユダヤ教への信仰（あるいは両親や祖父母の信仰）の違いを強調するこの図式がどれほど深く根づいているかは、一九四五年以降の発言に示されている。ほんの一部を紹介しよう。ドイツ連邦政治教育センターの（おそらくキリスト教徒の）局長は、ドイツ・ユダヤ人中央評議会の会長を長年つとめたイグナッツ・ブービスに対して、彼の祖国は結局イスラエルだと指摘した（Angelika Königseder, »Zur Chronologie des Rechtsextremismus. Daten und Zahlen 1946-1993«, in: Wolfgang Benz (Hg.), *Rechtsextremismus in Deutschland. Voraussetzungen,*

Zusammenhänge, Wirkungen, Frankfurt/M. 1994, S. 246-317, hier: S. 307 f. を参照）。同様の失態を犯したのは元フランクフルト市長ペトラ・ロートで、彼女が「ブービスの祖国」の平和を願うと表明したのに対して、ブービスは「ヘッセンで戦争が起きている」なんて知らないと発言したことで、彼女の意図せざる反ユダヤ的姿勢が明らかになったのだった（Michael Klundt, *Geschichtspolitik. Die Kontroversen um Goldhagen, die Wehrmachtsausstellung und das »Schwarzbuch des Kommunismus«*, Köln 2000, S. 29 f. を参照）。イグナッツ・ブービスはまた、ドイツ連邦大統領とイスラエル大統領が講演を行ったレセプションで、あるドイツの高官が彼に近づき、「あなたの国の大統領のお話はすばらしいですね」と言ったというエピソードも語っている。ブービスは「ええ、ヘルツォークさん（当時のドイツ連邦共和国大統領）のお話はいつもすばらしいですよ」と答えたが、それに対してその高官は「いえ、そうではなくて、あなたの国の大統領のことを言ったんですよ！」と答えたという（Michael Blumenthal, »Das war meine Rettung«, in: *Die Zeit* vom 21. 10. 2010, S. 70）。

（73）本書のための研究のかなりの部分は、ビーレフェルト大学の三つのそれぞれ数学期におよぶ教育活動の枠内で行われた。様々な文書館での調査の際に実りある協力をしてくれ、ときには議論を戦わせてくれた学生たちに感謝している。ビーレフェルトでの議論の理論的レベルの高さが大学大衆化の時代においては自明のものでないことは承知している。そうした教育活動からは、数多くの啓発的な個別研究が生まれた。その一部は、次の論集に収録されている。Alexander Gruber, Stefan Kühl (Hg.), *Soziologische Analysen des Holocaust. Jenseits der Debatte über »ganz normale Männer« und »ganz normale Deutsche«*, Wiesbaden 2015. 教育活動から生まれた他の研究は、*Working Paper zur Soziologie des Holocaust* のシリーズでビーレフェルト大学の私のホームページに公開されている。経験的アプローチの説明において「私たち」という表現が使われている場合、それは文書館での共同作業を指している。本書の文章の以前のバージョンには、社会学、歴史学、社会心理学の分野に属する多くの同僚から論評が寄せられた。以前のバージョンに対して一部詳細な論評をしてくれ、何よりもあらゆる困難にもかかわらずこのプロジェクトを完遂するよう励ましてくれた彼らすべてに感謝したい。

第一章　「普通の男たち」と「普通のドイツ人」を超えて

千年後の人びとがヒトラーやアウシュヴィッツ、マイダネク、トレブリンカを現在の私たちよりもよく理解しているかどうかは疑問だ。彼らはより良い歴史観を有しているだろうか。そんなことはない。後世の人びとはもしかすると私たちよりも理解できないかもしれない。アウシュヴィッツの災禍の背後にある動機と利害を誰が分析できるというのか。〔……〕人類を永遠に当惑させ、不安に陥れる人間の性格の恐るべき不吉な秘密に私たちは直面しているのだ。

アイザック・ドイッチャー(1)

ポーランドのルブリン管区南部にあるユゼフフ村は、近年ホロコーストのシンボルの一つとなっている。ベウジェツ、ソビブル、トレブリンカ、アウシュヴィッツ＝ビルケナウの絶滅収容所とは異なり、ユゼフフの意義は絶滅の規模や、分業的に計画・実行された大量虐殺の残虐性にあるわけではない。ユゼフフはむしろ、「普通の男たち」――この場合はハンブルクからドイツ占領下の総督府に派遣された中年の予備警察官たち――がいかにたやすくユダヤ人の男性、女性、子供を至近距離から射殺する任務に動員されえたかを示すシンボルとなっているのである。

ユゼフフの虐殺の犠牲者は、長い間この村に住んでいて、一九三九年のドイツ軍によるポーランド占領後、国境を越えてソ連に逃れることができなかったユダヤ人と、ナチ国家の再定住計画の一環で、一九四一年三月にいわゆるヴァルテガウからユゼフフに強制移送されたユダヤ人であった。ナチ政権は、占領下ポーランドの大部分――ヴァルテガウに併合された北部も含む――をドイツ帝国に編入し、そこに住んでいたユダヤ系・非ユダヤ系のポーランド人をドイツの管理下にある総督府に追放することを決定していた。ハンブルクの警察大隊の隊員による虐殺まで、ユゼフフにはヴァルテガウのコニンから移送されたユダヤ人と合わせて約二〇〇〇人のユダヤ人が住んでいた。これはユダヤ系ポーランド人が――彼らの一部が一九三九年にポーランド・ソ連国境を越えて逃亡した後も――村の人口の半分を占めていたことを意味する。[2]

ハインリヒ・ヒムラーがルブリン管区の親衛隊・警察指導者オディロ・グロボチュニクに占領下ポーランドのユダヤ人を殺害する措置をとるよう命じたことで、ユゼフフのユダヤ系ポーランド人もドイツ占領当局の標的となった。早くも一九四二年五月以降、ユゼフフでは逮捕と射殺が繰り返されたが、それには管区駐在のドイツ人治安警察官、ゲシュタポ職員、鉄道警察官が動員された。[3] 一九四二年七月、グロボチュニクは部下を通じて第一〇一警察大隊に指令を出し、ユゼフフのユダヤ人を現地で射殺するか、さもなければ――ナチ行政機関が課す労働に使うことができるという条件で――労働収容所に収容するよう命じた。

出動命令や虐殺の公式報告書は終戦時に破棄されたが、[4] 一九六〇年代に行われたハンブルク検察局の調査によって、虐殺の経緯は概ね明らかになっている。一九四二年七月一二日の夜、大隊の指揮官ヴィルヘルム・トラップ少佐は部下を招集し、ユゼフフから「ユダヤ人を一掃する」任務が大隊に与えられたと説明した。この「作戦」では「労働可能な男女のユダヤ人は選別され、労働収容所に連行」されて、「残りのユダヤ人」――病人、老人、子供――は「その場で射殺」されることになっていた。部隊は真夜中過ぎに起こされ、大隊のすべての隊員たち――五〇〇名――がユゼフフに出動し、トラックで午前四時から五時の間に現地に到着した。

大隊の指揮官は村の前の集合場所で隊員たちを集め、次のように任務を説明した。村を包囲し、ユダヤ人を武力で家から連行し、広場に集めよ。その中から労働可能な男性を選別した後、残り全員を近くの森で射殺せよ。捜索隊が家屋を捜索中に老人、病人、幼児、乳児のような移送不可能な者、あるいは強制移住に抵抗する者を見つけたら、その場で殺害せよ、と。

この指令に従い、ユゼフフの連行可能なユダヤ系住民が広場に集められた。この集団の中から約一〇〇人の主に男性の職人が選別され、小隊に護衛されてルブリンに移送された。広場に残ったユダヤ人は、三〇人から四〇人ずつ大隊のトラックで森に輸送された。それから警察官が各々一名ずつユダヤ人を森の茂みに連行し、顔を地面にうつ伏せにさせ、首を撃って処刑した。検察局の注釈によると、下士官と衛生兵は「犠牲者の列に付き添って」歩き、まだ息のあるユダヤ人に「いわゆるとどめの一発」を与えた。このように、一三〇〇人から一五〇〇人のユダヤ人の処刑は一二時間以上にわたり午後遅くまで続いた(5)。

ほぼ大隊全体が参加したこのユゼフフでの最初の大量射殺に続いて、さらにウォマジー、セロコムラ、タルチン、ウークフなどでも多数の射殺が行われた。それらはたいてい大隊全体ではなく、個々の中隊や小隊によって実行された(6)。そのような大量処刑の遂行は警察官にとって負担が大きいと判断されたため、ルブリンの親衛隊・警察指導者指導部幕僚は、この地区のユダヤ系住民をできる限りトレブリンカ、ソビボル、ベウジェッツの絶滅収容所に強制移送し、そこでガス殺するよう指示した。[7]

ハンブルク検察局の調査によれば、警察大隊が地元の警察部隊の協力を得て遂行したこれらの強制移送は、ほぼいつも同じパターンで進行した。「最初に、ユダヤ人の住居が治安警察、地方警察、異民族協力者部隊の隊員たちによって包囲された。それから、ユダヤ人は家を出て指定の広場に集合するよう命じられた。この後、保安警察や治安警察の部隊によって家屋に残っている者がいないか捜索された。この捜索で見つかった者、とくに歩けない人びと、つまり老人、幼児、病人はその場で射殺された」。まだ働ける人びとが選び出された後、残り全員が鉄道駅まで追い立てられた。しばしば何キロも続いたこれらの駅への行進の途中で疲れて倒れた者は、警察大隊の隊員によって射殺され、道の脇に放置された。駅ではドイツの秩序警察がユダヤ人を貨物車両に押し込んだが、しばしば「ドアがほとんど閉まらないほどで、乗客は何日間も水も食料も与えられずに絶滅収容所の一つに移送され、ガス殺された」。検察局の調査によれば、「移送の過密により」、すでに絶滅収容所への移送中に乗客の多くが命を落とした。[8]

第一〇一警察大隊は二年以上にわたり、ゲットー解体、強制移送、大量射殺に何度も参加した。いくつかの殺害作戦では、直接射殺を担当した。別の作戦、たとえば一九四三年一一月に三万人以上のユダヤ人が殺害されたマイダネクとポニアトヴァの収容所での「収穫感謝祭作戦」では、警察大隊は――少なくとも大隊員の証言によれば――主に地域の封鎖に従事した。[9] しばしば何百人もの、ときに何千人ものユダヤ人が射殺されたが、なかには――警察官自身によって「ユダヤ人狩り」と呼ばれた作戦のように――偶然捕まったり、ポーランド市民に通報されたりした、より少数のユダヤ人男性、女性、子供だけが殺害された場合もあった。[10]

警察予備大隊が総督府のルブリン管区に派遣されていた一九四二年六月から一九四三年一一月までの

期間について、ハンブルク検察局は第二次世界大戦後、大隊員が三万八〇〇〇人のユダヤ人の殺害と四万五〇〇〇人のユダヤ人の絶滅収容所への強制移送に直接関与したことを立証した。[11]一九四二年一月、つまりハンブルクの第一〇一警察大隊がこの管区に到着する前の時点では、ルブリンには推定三二万人のユダヤ人が住んでいた。だが四年後の一九四六年一月には、旧ルブリン管区にあたるルブリン州には五〇〇〇人のユダヤ人しかいなかった。[12]このルブリン管区のポーランド系ユダヤ人のほぼ完全な消滅に対して、大隊は決定的な責任を負っていた。

警察官、親衛隊員、国防軍兵士、民政機関職員が、ゲットー解体、絶滅収容所への強制移送、大量射殺に参加し、わずか数年のうちに六〇〇万人ものヨーロッパ・ユダヤ人を殺害することができたのはなぜか。[13]一見して、しばしば二度見してもごく普通に見える人びとが、なぜこのような残虐行為に加担したのか。[14]

1　単純な回答の限界

警察官、親衛隊員、国防軍兵士だけでなく、ドイツ民政機関職員、消防士、地元貯蓄銀行の支店長などもゲットー解体や大量射殺に参加したのはなぜかという問題に、ホロコースト研究者は何十年にもわたって取り組んできた。[15]ハンブルクの第一〇一警察予備大隊が研究者にとってとくに興味深いのは、大隊員の行動を説明するのに通常の説明アプローチに限界があるように思われるからである。

分業

「人間絶滅施設」——アウシュヴィッツの元所長ルドルフ・ヘスが提示したこの用語は、長い間ホロコーストの理解を特徴づけてきた。「人間絶滅施設」という用語は、「死の工場」と同様に、ホロコーストの遂行において近代的組織の原則、つまり分業が効力を発揮したことを示唆している。そこで暗示されているのは、「絶滅のベルトコンベアー」に関与した者が多くの場合、自分がいったいどんなプロジェクトに加わっているのかをまったく知らなかったということである。分業という観点からすると、ベウジェツ、ソビブル、トレブリンカへのユダヤ人の円滑な移送を組織した鉄道職員、ワルシャワ、ウッチ、ルブリンのゲットーの解体に参加した警察官にとって、本来の目的——ヨーロッパ・ユダヤ人全体の絶滅——を認識するのはしばしば不可能であったとされる。そうした見方が示唆するところでは、「絶滅機構」の考案者や運営者はいたかもしれないが、関係者の大部分はこの機構の「小さな歯車」にすぎなかったということになる。

ハンブルクの第一〇一警察予備大隊の活動については、生き残ったユダヤ人、ポーランド政府の代表者、警察官自身による証言のいずれもが、そうした「絶滅の機械的性質」に関する描写の不適切さを示している。[16] それらの証言で報告されているのは、至近距離からの首筋撃ち、撃ち手の顔に飛び散る犠牲者の脳味噌、母親の腕の中で撃たれた子供、生き埋めにされた重傷者などである。これらは工場のごとく組織された殺戮とは何の関係もなく、むしろベルント＝A・ルジネクが言うように、「汚れ仕事」のように感じられるものであった。殺戮のかなりの割合が警察当局の手によって非常に「伝統的」な、ほとんど「原始的な方法」で行われたのである。[17]

警察予備大隊の活動が示しているのは、ユダヤ人のゲットーへの集中、絶滅収容所への強制移送、強制移送の間と前後の大量射殺がいかに密接に結びついていたかということである。ゲットーへの収容は、ユダヤ人を絶滅収容所に効率的に移送するための重要な前提条件であった。鉄道駅が遠すぎたり、鉄道路線が寸断されていたり、十分な貨車がなかったりしたために、絶滅収容所への移送が不可能であった場合には、ユダヤ人の女性、男性、子供は集団射殺で処刑され、あらかじめ掘られた穴に埋められた。たしかにゲットーの解体、強制移送、ユダヤ人の大量射殺も、分業的に組織されていた。何人かの警察官が家屋を捜索し、別の警察官が射殺されるユダヤ人に同行し、さらに別の警察官が封鎖を担当して誰も逃亡しないようにした。大隊の一部のグループは犠牲者から衣服や貴重品を奪う仕事を担当し、別のグループは射殺を実行し、さらに別のグループは穴を埋める作業を監督した(18)。

こうした初歩的な分業によって、警察官たちは自分の関与を極小化することができたのかもしれない。自分は封鎖に関わっただけ、あるいはトラックを運転しただけだから殺戮の責任はない、などと自分に言い聞かせることができたのだろう。だがこのことで、警察大隊の隊員の誰もがほとんど性的とさえ言えるような殺害行為に関与していたという事実を曖昧にしてはならない。警察官と犠牲者は顔を突き合わせていたし、穴に向かう途上で互いに言葉を交わしたし、警察官は犠牲者の恐怖と絶望を直に感じることができたのである。

狂信主義

ホロコーストについての標準的な説明は、確信的な加害者――国民社会主義《ナチズム》の「世界観の闘士」――だけが何百万人もの人びとの絶滅に加担することができたというものである。それによると、国民社会主義の世界観を完全に受け入れた者だけが何時間も、しばしば何日間もかけて占領された村や町のユダヤ人住民を一網打尽にして殺すことができたということになる。要するに、ホロコーストの実行犯というのは、ユダヤ人の追放、ゲットーへの収容、最終的にはその絶滅という、ナチスが宣伝した目的に共感した者でしかありえないというわけである(19)。

こうした見方は第二次世界大戦後まもなくして形成され、後に一部のホロコースト研究者によっても提示されるようになったのだが、それはニュルンベルクの戦争犯罪裁判でゲシュタポと親衛隊だけが犯罪組織と規定され、秩序警察、刑事警察、国防軍がその規定から外れたためである。エドワード・クランクショーによれば、ゲシュタポと親衛隊に組織された人員はこのように「一種の普遍的スケープゴート」とされ、すべての競合する説明を「人工的な煙幕」のように覆い隠したのである。[20]

たしかにナチ指導部は、「警察と親衛隊」を融合させようと考えていた。警察組織の問題に関するナチス最高の理論家であったヴェルナー・ベストによれば、ナチ国家が警察を組織化する目的は、「国民社会主義運動の担い手が民族の秩序を守る任務を「騎士団のごとき態度」で貫き通すこと」であった。この目標は、「親衛隊の入隊条件」を満たした「警察官」を「親衛隊に入隊」させ、「警察での職階」に対応する「親衛隊の階級」を与えることによって達成されることになっていた。[21]

だがこの目標は第二次世界大戦中、とくに予備警察官に対しては部分的にしか達成されなかった。たしかに警察大隊の隊員の中には、一九三三年以前からすでにナチ組織で活動していた者もいた。第三中隊の指揮官ヴォルフガング・ホフマンは、一九三〇年に故郷の町で数人の学友と「国民社会主義者学友同盟」を設立しており、一九三三年に親衛隊に入隊し、その後一九三七年にはナチ党の党員にもなっていた。第一中隊のルドルフ・グリュル軍曹は、一九三〇年にすでにオーストリアでヒトラーユーゲントに加入し、その二年後に親衛隊の一員となった。[22]

しかし第一〇一警察大隊の隊員は――たとえばポーランドやソ連で活動した親衛隊特別行動部隊《アインザッツグルッペン》の大部分とは対照的に――とくに積極的なナチ党員から選ばれたわけではなく、ナチスの権力掌握以前にはナチ組織のメンバーでなかった者が大半であった。[23]戦時中、第一〇一警察予備大隊の隊員の三二・五%はナチ党員で、この党員の割合はドイツ国民全体と比較してやや平均を上回っていたが、他の秩序警察や保安警察の部隊と比較すると、警察予備大隊には全体として比較的少数のナチ党員しかいなかった。[24]

ハンブルクの警察官たちのことをその任務にふさわしくない「ネガティブな選抜チーム」(ブラウニング)と呼ぶのは極端だとしても、「大部分がハンブルクの労働者階級の出身であるこれらの中年男性たち」がナチ指導部の理想像に合致していなかったのはたしかである。(25)

サディズム

ユダヤ人絶滅の主犯としてしばしば名指しされるのは、ヒムラーの「黒い帝国」の血に飢えた「凶悪犯」である。(26) 強制収容所を生き延びた者たちの最初の報告はまさに、犠牲者を痛めつけることに大きな満足を感じているように見えるサディスティックな親衛隊員たちの姿を描いていた。たとえばオイゲン・コーゴンがそう特徴づけたように、親衛隊員は「野心」、「カースト的誇り」、「訓練サディズム」、「兵舎マゾヒズム」によって形成された教養のない「野蛮人」、「原始人」であるとされた。(27) そうした見方によれば、思う存分痛めつけ、拷問し、辱めることが許されていたという事実が、加害者たちにとって決定的な動機になっていたということになる。

ヴォルフガング・ゾフスキーによれば、他者の破壊は「加害者の勝利」である。「犠牲者が苦痛と孤独に苛まれるほど」、ますます「虐待者の世界」は大きくなる。「相手を破滅に」追いやることで、加害者自身が「自分の破壊的エネルギー全体」を解き放つ。「相手を破壊することで、彼は自分自身を実現する」。加害者は「自己を拡張する」。ゾフスキーによれば、「慢性的な残忍さで仕事を遂行する最も無気力な拷問者にさえ」、「この自己拡張の快楽」は欠けていない。「苦痛が犠牲者をずたずたに」引き裂く一方で、「加害者は完全に自分から行動する」。「獣性への欲望」が「彼を完全な人間」にするというのである。(28)

ナチスに仕えるサディストたちへの言及は、ホロコーストを「災禍」、「暴力支配」、「蛮行」と呼んだ初期の説明と合致するものであった。それは当時でさえ「普通の人間」には理解できないようなやり方で暴れ、苦しめ、拷問した「人間のくず」であったという。「加害者」たちはドイツの市民社会と何の共通点もないように見える犯罪者、殺人者、虐殺者とされた。(29)

加害者のサディズムはナチズムの大義への強い共感を伴うことがありうるが、つねにそれを伴うわけではなかった。国家保安本部でユダヤ人の絶滅収容所への強制移送を組織したアドルフ・アイヒマンについての説明は、ユダヤ人の市民権剥奪、ゲットーへの収容、最終的にはその大量殺戮という計画に確信をもって取り組む一方で、殺戮への関与には身体的不快感を抱いていた狂信的ナチの姿を示している。「理性的反ユダヤ主義者」が、自分の憎む少数派を貶め、苦しめ、拷問することに満足感や喜びさえ抱く「感情的反ユダヤ主義者」でもある必要はなかった。(30)さらにまた、強制収容所で仲間の囚人を監視する任務を与えられたカポ（囚人頭）たちが、ナチズムの大義に過度に共感していたわけでもないにもかかわらず、きわめて残忍であったと述べる説明も多い。(31)

サディズム・アプローチの提唱者の説明によれば、先進社会でも低開発社会でも病的な殺人者や殺戮者の割合は低く、人口の二、三％程度である。通常の場合、こうしたサディストや虐殺者には自分の欲求を満たす機会がほとんどない。だがナチズムは、ユダヤ人に対するサディズムを存分に発散することのできる「機会構造」を作り出したのだという。(32)ドイツ帝国の男性人口を五〇〇〇万人と仮定すると、大量殺戮に十分な数の参加者を確保するには一〇〇万人のサディストを鎖から解放するだけでよかったということになる。

たしかに第一〇一警察予備大隊の隊員たちも、しばしばきわめて残虐な行動をとった。現存する写真からは、ユダヤ人が強制移送中に銃床や鞭で殴られ、髭を切られ、銃殺の前に泥の中を腹ばいで進むよう強要されたことが明らかになっている。だが第一〇一警察大隊において、生得的または後天的なサディズムを重視した特別な選抜が行われたことを示すものは何もない。この大隊はむしろ、それまでに国防軍、武装親衛隊、秩序警察部隊などに現役入隊したことのない男たちから徴集された、最後の予備兵と呼ぶべき人びとであった。サディスティックな感情を発散する機会をもとめていた男たちは、一九四一年よりもずっと前に、そのような性向を思う存分発揮できるような地位をナチ国家で見つけることができたのである。

教化

「教化」――これもまた、非ユダヤ系ドイツ人の大部分がユダヤ人同胞の排除に加担したことを説明するのに使われる言葉である。ルドルフ・ヘスのような人物でさえ、ナチ国家の指導部が「きわめて効果的なプロパガンダと法外なテロによって」「国民全体を言いなりにさせ、少数の例外を除いて無批判かつ盲目的に従わせた」と断言している[33]。

この説明は、ナチスが形成した自己イメージにもとづいていた。ドイツ帝国の青少年教育に関するアドルフ・ヒトラーの演説によれば、「若者はドイツ的に考え、ドイツ的に行動すること以外に何も学ばず、彼らが一〇歳で」ナチ組織に入れば、「四年後にはユングフォルクからヒトラーユーゲントに進み、さらに四年をそこで過ごすことになる」。ヒトラーによれば、彼らは「それからすぐに党、労働戦線、突撃隊、親衛隊、ナチ自動車運転手団などに」加入する。「そして二年か一年半そこにいて、まだ完全な国民社会主義者になっていなければ」、「労働奉仕団に加入して、そこでさらに六、七カ月しごかれる」。「そして六、七カ月後にまだ階級的・身分的うぬぼれが残っている場合は、国防軍がそれを引き取って二年間さらに教育し、二年、三年、四年後に戻ってきたら、けっして後戻りしないよう、ただちに突撃隊や親衛隊などに戻す。こうすることで、彼らは一生自由にならない[34]」。

こうしたヒトラーの演説の背景にあるのは、国家組織のネットワークがその目的を追求するという、組織の働きについての単純な理解である。この考え方によれば、メンバーは教育と社会化の組み合わせを通じて組織の一員となり、組織の目的を確信し、自らの意志でそれを追求するとされる。ナチスが広めたこの組織イデオロギーは戦後、再定義・再解釈されただけであった。すなわち、教育と社会化の代わりに、教化と誘惑の重要性が強調されるようになったのである。

だが他の多くの警察大隊とは異なり、ハンブルクの警察大隊の隊員の多くは一九四一年まで招集されず、それまで民間職に就いていた年配の予備役からなっていた。第一〇一警察予備大隊の隊員の平均年齢は四〇歳弱で、他の秩序警察、武装親衛隊、国防軍の部隊よりもかなり高かった[35]。彼らはほぼ全員が中年の家族もちで、警察や軍の部隊に見られるように、労働者階級か中産階級の出身者が多かった。労働者階級出身の六%のうち、大半は港湾労働者、倉庫労働者、トラック運転手、水夫、庭師、衣料製造業者、パン屋、給仕、建設労働者、機械工などの民間職に就いていた。職員層出身の予備警察官の三五%のうち、多くは単純な事務職や営業職に就いていた。ブラウニングとゴールドハーゲンが一致して認めているところによれば、この大隊の隊員たちは「年齢や地域的・社会的出自」の点で、「将来の大量殺戮者の養成に適した「人材」とは言い難い人びと」であった[36]。

たしかにハンブルクの警察大隊の隊員も、新聞やラジオ放送、国民受信機で何年間もナチスの宣伝を聞き、三カ月間の基礎訓練で世界観教育も受けていた。ポーランドでの活動中も世界観上の問題について定期的な教育が行われた[37]。だがこうした講習の効果を過大評価すべきではない。ブラウニングが言うように、このような教化がこれらの労働者や職員たちから自律的に考える能力を奪うことができると考えるためには、その操作力をよほど確信していなければならないだろう。彼らの多くがナチスの人種プロパガンダに影響されていたことは間違いないが、ユダヤ人殺害の任務に対して十分な心構えができていたわけではないことはたしかだ。

「ドイツ人のプロジェクト」

「ドイツ人のプロジェクト」としてのホロコースト——ホロコーストへの関与についてのこの説明モデルは、第二次世界大戦終結直後にはすでに提示されていた[38]。残虐行為への広範な参加を説明できるような、「ドイツ人」の典型的な考え方が模索されたのだった。そして、そのような考え方はドイツ人に典型的な権威への隷従性や、ドイツ人に典型的なカリスマ的指導者への従属性、あるいはドイツ人に典型的な抹殺的反ユダヤ主義のいずれかに見出されることになった。ゴールドハーゲンの結論によれば、「ホロコーストを実行したドイツ人の総称として唯一適切な用語」は、「ナチス」でも「親衛隊員」でもなく、むしろ「ドイツ人」だというのである[39]。

このような説明は、警察大隊については一見もっともらしく思われる。第一〇一警察予備大隊は、ドイツ秩序警察の一部であった。すべてのユダヤ人をルブリン管区から「一掃」するために、ベウジェツ、ソビブル、トレブリンカに絶滅収容所を設置することを許可したのは、親衛隊全国指導者・ドイツ警察長官ハインリヒ・ヒムラーであった。これに対応する指示を出したのは、ルブリン管区の親衛隊・警察指導者のオディロ・グロボチュニクで、彼はオーストリア生まれではあったが、オーストリア「合邦」以前からドイツ人としての心情を表明していた。グロボチュニクの指示は、ドイツ人だけからなるルブリン駐在警察連隊幕僚を経由して、ドイツ人である第一〇一警察大隊の大隊長に伝達された。第一〇一大隊の警察官たちは、一八一五年にドイツ連邦に加盟し、一八七一年からドイツ帝国の構成州となっていたハンザ都市ハンブルクの出身者が圧倒的に多かった。

だが第一〇一警察大隊はまさに、ドイツ国外出身の警察官を大量射殺に参加させるのが容易であったことを示している。たとえばこの大隊にはルクセンブルク出身の警察官一四名が加わっていた。その中にはドイツ国防軍での兵役よりもドイツ警察での勤務を希望したルクセンブルク人や、一九四〇年五月一〇日の国防軍によるルクセンブルク占領後にドイツ警察に移管されたルクセンブルク軍の志願兵もいた。だが親衛隊と警察に統合されることが明らかになってから、志願中隊とされたルクセンブルク軍に入隊した者も多かった。[40] 見逃せないのは、ルクセンブルク人の除隊の可能性がドイツ人警察官のそれとは異なっていたことである。勤務を拒否したり、組織を離脱しようとしたりした場合、ドイツ人の同僚たちよりも厳しい懲罰が科されたのである。[41] しかし興味深いのは、彼らがいかにたやすく警察大隊の殺戮プロセスに組み込まれたのかということである。私たちが知る限り、ルクセンブルク人の警察官はドイツ人の同僚と同じように大量射殺に参加し、最初の虐殺の後もほぼ例外なく肯定的な人事評価を受けた。[42]

第一〇一警察大隊はさらに、非ドイツ人の補助部隊にも頼ることができた。ホロコーストの実行に際して、一九四三年初めに総督府に駐屯していた一万四〇〇〇人のドイツ人秩序警察官と二二〇〇人のドイツ人保安警察官を補助したのは、親衛隊に直接従属する一万五〇〇〇人の「非ドイツ人警察部隊」で、トラヴニキ、ヒーヴィ、あるいは——ドイツ領東アフリカのドイツ植民地当局の現地補助部隊にちなんで——アスカリと呼ばれた人びとであった。[43] ドイツ秩序警察を支援するため、ルブリンから三五キロ離れたトラヴニキ親衛隊訓練収容所で、東欧出身の約五〇〇〇人の男たちが訓練を受けた。大隊長や中隊長はたいていドイツ出身者であったが、トラヴニキの大多数はウクライナ人で、ポーランド人、ラトヴィア人、リトアニア人、エストニア人もいた。[44] 一九四二年春以降、トラヴニキたちは公式に「ルブリン管区親衛隊・警察指導者の監視隊」とされ、「戦争が続く限り」任務を果たし、秩序警察の服務・規律規定に従う用意があることを文書で承諾する必要があった。トラヴニキたちは対パルチザン活動、施設警護、スパイ活動、ユダヤ人強制労働収容所の警備、ゲットーの解体、ユダヤ人の大量射殺、絶滅収容所でのガス殺の遂行などに動員された。多くの場合――たとえばウォマジーやミェンジジェツでのゲットーの解体や銃殺――には、第一〇一警察大隊に相当する非ドイツ人部隊として活動した[45]。

圧倒的にドイツ人で構成されていた親衛隊・警察の部隊と現地の補助部隊の間のこうした協力関係はけっして例外的なものではなく、ドイツ国防軍が占領したほぼすべての地域に存在した。ウクライナ人の補助警察、ラトヴィアのアラーユス部隊、スロヴァキアのフリンカ警備隊、ブルガリアのユダヤ人委員会幹部、クロアティアの保安警察ウスタシャ監視局、あるいはイタリアのファシスト民兵でさえ、ユダヤ人の捕捉、強制移送、射殺に関与していた[46]。ホロコーストに関与した人びとの大半はドイツ人であったが、ドイツ人が組織した絶滅機構はしばしば被占領国やナチ国家に協力した国の組織メンバーに頼っていたのである。

ユダヤ人憎悪

もう一つの一般的な説明は、秩序警察がきわめて残虐な形でユダヤ人の殺戮に関与したのは、ユダヤ人に対する根深い憎悪があったからにほかならないというものである。この見方によると、ホロコーストはとくにこの点で他のすべての大量虐殺と区別される。すべてのユダヤ人の「絶滅」は何か上位の――たとえば経済的、政治的、軍事的な――目的を達成するための手段ではなく、人種的純潔のユートピアによって動機づけられた自己目的として追求されたということになる。この目的はナチスにとってきわめて重要であったため、軍事的に必要な場合には他の目的は後回しにされたという[47]。

この説明は一見もっともらしく見える。警察大隊の隊員によって射殺された人びとの大半はユダヤ人であった[48]。だが大隊は通常任務として非ユダヤ系ポーランド人に対する作戦にも動員された。それゆえ第二次世界大戦後、ポーランドの司法当局は警察大隊の隊員を、たとえばユゼフフやウークフでのユダヤ系ポーランド人の殺害ではなく、タルチン村の一〇〇人弱の非ユダヤ系ポーランド人の射殺の咎で訴追した。(49)

ユダヤ人と非ユダヤ人に対する迫害がいかに似た特徴をもつものだったかは、これまでも繰り返し指摘されてきた。ラインハルト・リューループによると、「多くの野戦郵便で雑談風に伝えられた」「いわゆる「ユダヤ人狩り」」は、「妻に宛てた手紙の中で「すばらしい」出来事として描写された」「民間人に対する「パルチザン狩り」や「報復作戦」」と並記された。ユダヤ人の殺害の際に見られたような「「日常」と殺戮の混合」は、「非ユダヤ人に対する犯罪」の際にも存在した。たとえば「予備大隊の隊員が映画館から「報復作戦」に向かうよう命じられ」、作戦に加わって女性と男性を殺害してから、「その後すぐに映画館に戻った」ような場合がそれである。(50)

たしかに、警察大隊の隊員たちがユダヤ人と非ユダヤ人の犠牲者を同等に扱ったとは言い難い。ユダヤ系ポーランド人の場合にはユダヤ人であるというだけで射殺が正当化されたのに対して、非ユダヤ系ポーランド人の場合には盗賊活動やパルチザン活動といった追加の理由が挙げられることが多かった。(51)警察大隊の隊員が特定の犠牲者グループに特別な動機を抱いていたかどうかについては、何らかの推測をすることはできるだろうが、事実として指摘できるのは、彼らが非ユダヤ人の殺害にたやすく動員されたということである。(52)

したがって、ハンブルクの警察大隊は国家暴力組織のメンバーがいかにたやすく様々な任務に動員されたかを示す、もう一つの例にすぎない。(53)いわゆる「安楽死作戦」に関与したスタッフは、八万人弱の知的障害者や精神病患者の殺害という目的が達成された後、「ユダヤ人問題の最終解決」のために設置された絶滅収容所にたやすく転任することができた。「東部」では国防軍部隊、親衛隊師団、警察大隊が必要に応じて、パルチザンとの戦い、「ユダヤ人狩り」、ロシア軍との戦闘に動員された。強制移送の列車の警備にあたった警察部隊は、シンティとロマを絶滅収容所に移送するときも、同じように精力的に任務を遂行した。

ホロコースト社会学の課題

ドイツ国民の大部分にナチズムの支持者がいたことは間違いないし、警察部隊や強制収容所に自分たちの仕事を根深いサディズムを発散する機会と考えていた人びとがいたことも間違いないし、ドイツに多数存在した反ユダヤ主義者たちの中にユダヤ人の根絶さえ想定していた人びとがいたことも間違いない。だが驚くべきことに、第二次世界大戦中の強制移送、大量射殺、ガス殺には、それまでそのような行為をしたことがなく、その後もしなかった多数の人びとが関与していた。それではなぜ、彼らは当時そのようなことをしたのだろうか。

2　動機追求から動機呈示へ

しばしば何時間も続いた男性、女性、子供の大量射殺の残酷さ、ゲットー解体や強制移送の残忍さ、そして絶滅収容所で起こったことを考えると、これらの殺戮を遂行した人びとの動機は何だったのかという疑問が生じる。前節で概説した説明アプローチが殺戮に関与した人びとの動機について限られた回答しか提供できないのであれば、ほかにどのような説明アプローチがあるのだろうか。

ホロコースト研究においては、ホロコーストに関与した人びとの「真の動機」を明らかにしようとする潮流――いわゆる加害者研究――が生じている。そこではマックス・ヴェーバーに依拠しつつ、人びとがなぜそのような行動をとるのかを理解するために、「行為の主観的動機」を再現することが目的とされる[54]。ホロコーストがそもそもどのようにして起こったのかを説明するためには、「どのような考えや感情が殺人者たちを突き動かしたのか」を突き止めるべきだというのである[55]。

だが動機を追求しようとする者に対して社会学が投げかける疑問は、行為者の真の動機とは何なのだろうかというものである。もしある人が自分の行為の真の動機をもっともらしく示すことができれば、それが真の動機であると仮定してよいのだろうか。真の動機と、真の動機として呈示されているだけの動機とを、どうやって区別できるのだろうか[56]。

状況に依存した動機の呈示

原則として明らかにできるのは――この点については社会構築主義の立場をとる社会学者たちも見解が一致している――、人びとがどのように行動するかということだけである。ある人が銃を手にしているかどうか、引き金を引くかどうか、標的に命中するかどうかということは明らかにできる。問題はしかし、その人がなぜそのように行動したのかを確実に究明する方法がないことだ。たしかに本人に質問したり、様々な実験をしたり、行為中に脳をスキャンしたり、死後に解剖して検査したりすることはできるかもしれない。だがそのようなことをしても、その人の行為の動機については何もわからない。

C・ライト・ミルズによれば、人びとが質問されたときに表明する動機は、何が彼らを突き動かしているかについてはほとんど語らないが、相互行為の中でどんな動機呈示がもとめられているかについては多くを語る。動機として言及されるものは、まずもって特定の相互行為状況の中で期待される動機呈示の結果にすぎない。そこでは、人がどのような相互行為状況の中で自分の行動を正当化する必要に迫られているかに応じて、言い換えると、どんな人びとがその場にいるか、ある事柄についていかなる情報が得られるか、どのような動機が正当と見なされるかに応じて、動機呈示は違った形をとる[57]。こうした考え方を説明するには、ナチズム研究から得られる次の二つの事例を検討してみるとよいだろう。

第一の事例によると、第二次世界大戦後の検察局による訴追という条件下で、警察大隊の隊員や国防軍の兵士が殺人に対するサディスティックな喜びを供述せず、自分たちの置かれた状況の強制的な性質に言及したのは、もっともなことであった。だが直接的な訴追の圧力がない場合、たとえば研究者による尋問や、互いの間での会話、精神療法の中では、まったく別の動機が表明されることもあった[58]。米国の捕虜となった国防軍兵士の尋問や、捕虜収容所での会話の盗聴では、自分たちが狂信的なナチであるとは認めず、むしろ同志的な連帯に言及することが多かった。ただし第二次世界大戦中のドイツ軍捕虜たちによるこれらの発言も、兵士や警察官の真の動機として解釈することはできず、同志たちや尋問した人びとに対する動機の呈示として理解しなければならない[59]。

第二の事例は次のようなものである。国家保安本部第Ⅳ局B４課の課長であったアドルフ・アイヒマンが一九六〇年五月にモサドによってイスラエルに連行された後、彼はエルサレムの法廷で命令を遂行しただけの忠実な官僚として自らを呈示した。アイヒマンが自らについて描いたこのようなイメージは、最終的にハンナ・アーレントの「悪の凡庸さ」についての報告の中に採用された。だがイスラエルの法廷での発言とは対照的に、アイヒマンはそれ以前のアルゼンチンへの亡命中に武装親衛隊の元隊員であったオランダ人のウィレム・サッセンと交わした会話の中で、まったく別の動機を表明していた。後にいわゆるサッセン・インタビューとして知られるようになったこの会話の中で、アイヒマンは自分を単なる命令の受け手ではなく、ユダヤ人の殺害に尽力した中心人物として呈示し、ただその「仕事」をやり遂げる能力だけが足りなかったのだと主張した[60]。社会学以前の解釈に従うなら、イスラエルの法廷でのアイヒマンの主張は純粋な自己弁護で、サッセンに対する発言にこそ彼の「真の動機」が表われているということになるだろう。だがサッセンとの会話においても、アイヒマンは動機呈示に影響を及ぼすような状況に直面していた。元親衛隊員に対して自らを確信的なナチとして呈示するというのは、理にかなったことである。アイヒマンの頭の中をどんな考えが占めていたのかは、知ることができない(61)。

動機の呈示を再現する際には、行為の大部分が行為者に動機の説明を強いることなく行われることに留意しなければならない。人は通常、通勤の経路を選んだり、組織のルーティンワークをこなしたり、食事をとったりする際には動機を呈示する必要はなく、たとえば相反する期待があったり、異なる選択肢が採用できたりして、相手が自分の行動を受け入れようとしない場合にはじめて動機を呈示する。動機の呈示はそのとき、自分がなぜ特定の方法で行動したのかを相手に伝える機能をもつ。なぜ回り道をして通勤したのか、なぜ組織のルーティンワークをなおざりにしたのか、なぜ食事の招待を断ったのか、その理由は説明するのである。

暴力の行使はたいてい社会的な例外状況を意味するため、多くの場合に動機の呈示がもとめられる。だが家族、小集団、抗議運動、組織における暴力の研究からわかるように、暴力のプロセスの中でこれを行うのは困難なことが多い。暴力にはしばしば「過剰」なもの、「恣意的」なものが含まれているため、過激になりがちな暴力の行使の動機を説明することなど、暴力の行使者にとっても困難である(62)。だが紛争一般と同様に、暴力の行使はしばしば独自の力学を発展させ、関係者がそこから逃れることを困難にするため、暴力の行使者は遅くとも行為の後には、何が自分を駆り立てたのかを説明するよう強いられる(63)。

過去または未来の行為に疑念を抱く人びとを納得させることができれば、それは「十分な動機」と呼ぶことができる(64)。だがこうした「十分な動機」は、誰がどの時点で何をもとめるかによって変わってくる。パルチザンを撃っただけでなく、その前に辱めも与えたのはなぜかについて、大隊員が仲間に呈示する動機は、その仲間を満足させるかもしれないが、そうした行為のことを聞く妻を納得させることはできないかもしれない。戦時中にはもっともらしく思えた残虐行為の動機も、戦後はもはや十分な動機とはなりえないかもしれず、そのため動機呈示者によって現下の要求に適合させられることになる。

社会学的な観点からは、ある出来事が個人に起因し、その環境に起因しない場合に、それは行為と呼ぶことができる。これは複雑に思えるかもしれないが、その背後にあるのは単純な考え方である。動機、意図、関心など、どんな用語を使うにせよ、出来事がある人に起因するのであれば、それは行為と呼ばれる。[65]これに対してある出来事が環境に起因する場合、つまりある人が出来事の客体にすぎず、独自の動機も意図も関心ももたない場合、それは体験と呼ばれる。体験には映画鑑賞のように快いものも、祭りでの集団ヒステリーや乱闘のような不快なものもある。

人びとの動機呈示における一貫性への期待

とはいえ、これはC・ライト・ミルズが見落としていることだが、人びとは自分が呈示する動機をまったく自由に選べるわけではない。社会的次元での動機呈示においては、異なるグループの人びとに対する複数の呈示に矛盾が生じないよう、それらの呈示を互いに整合させなければならない。発言の矛盾を避けるために、複数の動機呈示は事実的な面で互いに整合したものでなければならない。また、動機呈示は時間的に一貫性を保たなければならないし、それがうまくいかない場合は、動機呈示の中で変化を正当化しなければならない。[66]動機呈示におけるこれら三つの一貫性の要件について、簡単に説明しておこう。

社会的な次元では、人びとは自己呈示を行う際、別の集団に対して相反する動機呈示を行った事実が露呈することによって、ある集団に対して表明した動機が信用できないものにならないように、注意を払う。軍隊への入隊を希望する兵士は、志願時の面接では軍人の伝統を守ることへの熱意を表明し、友人には異性に近づく特権が得られるからと説明し、両親には安定した収入が得られることを理由に挙げて、入隊の希望を正当化するかもしれない。だが相反する動機呈示を行ったことが露呈すると、それを正当化することが難しくなる可能性がある。友人には、面接では期待される正当な動機を表明すると説明すればよいが、面接そのものでは、それ以外の動機、たとえば家族や友人に対して表明する動機に言及することは必ずしも適切ではないだろう。

　事実的な次元では、ある行為の動機が他の一つ以上の行為の動機と両立するかどうかという観点から、人びとは観察される。たとえばある警察大隊の隊員がユダヤ系ポーランド人の処刑に派遣されたことを正当化する一方で、カトリック系ポーランド人の処刑は大きな懸念を抱きつつ遂行したと主張する場合、彼は自分の動機呈示を明らかにする必要があった。もちろん、当時正当と考えられていた反ユダヤ主義的姿勢や、彼自身のカトリック信仰といった理由を挙げることはできたが、彼にとっては、呈示された動機の事実的な一貫性を感知し、それに自分の動機呈示を適合させることが重要だった。

　そして何よりも時間的な次元では、ある行為の動機呈示がどのように変化するかという観点から、人びとは観察される。ある警察大隊の隊員がある日ユダヤ人の子供を残酷に殺害して、以前からユダヤ人を憎んでいたからだと正当化したのに、翌日には命令されたからだと説明したとしたら、彼は信用できない人間と見なされるに違いない。ユダヤ人の強制移送や殺戮に関与した国防軍兵士、警察官、親衛隊員たちの大半が第二次世界大戦後に沈黙したのはおそらく、当時は正当と見なされ、それゆえ動機呈示に用いられた理由が戦後はもう利用できなくなり、新たな動機を導入すれば以前の動機呈示との断絶が明白になってしまうと考えたからだろう。こうした理由で、国防軍兵士、警察官、親衛隊員たちは、刑事訴追当局やジャーナリスト、あるいは自分の子供や孫に対して自らの行動を正当化する必要が生じたときになってはじめて、新たな動機を持ち出すことが多かったのである。

動機呈示と動機付与を超えて

社会学的見地からは、まずもって——ここでの要求は控えめなものだが——ホロコーストに関与した人びとの動機呈示と彼らに付与される動機を正確に再現することだけが可能である。だが従来の研究が示しているように、そのような再現をしたところで驚くような知見はほとんど得られない。戦時中は自らを確信的なナチとして呈示し、それゆえ自らの行為をナチ的信念に依拠して説明していた警察官たちは、戦後は自らを命令の受け手として呈示し、自分の動機をもたずに、場合によっては自分の動機に反して行動したのだと説明することが多かった[67]。

そして、分業、狂信主義、サディズム、教化、ドイツ性、ユダヤ人憎悪など、上述の「単純な回答」が依拠する動機付与も、つねに特定の時期や特定の状況において多用された動機を表していた。ホロコーストにおける分業の強調は、第二次世界大戦後の非ユダヤ系ドイツ人にとって、ユダヤ人の絶滅のことを何も知らなかったという正当化の口実として役立った。ニュルンベルク裁判をきっかけに戦後ドイツで一般化したのは、ナチ加害者を狂信者やサディストとする見方だったが、それはドイツ人にとって、ホロコーストの責任を一部の確信犯だけに押しつけるのに役立った。ナチ時代に抹殺的反ユダヤ主義に感化されたドイツ人に責任を押しつけるという、一九九〇年代に一般化した動機付与は、ナチ加害者の孫の世代にとって、戦後の正当化から自らを切り離すのに役立ち、それゆえ再統一後に広範なドイツ国民の間で大きな賛同を得ることになった[68]。ここまでは理解できるが、あまりにも平凡な説明である。

3　組織メンバーの動機づけ

社会学的な観点からは、行為者が自分の動機をどのように呈示するかだけでなく、行為中・行為後の行為者に動機がどのように付与されるかについても、分析を行うことが可能である。動物を虐待しているところを父親に目撃された息子は、その状況中・状況後に虐待の動機を呈示するだけでなく、呈示した動機とは必ずしも一致しない動機を、父親から押しつけられるかもしれない。[69]

社会的相互行為にとって、そのような動機付与がもつ意味はいくら重視してもしすぎることはない。ニクラス・ルーマンによれば、動機の付与は「人びとの相互理解の図式」としてだけでなく、他者の「解釈のための検索方法」としても機能する。[70] 子供が動物を虐待したとき、父親は動機の付与を通じて——母親の死に対する反応だとか、友達を驚かせたいという願望だとか、肉食について多かれ少なかれ一貫して考え抜いた結果だとか言って——この行動を理解しようとするかもしれない。多くの状況で少なくともこのような形で相手に動機を付与しようとしなければ、その相手は私たちの目には普段以上に不可解に映るだろう。そのような場合には、社会的相互行為は著しく妨げられるに違いない。

だが動機はある人の行為中・行為後の行為を理解するためだけでなく、——この点が重要なのだが——相手の行為を事前に予測することにも役立つ。この目的のため、人は実際の行為に先立って相手に動機を付与し、自らの行為によってそれに適応しようとする。もし父親が息子にサディスティックな行為の動機を付与するなら、彼は自分の行為を息子（相手）に付与した動機に合わせることができ、それによって息子の行為を誘導することができる。[71] つまり他の人びとに動機を付与することは、その人びとの行為をもっともらしく見えるようにするメカニズムであるだけでなく、その人びととの関係における自らの行為にも大きな影響を与えるのである。

このような動機の付与とそれに対する自己の行為の適合には、個々人だけでなく組織も取り組む。組織の中で形成されるのは、なぜ人びとが加入し、そこにとどまるのかについての理解である。個々人に対する動機の付与にもとづいて、組織は次にそれらの人びとを自らに縛りつけるメカニズムを形成する。給料を上げたり、副収入を認めたり、より魅力的な新しい目的を掲げたり、同僚との親睦を深めたり、組織のメンバーになることを強制する法律を制定したりする。通常の心理学の語法とは異なるが、想定される動機にもとづいて人びとを組織に結びつけるようなメカニズムの形成をはかるこうした試みは、「動機づけの手段」と呼ぶことができる。(72)

組織が標的にするのは、メンバーの成員動機と業績動機の両方である。成員動機とは、ある人がある組織のメンバーになるのはなぜかという、その動機のことである。だが――行動科学的決定理論だけでなく、マルクス主義産業社会学やプリンシパル・エージェント理論も指摘するように――成員動機がすべてではない。組織はそれに加えて、メンバーの業績動機を生み出すことも強いられる。マルクス主義社会学の語法を用いれば、購入された労働力や強制された労働力は、現実の労働業績に変換されなければならない。

組織はメンバーに成員動機と業績動機を押しつけるが、それは何よりも組織のフォーマルな期待を通じてである。組織は人びとがメンバーになり、メンバーであり続けるための条件を定義し、それと引き換えに、組織メンバーが組織に対するフォーマルな期待の枠内で要求することのできるインセンティブを提供する。そうしたインセンティブは、たとえば契約で定められた金銭の支払いであったり、兵役や兵役代替の一環で強制活動に従事するという法的に担保された義務であったりする。このような公式に定められたメンバーの動機づけの形態は、組織によってしばしば文書で定義され、メンバー同士のコミュニケーションの中で容易に参照できるようになっているため、通常は社会学的に分析することが十分可能である[73]。

だがそれに加えて、とくに業績動機はインフォーマルな期待を通じて押しつけられることも多い。メンバーが成員資格の枠内で一定の業績を挙げるよう動機づけられる原因は、組織のフォーマルな期待からは部分的にしか説明することができない。他の組織メンバーからのインフォーマルな期待や、公式には想定されていない報酬を享受できる見込みの方が、業績動機にとってより重要であることが多い。そのようなインフォーマルな動機づけの手段は文書で定められていないため、社会学的に再現することが必ずしも十分可能ではない。だがそうした手段は組織メンバーの語りの中で重要な役割を果たすことが多いため、それらを明らかにすることは可能である[74]。

組織に目を向けることで、一見おそらく通常と異なるような観点から個々人の動機づけという問題にアプローチできるようになる。たとえ個々人の真の動機については社会学的に何も言えなくても、彼らが所属する組織については、どのような動機づけの手段を用いているか、それによっていかなる動機呈示を促進または抑制しているか、そして彼らがこうした背景のもとでどのように行動し、自らの動機を呈示しているかという観点から観察を行うことができるのである。

組織の動機づけの手段

メンバーの動機づけのために、組織は様々な手段を用いる。メンバーを組織に結びつける第一の方法は、彼らに魅力的な目的を提供することである（第二章を参照）。組織にとっての利点は、魅力的な目的によって組織メンバーを安く、あるいは無料で獲得できるだけでなく、メンバーを目的に共感させることを通じて、大きな統制コストなしに業績を挙げるよう動機づけるのも可能になることにある。軍事社会学的研究からは、目的――国民や政治的目標などの抽象的な理念――への共感が軍隊の統制コストを著しく減らすことがわかっている。[75]ナチスのプロパガンダはこうした目的への共感、具体的には一般にナチ的大義への共感、とりわけ反ユダヤ政策への共感を、ナチ党のようなナチ組織だけでなく、国防軍や警察のような国家暴力組織のメンバーであることの動機づけとしても、繰り返し強調した。

とくに国家暴力組織が利用しうる第二の動機づけの手段は、強制である（第三章を参照）。組織が行使する強制力は、組織が定めた条件のもとでしかメンバーの離脱を認めないというものである。そのために組織は、組織内の警察（たとえば野戦憲兵）、独自の司法権（たとえば軍務裁判所）、組織独自の刑務所などといった独自の強制手段を用いて、メンバーが組織にとどまるようつとめる。この強制によって、メンバーの脱退コストがつり上げられ、組織からの離脱が通常考慮に値する選択肢とは見なされなくなる。ナチ国家では、軍隊、親衛隊、秩序・保安警察だけでなく、多くの場合は民政機関の職員も、このような強制メカニズムを通じて拘束されていたため、少なくとも戦時中は、これらの組織から離脱することが不可能であった。

メンバーの拘束を生み出す第三の方法は、同僚関係である（第四章を参照[76]）。同僚関係が十分な成員動機となることはまれである。結局のところ「感じのいい同志」に惹かれて組織のメンバーになる人は通常いない。だが同僚関係は業績動機を維持し、高める上で重要な役割を果たす。任務を進んで遂行しようとするのは、さもなければ同僚がやらねばならず、彼らの好意に頼らざるをえないからだ。警察大隊、親衛隊部隊、国防軍部隊の場合、同僚関係はとくに同志への期待という形で表れた。警察官、国防軍兵士、親衛隊員として組織のフォーマルな期待に応えるだけでなく、とくに同志規範を通じて押しつけられる同志たちのインフォーマルな期待にも応えなければならなかった。戦地での任務においては、組織の成員資格だけでなく、自分の命、つまり事実上すべての役割関係が危険にさらされていたため、同志規範はとくにはっきりと表れた。

メンバーを組織に結びつける第四の動機づけの手段は、金銭である（第五章を参照）。組織は、それに見合った報酬も支払う用意さえあれば、魅力的でない任務にもメンバーを確保することができる。そして、人びとの金銭の需要が「慢性的」であるため、メンバーをこの方法で一定期間だけでなく、永続的にも拘束することができる。組織メンバーには通常、一日の一部を組織のために提供したことに対して、賃金、給料、賞与が直接支払われる。だが直接的な金銭の支払いではなく、他者による金銭の支払いの約束を通じて動機づけが行われる他の形態もある。たとえば警察官、税関職員、兵士としての地位によって、民間人からの略奪や賄賂の収受が可能になる場合などである。

組織メンバーの動機づけを行う第五の方法は、行為の魅力である（第六章を参照）。多くの組織は、ほぼもっぱら魅力的な活動を提供することだけを通じてメンバーを拘束している。このような場合、活動を行うこと自体が加入の理由になるため、メンバーはこうした活動を行える機会に対して進んで金銭を支払おうとすることが多い。ある行為の魅力は、目的の魅力と相関する場合もあるが、必ずしも相関するとは限らない。赤十字や他の支援組織で働いている人びとに尋ねると、彼らはしばしば組織の目的を有意義だと考えているだけでなく、活動そのものも楽しいからだと答える。これに対してスポーツ団体などといった他の組織のメンバーは、その活動を大いに楽しんでいるかもしれないが、「自分たち」の組織の目的に強く共感していることを知人に伝える者は比較的少ない。

動機の組み合わせ

組織がメンバーの動機づけのために用いるこれらの手段は完全なリストではないが、秩序・保安警察、武装親衛隊、国防軍が組織メンバーに付与した動機を知るための最初の手がかりを提供している。(77)「普通の男たち」の真の動機について単に推測する代わりに、こう考えることで、これらの組織がどのような形で成員動機と業績動機の手段を利用したかを再現することができる。[78] 組織研究は長きにわたり、組織を上述の成員動機のうちの一つだけから理解するという誤りを犯してきた。アミタイ・エツィオーニによれば、ほとんどの組織はただ一つの手段だけによってメンバーを動機づける傾向があるため、メンバーを暴力によって結びつける「強制的組織」、メンバーに魅力的な目的を提供する「規範的組織」、メンバーを金銭的に動機づける「功利的組織」といった様々な組織のタイプを区別することができるという。[79]

ただ一つの動機づけの手段しか利用しない組織もあるかもしれない。たとえば当初はもっぱら目的への共感の強さだけに頼ってメンバーの拘束と動機づけを行う宗派や、四種類の果実を使ったジャムの商品にほとんど共感の可能性がない点を考慮して、もっぱら金銭的な手段でメンバーの動機づけを行う、組織研究で繰り返し言及されるジャム会社がそれである。[80] だが通常――この点でエツィオーニに反論しなければならないのだが――、組織はメンバーを動機づけるのに様々な手段を組み合わせて用いる。戦争の際にメンバーを強制的に徴集する軍隊も、それに加えて彼らに戦争の意義を伝えようとしたり、ときに征服した地域での略奪を公式・非公式に許可することで、給与とは別の金銭的な報酬を提供したりする。目的への共感の強さが組織にとって好都合なのは、メンバーに報酬を支払わずに済み、たいてい彼らから金銭を徴収することもできるからである。だがメンバーの積極的な参加を動機づけるためには、目的への共感に加えて別のインセンティブが必要になる場合が多い。たとえば「大義」への共感は政党の活動に参加する重要なインセンティブになるかもしれないが、党員になることが経済的に有利な仕事に就くことを容易にするのであれば、それは平均以上の参加を動員するのにも役立つ。

その際、組織の中心的な動機状況が変化することがある。多くの政治的組織は、政治的目的に強く共感する名誉職のイニシアティブで設立されるが、ある時点になると、組織が成長するにつれてますます多くのメンバーが公的補助金や私的寄付の獲得で生計を立てるようになり、ただそのために組織の存続が必要になるという理由だけで存続するようになる。もともと信念からファシスト的な分派組織に加入した政治的活動家は、自分の活動が本業・副業になることに気づき、ある時点以降は経済的な動機から、目的への共感が弱まっても組織にとどまるようになる。

重要な点は、組織にとってメンバーがどんな動機から行動するかは従属的な役割しか果たさないということである。というのも、組織は行動期待を呈示する際に、メンバーの具体的な動機を抽象化してしまうからである。メンバーが目的への共感、強制、同僚関係、金銭の支払い、行為の魅力など、どんな動機にもとづいて組織のフォーマルな期待を満たそうと、彼らがそうする限りは二義的な問題である。社会学的に見て不安を覚えるのは、組織的な暴力行使においては、人びとがどんな動機から拷問や射殺、ガス殺に関与するかは副次的な問題にすぎないということである。結局のところ組織にとって重要なのは、組織が期待する行為が実行されることだけなのである（第七章を参照）。

組織における無関心領域

組織メンバーが加入時にどんな任務を与えられるかについて漠然とした考えしかもっていないのは、ごく普通のことである。国防軍の兵士は入隊時にどの部隊に配属されるかについて希望を述べることができたが、自分がどこでどんな任務に就くかについては限られた考えしかもっていなかった。秩序警察のメンバーは志願の際、自分が警察任務に配属されると想定することができた。だがその任務が具体的にどんなものであるかは、組織から説明されていなかっただろう。

組織研究者のチェスター・バーナードは、組織メンバーが組織から期待される行動の多くに対して無関心にふるまうことを指摘している。彼らは指示に対して必ずしも積極的であったり、熱狂的であったりする必要はないが、組織におけるこうした行動期待は、メンバーが組織に期待することの枠内に収まっていることが普通である。[81]

組織に加入する際、メンバーは自分の活動の詳細を明示してもらうことを放棄する。つまり彼らは自分の労働力の使用について、組織に一種の白紙委任状を手渡すのである。[82] これによって生じるのが重大な帰結を伴う無関心領域であって、そこでは組織の成員資格を根本的に危険にさらすことなく、上司の命令や要求、指示、助言に対してノーと言うことができなくなる。組織の指導部にとっての利点は明白である。すなわち、組織メンバーは当初は詳細に説明されていなかった命令や指示に対して、ある種の一般的な服従を誓うことになるのだ。これによって指導部はきわめて迅速に、煩雑な内部交渉プロセスを経ることなく、変化する要求に組織を適応させることが可能になる。

国家暴力組織の場合、何かが組織メンバーの無関心領域に属するかどうかは、組織メンバーへの期待が法的に保障されているかどうかに大きく左右される。ナチズム期に編制された警察大隊では、疑いなく多くの行動期待がこうしたメンバーの無関心領域に属していた。秩序警察のメンバーは明らかに、大隊の公式のコミュニケーション経路が階層的に組織されており、大隊長からの指示は中隊長を経由して分隊長に伝達されると想定していた。彼らは指令に記された計画を受け入れ、これらの計画の変更にはほとんど無関心であった。だがとくに大量射殺と絶滅収容所への強制移送に関与した警察官の間には、これらの要求が通常の無関心領域の枠内に収まるかどうかについて疑念が生じていた（第八章を参照）。

無関心領域の社会的条件への依存性

組織メンバーが組織の無関心領域に何を受け入れるかは、社会的条件に大きく左右される。ナチズムやスターリニズムのような全体主義体制の軍隊では、民主主義国家の軍隊に比べて、無関心領域が大きいことが普通である。民主主義国家でも独裁主義国家でも同様であるが、国家が統制する戦争経済では、軍需工場で働く労働者の労働時間に関する無関心領域は、平時に比べて著しく大きいことが多い（第九章を参照）。

警察官、兵士、親衛隊部隊の隊員の行動を調査する上で興味深いのは、組織メンバーの無関心領域がどのように変化するのかという点である。開戦時には兵士たちが戦争捕虜の射殺を強いられることはないと考え、そのような命令を受けても完全には従わないつもりだったとしても、戦争が長期化・残虐化するにつれて、そのような射殺が自分たちの無関心領域の一部だという期待がますます支配的になっていく。クルト・レヴィンの言葉を借りると、そこでは無関心領域に属する活動に関して、組織メンバーの期待水準がどのように変化するかという問題が重要になる。

無関心領域に属するものが変化する際、組織メンバーはただ単に変化する要求の犠牲になるだけではない。彼らはむしろ自分たちの行為を通じて、組織の無関心領域の変容に大きく寄与する。ある警察官が射殺への参加に同意したのであれば、後からこの種の要求を受けたとき、それを拒否することは難しいだろう。組織メンバーがいわば組織の公式構造の背後で徐々に形成していくのは、何が無関心領域に属し、何が属さないかについての理解である。

注

（1）Isaac Deutscher, *The Non-Jewish Jew and other Essays*, Boston 1982, S. 163 f. Jeffrey C. Alexander, »On the Social Construction of Moral Universals«, in: Jeffrey C. Alexander, *The Meaning of Social Life. A Cultural Sociology*, Oxford 2003, S. 27-84, hier: S. 50 も参照。

（2）コニンからユゼフフへのユダヤ人の再定住については、Danuta Dabrowska, Abraham Wein, *Pinkas Hakehillot. Encyclopedia of Jewish Communities, Poland, Band 1*, Jerusalem 1976, S. 235 ff.; Janina Kiełboń, »Judendeportationen in den Distrikt Lublin (1939-1943)«, in: Bogdan Musial (Hg.), *»Aktion Reinhardt«. Der Völkermord an den Juden im Generalgouvernement 1941-1944*, Osnabrück 2004, S. 111-140, hier: S. 115 を参照。ルブリン管区に移送された人びとによる同時代の報告には、過密状態と食料事情の悪さが記されている。Else R. Behrend-Rosenfeld, *Lebenszeichen aus Piaski. Briefe Deportierter aus dem Distrikt Lublin 1940-1943*, München 1968.

（3）一九四二年七月一三日の虐殺以前のユゼフフのユダヤ人の歴史は、これまでほとんど注目されてこなかった。これについては地域史研究の進展が望まれる。

（4）以下の叙述は、第一〇一警察大隊の隊員に対する第一審の起訴状と、第一〇一警察予備大隊の隊員に対する第二審の開廷に関してハンブルク地方裁判所検事が一九七〇年一月二二日に記したメモにもとづいている。StA Hamburg, NSG 0022/002, Bl. 1218 ff. このメモには「少なくとも一〇〇人の労働可能なユダヤ人」が「ルブリンの収容所に移送」されたと記されている。メモによれば、「犠牲者の数は少なくとも一〇〇名、おそらくそれ以上」だった。クリストファー・ブラウニングもダニエル・ゴールドハーゲンも、さらにはパウル・ドスタートも、ハンブルク検察局による事件の再現に大きく依拠している。Browning, *Ganz normale Männer*, S. 86 ff.; Goldhagen, *Hitlers willige Vollstrecker*, S. 243 ff.; Paul Dostert, »Die Luxemburger im Reserve-Polizei-Bataillon 101 und der Judenmord in Polen«, in: *Hémecht* 552 (2000), S. 81-99, hier: S. 90 f.

（5）警察大隊の隊員に対する第二審の開廷に関するハンブルク地方裁判所検事の一九七〇年一月二二日付のメモ。StA Hamburg, NSG 0022/002, Bl. 1223 f. 最初の段落の引用は、起訴状で再現されているある小隊長の証言に言及している。シュチェブレシンのポーランド人医師ジグムント・クルコフスキの同時代の証言があるが、彼は一九四二年七月一七日、数日前にドイツ人がユゼフフのユダヤ人の殺戮を開始し、約一五〇〇人のユダヤ人が殺害され、そのほとんどが女性と子供であったと報告している。一九四二年一一月四日、彼はユゼフフで残りのユダヤ人の「一掃」が行われたと報告している（Zygmunt Klukowski, *Diary from the Years of Occupation, 1939-44*, Urbana, Chicago 1993, S. 207 und 224 を参照）。

（6）ミェンジジェツでは一九四二年八月と一〇月にまず九六〇人、次に一五〇人のユダヤ人が射殺された。この二回の作戦の間にハンブルクの警察大隊の様々な中隊により、セロコムラで二〇〇人のユダヤ人、コック（タルチン）で二〇〇人のユダヤ人とさらに八七人の非ユダヤ系ポーランド人、パルチェフ（ラジン）で一〇〇人のユダヤ人、コニスコヴォラで一〇〇〇人のユダヤ人が射殺された。

（7）たとえば一九四二年八月にはパルチェフから五〇〇〇人、ミェンジジェツから一万人が強制移送された。一〇月にはラジンから二〇〇〇人、ウークフから七〇〇〇人、ミェンジジェツから再度少なくとも四桁の人数の強制移送が行われた。一九四二年一一月にはウークフからさらに三〇〇〇人が強制移送された。一九四二年と一九四三年にはビャワ、ポドラスカ、コマルフカ、ヴォヒン、チェミェルニキ、ラジン、ミェンジジェツからさらに少なくとも一万五〇〇〇人が強制移送された。

（8）一九六五年二月一九日付のハンブルク検察局のメモ。StA Hamburg, NSG 0022/001, Bl. 53. これとまったく同様の内容が、第一〇一警察大隊の隊員に対する第二審の開廷に関するハンブルク地方裁判所検事の一九七〇年一月二二日付のメモにも記されている。StA Hamburg, NSG 0022/002, Bl. 1231 f. このことは同時代の目撃者の報告によって裏付けることができる。たとえばトレブリンカ絶滅収容所から逃れることができたワルシャワ出身のあるポーランド系ユダヤ人は、一九四二年一〇月にワルシャワ・ゲットーの地下文書館に対して、トレブリンカでミェンジジェツから到着した「ロシア製の大型貨車」を牽引した列車を見たが、その列車は窒息死した「人びとの死体で一杯だった」――「舌を垂らし、唇に血の気がなく、目が飛び出た死体」だらけだったと報告している。Friedrich, *Polen: Generalgouvernement August 1941-1945*, S. 501 より引用。これは第一〇一警察大隊の隊員によって列車に押し込められたユダヤ人であった可能性が高い。

（9）そこでは警察大隊の隊員による直接の殺害は証明できなかったが、その可能性は高い（Wolfgang Kopitzsch, »Hamburger Polizeibataillone im Zweiten Weltkrieg«, in: Angelika Ebbinghaus, Karsten Linne (Hg.), *Kein abgeschlossenes Kapitel*, Hamburg 1997, S. 293-318, hier: S. 316; Kiepe, *Das Reservepolizeibataillon 101 vor Gericht*, S. 12）。シュテファン・クレンプはマイダネクとポニアトヴァでの死者三万五〇〇〇人という数字を、過大ではあるが不可能ではないと考えている（Stefan Klemp, *»Nicht ermittelt«. Polizeibataillone und die Nachkriegsjustiz*, Essen 2005, S. 567）。同時代の史料として、ポーランドの地下組織のメンバー、ヴァンダ・シュペンコの一九四三年一一月一四日付の報告、ポーランドのユダヤ人国民委員会の一九四三年一一月一五日付の報告、ポーランドのユダヤ人労働大衆運動中央指導部のメンバー、レオン・ファイナーの一九四三年一一月一五日付の報告も参照（この点については、Friedrich, *Polen: Generalgouvernement August 1941-1945*, S. 745, 746 ff. und 753 ff. を参照）。

（10）「ラインハルト作戦」中の「ユダヤ人狩り」については、Christopher R. Browning, »Judenjagd«. Die Schlußphase der

›Endlösung‹ in Polen«, in: Jürgen Matthäus, Klaus-Michael Mallmann (Hg.), *Deutsche, Juden, Völkermord. Der Holocaust als Geschichte und Gegenwart*, Darmstadt 2006, S. 177-189, hier: S. 177 ff. を参照。ここでは次の研究の詳細な記述に従っている。Browning, *Ganz normale Männer*, S. 293; Goldhagen, *Hitlers willige Vollstrecker*, S. 277; Kopitzsch, »Hamburger Polizeibataillone im Zweiten Weltkrieg«, S. 316.

(11) 警察大隊の戦時日誌が残っていないため、この数字は一九六〇年代にハンブルク検察局が苦労して再現したものにもとづいている。ヴォルフガング・クリラによる最新の計算では、警察大隊は少なくとも四万四五九人のユダヤ人の射殺、殴打、絞首刑、さらに四万六二〇〇人のユダヤ人の絶滅収容所への強制移送に直接関与したとされている。クリラの想定によれば、その際に二万五九五九人のユダヤ人が第一〇一警察大隊の隊員だけの手で殺害され、一万四五〇〇人が他の部隊と協力して射殺された。

(12) ここではMusial, *Deutsche Zivilverwaltung und Judenverfolgung im Generalgouvernement*, S. 102 に挙げられた数字に従っている。クリラ(Curilla, *Der Judenmord in Polen und die deutsche Ordnungspolizei*, S. 847)はフランク・ゴルチェウスキ(Frank Golczewski, »Polen«, in: Wolfgang Benz (Hg.), *Dimension des Völkermordes. Die Zahl der jüdischen Opfer des Nationalsozialismus*, München 1991, S. 411-497, hier: S. 418 und 452)の試算にもとづき、一九三九年当時ルブリン管区には約二五万人のユダヤ人が住んでおり、一九四二年初めまでこの数があまり変わらなかったと指摘している。だがワルシャワ蜂起の後、五万人のユダヤ人がワルシャワからルブリン管区に移送されたので、彼は犠牲者の総数が二九万人に上ると想定している。クリラの試算によると、秩序警察の様々な部隊は七万九四一四人のユダヤ人の処刑と一七万七八八八人のユダヤ人の絶滅収容所への強制移送に関与した。したがって秩序警察はルブリン管区の二九万人のユダヤ人のうち二五万七三〇二人、つまり八八・七%の殺害に関与したことになる。警察大隊の関与の規模は、ナチスの他の殺戮施設や殺戮部隊と比較すれば明らかになる。第一〇一警察大隊の殺害率は、国家保安本部が設立した特別行動部隊のそれに匹敵する。国防軍の後を追ってソ連に侵攻した総勢三〇〇〇名からなる四個の特別行動部隊は、征服された地域に住むユダヤ人を殺害することを主な任務とし、五カ月で約五〇万人のユダヤ人を殺害した(この点については、Hilberg, *Die Vernichtung der europäischen Juden*, S. 312 を参照)。アウシュヴィッツ=ビルケナウで一九四〇年から一九四五年の間に約一一〇万人のヨーロッパ・ユダヤ人、非ユダヤ系ポーランド人、ソ連の戦争捕虜、シンティとロマが殺害されたと仮定すれば(Franciszek Piper, *Die Zahl der Opfer von Auschwitz. Aufgrund der Quellen und der Erträge der Forschung 1945 bis 1990*, Auschwitz 1993, S. 202 を参照)、第一〇一警察大隊が実行した処刑と強制移送の規模を認識することができる。

(13) ホロコーストに関する記述では、六〇〇万人の殺害されたユダヤ人という数字が一般的になっている。より正確には、その数字は五六〇万人から六三〇万人の間に位置すると考えるべきだろう。この点についての詳細は、Wolfgang Benz (Hg.), *Dimension des Völkermordes. Die Zahl der jüdischen Opfer des Nationalsozialismus*, München 1991を参照。こうした大きな数字を扱うことによる感情の中和効果を、ホルスト・エーベルハルト・リヒターはピン思考と呼んでいる（Horst Eberhard Richter, *Zur Psychologie des Friedens*, Reinbek 1984, S. 106 ff.）。彼はその際、ソ連への原爆使用の効果を計算するアメリカの核技術者のやり方に言及している。「ミンスクに刺されたピンクの頭のピンは二〇万人の死者を意味した。[……] だが私がピンを刺したとき、働いている人も遊んでいる子供も見えなかった」。

（14） この疑問は私の問題設定を限定するものでもある。社会学的観点からホロコーストを全体的に分析することは、私にとって重要ではない。「ホロコーストの総合社会学」――この間に要請されるようになった「ホロコーストの総合歴史学」という意味での（たとえばHilberg, *The Destruction of the European Jews*; Michael R. Marrus, *The Holocaust in History*, Hanover 1987; Stone, *Histories of the Holocaust* の試みを参照）――の土台は、まだ構築の準備すら始まっていないのである。

（15） 問題設定の構造という点では、歴史学者のアプローチは暴力社会学で激しく批判されているいわゆる主流派のアプローチと似ており、それは暴力行使のプロセスに目を向けることなく暴力行使の原因を探るものである。この暴力研究の「主流派」の原型として、Wilhelm Heitmeyer (Hg.), *Das Gewalt-Dilemma. Gesellschaftliche Reaktionen auf fremdenfeindliche Gewalt und Rechtsextremismus*, Frankfurt/M. 1994を参照。このアプローチへの批判として、Trotha, »Zur Soziologie der Gewalt«, S. 16 ff.; Nedelmann, »Gewaltsoziologie am Scheideweg«, S. 63 f. を参照。主流派への批判は、今日的な現象を志向するヴィルヘルム・ハイトマイヤーらによる暴力研究への批判としてだけでなく、まさにダニエル・ゴールドハーゲンやクリストファー・ブラウニングのようなホロコースト研究における動機追求者への批判としても読まれなければならないのだが、社会学的な議論においてそのことがまったく指摘されていないという事実は、社会学と歴史学の間にいかに対話が欠如しているかを示している。この対立を過度に強調することへの批判として、たとえば以下の研究を参照。Peter Imbusch, »›Mainstreamer‹ versus ›Innovateure‹ der Gewaltforschung. Eine kuriose Debatte«, in: Wilhelm Heitmeyer, Hans-Georg Soeffner (Hg.), *Gewalt. Entwicklungen, Strukturen, Analyseprobleme*, Frankfurt/M. 2004, S. 125-150; Thorsten Bonacker, »Zuschreibungen der Gewalt. Zur Sinnförmigkeit interaktiver, organisierter und gesellschaftlicher Gewalt«, in: *Soziale Welt* 53 (2002), S. 31-48; Joachim Renn, Jürgen Straub, »Gewalt in modernen Gesellschaften. Stichworte zu Entwicklungen und aktuellen Debatten in der sozialwissenschaftlichen Forschung«, in: *Handlung Kultur Interpretation* 11 (2002), S. 199-224; Jörg Hüttermann, »›Dichte Beschreibung‹ oder Ursachenforschung der Gewalt? Anmerkung zu einer falschen Alternative im Lichte der Problematik funktionaler Erklärungen«, in: Wilhelm Heitmeyer, Hans-Georg Soeffner (Hg.), *Gewalt. Entwicklungen, Strukturen, Analyseprobleme*, Frankfurt/M.

2004, S. 107-124.

(16) ミェンジジェツとウォマジーでの警察大隊による射殺に関する身元不明のポーランド人の一九四二年一〇月頃の報告と、ウークフでの大隊による射殺と強制移送に関するユダヤ人兄弟の一九四二年末頃の報告を参照（Friedrich, *Polen: Generalgouvernement August 1941-1945*, S. 507 ff. und 518 ff. に掲載）。ウォマジーでの第一〇一大隊の隊員による射殺に関するポーランド政府代表団の一九四二年一〇月一〇日付の情勢報告も参照（Friedrich, *Polen: Generalgouvernement August 1941-1945*, S. 483）。分業理論をはっきりと否定している Goldhagen, *Hitlers willige Vollstrecker*, S. 26 f.（ドイツ語版の序言のみ）も参照。

(17) Bernd-A. Rusinek, »Die Kritiker-Falle: Wie man in Verdacht geraten kann. Goldhagen und der Funktionalismus«, in: Johannes Heil, Rainer Erb (Hg.), *Geschichtswissenschaft und Öffentlichkeit. Der Streit um Daniel Goldhagen*, Frankfurt/M. 1998, S. 110-130, hier: S. 112.「伝統的」な、ほとんど「原始的な方法」についての記述は、Herbert, »Vernichtungspolitik«, S. 57 に由来する。

(18) 大量射殺の際の分業については、Welzer, *Täter*, S. 141 ff. を参照。

(19)「世界観の闘士」のイメージは、特別に選抜されたわけではない秩序警察のメンバーにも部分的に定着した。Stefan Klemp, *»Nicht ermittelt«. Polizeibataillone und die Nachkriegsjustiz. Ein Handbuch*, Essen 2011, S. 480; Edward B. Westermann, »›Ordinary Men‹ or ›Ideological Soldiers‹? Police Battalion 310 in Russia, 1942«, in: *German Studies Review* 21 (1998), S. 41-68, hier: S. 63.

(20) Paul, »Von Psychopathen, Technokraten des Terrors und ›ganz gewöhnlichen‹ Deutschen«, S. 17 を参照。引用は Edward Crankshaw, *Die Gestapo*, Berlin 1959, S. 10 に由来するが、これに注意を向けさせてくれたのはゲアハルト・パウルの記述である。

(21) この点については、Werner Best, *Die Deutsche Polizei*, Darmstadt 1940, S. 94 を参照。ナチ国家はさらに一九三三年以降、ナチ党、突撃隊、親衛隊のメンバーを優先的に秩序警察の任務に就かせるという命令を出した。

(22) この点については、StA Hamburg, NSG 0022/002, Bl. 1218 ff. の起訴状（起訴状の頁番号では S. 48 ff.）を参照。ハインリヒ・ベッカー、ルドルフ・グリュル、ヴォルフガング・ホフマン、ユリウス・ヴォーラウフといった何人かの大隊員に関するより詳細な情報は、ハンブルクの非ナチ化州委員会の文書（StA Hamburg, 221-11 – Staatskommission für die Entnazifizierung）に含まれている。

(23) 特別行動部隊《アインザッツグルッペン》はオーストリアとチェコスロヴァキアの占領の際、保安部（SD）、親衛隊、およびゲシュタポと刑事警察からなる保安警察（SiPo）の機動部隊として最初に編制され、最初はポーランドで、次はとくにソ連でユダヤ人の大量射殺を遂行した。ソ連の特別行動部隊にはまず第九警察予備大隊から、後に第三警察大隊から「普通の警察官」が問題なく編入されたものの、特別行動部隊の中核を構成していたのは、とりわけナチ国家への忠誠心にもとづいて保安部または保安警察の活動のために選抜された人びとであった。特別行動部隊一般については、Helmut Krausnick, *Hitlers Einsatzgruppen. Die Truppe des Weltanschauungskrieges 1938-1942*, Frankfurt/M. 1998; Richard Rhodes, *Die deutschen Mörder. Die SS-Einsatzgruppen und der Holocaust*, Bergisch Gladbach 2004; Michaël Prazan, *Einsatzgruppen. Sur les traces des commandos de la mort nazis*, Paris 2010、初期の論文として、Joseph Tenenbaum, »The Einsatzgruppen«, in: *Jewish Social Studies* 17 (1955), S. 43-64 を参照。ポーランドの特別行動部隊については、Klaus-Michael Mallmann u. a., *Einsatzgruppen in Polen. Darstellung und Dokumentation*, Darmstadt 2008、ソ連の様々な特別行動部隊については、Dieter Pohl, »Die Einsatzgruppe C 1941/42«, in: Peter Klein, Andrej Angrick (Hg.), *Die Einsatzgruppen in der besetzten Sowjetunion, 1941/42. Die Tätigkeits- und Lageberichte des Chefs der Sicherheitspolizei und des SD*, Berlin 1997, S. 71-87; Andrej Angrick, *Besatzungspolitik und Massenmord. Die Einsatzgruppe D in der südlichen Sowjetunion 1941-1943*, Hamburg 2003 を参照。法的検証については、Hilary Camille Earl, *The Nuremberg SS-Einsatzgruppen Trial, 1945-1958. Atrocity, Law, and History*, Cambridge 2009 を参照。

（24）Goldhagen, *Hitlers willige Vollstrecker*, S. 248 f.（原著は Goldhagen, *Hitler's Willing Executioners*, S. 207 f.）を参照。

（25）この数字は、より総数の大きいサンプルを用いたダニエル・ゴールドハーゲンの試算をもとにしている（Goldhagen, *Hitlers willige Vollstrecker*, S. 618 f.）。彼の試算によると、警察予備大隊の隊員五五〇名のうち、一七九名がナチ党員であった。大隊の警察官のうち、二一名だけが親衛隊員であった（Paul, »Von Psychopathen, Technokraten des Terrors und ›ganz gewöhnlichen‹ Deutschen«, S. 16 f.）。したがって、ナチ党員と親衛隊員の割合はドイツ帝国の成人人口全体の平均よりも若干高かったが、重要なことに、ハンブルクの警察予備大隊の隊員三七九名は重要なナチ組織のいずれにも、つまりナチ党にも親衛隊にも属していなかったのである。ゴールドハーゲンの結論によれば、警察予備大隊の隊員たちは「顕著にナチ化された集団」ではなかった（Goldhagen, *Hitlers willige Vollstrecker*, S. 248 f.）。

（26）Paul, »Von Psychopathen, Technokraten des Terrors und ›ganz gewöhnlichen‹ Deutschen«, S. 20 ff. を参照。

（27）Kogon, *Der SS-Staat*, S. 287. 興味深いことに、コーゴンは社会学者としても距離を置いた記述を行うと主張している。「なぜなら、地獄のような体制から生還した数少ない人びとの中で、私は宗教的・政治的な人間として、社会学者として、著述家として、唾を吐きかけられる対象に貶められ、あらゆる屈辱を受けながらも、内面的には超然とした主体の立場にとどまり、自分たちの身にふりかかることを批判的に体験し、出来事の規模と意味を観察し、組織の構成を解明し、暴行を受け、病気になり、倒錯し、盲目的になった人びとの動機と反応を理解し、個別的なものの中に典型的なものを認識するための前提条件を以前から備え、特別な事情によってそうすることができると自覚した数少ない者の一人だからである」。Kogon, *Der SS-Staat*, S. vii.

（28）拷問に関する彼の「時代を超越した」記述が第二次世界大戦直後に一般化したサディスティックなナチ加害者の記述にいかに近いかを示すために、ここではSofsky, *Traktat über die Gewalt*, S. 99 f. を一段落以上にわたってほぼそのまま引用している。

（29）Paul, »Von Psychopathen, Technokraten des Terrors und ›ganz gewöhnlichen‹ Deutschen«, S. 16 f.; Wolfgang Gippert, *Neue Tendenzen in der NS-Täterforschung*, Köln 2008 を参照。

（30）この対義語については、Irmtrud Wojak, *Eichmanns Memoiren. Ein kritischer Essay*, Frankfurt/M., New York 2001, S. 844 f. を参照。

（31）この点については、Kogon, *Der SS-Staat*, S. 294 も参照。

（32）Helgard Kramer, »Tätertypologien«, in: Helgard Kramer (Hg.), *NS-Täter aus interdisziplinärer Perspektive*, München 2006, S. 253-310, hier: S. 270 を参照。

（33）Rudolf Höß, *Kommandant in Auschwitz*, München 1981, S. 152. ナチ・プロパガンダについては、Bernd Sösemann, Marius Lange (Hg.), *Propaganda. Medien und Öffentlichkeit in der NS-Diktatur*, Stuttgart 2011 の包括的な概説を参照。

（34）Adolf Hitler, »Rede vor Kreisleitern in Reichenberg am 2.12.1938«, in: *Völkischer Beobachter* vom 4. 12. 1938.

（35）警察官のほぼ四分の三は兵役に就くには年齢が高すぎたため、予備警察に配属された。Browning, *Ganz normale Männer*, S. 214; Goldhagen, *Hitlers willige Vollstrecker*, S. 246 を参照。一九三九年一二月以前は、「予備警察」は「補助警察」と呼ばれていた。一九三九年一二月のヒムラーの通達により、「予備警察」という総称が義務づけられた。»›Polizeireserve‹ statt ›Hilfspolizei‹«, in: *Völkischer Beobachter* vom 8. 12. 1939 も参照。

（36）Browning, *Ganz normale Männer*, S. 214.

（37）Die Richtlinien für die Ausbildung der Polizei-Reserve-Bataillone vom 23.1.1940: Weltanschauliche antisemitische Schulung und Erziehung zu Härte, BA Berlin, R 19/308.

（38）この用語はゴールドハーゲンによっても使われており、彼はホロコーストを英語の原著では「ドイツ人の国民的プロジェクト」（Goldhagen, *Hitler's Willing Executioners*, S. 11）、ドイツ語版では「ドイツ人のプロジェクト」（Goldhagen, *Hitlers willige Vollstrecker*, S. 25）と呼んでいる。

（39）Goldhagen, *Hitlers willige Vollstrecker*, S. 18 f. を参照。ゴールドハーゲンは、「非ドイツ人」がホロコーストの遂行に「不

可欠の役割」を果たしたわけではないという命題を提起している。「ホロコーストを推進するイニシアティブは彼らから生じたのではない」。「ドイツ人がとくに東欧出身の積極的な協力者を見つけなければ、ホロコーストの経緯はいくぶん違ったものになっただろうし、ドイツ人がこれほど多くのユダヤ人を殺害することもおそらくなかっただろう。だが決定を下し、計画を立案し、組織的資源と実行者の大半を提供したのはドイツ人であった」。これが正しいとしても、非ドイツ人もゲットーの解体、強制移送、殺戮のプロセスに問題なく組み込まれたことは明らかである。

(40) たとえばフランツ・エーヴァートのような事例が知られており、彼は一九四〇年九月一七日に志願中隊に入隊する申請に署名したが、それはヒムラーがルクセンブルクで志願中隊を視察し、その隊員を親衛隊親衛旗団《ライプシュタンダルテ》かドイツ警察に編入するよう命じたわずか数日後だった。StA Hamburg, 331-8 Polizeiverwaltung – Personalakten – 799. ヒムラーの視察については、Dostert, »Die Luxemburger im Reserve-Polizei-Bataillon 101 und der Judenmord in Polen«, S. 85 を参照。ルクセンブルク人については、István Deák, »Holocaust Views. The Goldhagen Controversy in Retrospect«, in: *Central European History* 30 (1997), S. 295-307, hier: S. 301 も参照。この研究は、ゴールドハーゲンが非ユダヤ系ドイツ人の対照グループとして非ユダヤ系デンマーク人とイタリア人だけを選んでいることを批判的に指摘している。ブラウニングはゴールドハーゲンの主張とは反対に、大量射殺に参加したのが主として「普通の男たち」であり、「普通のドイツ人」ではなかったことを示す証拠として、第一〇一警察大隊に編入され、ドイツ人と同じように大量射殺と強制移送に参加したこの一四名のルクセンブルク人を用いている。彼らのほとんどが警察に志願入隊していたものの、多くはルクセンブルク警察に志願していて、後になって統合されたドイツ警察に志願していたわけではなかったので、ブラウニングの指摘は的を射ている。Christopher R. Browning, »Ordinary Germans or Ordinary Men? A Reply to Critics«, in: Michael Berenbaum, Abraham J. Peck (Hg.), *The Holocaust and History*, Bloomington 1998, S. 252-265, hier: S. 252 ff. を参照。

(41) この点についての概説として、Dostert, »Die Luxemburger im Reserve-Polizei-Bataillon 101 und der Judenmord in Polen«, S. 88 f. を参照。第一〇一警察大隊に編入されたルクセンブルク人の警察官たちは、それまで第一八一警察大隊の隊員としてスロヴェニアに派遣され、パルチザンとの戦闘で最初の犠牲者を出していた。その結果、これらの警察官たちの一部はドイツ警察のための任務を拒否し、まずヴィーンの刑務所に、次いで様々な強制収容所に移送された。Dostert, »Die Luxemburger im Reserve-Polizei-Bataillon 101 und der Judenmord in Polen«, S. 85. ドスタートは大隊員へのインタビューとルイス・ヤコビー、ルネ・トラウフラーの自叙伝（Louis Jacoby, René Trauffler, *Freiwellege Kompanie 1940-1945*, Luxemburg 1986）を参照しているが、これには問題がある。ルクセンブルク人の警察訓練大隊（L）への編入とルクセンブルク人の激しい抵抗については、Stefan Klemp, Andreas Schneider, »Kollaborateure, Deserteure, Resistenzler? Vom ›Corps des

Gendarmes et Volontaires‹ zum Polizei-Ausbildungs-Bataillon (L) und seinem opferreichen Weg im II. Weltkrieg«, in: Wolfgang Schulte (Hg.), *Die Polizei im NS-Staat. Beiträge eines internationalen Symposiums an der Deutschen Hochschule der Polizei in Münster*, Frankfurt/M. 2009, S. 451-477; Klemp, »Nicht ermittelt«, S. 70 ff. も参照。

（42）ゴールドハーゲンはルクセンブルク人にほんの少ししか触れていない。「第一〇一警察大隊の隊員たちは主にハンブルクとその周辺の出身で、ルクセンブルク出身の者は一二名ほどであった」。ルクセンブルク人は「若く、活動的な警察官——平均年齢二二歳——で、大隊生活では脇役にすぎず、彼らについてはわずかなことしかわかっていない」。Goldhagen, *Hitlers willige Vollstrecker*, S. 250 und 619; Goldhagen, *Hitler's Willing Executioners*, S. 208 und 536. ハンブルク州立文書館に所蔵されているルクセンブルク人に関する人事資料からは多くのことがわかるが、彼は史料としてこれに言及していない。

（43）Vermerk (geheime Reichssache) des Reichsführers SS Himmler für den 12. 5. 1943, Berlin, den 10. 5. 1943. このメモの中でヒムラーは、一九四三年五月に総督府に残っている三〇万人のユダヤ人を射殺するために、さらに五八五〇人（それまでマルセイユに駐屯していた第一四警察連隊の全隊員など）を総督府に派遣することを通告している。

（44）ブラウニングもゴールドハーゲンとの議論の中でトラヴニキに言及している。Browning, »Ordinary Germans or Ordinary Men? A Reply to Critics«, S. 256 f. とくにペーター・R・ブラックの研究から、ドイツ系ソ連人やポーランド人も徴集されていたことがわかっている。Peter R. Black, »Die Trawniki-Männer und die Aktion Reinhard«, in: Bogdan Musial (Hg.), *»Aktion Reinhardt«. Der Völkermord an den Juden im Generalgouvernement 1941-1944*, Osnabrück 2004, S. 309-352. Dieter Pohl, »Ukrainische Hilfskräfte beim Mord an den Juden«, in: Gerhard Paul (Hg.), *Die Täter der Shoah. Fanatische Nationalsozialisten oder ganz normale Deutsche?*, Göttingen 2002, S. 187-205; Dieter Pohl, »Die Trawniki-Männer im Vernichtungslager Belzec 1941-1943«, in: Alfred Bernd Gottwaldt, Norbert Kampe (Hg.), *NS-Gewaltherrschaft. Beiträge zur historischen Forschung und juristischen Aufarbeitung*, Berlin 2005, S. 278-289 も参照。トラヴニキの正確な民族構成については、これまで比較的わずかなことしかわかっていない。トラヴニキがしばしば「ウクライナ人」と呼ばれるのは、彼らの大半がウクライナ人であったことを示している。「ラトヴィア人」や「リトアニア人」という呼称は、各地に駐屯した比較的均質な民族構成をもつ個々の中隊にときおり使われるだけである。

（45）トラヴニキ部隊のドイツ人指導者に対する訴訟の際、トラヴニキの活動もハンブルク検察局によって再現されている。ハンブルク検察局が捜査した「一〇一件の絶滅強制移住や大量射殺」のうち、トラヴニキ部隊の関与が立証されたのは一六件であった。だが小規模なゲットーでは生存者がほとんどおらず、事件の正確な経緯が究明できないことが多かったため、この数はもっと多かった。Helge Grabitz, »Überblick«, in: Helge Grabitz, Justizbehörde Hamburg (Hg.), *Täter und Gehilfen des Endlösungswahns. Hamburger Verfahren wegen NS-Gewaltverbrechen 1946- 1996*, Hamburg 1999, S. 27-162, hier: S. 115 f. を参照。

(46) たとえばヴォルフガング・シェフラーはすでに一九八〇年代に、総督府でのいわゆる「異民族部隊」の活動が「最終解決」を再現するパズルのほとんど注目されていない一ピースであると訴えていた。Wolfgang Scheffler, »Probleme der Holocaustforschung«, in: Stefi Jersch-Wenzel (Hg.), *Deutsche – Polen – Juden. Ihre Beziehungen von den Anfängen bis ins 20. Jahrhundert*, Berlin 1987, S. 259-281, hier: S. 270. いくつかの進展にもかかわらず（この点については Martin C. Dean, »Local Collaboration in the Holocaust in Eastern Europe«, in: Dan Stone (Hg.), *The Historiography of the Holocaust*, Houndmills, New York 2004, S. 120-140, hier: S. 120 ff.; Stone, *Histories of the Holocaust*, S. 51 ff. を参照）、状況は根本的には改善されておらず、たとえばトラヴニキに関する個別研究はまだ欠如している。主に非ドイツ人から構成されていたホロコーストの組織に関する比較社会学的研究も急務である。

(47) 唯一性テーゼを提起した初期の研究として、Lucy Dawidowicz, *The Holocaust and the Historians*, Cambridge 1981; Yehuda Bauer, »The Place of the Holocaust in Contemporary History«, in: *Studies in Contemporary Jewry* 1 (1984), S. 201-224 を参照。

(48) 非ユダヤ系およびユダヤ系ポーランド人に対するナチスの抑圧政策については、Piotr Majewski, »Nationalsozialialistische Unterdrückungsmaßnahmen im Generalgouvernement während der Besatzung«, in: Jacek Andrzej Młynarczyk (Hg.), *Polen unter deutscher und sowjetischer Besatzung*, Osnabrück 2009, S. 173-196 を参照。

(49) BA Ludwigsburg, Fotokopien vom 21.1.1967 aus den Sammlungen Polnischer Archive Teil IV ff. StA Hamburg, NSG 0022/006, eingelegt zwischen Bl. 81 und 82.

(50) たとえば Rürup, »Viel Lärm um nichts?«, S. 358 を参照。リュールップは第一〇五警察予備大隊の隊員が妻に宛てた手紙に言及する一方で（この点については Reinhard Rürup (Hg.), *Der Krieg gegen die Sowjetunion 1941-1945. Eine Dokumentation*, Berlin 1991, S. 192 を参照）、第一〇一警察予備大隊の報復作戦にも言及している（Christopher R. Browning, »Dämonisierung erklärt nichts«, in: Julius H. Schoeps (Hg.), *Ein Volk von Mördern? Die Dokumentation zur Goldhagen-Kontroverse um die Rolle der Deutschen im Holocaust*, Hamburg 1996, S. 118-124, hier: S. 118 ff.）。

(51) このことは現存する数少ない警察予備大隊の活動報告書に、ある「作戦」で「三人の武装盗賊」、「七八人の共犯者」、「一八〇人のユダヤ人」が射殺されたと記されていることからも明らかである。StA Hamburg, NSG 0021/005, Bl. 2548 ff., Abschrift des Einsatzberichts von Trapp am 26. 9. 1942 an das Polizei-Regiment 25 in Lublin.

（52）ゴールドハーゲンの主張によると、ドイツ人はポーランド人を「明白な反感とためらいをもって」殺したが、ユダヤ人は「「ユダヤ人の血」への渇望を満たす」ために「熱意」と「意欲」をもって殺したという（Goldhagen, *Hitlers willige Vollstrecker*, S. 287; Goldhagen, *Hitler's Willing Executioners*, S. 241 を参照）。こうした主張にブラウニングは反論している（Christopher R. Browning, »Die Debatte über die Täter des Holocaust«, in: Ulrich Herbert (Hg.), *Nationalsozialistische Vernichtungspolitik 1939-1945. Neue Forschungen und Kontroversen*, Frankfurt/M. 1998, S. 148-169, hier: S. 158 f.）。

（53）イシュトヴァーン・デアークは第一〇一警察予備大隊との比較対象として、たとえばソ連の戦争捕虜の大量殺戮に関与した第三〇六警察大隊を用いることを提案している。Deák, »Holocaust Views«, S. 303.

（54）主観的な意味の次元については、Paul, »Von Psychopathen, Technokraten des Terrors und ›ganz gewöhnlichen‹ Deutschen«, S. 60; Gippert, *Neue Tendenzen in der NS-Täterforschung* を参照。社会学志向の加害者研究の試みとして、「ジェノサイド的精神」を考察した Jack Nusan Porter, *The Genocidal Mind. Sociological and Sexual Perspectives*, Lanham 2006 を、その非常に簡潔な概説として、Jack Nusan Porter, »Sociology of Perpetrators«, in: Dinah L. Shelton (Hg.), *Encyclopedia of Genocide and Crimes Against Humanity*, Detroit 2005, S. 969-971 を参照。「社会心理学的な架橋」によって社会学・心理学のアプローチを結びつけるというヨハネス・ラングの考えは、後述するように社会学と心理学で「動機」の扱い方が根本的に異なるため、実りのないもののように思われる（Johannes Lang, »Questioning Dehumanization. Intersubjective Dimensions of Violence in the Nazi Concentration and Death Camps«, in: *Holocaust and Genocide Studies* 24 (2010), S. 225-246, hier: S. 239）。

（55）ゴールドハーゲンは『デア・シュピーゲル』誌のインタビューでこのように語っている。Daniel Jonah Goldhagen, »Was dachten die Mörder? Der US-Politologe Daniel Jonah Goldhagen über den Streit um sein Holocaust-Buch und das Bild der Täter«, in: *Der Spiegel* vom 12. 8. 1996, S. 128. この点については、Bloxham, »Organized Mass Murder: Structure, Participation, and Motivation in Comparative Perspective«, S. 204 f. を参照。ドナルド・ブロクサムはたとえばハンナ・アーレントの「悪の凡庸さ」についての考察、ゲッツ・アリーとズザンネ・ハイムの「絶滅の先駆者」についての研究、マイケル・サド・アレンの経済管理本部の職員に関する研究、あるいはゴールドハーゲンの「抹殺的反ユダヤ主義」についての説明アプローチの中に、ホロコーストを説明するためのそのようなアプローチを見出している。

（56）ダニエル・ミューレンフェルトは歴史学者としては意外なほどはっきりと、「行為者の動機を推測する」のは「無意味」だと述べている（Daniel Mühlenfeld, »Die Vergesellschaftung von ›Volksgemeinschaft‹ in der sozialen Interaktion«, in: *Zeitschrift für Geschichtswissenschaft* 61 (2013), S. 826-846）。この問題は歴史学においても繰り返し取り上げられている。たとえばディーター・ポールによれば（Dieter Pohl, »Die Holocaust-Forschung und Goldhagens Thesen«, in: *Vierteljahrshefte für*

Zeitgeschichte 45 (1997), S. 1-48, hier: S. 36 f.)、「個人の行為の動機づけの研究」は「歴史学の最も困難な分野」の一つであり、「様々な推測の余地がある」。ポールは続けて、「因果要因の評価はつねに各歴史学者の個人的な構成の成果であり、これを調整することは難しい」と述べている。「とくに加害者の動機を考える場合、提起されるテーゼはしばしば立証するのと同じくらい反駁するのが難しいと言わざるをえない」とポールは言う。クルト・ペツォールトはこれと似たような意味で、動機に関する議論はホロコースト研究において長く続けられるであろうと指摘している（Kurt Pätzold, »On the Broad Trail of the German Perpetrators«, in: Robert R. Shandley (Hg.), *Unwilling Germans? The Goldhagen Debate*, Minneapolis, London 1998, S. 163-166, hier: S. 165）。ここで提案されている動機と動機呈示の区別は、歴史学者の史料批判に取って代わるものではないが（この点については補遺の説明を参照）、史料分析には役立つ。

（57）基本的に C. Wright Mills, »Situated Actions and Vocabularies of Motive«, in: *American Sociological Review* 5 (1940), S. 904-913 を、また Hans Gerth, C. Wright Mills, *Character and Social Structure*, London 1954, S. 114 とそのドイツ語版の Hans Gerth, C. Wright Mills, »Motivvokabulare«, in: Heinz Steinert (Hg.), *Symbolische Interaktion*, Stuttgart 1973, S. 156-161, hier: S. 156 を、さらに Alan F. Blum, Peter McHugh, »The Sociological Ascription of Motives«, in: *American Sociological Review* 36 (1971), S. 98-109 を参照。私の見解では、動機に関するこうした立場は加害者研究よりもマックス・ヴェーバーに関連している。ヴェーバーにとって、動機とは「行為者自身または観察者に対し、ある行動の意味ある「理由」として現れる意味の連関」（強調は著者）のことである（Max Weber, *Wirtschaft und Gesellschaft*, Tübingen 1976, S. 5）。ヴェーバーの「現れる」という言葉は、すでに動機の付与に関する視点を提示している。ヴェーバーをシステム理論にもとづく動機概念の「先駆者」と呼ぶことについては、Niklas Luhmann, *Kontingenz und Recht*, Berlin 2013, S. 63 を参照。

（58）「東部」に派遣された警察官が一九五〇年代にセラピーを受けた際に動機呈示を行った興味深い事例については、Alexander Mitscherlich, Margarete Mitscherlich, *Die Unfähigkeit zu trauern. Grundlagen kollektiven Verhaltens*, Stuttgart, Hamburg 1967, S. 50 ff. の記述を参照。この点については、Alfons Kenkmann, »›Ich war aber nicht der böse Mann, der Sie mit Wollust fortbringen wollte ...‹. Rechts- und Unrechtswahrnehmungen deutscher Polizisten vor und nach 1945«, in: Helmut Gebhardt (Hg.), *Polizei, Recht und Geschichte. Europäische Aspekte einer wechselvollen Entwicklung*, Graz 2006, S. 147-156, hier: S. 152 ff. を参照。

（59）たとえばこれに関連するエドワード・A・シルズとモーリス・ジャノウィッツの研究（Edward A. Shils, Morris Janowitz, »Cohesion and Disintegration in the Wehrmacht in World War II«, in: *The Public Opinion Quarterly* 12 (1948), S. 280-315）に対するオメル・バルトフ（Omer Bartov, *Hitlers Wehrmacht. Soldaten, Fanatismus und die Brutalisierung des Krieges*, Reinbek 1995）の方法論的批判を参照。盗聴記録における国防軍兵士の発言を「真の動機」として理解することの危険性について

は、たとえばそうした史料を用いた最初の研究である次の研究を参照。Sönke Neitzel, Harald Welzer, *Soldaten. Protokolle vom Kämpfen, Töten und Sterben*, Frankfurt/M. 2011; Felix Römer, *Kameraden. Die Wehrmacht von innen*, München 2012. フェリックス・レーマーは、「士気に関する質問票」に書かれた兵士の発言が宿営で傍受された会話と大きく異なっていたことを指摘している（Felix Römer, »Milieus in the Military. Soldierly Ethos, Nationalism and Conformism Among Workers in the Wehrmacht«, in: *Journal of Contemporary History* 48 (2013), S. 125-149, hier: S. 137 ff.）。

（60）アイヒマンはサッセンに対して、ナチスが「何か間違ったことをした」と言うことに自分の「内心が抵抗を覚える」と説明している。彼はこう続ける。「いや、虚心坦懐《ママ》に言わねばならない。もしも我々が［……］一〇三〇万人いるユダヤ人のうち、一〇三〇万人のユダヤ人を殺したというのなら、私は満足してこう言うことができよう。よかろう、我々は敵を殲滅した、と」。David Cesarani, *Adolf Eichmann. Bürokrat und Massenmörder*, Berlin 2004, S. 309 ff. を参照。

（61）この点については、ヤン・フィリップ・レームツマによる証言の比較を参照。Jan Philipp Reemtsma, *Vertrauen und Gewalt. Versuch über eine besondere Konstellation der Moderne*, Hamburg 2008, S. 468. レームツマは状況が動機呈示を規定することに気づいている。彼は講演を行った理由を尋ねられたある科学者の例を挙げている。この科学者は「とにかくそうしたかったからだ」とは答えないだろう。というのも、それは質問者を鼻であしらうことになるからだ。「私はうぬぼれが強く、このテーマについてXY氏よりもっと多くのことを知っているからだ」という回答も、講演を行う動機としてありえなくはないが、ありそうもない。その代わりに、彼は正当な動機に言及するだろう。テーマの重要性を強調したり、何か公共の利益になる目的に奉仕していると伝えたりするのである。だがアイヒマンの双方の発言を比較する際、レームツマは動機の呈示を問題化する見方に反して、アルゼンチンでサッセンに表明した動機を「より真のもの」と見なす傾向があるようだ。

（62）たとえばWieviorka, *Die Gewalt*, S. 153 を参照。暴力社会学者の間の論争では、暴力のプロセスが独自の力学を発展させ、暴力が「無意味」または「無動機」に見えるようになったとしても、暴力の行使者が事後に動機を呈示することを免れないという事実がほとんど見落とされている。暴力社会学者は暴力の行使が動機をもたず、それ自体からしか説明できないと主張するかもしれないが、暴力の行使者はしばしば、遅くとも裁判の手続きにおいては動機を説明しなければならない。暴力行使に動機がないという暴力社会学の革新者の見方については、たとえばSofsky, *Die Ordnung des Terrors*, S. 18; Neumann, »Schwierigkeiten der Soziologie mit der Gewaltanalyse«, S. 66 f. を参照。

（63）暴力のプロセスの独自の力学はこれまでにミクロ社会学的な研究によって十分に究明されている。ランドル・コリンズとシュテファン・クルーゼマンの研究を参照。Randall Collins, *Dynamik der Gewalt. Eine mikrosoziologische Theorie,*

Hamburg 2011; Randall Collins, »Entering and Leaving the Tunnel of Violence. Micro-Sociological Dynamics of Emotional Entrainment in Violent Interactions«, in: *Current Sociology* 61 (2013), S. 132-151; Stefan Klusemann, »Micro-Situational Antecedents of Violent Atrocity«, in: *Sociological Forum* 25 (2010), S. 272-295; Stefan Klusemann, »Massacres as Process. A Micro-Sociological Theory of Internal Patterns of Mass Atrocities«, in: *European Journal of Criminology* 9 (2012), S. 468-480. ヴォルフガング・ゾフスキーは、この独自の力学が暴力それ自体の本質的な特徴であると説明している（Sofsky, *Traktat über die Gewalt*, S. v）。この点についてのランドル・コリンズの要求は、もっと控えめである。「ミクロ相互行為理論は、暴力のすべての側面を説明するものではなく、個々人の長期的な動機づけのパターンや、大規模な暴力の発生と統制に影響を与える組織的・制度的構造についての理論を補完するものである」（Collins, »Entering and Leaving the Tunnel of Violence«, S. 133）。彼にとっては、「マクロ社会学のミクロ基盤」にも限界があるようだ。Randall Collins, »On the Microfoundations of Macrosociology«, in: *American Journal of Sociology* 86 (1981), S. 984-1014 を参照。

（64） Gerth/Mills, »Motivvokabulare«, S. 157.

（65） Niklas Luhmann, *Soziale Systeme*, Frankfurt/M. 1984, S. 228. 詳しくは、Niklas Luhmann, »Erleben und Handeln«, in: Niklas Luhmann, *Soziologische Aufklärung 3. Soziales System, Gesellschaft und Organisation*, Wiesbaden 2005, S. 77-92 も参照。

（66） 社会的・事実的・時間的という三つの意味の次元については、Niklas Luhmann, »Der Sinn als Grundbegriff der Soziologie«, in: Jürgen Habermas, Niklas Luhmann, *Theorie der Gesellschaft oder Sozialtechnologie. Was leistet die Systemforschung?*, Frankfurt/M. 1971, S. 25-100 を参照。

（67） 組織のトップがほとんどいつもそうであるように、国家保安本部の幹部たちは組織の目標に強く共感していて、後になってこの共感を否定することはほとんどできなかったが、下位の地位にあった職員たちの場合はたいてい、組織の目標への義務的な支持しか期待できないことが多い。

（68） ホロコーストに関与した人びとの動機の解明を主眼とするのではなく、むしろ一九四五年以降にどのような動機の呈示が行われ、その背後にどんな利害が潜んでいたかを検証するような論文や本が、これまでに数多く執筆されている。重要かつ論争的な議論として、Berg, *Der Holocaust und die westdeutschen Historiker* を参照。とくにイスラエルとドイツの国民アイデンティティの形成においてホロコーストが果たした役割については、ここで深く立ち入ることはできない。そうした試みとして、Tom Segev, *The Seventh Million. The Israelis and the Holocaust*, New York 1993; Charles S. Maier, *The Unmasterable Past. History, Holocaust, and German National Identity*, Cambridge 1997 を参照。

（69） ルーマンによれば、付与という用語を用いた動機の概念は「動機が付与される自我と、動機を付与する分身」を含意している。Luhmann, *Kontingenz und Recht*, S. 63.

（70）Luhmann, *Kontingenz und Recht*, S. 64.

（71）テレビシリーズでは、この社会的相互行為の基本原理が緊張の要素として用いられる。たとえばジェフ・リンゼイの本を原作とする『デクスター』のシリーズは、デクスターの動機呈示と彼の父親の動機付与を通じて構成されている。父親がデクスターのために作った掟は、デクスターの飽くなき殺人衝動を制御するためのものである。

（72）動機づけの手段の概念については、Luhmann, *Funktionen und Folgen formaler Organisation*, S. 133 を参照。

（73）構造は期待構造として理解されるため、期待という概念は社会学的なシステム理論一般において、つまり組織との関連以外においても重要である。Luhmann, *Rechtssoziologie*, S. 31 ff. を参照。民族共同体の歴史学的分析に期待の概念を取り入れるかなり慎重な試みとして、Thomas Mergel, »Führer, Volksgemeinschaft und Maschine. Politische Erwartungsstrukturen in der Weimarer Republik und dem Nationalsozialismus 1918-1936«, in: Wolfgang Hardtwig (Hg.), *Politische Kulturgeschichte der Zwischenkriegszeit 1918-1939*, Göttingen 2005, S. 91-128, hier: S. 91 を参照。

（74）ここでは「インフォーマル」と言うのに広く使われているが不正確な「informell」という用語ではなく、システム理論的な組織研究で導入されているより正確な「informal」という用語を用いる。後者においては「フォーマル（formal）」という用語との対照により、組織との関連が明確になるからである。

（75）この点についての概説として、Barry Posen, *Nationalism, the Mass Army, and Military Power*, Cambridge 1993 を参照。

（76）組織研究が繰り返し証明しようとしてきたのは、組織メンバーが同僚との親密な絆を感じると、より満足してより業績を挙げようとする事実である。たとえばいわゆる人間関係論のアプローチが想定するところでは、他者との接触や共存をもとめる欲求は同僚によって満たされるという。

（77）組織研究には様々な形の成員動機と業績動機を扱う伝統がある。一九六〇年代の重要な代表例として、Daniel Katz, »The Motivational Basis of Organizational Behavior«, in: *Behavioral Science* 9 (1964), S. 131-146; Amitai Etzioni, *A Comparative Analysis of Complex Organizations. On Power, Inolvement, and Their Correlates*, New York 1975 を参照。だがこの基本的に興味深い比較アプローチは、偶発性（Kontingenz）理論の枠組みの中で環境の要件と動機づけの構造との相関関係が過度に一般化された形で分析されたことで、ほとんど無駄に消耗されてしまった。ここでは様々な形態のメンバーの動機づけを、もっぱら発見に役立つ分析図式として使っているにすぎない。この点については、Kühl, *Organisationen*, S. 37 ff. を参照。

（78）戦闘の士気に関する軍事社会学的研究として、たとえば第二次世界大戦中の米国の兵士については Samuel A. Stouffer u. a., *The American Soldier. Volume II. Combat and its Aftermath*, Princeton 1949 を、第二次世界大戦中の国防軍の兵士については Shils/Janowitz, »Cohesion and Disintegration in the Wehrmacht in World War II« を、ヴェトナム戦争中の米国の兵士については Charles C. Moskos, »Eigeninteresse, Primärgruppen und Ideologie. Eine Untersuchung der Kampfmotivation amerikanischer Truppen in Vietnam«, in: René König (Hg.), *Militärsoziologie*, Opladen 1968, S. 199-220 を参照。

(79) Etzioni, *A Comparative Analysis of Complex Organizations*, S. 6 f. 説明を簡略化するため、私も「強制組織」といった類型的な組織の呼称を用いることがあるが、エツィオーニとは違って、組織が動機づけの手段の組み合わせによって特徴づけられるということを明確に強調しておきたい。

(80) 四種類の果実を使ったジャムについての言及は、ジャム製造業者シュヴァルタウアー・ヴェルケに関するルーマンの考察に由来するようである。Niklas Luhmann, *Zweckbegriff und Systemrationalität*, Frankfurt/M. 1973, S. 142.

(81) この点については、Chester I. Barnard, *The Functions of the Executive*, Cambridge 1938, S. 168 を参照。

(82) 白紙委任状の概念については、John R. Commons, *Legal Foundation of Capitalism*, New York 1924, S. 284 を参照。

第二章　目的への共感

アウシュヴィッツへの道は憎悪によって築かれたが、無関心によって舗装された。

イアン・カーショー(1)

第一〇一警察予備大隊の隊員たちは一九四二年夏、まったく何の準備もないままルブリンに派遣されたわけではなかった。ナチスのプロパガンダは新聞記事、書籍、映画の中で、大隊が占領地で果たすべき任務のことに繰り返し言及していた。すなわち、公共施設の警備、占領地の住民集団の再定住、反抗的な農民からの農作物の押収、犯罪者の迫害、パルチザンの撲滅である(2)。

警察大隊はルブリン管区に派遣される前に新たに編制されたが、警察官たちはそれまでの任務にもとづいて、自分たちを待ち受ける活動について大まかな見当をつけることができた。一九三九年のポーランド占領後、秩序警察は征服地の安全確保だけでなく、ナチ指導部が命じた「住民の再定住」を遂行する任務も担っていた。ナチ指導部の考えでは、占領した西ポーランドの諸州からユダヤ系・非ユダヤ系のポーランド人を追放し、ドイツ帝国に併合されたこれらの地域に、ソ連が占領した東ポーランドの地域から移住してきたドイツ系住民を受け入れるスペースを確保することになっていた。[3]

第一〇一警察大隊も当初は敗走するポーランド兵の捜索と刑務所の警備を担っていたが、その後はこうした再定住に関与していた。一九四〇年春にキェルツェからポーゼン（ポズナン）に移動した後、大隊はポーランド人をドイツ帝国に併合されたこれらの地域から追放し、東方へ強制移送する一連の再定住に関与した。ウッチに移動した後も、警察大隊はそのような再定住作戦を何度か遂行したが、その他に別の警察部隊と交替でウッチのユダヤ人ゲットーの警備も引き受けた。[4]

すでにこうした任務の際に、大隊員は繰り返し射殺に参加していた。武器所持の廉で逮捕されたポーランド人は、大隊指揮官を長とする即決裁判の後、大隊員によって射殺された。キェルツェでの捕虜の反乱の際には、大隊員は十数名のポーランド人捕虜の射殺に関与した。大隊はポーゼン地域での再定住作戦の際にも繰り返し銃殺部隊を派遣し、死刑判決を受けたポーランド人を殺害した。[5] 非ユダヤ系・ユダヤ系ポーランド人の強制再定住の際には、再定住から逃れようとした人びとの銃殺も繰り返された。[6]

自分たちの活動がポーランド人一般のみならず、とくにユダヤ系ポーランド人を対象としたものであることに、警察大隊の隊員たちはすぐに気づいたに違いない。占領後ナチスによってリッツマンシュタットと改名されたウッチで、警察大隊はポーランドでの最初の任務としてゲットーの警備を担当したが、ユダヤ人はそこから新たに創設された総督府へと継続的に強制移送された。[7] ポーランドでの最初の任務の後、一時的にハンブルクに戻ってから、大隊はとくにハンブルクのユダヤ人をミンスクとリガに強制移送する任務に従事した。[8] この強制移送の際、大隊員たちはモーアヴァイデの集合場所を警備し、ユダヤ人を鉄道駅に運ぶトラックに積み込むのも手伝った。[9] したがってユダヤ人に対する――一部暴力的な――行動も、大隊員たちにとっては原則的に無関心領域に属することのように思われた。

だがユゼフフでの任務の際に命じられたユダヤ人の男性、女性、子供の大量射殺には、警察大隊のほとんどの隊員たちは驚いたようである。ユダヤ人に対する反ユダヤ主義的な攻撃、次々に制定される差別的な法律や政令、戦争になればヨーロッパ・ユダヤ人を絶滅させるという、ヒトラーが頻繁に繰り返した脅しにもかかわらず、少なくとも彼らの戦後の証言を信じるならば、何の具体的な理由も即決裁判による判決もなしにユダヤ系の民間人を射殺することに、ほとんどの警察官たちは心の準備ができていなかった。[10] ユゼフフでユダヤ系ポーランド人の大量射殺を遂行するという命令は、大隊員の無関心領域の境界に位置していたようだが、ほとんどの警察官たちの目にはそれを越えるものには見えなかった。これはどう説明できるのだろうか。

1　反ユダヤ主義的なコンセンサスの虚構の形成

ホロコーストに関する古典的な目的合理的説明によれば、ヴァイマール共和国期のナチスにはすでに明確な反ユダヤ主義的計画があり、それが「権力掌握」とともに実行に移されたとされる。ヨーロッパを「ユダヤ人のいない」地域にするというナチ指導部の目標は、その後第二次世界大戦中に相当なエネルギーをもって推進されたという。マダガスカルへのユダヤ人の強制移住、総督府へのユダヤ人居留地の設置、ベラルーシのプリピャチ湿地や北極海のツンドラ地帯へのユダヤ人の追放など、この目的を達成するための様々な方法が実現できずに終わった後、ナチ国家の指導部はドイツ帝国の支配圏内のすべてのユダヤ人の殺害を最善の解決策と考えるようになった。

目的合理的な説明――ここではその概略だけを述べるにとどめるが――によれば、基本的な反ユダヤ主義的目標がドイツ国民の大部分に支持されていたため、この計画に必要な人員を確保することに困難はなかった。ユダヤ人を殺害しようという動機は、国家暴力組織に加入してこの殺戮を遂行する機会を得る以前に、国民の大部分にすでに存在していた。したがってホロコーストにおいては、組織の目的とメンバーの動機の間に密接な結合があった。このことは、多くのナチ組織が主に魅力的な目的によってメンバーを獲得していたという事実からも見て取れるという。一九三三年一月三〇日以前の段階では、突撃隊も親衛隊もすべての隊員に給与を支給できる財政状態にはなかった。また一九三三年一月三〇日以降に起こった――一九三八年一一月九日から一〇日にかけての夜のポグロムにいたるまでの――ユダヤ系ドイツ人への攻撃の多くも、突撃隊と親衛隊の隊員が反ユダヤ主義的計画に強く共感していたことによって説明できるとされる。

こうした見方の背後にある組織理解はかなり単純である。すなわち、確信的な加害者はある目的――この場合は民族的に規定された宗教的少数派の絶滅――を追求するために組織を設立するというのである。そして、そうした組織の指導者はこの目的を確信し、様々な方法でそれを達成しようとする人びとを勧誘する。この観点からすれば、組織が追求する目的は組織メンバーの動機とほぼ同じである。警察官がユダヤ人を殺害したのは、非常に単純化して言えば、警察官としてユダヤ人を殺害する機会があったからだということになる。[11]

たしかにこのような目的への共感にもとづく人選は、ナチ国家の多くの組織で観察することができる。特別行動部隊の指導的地位の大部分は国家保安本部の高官たちによって占められており、彼らは「戦闘的行政」の担い手としてベルリンで立案した計画を東部戦線で実践に移した。ドイツ国防軍のソ連侵攻直後、占領地を「平定」するために投入された親衛隊の特別行動部隊の「一般要員」も、この任務のために特別に選抜された。特別行動部隊には秩序警察の部隊も編入されたが、特別行動部隊の隊員のかなりの割合は親衛隊の部隊から徴募された。[12]

だがハンブルクの警察大隊の人員は、ホロコーストに関与した人びとの多くが古典的な目的合理的説明アプローチで強調されている「世界観を確信する加害者」という図式に明らかに当てはまらないことを示している。大隊員の大半は、任務以前に目立った反ユダヤ主義的言動を行っていなかった。ほとんどの大隊員がハンブルクの出身であったが、この街の社会民主主義的な雰囲気は反ユダヤ主義的な姿勢によって特徴づけられてはいなかった。また大隊員で一九三三年以降にナチ党に加入していた者も少数しかいなかった。したがってこの場合、反ユダヤ主義が秩序警察への加入（成員動機）や殺害への参加（業績動機）へと駆り立てる動機となったとは思われない。それでは反ユダヤ主義は何らかの役割を果たしたのか。もし果たしたとすれば、それはどんな役割だったのか。

合意独裁における反ユダヤ主義的なコンセンサスの虚構

ドイツ帝国の国民の過半数がナチスの政策に肯定的な態度をとっていたことは、研究者が概ね一致するところである。ゲッツ・アリーの言葉を借りれば、ナチ体制は「合意独裁」であった。[13]とくにナチ体制がプロパガンダに利用して大成功を収めた一九三六年のベルリン・オリンピックから、国防軍の軍事的成果が頂点に達した一九四二年までの時期、ナチ体制はドイツ国民の大部分の支持をあてにすることができた。ナチズムの初期と末期においてのみ、体制はより強く暴力の行使に依拠して政策を実施したようである。[14]

フランク・バヨールによれば、合意独裁はまた、「ユダヤ人の公的生活からの段階的排除」と「彼らの経済的基盤の破壊」[15]がほとんど抗議を引き起こさず、その反対に、しばしば容認されたり歓迎されたりしたことも意味する。ユダヤ人の職業・経済分野からの追放は多くの非ユダヤ人に対し、ナチ国家の反ユダヤ主義的イデオロギーを通じて自分たちの経済的利害を正当化する機会を提供したが、これによってナチ人種政策への支持はさらに強まることになった。だがこのようにナチ人種政策を基本的に受容していたからといって、それはドイツ帝国の国民の大部分がユダヤ人に対する暴力的な攻撃に参加したり、ユダヤ人の強制移送を積極的に支持したりしたということを必ずしも意味しない(16)。

ユダヤ系ドイツ人の職業世界からの追放、段階的な資産の没収、基本的市民権の制限といった反ユダヤ主義的措置を容認する際、ドイツ国民がナチ体制の人種政策をどの程度まで心から支持していたのか、あるいは彼らがナチ国家の追求する国家理性にどの程度までうわべ「だけ」で適応していたのかについては、社会学的視点からは判断することができない。だが決定的なのは、遅くとも一九三〇年代半ば以降には国民の大部分にナチスの人種政策が広く受け入れられており、この政策に批判や疑念を呈してもほとんど支持が得られないという見方が広まっていたことである(17)。

社会学的な表現を用いれば、反ユダヤ主義的なコンセンサスの虚構がナチ体制下でますます広く定着していったと言うことができる。ニクラス・ルーマンが提起した定義によると、コンセンサスの虚構とは「他者との出会いの際にさしあたり相互の期待が一致していると想定する」ことができ、「その合意が実際にどこまで及ぶのかをそのつど詳細に説明したり、協議したりする必要がない」ことを意味する(18)。たとえばナチ・プロパガンダに沿った会話の中でユダヤ人は「ドイツ国民の不幸」だと述べた秩序警察の一員は、自分が確実なコンセンサスの虚構の枠組みの中で活動していると想定することができた。その合意は主として規範や信念の内面化にではなく、「他の誰もが同意する」という「未確認の推定」に依拠するものである(19)。

コンセンサスの虚構の形成には、疑義が生じた場合に周囲の支持が得られると想定できることが重要である。たとえばドイツ帝国ではヒトラー式敬礼を示すことが規範となり、これを遵守すれば第三者の支持が得られると期待することができた。ティルマン・アラートが明らかにしたように、「ハイル・ヒトラー（Heil Hitler）」を「ハイトラー（Heitler）」と短縮したり、オフィスに入る際に「どなたかいらっしゃいませんか」と言ってドアを開け、ヒトラー式敬礼を回避したりして、挨拶の際に役割への距離を示す方法もあったかもしれない[20]。だが衝突が起きた場合、たとえば明確に挨拶を要求された場合には、規範が強制されると期待することができた。青年期にハンブルクの反ユダヤ主義的風潮を観察していたウーヴェ・シュトルヨハンは、そうしたコンセンサスの虚構を回顧的に描写し、ナチ時代には「理解しない者、寡黙を貫く者、首肯する者、聞き流す者、盲目な者からなる盤石な連合」が形成されていたと述べている。機会あるごとに反ユダヤ主義を表明するハンブルク市民もいたが、「当惑、無関心、鈍感な従属」の混合によって特徴づけられる「無言の多数派」が支配的だったという[21]。

ヴァイマール共和国期には強力な反ユダヤ主義運動も存在したとはいえ、そのような立場には――少なくとも特定の政治的風潮の外部では――反発もあったのだが、これとは対照的にナチ国家では、市民が反ユダヤ主義的な発言をしても批判を受けず、通常は肯定的な反応を得ることを確信できるようになった。この点で、ナチ運動の反ユダヤ主義的な活動家だけでなく、とりわけ反ユダヤ主義的な政令の制定、各種協会からのユダヤ人の追放、ユダヤ人への暴力的な襲撃を容認した観衆も、ナチ国家におけるそうした反ユダヤ主義的なコンセンサスの虚構の形成に大きく貢献した[22]。

反ユダヤ主義的なコンセンサスの虚構が形成された結果、別の考えをもつ者はそれを明確に主張しなければならなくなった。一九三三年四月のユダヤ人商店のボイコットの際にも、個々の買い物客は抗議したかもしれないが、ユダヤ人が経済生活から徐々に追放されるにつれて、ユダヤ人が経営する商店で依然として買い物をする非ユダヤ系ドイツ人は正当化の必要に迫られるようになった。一部でニュルンベルク人種法の制定以前からいわゆる「人種汚辱」を理由にユダヤ系ドイツ人を市中で引き回していた人びとではなく、こうした攻撃に抗議していた人びとの方が自らを正当化しなければならなくなった。

コンセンサスの虚構から逸脱した人びとは――ニクラス・ルーマンの言葉を借りれば――「イニシアティブの重荷」、「想定される自明性の重み」を背負わなければならなかったため、一般的に「虚構的な共同性」に同調することが多かったのである。[23]

反ユダヤ主義的なコンセンサスの虚構の段階的定着

注目に値するのは、ナチ国家の反ユダヤ主義的措置の大部分が公然と伝えられ、しかも公の場で議論できるようにされていたことである。大隊員の大半が育ったハンブルクでは、ユダヤ人のレッテルを貼られたドイツ人に対する差別がメディアを通じて大々的に報じられた。たとえばハンブルクの日刊紙はまったく当然のように一九三三年四月のユダヤ人商店のボイコットを報じ、一九三五年九月のニュルンベルク法によるユダヤ人と非ユダヤ人の性交渉の禁止を発表し、一九三八年一〇月のハンブルク在住ポーランド系ユダヤ人の強制移送や、一九三八年一一月のポグロムにおけるユダヤ系ドイツ人のシナゴーグ、住居、商店の破壊を詳細に記述した。[24] 一九四一年――つまりハンブルクのユダヤ人の強制移送の直前――には、ハンブルクの新聞各紙で同地のユダヤ人への「黄色い星」の導入が発表されただけでなく、好意的な論評も行われた。[25]

反ユダヤ主義的なコンセンサスの虚構が受け入れられた決定的な要因は、それが徐々に形成されたことである。[26] 国民の大部分がナチズムを基本的に支持していたと仮定しても――結局のところナチ党は一九三二年七月と一一月の最後の二回のドイツ帝国議会選挙でそれぞれ三〇%を優に超える票を獲得していた――、ヒトラーが帝国首相に任命された直後の段階で、ナチ体制がその影響圏内のユダヤ人を殺害する組織的な計画を開始することは不可能だったに違いない。[27] ナチ・イデオロギーにとっての反ユダヤ主義の重要性は、ヒトラーの『わが闘争』の中に明白に示されているが、この反ユダヤ主義はたとえ穏健な形であっても、ナチ党に投票した有権者の一部にしか重要な役割を果たさなかったと想定することができる。[28]

ナチスの絶滅計画が受け入れられる基盤となったのは、一九三三年以降にドイツ国内のユダヤ人が、そして一九三九年以降には占領地のユダヤ人が徐々に基本的権利を剥奪されたことである。[29]その出発点は、ユダヤ人が職業・経済生活から徐々に追放されたことだった。[30]早くも一九三三年春には「職業官吏再建法」にもとづき、ユダヤ系の公務員が退職させられた。これに続いてユダヤ系の弁護士、医師、歯科医師、歯科技術士の業務遂行を著しく制限し、後に完全に禁止する法律や政令が制定された。一九三〇年代末に制定された「ドイツ経済生活からのユダヤ人の排除のための政令」と「ユダヤ人資産の活用に関する政令」は、ユダヤ人に小売業や通信販売業の経営や手工業の営業を禁止した。さらに商業、農業、林業に従事することも困難になった。

さらに一九三五年の「ニュルンベルク人種法」とそれに続く政令によって、ユダヤ系ドイツ人――より正しくは人種法によっていまやユダヤ人と見なされるようになったドイツ人――の一般的市民権が侵害された。二つのニュルンベルク人種法の一つである「帝国市民権法」により、「ユダヤ人」は「帝国市民」になれず、「政治問題」での投票権をもたず、公職に就くことも許されないと規定された。ユダヤ人の人種生物学的規定を法的に確実な形で行うことが難しいと判明したため、「少なくとも三人の人種的に完全なユダヤ系の祖父母の子孫」であればユダヤ人と定義され、祖父母の「ユダヤ系の人種的帰属」は単に「ユダヤ系の宗教的帰属」によって担保されるとされた。第二のニュルンベルク法である「血統保護法」は、ユダヤ系・非ユダヤ系ドイツ人の結婚と性交渉を禁止し、四五歳未満のユダヤ系女性国籍保有者が非ユダヤ系ドイツ人家庭で雇用されることも禁じた。[31]

徐々に強まるユダヤ人への国家的差別は、ユダヤ人を公的生活から組織的に排除するための枠組みを形成しただけであった。ヒトラーの権力掌握直後にはすでに、多くの協会がしばしばナチ体制から外的な圧力も受けずに「アーリア人条項」を受け入れた。科学・文化団体、スポーツ・合唱協会、射撃・カーニヴァル協会、志願消防団、記念碑保存協会などが――しばしば国家の政令の直接的な結果として、だが多くの場合はそれ以前からすでに――ユダヤ人会員を排除した。(32) 企業はユダヤ人従業員を職場から追放したが、国家当局の命令も受けずにそうした企業も多かった。(33)

このような雰囲気の中で、ユダヤ人に対する非合法な攻撃さえも国家組織に容認される風潮が生まれた。警察はそのような攻撃に介入するのにゆっくりと時間をかけ、ときにそれを隠蔽した。これによって国民の間には、ユダヤ人に暴行を加えても国家の制裁を恐れる必要はないという認識が広まった。ミヒャエル・ヴィルトは、国家の治安当局と反ユダヤ主義の活動家たちとの「多かれ少なかれ隠された共犯関係」を指摘しているが、これによってユダヤ人は保護を拒否され、暴力にさらされるようになったのだという。ヴィルトによれば、この「「下からの」」政策は「「上からの」」政令、法律、措置と同様に必要」であり、反ユダヤ主義的な基本姿勢を育む「民族共同体」の形成に不可欠なものであった。「民族共同体内のある集団に対して法を破ることができたその瞬間には」、「民族共同体の境界線はすでに引かれていた」のであり、それは「一方ではすべての民族同胞を包摂し、他方ではすべてのユダヤ人と他の「異民族」ならびに「共同体の異分子」を排除するものであった」。(34)

法治国家的拘束の解消

ドイツ社会のあらゆる階層で、反ユダヤ主義的なコンセンサスの虚構が形成された。ハンブルクの学生は、ナチ国家の反ユダヤ主義的プロパガンダに支えられて、おそらく学生組合のメンバー全員が自分の反ユダヤ主義的なジョークを好むわけではないが、その反ユダヤ主義的な内容に憤慨する者はいないだろうと想定することができた。突撃隊員は、ユダヤ人店主への身体的攻撃がすべての観衆に歓迎されると考えることはできなかったが、誰も抗議しないと確信することはできた。

ナチ体制の国家暴力の専門家たちにとって、この反ユダヤ主義的なコンセンサスの虚構は重要であった。なぜなら、それはいつ誰に対して介入すべきかを判断する手がかりとなったからである。法治国家の国家暴力の専門家たちは、介入する際に法的に定められた方針に拘束される。ナチ国家のような独裁体制では、こうした拘束は解消される。それゆえ警察は、ユダヤ人に対する攻撃を容認するとき、またユダヤ人に対する自らの行動を判断するときに有効な法律に従っただけでなく、ナチ体制によって形成された反ユダヤ主義的なコンセンサスの虚構にもとづいて、こうした攻撃に——たとえそれが法的なグレーゾーンに位置しているとしても——問題はないはずだと想定することができたのである。

2　反ユダヤ主義的なコンセンサスの虚構の確立のための世界観教育の役割

ナチ指導部は、国家暴力組織に組み入れられた人員の世界観教育を重視していた。国民啓蒙・宣伝大臣ヨーゼフ・ゲッベルスは秩序警察の世界観教育に関する通達の中で、「部隊長は武器の手入れを命じなければならない」のと同様に、「精神的な武器に不備がない」よう保つことにも注意しなければならないと説明していた。「定期的に一定時間を武器の手入れにあてる」のと同様に、「同じだけの時間を精神の浄化に使わなければならない」というのである。[35]

こうしたプロパガンダにおいては、非ユダヤ系ドイツ人とユダヤ系ドイツ人、ポーランド人、ウクライナ人との対比が組織的に設定されている。そこでは保護・育成すべき「自分」たち、つまり非ユダヤ系ドイツ人と、排除すべき「他者」たち、つまりユダヤ系ドイツ人、ポーランド人、ウクライナ人との間に人種的な違いが存在するかのように対比されている。秩序警察官たちにとってこうしたプロパガンダがもつ特別な意味は、人種的に「他者」とされる者たちが「自分」たちにとっての脅威であり、警察はこの脅威に対する防衛において中心的な役割を果たすということであった。ジャック・セムランの言葉を借りれば、「自分」たちの救済は他者たちの「絶滅」によって達成されなければならないということになる。[36]

秩序警察の世界観教育の方法

警察官の教化のために、クルト・ダリューゲ率いる秩序警察本部は独自の「世界観教育局」を設置した。ユルゲン・マテウスによれば、この局は様々な部隊をまさしく「プロパガンダの洪水」であふれさせた。[37] 秩序警察の「世界観教育」は、主として次の三つの異なる方法で行われた。すなわち、基礎教練中の教育、ドイツ帝国や占領地での活動中の教育、そして定期刊行物による教育である。

中心的な役割を果たしたのは、基礎教練の一環として警察官に課された「世界観教育」である。通常四カ月にわたる大隊の基礎教練では、肉体訓練、武器教習、防空、警察法、交通法、刑法、警察実務に加え、「国民社会主義の教義」に関する週四回の授業も課された。[38] ダリューゲは秩序警察の様々な下位部局への指令の中で、「戦争が警察に課す高度な要求に応えられる」よう、警察大隊の隊員には「過度な要求をせず、計画的」に「強さを教え込む」べきだと説明していた。基礎教練の中で「性格と世界観の強化」とともに課される「闘士・指導者になるため」のこの教育にこそ、「部隊の精神、士気、ひいては業績」がかかっているというのである。[39]

占領地での活動中、「世界観教育」が基礎教練中と同じ役割を果たすことはなかった。だが指導部は、そこでも「世界観教育」を行うことを重視した。一九四二年八月、つまり「ラインハルト作戦」の最中に、ルブリン管区の秩序警察指揮官はベルリンの秩序警察本部指導局の「世界観教育」班の指令を下位部局に伝達し、週一回の講習がいかに必要であるかを指摘した。ルブリン管区に駐屯していた第一〇一、第六七、第四一警察大隊の指揮官にも送られたこの指令は、「東部の植民地化」の必要性を伝え、「占領した東部地域で復興作業に従事する今日のドイツ人」が「いかに高邁で価値のある任務」を果たしているかを強調するよう要求していた[40]。教育の基礎として用いられたのは、とりわけ国家保安本部の教育局が作成した親衛隊指導冊子であった。そこでは「ユダヤ人」が「ドイツ国民の最も危険な敵」として提示されていた。ユダヤ人は「フリーメーソン、マルクス主義、ボリシェヴィズム、自由主義、資本主義、平和主義」など、世界のあらゆる悪の元凶とされていた[41]。

警察官や親衛隊員向けの雑誌が果たした役割も過小評価してはならない。『ドイツ警察官』——後に『ドイツ警察』に改称——や親衛隊向けの雑誌『黒色軍団』のような定期刊行物では、反ユダヤ主義的なステレオタイプが育成された[42]。定期的に大量に発行されるこれらの雑誌に加えて、書籍出版物も重要な役割を果たした。たとえば秩序警察本部の報道官で、戦時中のドイツ警察の活動に関して数冊の書籍を著したヘルムート・コショルケは、占領地に入植した劣等人種というイデオロギーを積極的に宣伝した。「これは人間ではない！　動物だ！　だが違う。動物を不当に非難してはならない。というのも、動物はこの殺人者の群れほど獣的に堕落してはいないからだ。これは人間ではないし、動物でもない。そうではなく、これはこの世界に属さないある種の奇形児なのだ[43]」。

教育の役割——無関心領域の確立

だが研究者の間では、世界観教育指導も、新聞、雑誌、書籍の形で警察官に提供された宣伝教材も、警察官の信念には比較的わずかな影響しか与えなかったという点でほぼ見解が一致している。予備役の訓練の中の世界観教育の時間が短かすぎたこと、活動の傍らで行われた講習の理解度が低すぎたこと、宣伝がしばしば粗雑に行われたことにより、警察官の信念を根本的に変えるにはいたらなかったのである。(44)

だが——この点は研究で見落とされがちなのだが——隊員の直接的な動機づけを行うことが、世界観教育や宣伝教材の氾濫の主要な目的ではなかった。そのようなことなら、組織の公式のコミュニケーション経路を通じて具体的な指示を伝達したり、一般的な規則を制定したりすることによって、はるかにうまく達成することができる。私の見方によればむしろ、世界観教育は警察官たちに、ゲットー解体、強制移送、大量処刑への参加を無関心領域に組み入れるための準備をさせたのだった。

「ユダヤ性」に関する教育は、たとえ——これがそのような教育の卑劣な点なのだが——警察官たちがそうした教育に距離をとって接したとしても、行為の期待を無関心領域に移動させる効果を有していた。たとえ『ドイツ警察』や『黒色軍団』のような世界観に満ちた出版物を無関心に読み流し、毎週行われる講習を聞き流すだけだったとしても、世界観教育の様々な方法は、きわめて大規模な反ユダヤ主義的措置さえも警察官の無関心領域に組み入れる機能を果たしていたのである。

そのためには警察官を教育して、大量処刑や絶滅収容所への強制移送の具体的な手順に備えさせる必要もなかった。研究者が繰り返し指摘しているのは、「最終解決」の最終段階においてさえ、「絶滅の実態」についての言及が教材にほとんど見出されなかったことである。これはユダヤ人の大量殺戮を秘匿しておきたかったこととと関係があるかもしれないが、教材を通じて警察官を殺戮のために「鍛える」必要がまったくなかったことも明らかである。(45) 警察官が殺戮の指示を組織の無関心領域内の期待として理解するよう仕向けるには、「漠然とした示唆」や「曖昧な意図の表明」だけで十分であった。(46) つまり反ユダヤ主義的プロパガンダは警察官を動機づける必要はなく、組織を通じて伝えられる期待、ユダヤ人を射殺しなければならないという期待をもっともらしく見せるだけでよかったのである。

3 「無関心な受容」から「積極的な参加」へ

ハンブルク大隊の隊員たちの態度が、当時の他の非ユダヤ系ドイツ人のそれと根本的に異なっていたわけではなかったことを示す手がかりは多い。ユダヤ系ドイツ人が公の場から徐々に排除されていく中で、おそらく彼らも沈黙を守り、ときには賛同の意を示すこともあっただろう。そして、一九三八年に国家のイニシアティブと国家の監督のもと、ユダヤ人のシナゴーグ、商店、住居がポグロムのような攻撃によって放火された事実を黙認し、おそらく公的に擁護することもあっただろう。

だがこれらの人びとがどのような形であれ、反ユダヤ主義的なコンセンサスの虚構の形成に関与したからといって、必ずしも彼らがユダヤ人を積極的に攻撃したというわけではなかった[47]。ナチ・プロパガンダが想定するユダヤ系・非ユダヤ系ドイツ人の対立は、必ずしもユダヤ系・非ユダヤ系ドイツ人の具体的・暴力的対立にまで発展することを意味したわけではなかった。ユダヤ人の同僚を職場から排除することを受け入れたハンブルクの警察官は、必ずしもユダヤ人商店のショーウィンドーを破壊する暴徒に加わったわけではなかった。彼は「ユダヤ人はドイツ国民の異分子である」とか、「不吉な影響力」をもっているとか、「この状況を変えなければならない」とかいった考えを妻と分かち合っていたかもしれないが、だからといって彼が暴徒として反ユダヤ主義的組織に加わったということにはならない[48]。政治的態度が必ずしも政治的動機にもとづく行為につながるわけではないことは、社会学的に疑問の余

地はない。(49)

ランドル・コリンズは一連のミクロ社会学的研究の中で、軽蔑的・拒絶的な態度から暴力的な行動が生じることはめったにないという事実を明らかにしている。コリンズによれば、暴力的な対立は被害者にとってだけでなく、加害者にとっても重荷となる。なぜなら、加害者も身体を動かさないといけないからである。身振りや姿勢から、暴力の行使者が大きなストレスを受けることがわかる。心拍数は毎分一六〇回に上昇し、アドレナリンやコルチゾンの分泌が増加し、指や手や足の細かい動きを制御するのが困難になることが多い。立ちすくんでまったく動けなくなる人もいれば、逆上してパンチが的に当たらなかったり、至近距離で的を外したりする人もいる。マスメディアが伝えるイメージとは反対に、暴力を行使することは簡単ではなく、むしろ困難なのである。(50)

このような困難がある中で人びとに暴力を行使させる方法の一つは、暴力の行使を組織の加入条件とすることである。たしかに組織がメンバーの暴力行使を期待できるのは、彼らが犠牲者と実際に直接対面した状況でもそれを実行できる場合だけである。だがコリンズが強調するように、組織の役割は武器を提供したり、暴力が行使される場所までメンバーを輸送したり、彼らを訓練したりすることだけにあるわけではない。何より重要なのはむしろ、暴力を行使する意思をフォーマルな期待へと昇華し、メンバーが自分の成員資格を危険にさらしたくなければ、それに従わなければならないようにすることなのである。(51)

第一〇一警察大隊の隊員たちに当てはめると、これは彼らが組織に拘束されることによってはじめてナチ絶滅計画の担い手になったということを意味する。もし彼らが警察大隊や他の国家的殺戮組織に採用されていなければ、ほとんどの場合——戦後に尋問を受けた警察官の自己弁明的な主張に疑念を抱かざるをえないにせよ、このことは認めなければならないだろう——、何百人ものユダヤ人女性、男性、子供の殺害に関与することはなかっただろう。この点で、彼らがナチ体制の国家暴力組織に編入されたことは、「能力と行為」、「偏見と大量虐殺」をつなぐ重要な「蝶番機能」を果たしていた[52]。

つまり世界観教育の中心的な機能は、潜在的な加害者ではあるがまだ躊躇している者をプロパガンダの熱情によって反ユダヤ主義的な「世界観の闘士」に変えることではなかった。警察大隊の個々の隊員がプロパガンダを内面化し、総督府のユダヤ人女性、男性、子供の殺害を人種戦争の必然的結果と理解していたということはあるかもしれない。だがそれまで反ユダヤ主義を積極的に実践していなかった男たちをプロパガンダだけで確信的な抹殺的反ユダヤ主義者に変えることができると考えるのは、一人前の人間の性格を改造する可能性を過大評価しすぎているだろう[53]。

秩序警察のメンバーに対する世界観教育の中心的な機能はむしろ、彼らにユダヤ人殺害命令を秩序警察官としての役割を果たすための正当な要求と認識させることにあった。さらに別の言い方をすれば、反ユダヤ主義的なコンセンサスの虚構がドイツで定着しつつあった状況のもと、世界観教育はユダヤ人殺害を秩序警察官の無関心領域に組み入れるという重要な機能を果たした。それは――蝶番のイメージを用いるなら――「能力」から「行為」への転換をスムーズにする潤滑油となったのである。

このように組織を「能力と行為」、「偏見と大量虐殺」をつなぐ蝶番として特徴づけたからといって、――この点が重要なのだが――個々の組織メンバーの殺戮への関与が相対化されるわけではない。その反対に、個々の組織メンバーの動機ではなく、彼らの具体的な行動に焦点を当てる視点から明らかになるのは、反ユダヤ主義的なコンセンサスの虚構が反ユダヤ主義的な発言を繰り返す正真正銘のナチスだけによって形成されたのではなく、むしろ沈黙を守る人びとこそがコンセンサスの虚構の定着に貢献したということである[54]。

反ユダヤ主義的なコンセンサスの虚構を共有することによって――反ユダヤ主義的な発言をするか、

それについて沈黙を守ることによって――はじめて、警察大隊の隊員たちは警察指導部が命じた措置が組織メンバーとしての自分たちの無関心領域に含まれると想定することができた。ある時点になると、この無関心領域にはユダヤ人住居の立ち退き、ユダヤ人資産の収用、ユダヤ人のゲットーへの強制移送ばかりか、ユダヤ人の射殺や絶滅収容所への移送までも含まれることになった[55]。

注

(1) Ian Kershaw, *Popular Opinion and Political Dissent in the Third Reich. Bavaria, 1933-1945*, Oxford 1983, S. 277. 原文では「The road to Auschwitz was built by hate, but paved with indifference」となっている。Browning, *Ganz normale Männer*, S. 262 の翻訳から引用。そこでは出典が誤って Ian Kershaw, »The Persecution of the Jews and German Public Opinion in the Third Reich«, in: *Leo Baeck Institute Yearbook* 26 (1981), S. 261-289, hier: S. 288 と記述されている。

(2) この点については、広く頒布されたプロパガンダ出版物として、Hans Richter, *Einsatz der Polizei. Bei den Polizeibataillonen in Ost, Nord und West*, Berlin 1941; Hans Richter, *Ordnungspolizei auf den Rollbahnen des Ostens. Bildberichte von den Einsätzen der Ordnungspolizei im Sommer 1941 im Osten*, Berlin 1943 を参照。

(3) 包括的な住民移住計画の立案と実施については、とくに Götz Aly, Susanne Heim, *Vordenker der Vernichtung. Auschwitz und die deutschen Pläne für eine neue europäische Ordnung*, Frankfurt/M. 2013 を参照。ナチスによるポーランドのゲルマン化政策についての詳細は、Gerhard Wolf, *Ideologie und Herrschaftsrationalität. Nationalsozialistische Germanisierungspolitik in Polen*, Hamburg 2012 を、再定住プロセスにおける様々なナチ当局の協力については、Isabel Heinemann, »›Ethnic Resettlement‹ and Inter-Agency Cooperation in the Occupied Eastern Territories«, in: Gerald D. Feldman, Wolfgang Seibel (Hg.), *Networks of Nazi Persecution. Bureaucracy, Business, and the Organization of the Holocaust*, New York 2005, S. 213-235 を参照。追放・再定住政策についての優れた整理は、Schwartz, *Ethnische »Säuberungen« in der Moderne*, S. 429 ff. を参照。

(4) 一九三九年から一九四一年までの第一〇一警察大隊の活動は、比較的よくわかっている。ハンブルクで行われた捜査と、一九三九年から一九四一年までのポーランドにおけるハンブルク警察大隊の活動に関する報告書の要約を参照。BA Ludwigsburg, 162/5910, Bl. 16. 以下の情報は、被告人の証言をもとにまとめられたこの報告書にもとづいている。大隊は一九三九年九月にハンブルクのブンデスシュトラーセ兵舎で編制され、一九三九年九月六日にキェルツェに派遣された。大隊はいったん一九三九年一二月一六日にハンブルクに戻り、ハノーファーの第一一一警察大隊がキェルツェで任務を交代した。

(5) ハンブルクで行われた捜査と、一九三九年から一九四一年までのポーランドにおけるハンブルク警察大隊の活動に関する報告書の要約。BA Ludwigsburg, 162/5910, Bl. 16. Kiepe, *Das Reservepolizeibataillon 101 vor Gericht*, S. 32 も参照。

(6) ヤドヴィガ・コシツカの尋問。BA Ludwigsburg, 162/18810, Bl. 9 ff.

(7) ゲアハルト・カジョックの尋問。StA Hamburg, NSG 0021/002, Bl. 2474. United States Holocaust Memorial Museum Washington, Photograph 47436, abgedruckt in: Wolf Kaiser u. a., *»Nicht durch formale Schranken gehemmt«. Die deutsche Polizei im Nationalsozialismus*, Bonn 2012, S. 152 の写真も参照。

(8) »Geheimerlass Chef der Ordnungspolizei, an die Befehlshaber (Inspekteure) der Ordnungspolizei usw., betr. Evakuierungen von Juden aus dem Altreich und dem Protektorat«, Az. Kdo g2 (01) Nr. 514/41 (g) vom 24. Oktober 1941, gez. Daluege, abgedruckt in: Internationaler Militärgerichtshof (Hg.), *Der Prozeß gegen die Hauptkriegsverbrecher vor dem Internationalen Militärgerichtshof. Band 33*, Nürnberg 1947, S. 535 ff. 移送にはそれぞれ秩序警察の将校一名と隊員一二名を同行させることが定められていた。強制移送一般については、次の論集を参照。Beate Meyer (Hg.), *Die Verfolgung und Ermordung der Hamburger Juden 1933-1945. Geschichte, Zeugnis, Erinnerung*, Göttingen 2006; Linde Apel (Hg.), *In den Tod geschickt. Die Deportationen von Juden, Roma und Sinti aus Hamburg 1940 bis 1945*, Berlin 2009. 一九四一年一一月のドイツ帝国からミンスクへの、そしてリガへのいわゆる第二波強制移送についての詳細は、Alfred Gottwaldt, Diana Schulle, *Die »Judendeportationen« aus dem Deutschen Reich 1941-1945. Eine kommentierte Chronologie*, Wiesbaden 2005, S. 84 ff. und 110 ff. を参照。

(9) フランツ・クヌートの尋問。StA Hamburg, NSG 0021/02, Bl. 2474. ハンブルクからの強制移送における第一〇一警察大隊の役割は、これまでほとんど調査されていない。とくに Apel, *In den Tod geschickt*, S. 118 に収録されているミンスクへの強制移送に関する一九四一年一一月一九日付のエルナ・カイベルの書簡と、同行警察官ブルーノ・プロープストの一九六四年二月二六日付の証言を参照。

(10) 『ディ・ヴェルト』紙に引用された被告ホフマンの証言は次の通りである。「はっきり強調したいのは、我々はパルチザンと盗賊だけを撲滅するために活動していると考えていたことだ。その地域の秩序と治安を守るよう命じられていた。とくにあの夏はパルチザンの活動が激しかった」。o.V., »Der grausige Auftrag des Polizei-Bataillons 101«, in: *Die Welt* vom 2. 11. 1967

（11）目的への共感にもとづく組織の理解を相対化する議論として、Niklas Luhmann, *Funktionen und Folgen formaler Organisation. Mit Epilog von 1995*, S. 137 ff. を、その議論を簡潔に要約したものとして、Kühl, *Organisationen*, S. 41 f. を参照。

（12）秩序警察官の特別行動部隊への編入については、Guillaume de Syon, »The Einsatzgruppe and the Issue of ›Ordinary Men‹«, in: Jonathan C. Friedman (Hg.), *The Routledge History of the Holcocaust*, London, New York 2011, S. 148-155, hier: S. 151 を参照。とくにハインリヒ・ヒムラーの組織の幹部たちには、ナチスの計画への強い共感が必要条件とされた。原則として、幹部たちは親衛隊とナチ党双方のメンバーであった。国家保安本部については、Michael Wildt, *Generation des Unbedingten. Das Führungskorps des Reichssicherheitshauptamtes*, Hamburg 2002 を、親衛隊経済管理本部については、Michael Thad Allen, *The Business of Genocide. The SS, Slave Labor, and the Concentration Camps*, Chapel Hill, London 2002 を、秩序警察本部については、Florian Dierl, »Das Hauptamt Ordnungspolizei 1936 bis 1945«, in: Alfons Kenkmann, Christoph Spieker (Hg.), *Im Auftrag. Polizei, Verwaltung und Verantwortung*, Essen 2001, S. 159-175 を、大管区・占領地における親衛隊・警察上級指導者については、Ruth Bettina Birn, *Die höheren SS- und Polizeiführer. Himmlers Vertreter im Reich und in den besetzten Gebieten*, Düsseldorf 1986 を参照。

（13）合意独裁（Zustimmungsdiktatur）の概念については、Götz Aly, *Rasse und Klasse. Nachforschungen zum deutschen Wesen*, Frankfurt/M. 2003, S. 246 を参照。アリーは後にこの表現を好意独裁（Gefälligkeitsdiktatur）という表現に代えてもいる。Götz Aly, *Hitlers Volksstaat. Raub, Rassenkrieg und nationaler Sozialismus*, Frankfurt/M. 2005 を参照。ナチ国家が国民の大部分からどの程度支持されていたかという問題は歴史学で広く議論されており、ここでは立ち入らない。一九三五年夏の反ユダヤ主義キャンペーン、一九三八年の一一月ポグロム、一九四〇年以降の強制移送計画・絶滅計画の分析とその方法論的問題を提示した初期の研究として、Ian Kershaw, »Antisemitismus und Volksmeinung. Reaktionen auf die Judenverfolgung«, in: Martin Broszat, Elke Fröhlich u. a. (Hg.), *Bayern in der NS-Zeit. Band IV. Herrschaft und Gesellschaft im Konflikt*, München, Wien 1979, S. 281-348; Kershaw, »The Persecution of the Jews and German Public Opinion in the Third Reich« を、より詳細な後の研究として、Kershaw, *Popular Opinion and Political Dissent in the Third Reich*; Ian Kershaw, *Hitler, the Germans and the Final Solution*, New Haven, London 2008 を参照。さらに、Bernd Stöver, *Volksgemeinschaft im Dritten Reich*, Düsseldorf 1993; Heinz Schreckenberg, *Ideologie und Alltag im Dritten Reich*, Frankfurt/M. 2003; Robert Gellately, *Hingeschaut und weggesehen. Hitler und sein Volk*, Stuttgart, München 2002 を参照。このほか次の論集も参照。Götz Aly (Hg.), *Volkes Stimme. Skepsis und Führervertrauen im Nationalsozialismus*, Frankfurt/M. 2006; Frank Bajohr, Michael Wildt (Hg.), *Volksgemeinschaft. Neue Forschungen zur Gesellschaft des Nationalsozialismus*, Frankfurt/M. 2009; Hans-Ulrich Thamer, Deutsches Historisches

Museum (Hg.), *Hitler und die Deutschen. Volksgemeinschaft und Verbrechen*, Dresden 2010.

(14) ここではフランク・バヨールの評価に従っている（Frank Bajohr, »Über die Entwicklung eines schlechten Gewissens. Die deutsche Bevölkerung und die Deportationen 1941-1945«, in: Birthe Kundrus, Beate Meyer (Hg.), *Die Deportation der Juden aus Deutschland. Pläne – Praxis – Reaktionen, 1938-1945*, Göttingen 2004, S. 180-195, hier: S. 181）。バヨールはベルント・シュテーヴァー、イアン・カーショー、ロバート・ジェラテリーの研究を参照している（Stöver, *Volksgemeinschaft im Dritten Reich*; Ian Kershaw, *Der Hitler-Mythos*, Stuttgart 1999; Gellately, *Hingeschaut und weggesehen*）。ナチ・プロパガンダは国民がナチズムの政策を支持しているという印象を伝えようとしたため、ナチ時代の国民世論を評価することは容易ではない。この問題についての最良の史料は、おそらくナチスによる秘密世情報告だろう。この点に関する優れた概説として、Otto Dov Kulka, Eberhard Jäckel (Hg.), *Die Juden in den geheimen NS-Stimmungsberichten 1933-1945*, Düsseldorf 2004 を参照。

(15) 国民の見解がいかに分裂していたかは、たとえば「ナチ時代のバイエルン」というプロジェクトが示している。その概要として、Martin Broszat, »Resistenz und Widerstand. Eine Zwischenbilanz des Forschungsprojektes«, in: Martin Broszat, Elke Fröhlich u. a. (Hg.), *Bayern in der NS-Zeit. Band IV. Herrschaft und Gesellschaft im Konflikt*, München, Wien 1979, S. 691-709 を参照。また、Hans Mommsen, Dieter Obst, »Die Reaktion der deutschen Bevölkerung auf die Verfolgung der Juden 1933-1943«, in: Hans Mommsen (Hg.), *Herrschaftsalltag im Dritten Reich. Studien und Texte*, Düsseldorf 1988, S. 374-426, hier: S. 380 ff. も参照。ホロコーストの説明における反ユダヤ主義の意義については、バイエルン・プロジェクトと一部異なる解釈を示している研究として、Omer Bartov, »Defining Enemies, Making Victims. Germans, Jews, and the Holocaust«, in: *American Historical Review* 103 (1998), S. 771-816, hier: S. 783 f.; Omer Bartov, *Germany's War and the Holocaust*, Ithaca 2003, S. 126 を参照。

(16) ここではバヨールによる研究の総括に従っている。Bajohr, »Über die Entwicklung eines schlechten Gewissens«, S. 182. だがこれとやや異なる方向性を示す研究として、Birthe Kundrus, »Der Holocaust. Die ›Volksgemeinschaft‹ als Verbrechensgemeinschaft?«, in: Hans-Ulrich Thamer, Deutsches Historisches Museum (Hg.), *Hitler und die Deutschen. Volksgemeinschaft und Verbrechen*, Dresden 2010, S. 130-135, hier: S. 132 f. を参照。

(17) こうした評価は、非ユダヤ系ドイツ国民の声を取り上げることを目的とした上述の親衛隊保安部の報告を分析することによっても、少なくとも部分的には支持されるだろう。この点については、たとえば Heinz Boberach, »Überwachungs- und Stimmungsberichte als Quellen für die Einstellung der deutschen Bevölkerung zur Judenverfolgung«, in: Ursula Büttner (Hg.), *Die Deutschen und die Judenverfolgung im Dritten Reich*, Frankfurt/M. 2003, S. 47-68 を参照。詳しくは、Kulka/Jäckel, *Die Juden in den geheimen NS-Stimmungsberichten 1933-1945* を参照。この史料の問題点については、Ian Kershaw, »›Volksgemeinschaft‹.

Potenzial und Grenzen eines neuen Forschungskonzepts«, in: *Vierteljahrshefte für Zeitgeschichte* 59 (2011), S. 1-17, hier: S. 12 f. を参照。

（18）Luhmann, *Funktionen und Folgen formaler Organisation*, S. 68. そこでは事実的なコンセンサスであるかどうか、つまり全面的に正しいことを確信しているかどうかということは二義的な問題である。コンセンサスの虚構（Konsensfiktion）の概念を詳細に論じた興味深い研究として、Marko Püschel, *Die Polizeibataillone 101 und 301. Soziologische Analysen*, Bielefeld 2009, z. B. S. 25 ff. を参照。そこではルーマンのアプローチも批判的に考察されている。社会心理学ではコンセンサスの虚構の代わりに規範的参照枠という概念が提案されているが（Welzer, *Täter* を参照）、これまでその概念を他の概念と区別して包括的に定義する試みは行われていない。私の見るところでは、規範的参照枠というのはシステム理論社会学で規範的期待という概念で要約されるもの、つまり失望した場合でも維持される期待を指している。

（19）コンセンサスの虚構に関するルーマンの考察を紹介した研究として、Wolfgang Ludwig Schneider, *Grundlagen der soziologischen Theorie. Band 2. Garfinkel – RC – Habermas – Luhmann*, Opladen 2002, S. 266 を参照。ヴォルフガング・ルートヴィヒ・シュナイダーは、この概念では「真のコンセンサス」の代わりに「コンセンサスの過大評価」が重要な安定化メカニズムの役割を果たすと強調している。

（20）Tilman Allert, *Der deutsche Gruß. Geschichte einer unheilvollen Geste*, Frankfurt/M. 2005, S. 18. ナチ国家における「擬装と発言」に関するゲアハルト・バウアーの考察も興味深い。Gerhard Bauer, *Sprache und Sprachlosigkeit im »Dritten Reich«*, Köln 1988, S. 137 ff.

（21）Uwe Storjohann, *Hauptsache Überleben. Eine Jugend im Krieg, 1936-1945*, Hamburg 1993, S. 100. この史料への手がかりを与えてくれたのは、Frank Bajohr, »Die Deportation der Juden: Initiativen und Reaktionen aus Hamburg«, in: Beate Meyer (Hg.), *Die Verfolgung und Ermordung der Hamburger Juden 1933-1945. Geschichte, Zeugnis, Erinnerung*, Göttingen 2006, S. 33-41, hier: S. 36 の記述である。

（22）この点に注意を向けさせてくれたのは、ミヒャエル・ヴィルトの研究である（Wildt, *Volksgemeinschaft als Selbstermächtigung*, S. 372）。ナチ国家においては一種のノエル＝ノイマン的な沈黙の螺旋が形成されていたという、ジャック・セムランの考察も興味深い（Sémelin, *Säubern und Vernichten*, S. 110 f.）。この点については、Elisabeth Noelle-Neumann, *Die Schweigespirale. Öffentliche Meinung – unsere soziale Haut*, München 1980 を参照。

（23）Luhmann, *Funktionen und Folgen formaler Organisation*, S. 68.

（24）ハンブルクの反ユダヤ主義的措置については、Beate Meyer, »Die Verfolgung der Hamburger Juden 1933-1938«, in: Beate Meyer (Hg.), *Die Verfolgung und Ermordung der Hamburger Juden 1933-1945. Geschichte, Zeugnis, Erinnerung*, Göttingen 2006,

S. 15-24; Beate Meyer, »Das ›Schicksaljahr 1938‹ und die Folgen«, in: Beate Meyer (Hg.), *Die Verfolgung und Ermordung der Hamburger Juden 1933-1945. Geschichte, Zeugnis, Erinnerung*, Göttingen 2006, S. 25-32 で紹介されているメディア報道を参照。

（25）この点については、Bajohr, »Die Deportation der Juden: Initiativen und Reaktionen aus Hamburg«, S. 35 を参照。そこでは例として、*Hamburger Tageblatt* vom 19. 9. 1941 が挙げられている。

（26）反ユダヤ主義的措置の段階的進展については、Katz, »A Sociological Perspective to the Holocaust«, S. 275 を参照。ハラルト・ヴェルツァーの研究にも、反ユダヤ主義的措置の段階的定着についての考察が見られる（Welzer, *Täter*, S. 57 ff.）。

（27）一九三二年七月三一日の第六回帝国議会選挙でナチ党は三七・三％の票を獲得し、九月危機の後に必要となった一九三二年一一月六日の第七回帝国議会選挙でも三三・一％の票を獲得した。ナチ党に投票した有権者についての基本的な研究として、Jürgen W. Falter, *Hitlers Wähler*, München 1991 を参照。

（28）この点については、とくにイアン・カーショーの考察を参照。彼の重要な論考の要約は、Kershaw, *Hitler, the Germans and the Final Solution* に収録されている。

（29）日常的な差別については、ホフマンらに対する起訴状を参照。StA Hamburg, NSG 0022/002, Bl. 1218 ff.（起訴状の頁番号では S. 77 ff.）この起訴状には二五〇以上の反ユダヤ主義的な法律と政令が引用されている。そこには帝国法令集の該当箇所への参照指示もある。差別の絶え間ない強化に関する最良の記述は、Saul Friedländer, *Nazi Germany and the Jews. The Years of Persecution. 1933-1939*, New York 1997 である。

（30）反ユダヤ主義的措置の段階的導入については、たとえば Longerich, *Politik der Vernichtung*, S. 23 ff.; Victoria J. Barnett, *Bystanders. Conscience and Complicity during the Holocaust*, Westport 1999, S. 69 ff. を参照。

（31）この点については、Lothar Gruchmann, »›Blutschutzgesetz‹ und Justiz. Zur Entstehung und Auswirkung des Nürnberger Gesetzes vom 15. September 1935«, in: *Vierteljahrshefte für Zeitgeschichte* 31 (1983), S. 418-442 を参照。

（32）たとえば Lorenz Pfeiffer, Henry Wahlig, »Die Exklusion jüdischer Mitglieder aus deutschen Turn- und Sportvereinen im nationalsozialistischen Deutschland«, in: Detlef Schmiechen-Ackermann (Hg.), *»Volksgemeinschaft«: Mythos, wirkungsmächtige soziale Verheißung oder soziale Realität im »Dritten Reich«? Zwischenbilanz einer kontroversen Debatte*, Paderborn 2012, S. 199-210 を参照。

（33）北海やバルト海の海水浴場からのユダヤ人の追放については、たとえば Frank Bajohr, *»Unser Hotel ist judenfrei«. Bäder-Antisemitismus im 19. und 20. Jahrhundert*, Frankfurt/M. 2003 を参照。

（34）Wildt, *Volksgemeinschaft als Selbstermächtigung*, S. 372. それ以前の研究として、Michael Wildt, »Gewaltpolitik. Volksgemeinschaft und Judenverfolgung in der deutschen Provinz 1932 bis 1935«, in: *Werkstattgeschichte* 35 (2003), S. 23-43 も参照。この関連で興味深いのは、タルコット・パーソンズの一九四〇年代初期の考察である。Talcott Parsons, »Memorandum: The Development of Groups and Organizations Amenable to Use Against American Institutions and Foreign Policy and Possible Measures of Prevention«, in: Uta Gerhardt (Hg.), *Talcott Parsons on National Socialism*, Piscataway 1993, S. 101-130.「民族共同体」がナチスによって作られた神話にすぎなかったのか、それともナチ国家の社会的現実だったのかをめぐる論争を扱った初期の論考として、Heinrich August Winkler, »Vom Mythos der Volksgemeinschaft«, in: *Archiv für Sozialgeschichte* 17 (1977), S. 484-490 を参照。最新の研究として、Hans Mommsen, *Zur Geschichte Deutschlands im 20. Jahrhundert. Demokratie, Diktatur, Widerstand*, München 2010, S. 162 ff.; Kershaw, »›Volksgemeinschaft‹«, S. 1 ff.; Detlef Schmiechen-Ackermann, »Einführung«, in: Detlef-Schmiechen-Ackermann (Hg.), *»Volksgemeinschaft«: Mythos, wirkungsmächtige soziale Verheißung oder soziale Realität im »Dritten Reich«? Zwischenbilanz einer kontroversen Debatte*, Paderborn 2012, S. 13-54, hier: S. 18 ff. を参照。

(35) Joseph Goebbels, »Krieg und Weltanschauung«, in: *Mitteilungsblätter für die weltanschauliche Schulung der Ordnungspolizei* vom 10. 7. 1944, S. 1-4, hier: S. 3.

(36) Sémelin, *Säubern und Vernichten*, S. 62. ドイツ語の翻訳では「「我々(wir)」の救済は「彼ら(sie)」の絶滅によって」となっている。フランス語の原著は、Jacques Sémelin, *Purifier et détruire. Usages politiques des massacres et génocides*, Paris 2005 を参照。同様の研究として、Sémelin, »Éléments pour une grammaire du massacre«, S. 158; Jacques Sémelin, »Toward a Vocabulary of Massacre and Genocide«, in: *Journal of Genocide Research* 5 (2003), S. 193-210, hier: S. 197 も参照。興味深いのは、トラップ少佐が警察大隊による最初の大量射殺の前の演説で、まさにこうした想像上の対立を取り上げたことである。この点については、Jan Philipp Reemtsma, »Die Natur der Gewalt als Problem der Soziologie«, in: *Mittelweg 36* 15 (2006), S. 2-25, hier: S. 19 f. を参照。

(37) たとえば Jürgen Matthäus, »Die Beteiligung der Ordnungspolizei im Holocaust«, in: Wolf Kaiser (Hg.), *Täter im Vernichtungskrieg*, Berlin, München 2002, S. 166-185, hier: S. 172 を参照。

(38) Anlage 2 zum Erlass O.KdO, I A (3) Nr.354/40 vom 17. Dezember 1940, Unterrichtsplan für den viermonatigen Lehrgang in den Pol.-Batl., LAW Münster, Slg. Primavesi, Bl. 260.

(39) Reichsführer SS und Chef der Deutschen Polizei im Reichsministerium des Innern, O.KdO, I A (3) Nr.26/1940 Berlin 23. 1. 1940, Schnellbrief unterzeichnet von Daluege, LAW Münster, Slg. Primavesi, Bl. 260.

(40) Schreiben des KdO Lublin Abt. 1c, 1. 8. 1941, mit Abschrift eines Erlasses des Kommandos der Ordnungspolizei, Amtsgruppe

11, Weltanschauliche Erziehung, vom 17. 7. 1942. Jürgen Matthäus, »Ausbildungsziel Judenmord? Zum Stellenwert der ›weltanschaulichen‹ Erziehung von SS und Polizei im Rahmen der ›Endlösung‹«, in: *Zeitschrift für Geschichtswissenschaft* 47 (1999), S. 673-699, hier: S. 695 より引用。

（41）SS-Leitheft 3, 22. 4. 1936, S. 7-14, BA Berlin, NSD 41. Matthäus, »Ausbildungsziel Judenmord?«, S. 686 f. より引用。ここでの記述は彼の考察にもとづいている。Jürgen Matthäus, »›Warum wird über das Judentum geschult?‹. Die ideologische Vorbereitung der deutschen Polizei auf den Holocaust«, in: Gerhard Paul, Klaus-Michael Mallmann (Hg.), *Die Gestapo im Zweiten Weltkrieg. »Heimatfront« und besetztes Europa*, Darmstadt 2000, S. 100-124; Jürgen Matthäus, »›Weltanschauliche Erziehung‹ in Himmlers Machtapparat und der Mord an den europäischen Juden«, in: *Theresienstädter Studien und Dokumente* (2004), S. 306-336 も参照。

（42）»Die Juden sind unser Unglück«, in: *Der Deutsche Polizeibeamte* vom 15. 10. 1935, S. 767. Matthäus, »Ausbildungsziel Judenmord?«, S. 686 f. より引用。

（43）Helmuth Koschorke, *Polizeireiter in Polen*, Berlin, Leipzig 1940, S. 58. 同様の書籍として、Helmuth Koschorke, *Jederzeit einsatzbereit*, Berlin 1939; Helmuth Koschorke, *Polizei greift ein*, Berlin, Leipzig 1941 も参照。コショルケの反ユダヤ主義的プロパガンダについては、Klaus-Michael Mallmann, »›... Mißgeburten, die nicht auf diese Welt gehören‹. Die deutsche Ordnungspolizei in Polen, 1939-1941«, in: Klaus-Michael Mallmann, Bogdan Musial (Hg.), *Genesis des Genozids. Polen 1939-1941*, Darmstadt 2004, S. 71-89, hier: S. 76 ff.; Thomas Köhler, »Anstiftung zu Versklavung und Völkermord. ›Weltanschauliche Schulung‹ durch Literatur. Lesestoff für Polizeibeamte während des ›Dritten Reichs‹«, in: Alfons Kenkmann, Christoph Spieker (Hg.), *Im Auftrag. Polizei, Verwaltung und Verantwortung*, Essen 2001, S. 130-158, hier: S. 130 ff. も参照。

（44）この点については、たとえば Browning, *Ganz normale Männer*, S. 231 ff.; Goldhagen, *Hitlers willige Vollstrecker*, S. 221; Matthäus, »Ausbildungsziel Judenmord?«, S. 681 ff.; Angrick, *Besatzungspolitik und Massenmord*, S. 386 ff. を参照。

（45）Browning, *Ganz normale Männer*, S. 249 の指摘を参照。

（46）「最終解決」の最終段階においても「漠然とした示唆」や「曖昧な意図の表明」だけが見られたことについては、Matthäus, »Ausbildungsziel Judenmord?«, S. 689 を参照。

（47）ヨハン・ガルトゥングの「構造的暴力」の概念やピエール・ブルデューの「象徴的暴力」の概念のような広範な暴力の概念を扱う場合には、まさにこの違いが見落とされる。Johan Galtung, *Strukturelle Gewalt. Beiträge zur Friedens- und Konfliktforschung*, Reinbek 1975; Pierre Bourdieu, »Sur le pouvoir symbolique«, in: *Annales* 3 (1977), S. 405-411. こうした広範な

暴力の概念は同様に広範な権力の概念と融合してしまう恐れがあるが、その点についての初期の批判はハンナ・アーレントの考察に見られる（Hannah Arendt, *Macht und Gewalt*, München 1970, S. 36 ff.）。もっと狭く正確なのがハインリヒ・ポーピッツの定義で、彼は暴力を「意図的に他者の身体を傷つける」行為に限定している（Heinrich Popitz, *Phänomene der Macht*, Tübingen 1992, S. 48）。これと同様の考察として、Manuel Eisner, »The Use of Violence. An Examination of Some Cross-Cutting Issues«, in: *International Journal of Conflict and Violence* 3 (2009), S. 40-59, hier: S. 42 を参照。

（48）Christof Dipper, »Warum werden deutsche Historiker nicht gelesen. Anmerkungen zur Goldhagen-Debatte«, in: Johannes Heil, Rainer Erb (Hg.), *Geschichtswissenschaft und Öffentlichkeit. Der Streit um Daniel Goldhagen*, Frankfurt/M. 1998, S. 93-109, hier: S. 102を参照。また、Wildt, *Volksgemeinschaft als Selbstermächtigung*, S. 373 も参照。ヴィルトは「ドイツ各地の暴力行為からヨーロッパ・ユダヤ人の大量殺戮へといたる必然的な道」はなかったと指摘している。

（49）態度と行為の区別を訴える論考として、Mitchell G. Ash, »American and German Perspectives on the Goldhagen Debate. History, Identity, and the Media«, in: *Holocaust and Genocide Studies* 11 (1997), S. 396-411, hier: S. 398 を参照。古典的な研究は、R. T. LaPiere, »Attitudes vs. Actions«, in: *Social Forces* 14 (1934), S. 230-237 である。R・T・ラピエールはその中で、調査対象となった米国のホテルオーナーの大半が日系人の宿泊客は受け入れないと回答したが、実際にはたいてい支払いのよい客として受け入れていたと証明している。

（50）ここではコリンズの簡潔な記述に厳密に従っている。Collins, »Entering and Leaving the Tunnel of Violence«, S. 134 f.; Randall Collins, »The Invention and Diffusion of Social Techniques of Violence. How Micro-Sociology Can Explain Historical Trends«, in: *Sociologica* 2 (2011), S. 1-10, hier: S. 5. 詳しくは Collins, *Dynamik der Gewalt* を参照。それ以前の研究だが、同様の方向をめざす論考として、Jack Katz, *Seductions of Crime. Moral and Sensual Attractions in Doing Evil*, New York 1988 を参照。コリンズのアプローチに対する興味深い批判は、Mark Cooney, »The Scientific Significance of Collin's Violence«, in: *British Journal of Sociology* 60 (2009), S. 586-595 に見られる。

（51）Randall Collins, »Micro and Macro Causes of Violence«, in: *International Journal of Conflict and Violence* 3 (2009), S. 9-22, hier: S. 17. 軍隊における暴力行使の動員という問題については、Joseph A. Blake, »The Organization as Instrument of Violence: The Military Case«, in: *The Sociological Quarterly* 11 (1970), S. 331-350 を参照。

（52）これはユルゲン・マテウスの言葉である。Matthäus, »Ausbildungsziel Judenmord?«, S. 698. 同様の指摘として、Matthäus, »›Warum wird über das Judentum geschult?‹«, S. 101 も参照。

（53）ホロコーストに関する議論はさしあたってナチ国家の執行機関、つまり国家組織の「作戦中枢」で殺戮を実行した男女にしか適用できず、反ユダヤ主義や人種主義が意思決定レベルでどんな役割を果たしたのかという問題にそれで答えることはできない。この議論については、Saul Friedländer, »Vom Antisemitismus zur Judenvernichtung. Eine historiographische Studie zur nationalsozialistischen Judenpolitik und Versuch einer Interpretation«, in: Eberhard Jäckel, Jürgen Rohwer (Hg.), *Der Mord an den Juden im Zweiten Weltkrieg*, Stuttgart 1985, S. 18-60 を参照。

（54）私の見るところでは、ホロコーストの傍観者に関する研究も、こうした能力の行為への転換に焦点を当てるべきである。この点については、たとえば Dan Bar-On, »The Bystander in Relation to the Victim and the Perpetrator. Today and During the Holocaust«, in: *Social Justice Research* 14 (2001), S. 125-148 を参照。

（55）「組織された突発性」による無関心の拡大については、Thomas Hoebel, »Organisierte Plötzlichkeit. Timing, Territorialität und die Frage, wie aus Ordnungspolizisten Massenmörder werden«, in: Alexander Gruber, Stefan Kühl (Hg.), *Soziologische Analysen des Holocaust. Jenseits der Debatte über »ganz normale Männer« und »ganz normale Deutsche«*, Wiesbaden 2015, S. 129-169 も参照。

第三章　強制

悪は悪人によってなされることはあまりない。ほとんどの悪は善をなしていないことに気づかない善人によってなされる。

ラインホールド・ニーバー(1)

一九四二年六月九日、第一〇一警察大隊がユゼフフで大量射殺を遂行するわずか数日前、ハインリヒ・ヒムラーはベルリンの航空士館で国家保安本部の指導者たちを前にして行った演説の中で、メンバーへの要求は必要な場合には強制して貫徹すべきであると説明した。ヒムラーによれば、親衛隊と警察は戦時中の任務のために「多くの不適格者を受け入れ」ており、彼らには「鉄の規律」を課し、「きわめて厳しい裁判権」を行使することが必要であった。たとえ若い脱走兵が「六カ月の収監」や「懲罰部隊」での任務を通じて「名誉を回復」できる場合が多いにせよ、「そのような若者の中に弱く反社会的な分子が存在する」のであれば、「逮捕して処刑」しなければならないというのである(2)。

ヒムラーの発言は、ホロコーストの遂行に携わった親衛隊組織、警察大隊、補助労働力からなる部隊のほとんどが強制組織であったという事実に言及している。第一〇一警察大隊の場合、強制任務の法的基盤は国防軍の規則ではなかった。予備警察の将校、下士官、一般隊員が緊急任務法にもとづいて強制徴集された。(3)第二次世界大戦中にこの緊急任務法の対象となったのは、原則としてすべてのドイツ国籍保有者であった。例外は「一五歳未満と七〇歳以上の者」、「一五歳未満の子供の母親」、「妊娠六カ月から産後二カ月までの妊婦」、「労働不適格者」だけであった。(4)

ドイツ帝国市民を対象とする兵役と緊急任務令、占領地の市民を対象とする様々な強制労働令の導入によって、対象となった人びとは自らの意思で特定の組織から離脱する可能性を奪われた。警察大隊のドイツ人隊員は、単に辞職して帰宅することはできなかった。ルクセンブルク出身の警察大隊の隊員は、ドイツの大隊での仕事が魅力的でないのでルクセンブルクの部隊に配属してほしいと、中隊長に単に願い出ることはできなかった。

秩序警察の強制的性格は、形式的規則に違反した場合、公務員のための服務刑法だけでなく、上官および親衛隊・警察裁判所が執行する戦争刑法が適用された事実からも明らかである。すべての公務員、したがって警察のメンバーにも適用される平時の帝国服務刑法は、違反行為に対して「警告」、「戒告」、「罰金」、「減給」、「年金減額」、「年金取消」、そして最後の手段として「免職」といった措置しか規定していなかった。(5)これに対して、親衛隊・警察裁判所が参照した刑法は、軍の司法権とほぼ同じであった。それによると、違反行為は逮捕、投獄、そして命令拒否や脱走の場合には死刑で処罰されることもあった。(6)

秩序警察の強制的性格は、戦後多くの大隊員がユダヤ人の殺害を拒否しなかったことを正当化するのに持ち出す論拠となった。たとえば第三中隊の隊長として戦後大隊の主要被告人の一人となったヴォルフガング・ホフマンは、「身体と生命を直接危険にさらすことなく」射殺命令から「逃れることはできなかった」と説明している。「さもなければ強制収容所に入れられるか、射殺された」だろうというのである。(7)第一中隊の隊長かつ大隊の副指揮官として裁判のもう一人の主要被告人となったユリウス・

ヴォーラウフは、ルブリンの親衛隊・警察指導者オディロ・グロボチュニクが「この命令を遂行しない者はメンバー全員の前で射殺せよ」と命令したと主張している。[8] 射殺に直接関与した警察官ハインリヒ・レンケンは、「自分の命を危険にさらすことなくこれほど明確に与えられた命令」に背くことはできないと考えていたので、処刑への参加を拒否することは考えなかったと説明している。[9]

ナチスの犯罪に関与した罪で告発された他の多くの人びとと同様、これらの大隊員が「命令の緊急性」という正当化の根拠にしがみつこうとしたことは容易に理解できる。ニュルンベルクの特別行動部隊裁判でオットー・オーレンドルフが展開した弁護戦術によれば、「内側への恐怖」は「外側への恐怖」に匹敵した。この「内側への恐怖」によって、国防軍、秩序警察、武装親衛隊のメンバーは「参加を強制される状況」に置かれた。もし彼らが強制移送、大量射殺、ガス殺に参加しなかったとしたら、彼ら自身が射殺されていただろうというのである。[10]

だが秩序・保安警察が利用できた強制の手段は、一貫して適用されたわけではなかったようである。戦後保安警察、秩序警察、国防軍のメンバーに対して行われた一〇〇〇件以上の裁判の中で、非武装の市民を殺害することを拒否したために禁固刑、強制収容所への収監、さらには死刑の判決を受けたことを証明できた弁護人はいなかった。[11] 第一一警察予備大隊の中隊長として戦時中ベラルーシでユダヤ人の大量射殺を担当し、戦後ナチスの暴力犯罪に加担した罪で告発された警察官を支援する「互助会」を組織したヴィリー・パーペンコルトでさえ、死刑判決や強制収容所への収監で処罰された「命令拒否の具体的事例」を特定しようとした互助会の努力が成果なしに終わったと認めざるをえなかった。[12]

第一〇一警察大隊の隊員に対する訴訟手続きにおいても、裁判官は命令の緊急性を想定する根拠を見出すことができなかった。第一〇一警察大隊が三つの大隊の一つとして配属されていたルブリンの第二五警察連隊幕僚の元少佐は戦後、秩序警察のメンバーが射殺への参加を拒否しても何の不利益も被らなかったと報告している。彼はその際、レンベルク（リヴィウ）の秩序警察指揮官ヨアヒム・シュタッハ大佐のケースに言及しているが、この大佐は射殺を自分の良心と両立させることができなかったため、辞職を願い出て認められたという。[13]

場合によっては、大量射殺に参加するかどうかの判断が指導部から大隊員にはっきりと委ねられたこともあった。第一〇一警察大隊が研究上とくに注目されているのは、大隊長ヴィルヘルム・トラップ少佐が一九四二年七月一三日のユゼフフでの最初の大量射殺の前に、射殺への参加を隊員たちの意思に委ねたからである。トラップは全隊員を前にして行った演説の中で、男性、女性、子供を射殺する任務に耐えられないと感じる大隊員に、現場の警備、家屋の捜索、労働可能なユダヤ人の移送など、他の任務を割り当てると申し出た。[14] 強制組織におけるこうした一見驚くべき自由裁量の余地は、いったいどのように説明できるのだろうか。[15]

1 強制徴集と脱退防止

組織への参加を確保するため、強制組織は強制手段を用いる。その一つの形態は、組織がメンバーの脱走（あるいは強制徴集されたメンバーの不加入）を国家的刑事訴追機関に通報し、その機関が当該人物を「職務放棄」の罪で訴追するというものである。その後、逮捕、有罪判決、収監は通常の国家的刑事訴追機関によって行われ、強制組織から逃れたメンバーは銀行強盗、詐欺師、児童虐待者と同じように扱われる。もう一つの形態は、強制組織自身が訴追、判決、処罰を行うというものである。この場合、組織メンバーは組織内部の警察によって逮捕され、組織独自の法廷で裁かれ、組織独自の刑務所に収監される。

それゆえ強制組織の内部には、メンバーを強制的に徴集しない組織には見られない現象、すなわち暴力の行使が観察される。とくに家族や集団、運動と比較した場合、組織の内部プロセスには顕著に暴力が少ない傾向がある。企業、行政機関、学校、大学の内部で乱闘や殺人事件のような暴力行使が生じた場合、組織はその「事件」に内部または外部で集中的に対応するが、そのことからしても、暴力行使が組織に許容・期待される通常の事態でないことは明らかである。これに対して、強制組織はメンバーへの暴力行使をインフォーマルに容認するだけでなく、命令拒否の場合には暴力行使を一定の枠内でフォーマルに許可しさえする。[16]

組織が自己の要求を貫徹するために最終的に行使する強制は、組織が定めた条件のもとでしかメンバーの脱退を認めないというものである。最終的に、脱退は「再登録」ではなく「射殺」によって行われる。メンバーの脱退コストは非常に高く設定されているため、メンバーは脱退を一つの選択肢と考えないことが多い。ニクラス・ルーマンによれば、個々人にとって銃殺や電気椅子による強制組織からの脱退は、任意加入の組織と比べて「悲劇的な違い」をもたらすかもしれないが、組織一般に目を向けた場合には、それらは規範の強制という問題に対する機能的に等価の解決策である。[17]

強制組織は、組織独自の強制機関と国家の警察機関の協力の混合形態に頼ることが多い。たとえば平時の多くの軍隊では、任務を拒否した兵士はまず組織独自の強制機関によって訴追されるが、次に――拒否し続けた場合には――国家の法廷に引き渡される。その際、国家と組織独自の強制機関の権限はずれている可能性がある。たとえば第一次世界大戦中、英国軍は兵役拒否者を自ら――最終的には死刑をもって――処罰しようとしたが、戦争が続くにつれてますます役割分担が進み、兵役拒否者は軍自身によって逮捕されたものの、拒否し続けた場合には「文民統制」に移管されるようになった。[18]

訴追、裁判、処罰の権限を組織に移管する可能性は、原則的に非常に広範囲に及ぶ可能性がある。たとえばドイツの民事裁判所は第二次世界大戦中、ドイツの秩序・保安警察、親衛隊、トラヴニキに関する権限をほぼ完全に奪われ、それらのメンバーは軍事刑法にもとづく独自の裁判権のもとに置かれた[19]。親衛隊、保安警察、秩序警察のメンバーは自らの組織のメンバーによって「組織のメンバーとして」逮捕され、ドイツ帝国に三〇ある親衛隊・警察裁判所の一つに連行され、親衛隊・警察独自の刑務所に収監された[20]。

戦況が悪化すると――第二次世界大戦はその一例にすぎないが――、組織内の訴追、裁判、処罰の権限は非常に無統制なものとなることが多い。服従を拒否した部下を組織内部の法廷で裁くことが困難になった場合、たとえば親衛隊・警察の中隊長や大隊長が命令拒否者を独自に処罰することが許された。懲罰規定がドイツ警察や親衛隊と異なっていたトラヴニキの場合、親衛隊が任命した大隊長や中隊長が独自の懲罰目録に従って、外出禁止から鞭打ちや死刑までの刑を科すことができた。

こうした観点からすでに明らかになるのは、強制組織がいかに強く国家機構に組み込まれているかということである[21]。強制組織の中には、組織への自発的加入にもとづいて要求を受け入れさせるのではなく、侯爵、領主、君主の制裁力によって忠誠心を維持するという、中世・近世から知られているメカニズムが残っているようだ[22]。

自発的な加入か強制的な加入か――二義的な問題

組織からの脱退を防ぐのに用いられる強制手段は、組織への参加が何によって動機づけられているかとは無関係である。私たちはメンバーを強制的に徴集する組織も、自発的に加入させるものの脱退しようとすれば暴力や死で脅す組織も知っている[23]。警察大隊の隊員も、自発的に入隊した者が多かった。とくに当時は兵役への徴集を免れる方法として、秩序警察の現役・予備役に志願する者も多かった。[24] 親衛隊特務部隊、親衛隊髑髏部隊、強制収容所指導部の状況もまったく同様で、それは一九三八年末以降、これらの組織での任務が「帝国奉仕」として認められ、国防軍への徴集を防いだからである。[25] こうして秩序警察、親衛隊髑髏部隊、親衛隊特務部隊は、一九四五年以降の志願消防団、赤十字、技術補助団と同様に、兵役の代替となったのである。[26]

強制組織には、自発的に加入したメンバーと強制的に徴集されたメンバーの双方がいることが多い。このような混合は、ホロコーストの遂行に関与したほぼすべての組織にも見られる。第二次世界大戦中、とくに占領地で任務を遂行したドイツ人の秩序警察官のうち、およそ三分の二は自ら志願して警察官になった者であった。三分の一は「徴集警察官」で、国防軍に徴集される代わりに秩序警察に編入された者であった。[27] 親衛隊は長い間志願者で人員の需要をまかなうことができたが、第二次世界大戦が始まると、とくに武装親衛隊の人員を確保するために、ますます直接的な圧力をかけるようになった。武装親衛隊は国防軍の代わりに武装親衛隊に志願したドイツ人と非ドイツ人の志願者で構成されたため、戦争末期には「総統の護衛」から「多民族軍」へと発展することになった。[28]

だが強制組織の決定的な特徴は、志願したか強制徴集されたかを問わず、組織メンバーが自らの意思で辞職する可能性を奪われる点にある。現役も予備役も警察任務に就いた時点で、自分から秩序警察を辞める可能性を奪われ、後から国防軍に志願することも禁止された。[29]

成員動機の部分的平準化

強制組織では、他の成員動機が組織にとどまらせようとする強制力を後景に追いやることがある。[30] たとえば加入時には組織の目的への共感が強すぎて、強制加入の性格がメンバーに見過ごされることがある。第一次世界大戦の際のドイツやフランスの徴集兵のことを思い浮かべればよい。彼らは――少なくともいくつかの歴史書でしばしば過度に単純化して記述されているように――当初は熱狂して戦争に向かったのであった。利得の可能性も組織にとどまる強力な動機づけの要素となり、組織の強制的性格を曖昧にすることがある。親衛隊だけでなく、秩序・保安警察やトラヴニキ部隊の隊員もユダヤ人犠牲者の資産を私的に横領することが多く、こうした利得の可能性が成員動機として組織の強制的性格を覆い隠してしまう場合もあった。

メンバーに業績を挙げるよう動機づけるために、強制組織も昇進を約束する。強制メンバーが出世の階段を登れば登るほど、組織から支払われる金銭は多くなり、犠牲者の資産を横領するチャンスが増え、不快な仕事から逃れることが容易になり、組織の目的に共感する可能性が高くなる。たとえば国防軍と同様の職階構造を有していたドイツ秩序警察では、約五〇〇名からなる大隊の内部に伍長から小隊長、中隊長を経て大隊長へといたる昇進の階梯が定められており、昇進するごとに給与と威信が向上するようになっていた。国防軍の捕虜収容所で徴集されたトラヴニキに対しても、監視員から分隊長を経て小隊長へといたる昇進経路が設定され、参加を動機づけるインセンティブが与えられていた(31)。

だが結局のところ、強制組織は組織への加入を促した個々の動機を抽象化する。ある人がメンバーになったのが強制によってか、金銭的な理由からか、他人を拷問したいからか、あるいは組織の目的に共感したからかを問わず、組織は公式化された期待に従うことを要求する。この点で、強制組織は完全な任意加入の組織と根本的に異なるわけではない。任意加入の組織もフォーマルな期待を呈示する際、組織に加入する人びとの個別の動機を抽象化する点では同じである(32)。

だが強制組織の独自の特徴は、メンバーの成員動機が弱まった場合、たとえば組織の目的に共感できなくなったり、活動を楽しめなくなったり、給与が期待よりも少なかったり、約束された利得の機会が不十分であったりした場合でも、「最終的な動機」として物理的な強制に訴えることができるという点にある。たとえば組織の目的が変わって共感する動機がなくなったり、組織の成員資格と結びついた違法な利得の機会がなくなったりした場合、強制組織はメンバーを組織にとどまらせ、さらに組織が定める行為を遂行させるために、暴力を使って強制することができる。

2　強制組織における成員資格問題の回避

メンバーが一度でも命令の実行を拒否した場合、組織は敏感に反応するのが普通である。ルーマンによれば、一つでも「上司の指示」を否定したり、「自分の主義主張から規則を拒否」したりする者は、その一つの指示や規則に逆らっているだけでなく、組織の「システム」と「あらゆるフォーマルな期待」に反抗しているのである。ある兵士が兵舎の中庭を掃除したり、訓練に参加したりする気はないと明言したときに組織に大きな動揺が生じるのは、清潔な兵舎の中庭や訓練の実行が戦争遂行に必要な基本的条件だからではなく、この些細な命令一つでも拒否することが組織内のあらゆる公式化された期待への反抗と解釈されなければならず、それによって軍隊の戦争遂行能力が制限されるからである(33)。

解雇を行い辞職を認める組織では、このメカニズムはつねに更新される。メンバーはどんな行為の際にも、この要求やあの要求を公然と拒否したらメンバーでい続けられるかどうかという問題を考えることになる(34)。その背後にはつねに、メンバーを分離するという組織の脅しが潜んでいる。なぜなら、要求を一つでも拒否すれば、重要なメカニズム――成員資格条件の承認――が浸食される可能性があるからである。組織は重要な成員規則を一つでも明確に無視するような行為に焦点を当てることによってのみ、さもなければ現代社会では実現しにくい、公式化された行動期待の一般化をなしとげることができる。
まさにこのメカニズムこそ、強制組織が同じように利用することのできないものである。そこでは、ある行為を拒否することは解雇の問題にはなりえず、必然的に組織独自の——通常は国家に支援された——裁判権の問題にならざるをえない。規則の違反を処罰し、組織の期待を貫徹するために、強制機関が動員されなければならない。

つまり強制組織では、命令を拒否する者がいればただちに組織内部の強制機関が動員されることにならざるをえず、それは通常、組織に重大な結果をもたらす。組織は単にメンバーを解雇して影響圏から排除するわけではなく、彼らの業績に頼ることなく、引き続き彼らの問題に対処し続けなければならない。組織独自の暴力専門家がメンバーを捜索し、独自の法廷がその処罰を担い、有罪判決を受けた者は独自の刑務所や収容所に収容されなければならない。[35]

自由裁量の余地の創出

強制組織はこれらの問題に多大な労力を費やさなければならないため、結果としてこのような制裁をできる限り回避するメカニズムを形成するようになる。警察大隊の事例が示すように、強制組織はどれくらい強く要求の遂行をもとめるかについてバランスをとろうとする。その際——とくに組織メンバーに非常に大きな要求を課す場合——、しばしば組織独自の制裁装置を動員せずに済むような戦略がとられる。

よく見られる方法の一つは、部下に任務を免れる機会を与えることである。特別行動部隊、大隊、中隊の指揮官はこのために隊員たちを整列させ、出動命令を伝え、この命令を遂行できないと思う者に前に出るようもとめた。そうした隊員たちは同志や直属の上官から批判的な評価を受けることが多かったが、命令の遂行は免除されたのだった[36]。
だがこのように部隊の全メンバーの目に見える形で任務の免除を行う状況を避けるため、困難な命令への志願者を募ることも多かった。第一〇一警察大隊の場合のように、そこでは大隊や中隊の指揮官が、部隊は処刑を遂行しなければならず、そのために志願者が必要であると説明したのである。志願者の数が少なすぎる場合、指揮官には個々人または集団に命令の遂行を強いる権限があることが、説明を聞いていた者には明白だったからこそ、多くの場合、十分な数の隊員が処刑に志願したのである[37]。

強制組織内に自由裁量の余地を作り出すもう一つの方法は、組織メンバーに様々な任務のうちからいずれかを選択させることである。たとえば第一〇一予備大隊では、小隊長がゲットーの警備、四人の移送、見張りなどの任務に割り当てられることで、大隊長の許容のもと大量処刑への参加を免れることが可能であった。

これらの自由裁量の余地――任務を免れる可能性、志願者の徴募、任務の選択――は、強制組織では通常各々の責任者によって個々ばらばらに与えられ、上司と部下の間の交渉でそのつど取り決められた。ホロコーストに関与した様々な親衛隊・警察部隊の事例が示しているように、小隊、中隊、大隊のレベルでは自由裁量を認める方法が大きく異なることもあった。たとえば第一〇一警察大隊のように、指揮官が部下に非常に広範な裁量を認めている部隊もあれば、上司が部下に大量射殺に参加するよう強い圧力をかけている部隊もあった。

だがこうした自由を認める可能性の枠組みは、組織の幹部が定めることが多い。とくにホロコーストに動員された強制組織に関して興味深いのは、自由裁量の付与が少なくとも大枠では親衛隊全国指導者・ドイツ警察長官の一般命令によって認められていたことである。ハインリヒ・ヒムラーはユダヤ人の組織的な大量処刑の開始に際して、親衛隊・警察上級指導者、親衛隊・警察指導者、親衛隊上級地区オストラント、ウクライナ、東、ヴァイクゼル、ヴァルテ、南東、アルペンラントとロシアの下位部局に宛てた親衛隊秘密命令の中で、「民族の存続に必要な命令と義務は果たされ」なければならないが、ゲットー解体や大量処刑に携わる者が「残虐になったり、精神や性格に損傷を負ったり」しないよう、「個人的に配慮する」ことも「上級指導者と指揮官の神聖な義務」であると指摘した。それゆえこの命令では各部隊の指揮官に対して、指揮下にある隊員を「重い任務から適時解放し、適時休暇に送り、別の任務領域に異動させること」が認められたのである(38)。

規則違反の容認

このように自由裁量の余地を創出することで、メンバーが強制組織の規則に違反して面倒な状況に陥らない限りは、組織のフォーマルな期待は維持される。自由裁量が公式に認められておらず、強制メンバーが許可なく特定の要求から逃れた場合は状況が異なる。だがこの点に関しても、強制組織には興味深い対応形態が存在する(39)。

強制組織に関しては、とくに非常に大きな要求が課された場合、相当な数の「任務回避者」が出てくるという報告がある。非常に興味深いのは、この「任務回避」が強制組織の上司によって部分的に容認されているらしいことである。戦争捕虜、非ユダヤ系民間人、そしてとくにヨーロッパ中から集められたユダヤ人の大量処刑に関与した人びとについても、小隊、中隊、大隊の指揮官が個々の部下たちの任務回避を意図的に見過ごしていたことが明らかになっている。多くの部隊では、隊員たちが負担に感じる活動を免れようとした場合、上官がそれを容認したようである。

このような規則違反の容認を、ユダヤ人、戦争捕虜、民間人に対する指揮官の隠れた同情と混同するべきではない。というのも、上官が逆の方向の規則違反を容認することも多かったからである。とくに親衛隊の隊員、ドイツ秩序・保安警察官、非ドイツ人補助部隊の隊員についても、彼らがしばしば命令や規則の枠を超えた残虐さを発揮し、それが上官に見過ごされていたことが判明している。たとえばユダヤ人が無差別に射殺されたゲットーへの禁じられた夜間の「遠足」や、秩序警察官による軽微な（あるいは重大な）横領にも、上官がほぼつねに目をつぶっていたことが明らかになっている。(40) 組織の活動を維持するために、上官はこうした両方向の規則違反を容認したのである。(41)

3 自由裁量の限界

規則違反は本来、組織内部の強制機関が出動し、メンバーに規則の遵守を要求することにつながるはずである。たとえば警告、解雇、逮捕、射殺などによって規則に違反した人物が処罰されれば、当人だけでなく、その制裁を観察するすべての人びとも規則のことを思い知らされることになる。とくに社会学的ラベリング論の提唱者たちは、違反者が処罰されることで違反された規範が強化されるため、違反も機能的になる場合があると繰り返し指摘している。

それでは強制組織はいかなる方法で、自由裁量を認め規則違反を容認しても組織の規範が浸食されることがないように防いでいるのだろうか。

組織が受け入れる理由づけ

強制組織においては、命令拒否者が強制組織の公式秩序を支持する意思を表明するという留保付きでのみ、命令拒否が認められるように見える。この点で、任務回避を容認したり、規則違反を見過ごしたり、転属願いを認めたりする際には、強制組織と命令拒否者の間で暗黙の「取り引き」が行われていると言うことができる。この取り引きの一部は、組織の期待を拒否しても、組織の公式秩序を危うくしない理由づけが示されることである。

強制組織でしばしば容認される第一の方法は、命令拒否を自分の良心によって理由づけることである。良心を引き合いに出すことは、課された要求の意味のなさによってではなく、組織の要求を自己呈示に組み込むことの難しさによって任務回避を理由づける効果を有している。たとえば「良心から他人を殺害することができない」人物は、戦争においては「信頼できない同志」[42]になってしまうので、そのような可能性を認めることは組織にとって機能的でありうる。

第二の方法は、病気に言及することである。たとえばある大隊員は、ユゼフフですでに何度も射殺を遂行し、次の犠牲者としてカッセル出身のユダヤ人母子を割り当てられた後、小隊長に気分が悪いと報告したところ。任務を解かれたと報告している[43]。ユダヤ人の射殺の際、重篤な体調不良や精神的な過負荷への言及は、組織メンバーにそのような任務を割り当てない理由として受け入れられることが多かったようである[44]。国家保安本部内の教会情報部の元部長アルベルト・ハルトゥルは後に、「健康上の損傷、とりわけ神経衰弱を装うことによって」、「本当に望めば誰でも」大量射殺への参加を免れることができたと述べている[45]。

第三の方法は、個人的な弱さを理由に特定の活動の免除を願い出ることである[46]。この方法がしばしば効力を発揮したことは、親衛隊、保安・秩序警察のメンバーによる多数の証言によって裏付けることができる。個々の警察官、兵士、親衛隊員が自分の性格的な弱さに言及して任務免除をもとめたり、こうした理由で射殺作戦への参加を回避したりすることは、一般的に容認されていたようである。親衛隊・警察裁判所のある判事は戦後、親衛隊や警察のメンバーが「身体的にも精神的にもそうすることができないと感じた」という理由で射殺への参加を拒否したとしても、「たいしたことは起こらなかった」だろうと述べている。だが「ユダヤ人への同情」や「親衛隊への敵意」ゆえに射殺を遂行したくないと説明したとすれば、彼は射殺されたであろう。[47]このような任務回避の形態は、最終的にヒムラーによっても間接的に正当化された。彼は一九四三年一〇月四日にポーゼンで親衛隊中将たちを前にして行った演説の中で、命令は実行されなければならないが、弱すぎて要求を果たすことができない者は組織から排除されると述べている。[48]

良心を引き合いに出すこと、病気や性格的な弱さに言及することは、組織の期待の正当性を疑問視させることなく、強制組織が組織メンバーの任務免除を認めるための方法である。これらの動機は他の組織メンバーによって自由に用いられるものではないため、組織の規範が浸食されることにはつながらない。

容認される脱退の形態

強制組織からの脱退に選ばれる方法もまた、重要な役割を果たすようである。メンバーが単に服務義務を免れることは、強制組織では許されない。理論的には可能で、任意加入の多くの組織ではまったく珍しくない慣行、すなわち従業員が単に出勤しなくなったために組織から解雇されるという慣行は、強制組織では不可能である。[49]したがって組織からの脱退は、組織自身によって開始された場合にのみ機能しうる。メンバーの自由な脱退を認める組織と対照的な強制組織の拘束力は、まさにこの脱退を決定する排他的権利にある。

だが問題は、強制組織からの離脱の動機が組織内で容易に伝達できないことである。組織の目的への共感の欠如を理由に挙げることは、強制組織では受け入れられない。もしそのような理由づけが認められれば、おそらく雪崩のように脱退者が出ることになるだろう。強制組織の要求の合法性への疑問を理由に挙げることも、組織内では容易ではない。なぜならその場合、強制組織の反応はメンバーを解雇することではなく、要求の合法性を見直すことになるからである。

強制組織で最も受け入れられやすい方法は、遂行すべき行為に関連する疑念を上司に口頭で表明し、これと並行して公式に転属を願い出る際に、組織にとって問題のない別の理由を挙げることだと思われる。したがって強制組織における転属や解雇の場合、公式のコミュニケーションでは、近しい仲間に伝えられる動機ではなく、組織の正当性にとって問題のない一見平凡な理由が挙げられることが多い。

第一〇一警察大隊で命令拒否が認められたことも、このような形で説明できる。たとえば第一〇一警察大隊の小隊長ハインツ・ブーマンは、一方では大隊長に大量処刑への断固たる抗議を表明し、大量殺戮への参加ではなく転属を要求した。だが彼は他方で、申請した転属が組織全体の正当性を危うくせずに実現されるよう配慮した。彼のハンブルクへの転属願いは、ハンブルクの自分の会社で働かなくてはならないという理由で説明された[50]。大隊の別の隊員はハンブルクへの転属を、射殺への参加と自分の良心との折り合いがつけられないという理由によってではなく、八人の子供たちのことを引き合いに出すことで公式に正当化した。彼は妻を通じてハンブルクの警察署に申請書を提出させたが、その中で妻は「自分一人では子供たちの養育を全うできない」ので、夫の帰還転属を要請せざるをえなかったと述べたのである[51]。

4　強制の中の自由

民間人や戦争捕虜の殺害任務を免れた警察官や兵士の歴史を、研究者は軍事組織の非人道的行為に対する「英雄的・悲劇的な反歴史」として描く傾向がある。大量射殺への参加を免れようとした数人の警察大隊の警察官についての説明も、そうした「英雄的・悲劇的な反歴史」の伝統に陥りがちであった。とくに大隊長に何度も不満を表明していたハインツ・ブーマンは、軍事的な強制組織内の個人の「自由への意志」の典型例として描かれている。[52]だが個々の命令に抵抗した人びとを美化しようとする傾向は、彼らが組織の公式秩序に疑問を投げかけない形で命令を免れたという事実を見落としている。そして、まさにこの可能性を彼らに提供するのが、上述のような強制組織内の自由裁量の余地なのである。

強制組織がメンバーに自由裁量を認め、規則違反を容認し、選択の機会を作り出すという事実は、強制の概念と矛盾するがゆえに、さしあたり驚くべきことのように見える。だがこうした自由裁量を認めるからこそ、強制組織はメンバーに非常に大きな要求を課すことができる。強制組織の正当性を疑問視させないような違反が許容されるからこそ、組織独自の強制機関をたえず出動態勢に置くことなく、メンバーに非常に大きな要求を課すことができるのである。

もっとも、強制組織内の自由裁量が一つの条件、すなわち自由裁量の行使が組織の期待の正当性を損なわないという条件のもとでのみ認められることは明らかである。すでに述べたように、強制組織には不満を抱くメンバーにも裁量を行使する様々な機会が用意されているようだ。組織側からすると、メンバーに個々の作戦の正当性への疑問を抱かせなくするような高い地位への昇進も、批判的な反応を防ぐための可能な選択肢の一つであるように見える。[53]

制裁を科すことを躊躇する理由の一つは、組織の期待に反する行為が制裁を科すことではじめて公になることが多いからである。これは当人の評判だけでなく——警告、逮捕、処刑は組織内外での名声に寄与しない——、組織の評判も傷つけることになる。組織メンバーへの制裁は、人員指導に問題があるとか、決定の正しさに疑いがあるとか、組織内の規律が保たれていないとかといったことを明るみに出しかねない。こうした制裁の問題は任意加入の組織にも存在するが、強制組織では制裁の形態が組織内外の注目を集めるため、さらに大きいものとなる。

強制組織では、命令拒否という形で組織の秩序が危うくなると、すぐに独自の強制機関が出動するのが普通である。こうしたことが起こるのは、組織メンバーが組織の要求を免れるだけでなく、要求全体の合法性にも疑問を呈するために命令を拒否する場合である。たとえばメンバーが公式に命令を拒否した場合、強制組織は「短い業務経路」を通じて解決策を見出す可能性を失う。第二次世界大戦中に大量処刑への参加を公然と拒否する者が出て、命令の正当性が疑問視されたとき、しばしば親衛隊・警察裁判所の審理に付されることになったが、その理由もこうしたことから説明することができる。

たとえば第三〇六警察大隊では、中隊長クラウス・ホーニヒが八〇〇人近いソ連の戦争捕虜の射殺に参加することを拒否し、長い論争の末に親衛隊・警察裁判所からまず数年の、次いで六カ月の懲役を言い渡された。この判決の原因が命令拒否そのものにではなく、拒否の仕方にあったことは、多くの事実が示している。ホーニヒは大隊指揮官に法的な理由から射殺には参加しないと告げ、中隊の将校に警察大隊の隊員には軍事刑法にもとづき犯罪的な命令の遂行を拒否する義務があると伝えた。だがホーニヒはそれにとどまらず、他の警察・親衛隊メンバーが行った殺戮についても不満を述べ、処刑に参加した将校を親衛隊のならず者と呼んだのだった[54]。

同様の事例は、ビャウィストク管区の小さな村マチンカンツェのゲットーでの虐殺の際に起こった命令拒否である。この作戦では、近くに駐屯していたほぼすべてのドイツ人職員——警察官、営林署職員、税関職員、鉄道職員など——が招集され、ゲットーの二〇〇〇人のユダヤ人を絶滅収容所行きの移送列車に乗せる任務を遂行した。ゲットー解体の際に警察官が群衆に発砲して集団パニックを引き起こしたため、最終的に一三二人のユダヤ人が「逃走中に射殺」された。ゲットー解体に携わった営林署長は発砲を拒否しただけでなく、虐殺中に早々に持ち場を離れたため、多数のユダヤ人がゲットーから逃亡することができた。このような命令拒否はおそらく何の処罰も受けずに済んだであろうが、営林署長はグロドノの地区委員に苦情を申し立て、ユダヤ人への発砲を「まったく無意味で何の合理的理由もない」ものと呼んだ。これによって開始された捜査の結果、営林署長はその行動を理由に未決勾留されるところとなった(55)。

だが非常に多くの命令の遂行に自由裁量を認め、正当性の秩序を疑問視させない形でこの自由裁量を活用しようとする姿勢は、メンバーにとって重大な結果をもたらす。というのも、強制組織のメンバーは必要とあらば暴力によって組織からの脱退を阻止されるが、自分の行為を組織だけに帰することはできないからである。メンバーは自分の行動が組織によってすべて決定されるという立場にとどまることはできない。自由裁量、違反の機会、選択の可能性など、個々人に行動を帰するための入り口は強制組織にもたくさんある(56)。

注

(1) Richard Hunt, »Entering the Future Looking Backwards«, in: *The Hastings Center Report* (1987), S. 6 より引用。原文では「Not much evil is done by evil men. Most of the evil is done by good people who do not know they are not good」となっている。出典を特定することはできなかった。情報を提供していただければありがたい。

(2) Der Reichsführer SS vor den Oberabschnitsführern und Hauptamtschefs im Haus der Flieger in Berlin am 9. Juni 1942, IfZA München, FA 37/3 1942 50. 彼は第一次世界大戦の時期からよく知られている優生学的な問題を取り上げつつ、国民社会主義は戦争中に「ポジティブなものの選別」を推進することはできないが、「少なくともネガティブなものの選別」を進めることはめざしていると続けている（国際優生学運動にも共有されていたこのテーマについては、Stefan Kühl, *Die*

Internationale der Rassisten. Aufstieg und Niedergang der internationalen eugenischen Bewegung im 20. Jahrhundert, Frankfurt/M., New York 2014, S. 55 ff. を参照)。

（3）Otto Klemm, *Die Einsatzbesoldung (Aktivenbesoldung) der Polizei-Reservisten. Erläuterungen zu den grundlegenden Bestimmungen und zu den Durchführungserlassen vom 17. 11. 1942 und 22. 6. 1943*, Berlin 1944, S. 9.

（4）緊急任務法については、帝国内務相ヴィルヘルム・フリックが署名した»Erste Durchführungsverordnung zur Notdienstverordnung« vom 15. 9. 1939 を参照。Ernst Probst, *Notdienstverordnung. Dritte Verordnung zur Sicherstellung des Kräftebedarfs für Aufgaben von besonderer staatspolitischer Bedeutung vom 15. Oktober 1938*, Berlin 1940, S. 13 より引用。

（5）帝国服務刑法とその施行指令（Die Reichsdienststrafordnung vom 26. 1. 1937 und die Durchführungsverordnung vom 29. 6. 1937）は、Reichsgesetzblatt I, S. 71 und 690 に掲載されている。それらは、ドイツ警察官同志連盟のハンドブックに要約されている。*Die Deutsche Polizei. Taschenkalender für die Schutzpolizei des Reiches und der Gemeinden und die Verwaltungspolizei*, Berlin 1942, S. 105. これについては、Walter Scheerbarth, *Beamtenrecht*, Berlin 1942, S. 83 ff. も参照。

（6）テオドーア・マウンツは、一九三九年一一月一七日の警察部隊の服務刑罰に関する政令（RGBl. I, S. 2427）にもとづき、帝国服務刑法の代わりに陸軍の懲罰規定、国防軍の処罰執行規則、および国防軍の禁固刑とその他の自由剥奪刑の執行に関する規則が「準用」されたと指摘している（Theodor Maunz, *Gestalt und Recht der Polizei*, Hamburg 1943, S. 35）。この点については、Franz Neumann, *Behemoth. Struktur und Praxis des Nationalsozialismus 1933-1944*, Frankfurt/M. 2004, S. 578 f. も参照。

（7）StA Hamburg, NSG 0021/017, Bl. 2924.『ビルト』紙の記事（»Ein Mann stand grinsend vor den Todesopfern«, in: *Bild* vom 2. 11. 1967 (o. V.)）も参照。この記事には、「命令を拒否すれば自分が射殺されるか、強制収容所に送られる」ことを恐れるホフマンの発言が引用されている。

（8）ユリウス・ヴォーラウフの尋問。StA Hamburg, NSG 0021/017, Bl. 2905.

（9）ハインリヒ・レンケンの尋問。StA Hamburg, NSG 0022/001, Bl. 624 f.

（10）この点については、Paul, »Von Psychopathen, Technokraten des Terrors und ›ganz gewöhnlichen‹ Deutschen«, S. 18 を参照。武装親衛隊員の正当化戦略については、Martin Cüppers, *Wegbereiter der Shoah. Die Waffen-SS, der Kommandostab Reichsführer-SS und die Judenvernichtung 1939-1945*, Darmstadt 2005, S. 108 ff. を参照。

（11）私の知る限り、こうした指摘を最初に行ったのはハンス・ブーフハイムである。その後、この指摘はヘルベルト・イェーガーによって精査され、それ以来、歴史学研究の中で頻繁に繰り返されている（Herbert Jäger, *Verbrechen unter totalitärer Herrschaft. Studien zur nationalsozialistischen Gewaltkriminalität*, Frankfurt/M. 1982, S. 95 ff.）。次の研究を参照。Wolfgang Scheffler, »Zur Praxis der SS- und Polizeigerichtsbarkeit im Dritten Reich«, in: Günther Doeker, Winfried Steffani (Hg.), *Klassenjustiz und Pluralismus. Festschrift für Ernst Fraenkel zum 75. Geburtstag*, Hamburg 1973, S. 224-236, hier: S. 224 ff.; Pohl, *Nationalsozialistische Judenverfolgung in Ostgalizien 1941-1944*, S. 307; Browning, *Ganz normale Männer*, S. 222 f. デイヴィッド・H・キッターマンは、戦争捕虜や民間人の射殺を拒否してもほとんど重大な処罰を受けなかった国防軍と警察のメンバーに関する一〇〇件の事例をリストにまとめている（David H. Kitterman, »Those who said »no!«. Germans Who Refused to Execute Civilians During World War II«, in: *German Studies Review* 11 (1988), S. 241-254）。残念ながらかなり大雑把な分類が行われていて限られた範囲でしか分析に使えないため、事例の統計的評価はサンプルとしてしか役に立たない。私の見るところ、ここでは詳細な事例分析の方が有用である。

（12）ルートヴィヒスブルクのナチ犯罪解明・州司法行政中央本部の一九六七年八月の声明に引用されている一九六四年一〇月一七日付の書簡の中のパーペンコルトの発言。LAW Münster, Staatsanwaltschaft Dortmund, 45 Js 4/64, Teilakte, S. 4 f. この点については、『デア・シュピーゲル』誌に掲載された声明の全文も参照（»In Härte und Größe«, in: *Der Spiegel* vom 22. 4. 1968 (o. V.)）。パーペンコルトについての情報は、Klemp, *»Nicht ermittelt«*, S. 461-469 の記述に依拠している。

（13）StA Hamburg, NSG 0021/028, Bl. 3192. 第一〇一警察大隊の隊員に対するドイツ最初の訴訟の起訴状を参照。StA Hamburg, NSG 0021/001, Bl. 577.

（14）この記述は、ユリウス・S（StA Hamburg, NSG 0021/004, Bl. 1953; NSG 0021/009, Bl. 4577）とアウグスト・ヴァロッホ（StA Hamburg, NSG 0021/004, Bl. 20041 f.; NSG 0021/006, Bl. 3298; NSG 0021/009, Bl. 4598）の証言に依拠している。戦後尋問を受けた他の被告がこの申し出を知らなかったと供述したのは、裁量の余地を認識していたかどうかに刑事訴追の可能性がかかっていたことに原因があると考えられる。同じような申し出は、ソ連の親衛隊特別部隊《アインザッツコマンド》の指揮官も行った。たとえば第八特別部隊の指揮官オットー・ブラートフィッシュは、良心と折り合いがつけられない者は射殺に参加する必要はないと説明した（この点については、Welzer, *Täter*, S. 282 を参照）。

（15）クリストファー・ブラウニングは、この任務免除が「例外的な申し出」であり、泣きながら大量射殺の命令を下し、年配の予備役に任務免除を認めたトラップが「弱い権威者」にすぎなかったと考えている（Browning, *Ganz normale Männer*, S. 22 und 228 を参照）。だが私の見るところでは、これは「例外的」でも「驚くべき申し出」でもない。むしろ本章で私が主張するのは、この自由裁量の承認が強制組織としての警察大隊の性格と結びついているということである。

（16）親衛隊・警察部隊への適用については、Rudolf Absolon (Hg.), *Das Wehrmachtstrafrecht im 2. Weltkrieg. Sammlung der grundlegenden Gesetze, Verordnungen und Erlasse*, Kornelimünster 1958, S. 258 ff. に収録されている親衛隊・警察部隊の特別裁判権に関する指令を参照。

（17）Luhmann, *Funktionen und Folgen formaler Organisation*, S. 44 を参照。

（18）John Rae, *Conscience and Politics. The British Government and the Conscientious Objector to Military Service 1916-1919*, Oxford 1970, S. 155; Stefan Kühl, »Zwangsorganisationen«, in: Maja Apelt, Veronika Tacke (Hg.), *Handbuch Organisationstypen*, Wiesbaden 2012, S. 345-358, hier: S. 349 f. を参照。

（19）トラヴニキが公式にドイツ帝国の親衛隊・警察の裁判権のもとに置かれたのは、一九四三年以降になってからである。一九四三年以前は、トラヴニキに対する処罰は親衛隊出身の上官が裁判所に諮ることなく、自ら執行することができた。

（20）一九四二年夏に戦況が悪化すると、「特殊任務の補助部隊を含む全秩序警察」が親衛隊・警察の裁判権のもとに置かれた。Abschrift des Schreibens des Reichsführers SS und Chef der Deutschen Polizei, Chef des Hauptamtes SS-Gericht, an den Reichsminister der Justiz vom 27. 8. 1942, weitergeleitet durch das Schreiben des Reichsministers der Justiz an die Oberlandesgerichtspräsidenten und Generalstaatsanwälte am 25. 9. 1942, FZH Hamburg, Archiv, SS 933. 基準となったのは、一九三九年一〇月一七日のハインリヒ・ヒムラーの指令と、一九四二年八月八日のヒムラーの政令である。親衛隊・警察の懲罰収容所の設立については、たとえば Mitteilungen über die SS- und Polizeigerichtsbarkeit, herausgegeben vom Reichsführer SS und Chef der Deutschen Polizei, Hauptamt SS, H. 4/1941 を参照。ダッハウの最も有名な親衛隊の懲罰収容所は、ダッハウの強制収容所と混同してはならない（とくに Scheffler, »Zur Praxis der SS- und Polizeigerichtsbarkeit im Dritten Reich«, S. 224 ff.; Bernd Wegner, *Hitlers Politische Soldaten: Die Waffen-SS 1933-1945. Leitbild, Struktur und Funktion einer nationalsozialistischen Elite*, Paderborn 1997, S. 319 ff. を参照）。

（21）マフィアやテロリスト集団、革命組織などは、規律・秘密保持を理由にメンバーの脱退を禁じていることが多いが、これらは興味深い例外である。

（22）Weber, *Wirtschaft und Gesellschaft*, S. 148 ff.

（23）強制組織のリストについては、Kühl, »Zwangsorganisationen«, S. 345 f. を参照。

（24）この点については、Stefan Klemp, *Freispruch für das »Mord-Bataillon«. Die NS-Ordnungspolizei und die Nachkriegsjustiz*, Münster 1998, S. 17; Klemp, »*Nicht ermittelt*«, S. 9 を参照。一九三五年以降の国防軍の大規模な拡大により、兵営ドイツ警察のかなりの割合も国防軍に移管されたため、開戦直後に出された通達にもとづき、秩序警察は一九〇九年から一九一二年までと、一九一八年から一九二〇年までの生まれの二万六〇〇〇人の志願者を徴募し、それに加えて一九〇一年から一九一二年までの生まれの九万一五〇〇人の予備役も活用することができた（通達は一九三九年一〇月一一日付）。

（25）Johannes Tuchel, *Die Inspektion der Konzentrationslager 1938-1945*, Berlin 1994, S. 53.

（26）大隊のルクセンブルク人隊員のほとんども自発的に志願していた。これらのルクセンブルク人警察官の中には、一九四〇年五月一〇日のドイツ軍のルクセンブルク占領以前にすでに警察に加入していた者もいれば、その後にはじめて親衛隊と警察に志願した者もいた。たとえばフランツ・エーヴァートのような事例が知られており、彼は一九四〇年九月一七日に志願中隊に入隊する申請に署名したが、それはヒムラーがルクセンブルクで志願中隊を視察し、その隊員を親衛隊親衛旗団かドイツ警察に統合するよう命じたわずか数日後だった（StA Hamburg, 331-8 Polizeiverwaltung – Personalakten – 799を参照）。

（27）この点については、Friedrich Wilhelm, *Die Polizei im NS-Staat. Die Geschichte ihrer Organisation im Überblick*, Paderborn 1997, S. 158を参照。フリードリヒ・ヴィルヘルムのこの初期の研究による推計は、二次文献に何度も繰り返し引用されている。だが秩序警察における自発的な志願と強制的な徴集の割合に関する正確な数字はまだない。

（28）この点については、Wegner, *Hitlers Politische Soldaten: Die Waffen-SS 1933-1945*, S. 274を参照。ほとんどすべての徴集制軍隊では過去も現在も、限られた期間で兵役を終える徴集兵と、志願して長期間兵役に就くいわゆる職業兵士とが混在している。企業に雇用された強制労働者は、この仕事に志願した組織メンバーと肩を並べて働くこともまれではなかった。

（29）親衛隊の状況はやや複雑だった。もともと平時に「親衛隊特務部隊」は国防軍から親衛隊内唯一の武装部隊として認められており、特務部隊での任務のみが一般兵役に相当すると見なされていた。これに対して、髑髏部隊での勤務は長い間兵役と見なされなかった。「武装親衛隊」という共通の名称が与えられてはじめて、武装親衛隊と国防軍における兵役が一般的に同一視されるようになったのである（Cüppers, *Wegbereiter der Shoah*, S. 24 ff. を参照）。

（30）同様の指摘として、Barnard, *The Functions of the Executive*, S. 149 f. を参照。ここでの説明は強制組織の社会学に関する私の基本的な考察に依拠している（Kühl, »Zwangsorganisationen«, S. 350）。

（31）Black, »Die Trawniki-Männer und die Aktion Reinhard«, S. 320.

（32）Luhmann, *Funktionen und Folgen formaler Organisation*, S. 89 ff.; Luhmann, *Zweckbegriff und Systemrationalität*, S. 128 ff. を参照。

（33）訓練の軍事的な意義は減少しているが、規律化の意義は大きいことについては、それを裏付ける史料の出典を挙げている Ulrich Bröckling, *Disziplin. Soziologie und Geschichte militärischer Gehorsamsproduktion*, München 1997, S. 260 f. を参照。

(34) Luhmann, *Funktionen und Folgen formaler Organisation*, S. 40.

(35) こうした観点からすれば、組織メンバーに対する死刑も組織の負担を比較的低く抑えることができるため、機能的には解雇と等価である。

(36) Browning, *Ganz normale Männer*, S. 23 ff.; Goldhagen, *Hitlers willige Vollstrecker*, S. 300 ff. を参照。

(37) たとえば第三〇六警察大隊の事例については、Torsten Schäfer, »*Jedenfalls habe ich auch mitgeschossen*«. *Das NSG-Verfahren gegen Johann Josef Kuhr und andere ehemalige Angehörige des Polizeibataillons 306, der Polizeireiterabteilung 2 und der SD-Dienststelle von Pinsk beim Landgericht Frankfurt am Main 1962-1973*, Münster 2007, S. 175 を参照。

(38) ヒムラーの親衛隊秘密命令のコピーは、LVVA Riga, 83-1-80 に所蔵されている。この命令については、Konrad Kwiet, »From the Diary of a Killing Unit«, in: John Milfull (Hg.), *Why Germany? National Socialist Antisemitism and the European Context*, Oxford 1993, S. 75-90, hier: S. 87 f. も参照。私はリガにある原本を閲覧することができなかったので、Hilberg, *Die Quellen des Holocaust*, S. 134 ff. に転載されたものを参照している。親衛隊上級地区「東」の部局が宛先に含まれているという事実は、警察連隊と警察大隊の指揮官がこの命令を知っていたことを明確に示す証拠と見ることができる。ヒルバーグが確認したこのラトヴィアの文書で、現地の親衛隊少将と警察少将がこの「注目すべき親衛隊命令」を将校と隊員に知らせるべきだと付け加えているのは興味深い。

(39) 規則違反の容認と組織が認める自由裁量とをより明確に区別する必要性を指摘してくれたマルコ・ピュシェルに感謝する。

(40) Klemp, *Freispruch für das »Mord-Bataillon«*, S. 52 ff. を参照。

(41) それゆえ裁量の余地という概念は両方向に一貫して発展させる必要がある。「裁量の余地」についての哲学的考察として、Jan Philipp Reemtsma, »Über den Begriff ›Handlungsspielräume‹«, in: *Mittelweg 36* 11 (2002), S. 5-24 も参照。

(42) この点については、Niklas Luhmann, »Die Gewissensfreiheit und das Gewissen«, in: Niklas Luhmann, *Ausdifferenzierung des Rechts*, Frankfurt/M. 1981, S. 326-359, hier: S. 341; Niklas Luhmann, »Das Phänomen des Gewissens und die normative Selbstbestimmung der Persönlichkeit«, in: Franz Böckle, Ernst-Wolfgang Böckenförde (Hg.), *Naturecht in der Kritik*, Mainz 1973, S. 223-243 を参照。

(43) ヨハン・ゲオルク・クラウゼの供述は、捜査資料の中に次の通りそのまま再録されている。「私が射殺を遂行し、荷降ろし場で次の射殺の犠牲者として母と娘を割り当てられ、彼らと会話して彼らがカッセル出身のドイツ人であることを知った後、私はもう処刑には参加しないと決心した。私はもうすべてが嫌でたまらなくなり、もう一度小隊長のところに行って、まだ気分が悪くこれ以上できないと伝え、任務を免除してくれと頼んだ。するとシュタルケからも任務を解かれ、見張り役として中央広場の荷積み場に行くよう命じられた」。StA Hamburg, NSG 0021/005, Bl. 2631 ff.

（44）だがとくに戦争中はつねに軍事精神病院に収容される危険性があった。この点については、Peter Riedesser, »Militär und Medizin. Materialien zur Kritik der Sanitätsmedizin am Beispiel der Militärpsychiatrie«, in: *Das Argument, Sonderband* 4 (1974), S. 231-279; Karl Heinz Roth, »Die Modernisierung der Folter in den beiden Weltkriegen. Der Konflikt der Psychotherapeuten und Schulpsychiater um die deutschen ›Kriegsneurotiker‹ 1915-1945«, in: *1999 Zeitschrift für Sozialgeschichte* 2 (1987), S. 8-75; Roland Müller, »Militärpsychiatrie vor Gericht«, in: Michael Eberlein, Roland Müller u. a. (Hg.), *Militärjustiz im Nationalsozialismus*, Marburg 1994, S. 165-243 を参照。

（45）Gitta Sereny, *Am Abgrund. Gespräche mit dem Henker. Franz Stangl und die Morde von Treblinka*, München 1995, S. 111 より引用。

（46）この点についての詳細は、Kai Mürlebach, *Zu schwach zum Morden? »Unnormale« Männer im Holocaust*, Bielefeld 2009 を参照。

（47）この点については、クラカウ親衛隊・警察裁判所の補助裁判官コンラート・モルゲンの尋問を参照。StA Hamburg, NSG 0021/038（頁番号なし）。

（48）Heinrich Himmler, »Rede auf der SS-Gruppenführertagung in Posen am 4. 10. 1943«, in: Internationaler Militärgerichtshof (Hg.), *Der Prozeß gegen die Hauptkriegsverbrecher vor dem Internationalen Militärgerichtshof*, Bd. 29, Nürnberg 1947, S. 110-173, hier: S. 145 ff. ポーゼン演説の抜粋には次のように書かれている。「つまり、もし命令を遵守する責任を負うことができないと考える者がいたら、その者は正直にこう申し出なければならない。自分はその責任を負うことができない、その任務を解いてほしい、と。そうすればたいていの場合、次のような命令が下るだろう。君はそれでもそれを遂行しなければならない、と。あるいは、この者は神経が参ってしまった、弱いやつだと判断されるかもしれない。その場合は、わかった、退職しろ、と言われるだろう」。

（49）数千人のポーランド系ユダヤ人の射殺に参加することを拒否した第一〇一警察大隊の小隊長ハインツ・ブーマンは、一九六〇年代に行われた検察局による尋問の中で、「当時の状況では」「単に現場を離れて家に帰ることは不可能だった」と説明した。小隊長によれば、「かつて兵士だった者なら誰でも知っているように、それは明らかに考えられないことだった」。StA Hamburg, 0021/005, Bl. 2437 ff.

（50）検察局に提供した情報（StA Hamburg, NSG 0021/005, Bl. 882; NSG 0021/014, Bl. 2438; NSG 0021/023, Bl. 3940 f.; NSG 0021/026, Bl. 4415 und 4420）の中で、小隊長は大隊の「非警察的」な任務を理由に挙げて転属をもとめたと述べていたが、これが彼の人事資料の中の情報と食い違っていた事実は、捜査を担当していた検察官の目にも留まった。人事資料の中にあったのは、ブーマン社が同社の戦争関連事業を引き合いに出して小隊長のハンブルクへの帰還転属を要請し、「当人が少なくとも非番の時間に仕事」を管理・監督できるようにしたいという内容の書簡だけであった（StA Hamburg, Personalamt 100.06-618/2 5）。

（51）ハインリヒ・レンケンの人事資料。StA Hamburg, NSG 0022/001, Bl. 624 f.

（52）Bröckling, *Disziplin*, S. 26. ウルリヒ・ブレックリングが強調しているのは、軍事社会学的な応用研究が規則違反を「個人的な逸脱と軍事的・政治的統合の機能不全」として理解している点である。ブーマンに関する記述については、とくに Browning, *Ganz normale Männer*, S. 142 ff., 154 ff., 224 und 279 ff. を、それほど変わらない評価を示している研究として、Goldhagen, *Hitlers willige Vollstrecker*, S. 296 ff. を参照。ブーマンに関する最も詳細な考察は、Sebastian Matysek, »Heinz Bumanns ungestrafter Entzug bei der ›Endlösung‹ in Polen. Eine Fallstudie zu den Grenzen der Formalisierbarkeit von Mordaufträgen«, in: Alexander Gruber, Stefan Kühl (Hg.), *Soziologische Analysen des Holocaust. Jenseits der Debatte über »ganz normale Männer« und »ganz normale Deutsche«*, Wiesbaden 2015, S. 215-240 にある。

（53）解雇や転属と機能的に等価なものとしての昇進に関する一般的な考察として、Luhmann, *Funktionen und Folgen formaler Organisation*, S. 261 を参照。たとえばハンブルクに帰還転属された小隊長は警察署長補佐となったが、この仕事は後の裁判で昇進と判断された。

（54）この事例については、Kitterman, »›Those who said »no!«‹«, S. 246 f.; Klemp, *»Nicht ermittelt«*, S. 52 f. の中の説明を参照。この事例は主に第二次世界大戦後の証言にもとづくもので、これまでのところ同時代の記録による裏付けは不十分である。

（55）Browning, *Ganz normale Männer*, S. 157 ff. を参照。

（56）この点が捜査にとって重要になったのは、捜査当局が一九六〇年代半ばに告訴の対象を拡大し、強制組織内の自由裁量を一貫して活用せず、たとえば自発的に処刑に参加したことを認めた警察官まで告訴することを決定したからである。Kiepe, *Das Reservepolizeibataillon 101 vor Gericht*, S. 66 を参照。

第四章　同志関係

もっと悪いのは、同志関係が人から自分自身に対する責任、神や良心の前の責任も奪ってしまうことだ。彼はみんなと同じことをする。

ゼバスティアン・ハフナー(1)

第二次世界大戦後にハンブルクの刑事警察の尋問を受けた際、多くの警察官たちは射殺への参加を免れることができたと述べている。たとえば第二中隊の第三小隊に所属していたグスタフ・ミュラーは、自分も他の同志たちも「射殺への参加を控え」たが、誰も「身体や生命への不利益」を被ることはなかったと報告している。(2)第二中隊の別の隊員は証人尋問の中で、「その気になれば処刑に加わらずに済んだ」と述べている。(3)また、先述のハインツ・ブーマンも同じように、作戦の前に何度か来るべき任務に「耐えられそうにない」者はいないかと尋ねられたことがあり、「誰かが名乗り出た場合」には「他の仕事を任され」たことを覚えていると述べている。(4)

だが驚くべきは、このような自由が認められていたにもかかわらず、つねに十分な数の人員が確保されていたことである。強制移送や射殺を実行する警察官の数が足りなかったために、警察大隊の活動が中止されたことは一度もなかった。任務を遂行する気のある警察官が十分にいなかったために、「ユダヤ人狩り」が中止されたことも一度もなかった。

興味深いのは、第二次世界大戦後の多くの証言の中で繰り返しその理由の一つが挙げられていることである。すなわち、同志たちからのインフォーマルな圧力である。[5] ある警察官は、そもそもなぜ射殺に参加したのかと聞かれても、「臆病者と思われたくなかったから」としか答えられないと述べている。[6] 別の警察官は、射殺への参加を控えて「隊員全員の前で」恥をさらそうとする者はいなかったと指摘している。[7] さらに別の警察官は、射殺への参加を拒否したという理由で自分が「公式に」処罰されたことはないが、「軍隊を知る者なら誰でも、公式の処罰以外に、処罰を補って余りあるような嫌がらせの可能性があることを知っている」と主張している。[8]

米国の社会学者エドワード・A・シルズとモーリス・ジャノウィッツは、軍事社会学の古典の一つとなった研究の中で、絶望的な軍事的状況にあっても戦闘を続けようとした国防軍の姿勢が、主として仲間同士のインフォーマルな圧力と関連していることを明らかにした。シルズとジャノウィッツによれば、戦闘に参加する喜びも、兵士に支払われる報酬も、ナチ国家の強制機構も、軍事的要員の高い参加意欲を動機づけるものではなかった。ナチ国家への共感も――確信的なナチスの中核を除けば――何の役割も果たさなかった。[9] 絶望的な状況でも兵士が戦い続けた主な理由は、同志に対するインフォーマルな義務であった。

シルズとジャノウィッツの研究に対しても、戦争捕虜の尋問の際、捕虜という状況の中で社会的に適切な動機だけが表明されたのではないかという疑問を呈する必要がある。米国の憲兵からなぜこれほど長く戦い続けたのかと尋ねられたとき、ドイツ人の戦争捕虜が動機の呈示として、ナチズムの大義への強い共感や前線での略奪の機会を挙げることは得策ではなかった。これに対して、国防軍の強制的性格や同志への忠誠心を挙げることは、動機の呈示として適切であった[10]。だが軍事社会学では、この方法論的限界にもかかわらず、軍隊における戦闘意欲の形成と維持が問題になるとき、同志への期待が非常に重要な要素とされることに疑問の余地はない[11]。

だがこの議論は警察官、武装親衛隊員、国防軍兵士による民間人の殺害にも適用できるのだろうか。暴力組織のメンバー自身が直接脅かされていない状況でも、同志への期待は重要な役割を果たすのだろうか。

1　同志関係の圧力とインフォーマルな規範の形成

ホロコーストに関する研究では、秩序警察の「組織文化」、秩序警察の個々の部隊の「暴力文化」、あるいは国防軍の部隊の「軍事文化」から大量殺戮への参加を説明しようとする試みが増えている。たとえばエドワード・B・ウェスターマンは、価値観、儀礼、行動パターンの分析から秩序警察の組織文化の解明を試みている[12]。ゲアハルト・パウルとクラウス＝ミヒャエル・マールマンもこれと同じように、保安部隊で形成された組織文化を考察している[13]。だが問題は、ホロコーストの遂行に携わった組織の組織文化とはいったい何を意味しているのかについて、これらの研究が明確な説明をしていないことである。

社会学的な観点からすると、組織文化という用語によって理解されるのは、フォーマルな構造を引き合いに出して押しつけることのできない組織の期待のことである。つまり組織文化とは、フォーマルな構造の背後でメンバーが自ら発展させ、押しつけるインフォーマルな期待のことである[14]。兵士が「将校の規則や命令」に従うだけでなく、とくに暴力の意志も「同志集団内の社会的統制と情緒的絆」によって生み出されると言われるとき、そこではフォーマルかつインフォーマルな組織の期待を押しつけることが目的となっているのである。[15]

ニクラス・ルーマンが指摘しているように、組織はつねに公式秩序を超えたところで協力の問題にも対処する必要があり、この問題は公式秩序によっては解決できない。とくにメンバーの具体的な業績動機、とりわけ組織メンバー間の日常的な協力の問題の円滑な解決は、公式規則だけによっては保障できない。[16] これらは同僚規範に凝縮されることが多い。

同僚規範の特殊形態としての同志規範

どんな組織においても、メンバー間には相互にインフォーマルな支援を行う規範が形成されている。同僚は他のメンバーに対して誠実にふるまい、公の場で恥をかかせず、組織内の出世競争をある程度ルールに従って行うという期待が、多かれ少なかれ明確に存在する。同僚が仕事を抱えすぎていたり、ミスを隠す必要があったり、一時的な代役を必要としていたりする場合、相互に助け合う。フォーマルな期待とは対照的に、このようなインフォーマルな規範は文書化されず、直接伝えられることもまれである。[17] いくつかの組織類型においては、同僚関係が同志関係にまで発展する。すなわち、軍隊、消防団、技術補助団、警察部隊などである。

これらの組織は自らをアピールする際にも同僚関係ではなく同志関係という言葉を使うことが多いが、その違いがいったい何であるかは必ずしも明確になっていない。[18] 社会学的な観点からすると、同志規範と同僚規範の違いは次の点にある。すなわち、同志規範が形成されている組織のメンバーはメンバーとしての役割においてではなく、他のすべての役割関係を有する個人として扱われるという点である。企業や行政機関では組織メンバーとしての役割においてのみ関係者に期待が向けられるが、軍隊、消防団、警察部隊では傷つきやすい身体としての――ひいては全人格としての――メンバーが期待の対象となる。[19]

もちろん、軍隊、消防団、警察組織のメンバーであることも、数ある役割の一つにすぎない。結局のところ、兵士、消防士、警察官は夫や父親、徒党集団やスポーツクラブのメンバー、兼業農家や保険代理人でもあるのだ。だが軍隊、消防団、警察部隊で働くとなると、任務中に大けがをしたり、死亡したりすることもあるので、各々の役割のみならず、全人格が危険にさらされることになる。そして、まさにこのような全人格に対する脅威を前にするからこそ、同志関係という形で非常に大きな同僚関係への期待が形成されるのである。[20]

このように同志関係は、各々の組織がメンバーに課す行動条件にもとづいて形成される。[21]チャールズ・モスコスによれば、同志関係は兵士、警察官、消防士が同志イデオロギーを取り入れた結果というよりも、組織メンバーが生存の可能性を高めるために必要とする手段である。[22]事実、兵士、警察官、消防士が任務中にそうした生命を脅かすような極限状況にさらされることはまれである。[23]彼らの日常の大半は、緊急時のための訓練、何時間にもわたる待機、退屈なルーティンワークから成り立っている。だが生命を脅かすような状況に陥る可能性は、彼らの期待の地平を支配している。[24]とくに重い装備、味気ない食事、暑さや寒さ、汚れや睡眠不足によって、彼らは何度も繰り返しこうした脅威の存在に直面させられる。

同志への期待は、生命を脅かす極限状況だけに適用されるわけではない。たとえば自分の命を危険にさらして負傷・死亡した同志を危険地帯から救出するような場合だけでなく、些細な違法行為を上官の目から隠したり、ちょっとした手伝いを頼んだり、誰かがどうしても休まなくてはならないときに任務を交代したりする場合など、差し迫った命の危険がない状況でも同志規範は運用される。こうした日常的な状況で同志規範をたえず運用できるからこそ、生命を脅かす極限状況でもそれを利用できるように見えるのである。

2　同志関係形成の諸次元

ホロコーストに関する研究では、殺戮部隊におけるインフォーマルな期待の形成は集団圧力または集団力学という用語で要約されることが普通である[25]。だが問題は、どのような集団が射殺に参加するよう圧力をかけたとされるのかが不明確なままであることである。それは一〇人から一五人までで構成される警察大隊の最小組織単位のことなのか、約四〇人からなる大隊の小隊のことなのか。約一五〇人からなる中隊、大隊全体、あるいは三個大隊からなる連隊のことなのか。それとも組織の公式構造の背後で形成された小さな徒党のことを指すにすぎないのか[26]。

ホロコースト研究で用いられる集団圧力という用語は、一九三〇年代と一九四〇年代の社会学の伝統に由来している。当時は行政機関全体、企業内のインフォーマルな人間関係、米国の大都市のストリートギャング、家族内の人間関係、さらには単なる短い会話まで、多種多様な現象が「集団」と呼ばれていた。「集団」は、ほぼすべての社会的関係に適用される包括的な用語であった。「集団圧力」は、これらの多種多様な社会的関係の中で順応への期待が形成されることを一般的に説明する用語にすぎなかった。だがナチスの殺戮部隊の「普通の男たち」を分析するためには、こうしたインフォーマルな順応圧力がどのように形成されたのかを厳密に検討する必要がある。

小集団を超えた同志への期待

同僚への期待の特殊形態としての同志への期待はとりわけ、同じような状況に置かれ、似たような危険にさらされ、あるいはそうした状況に備えるために同様の社会化を経験した組織メンバーの間で形成される。[27]シルズとジャノウィッツもそう考えていたように、このような同志規範を形成するためには、組織メンバーが互いを個人的に知ることで信頼を構築している必要はない。[28]同志への期待はむしろ、大隊、師団、さらには軍隊全体のレベルでも形成されることがある。[29]ルーマンによれば、とくに対外的なアピールの中で強調される相互扶助は、どんな組織でも「内部協力の基本法則」となっている。それは必ずしも組織内の集団形成を前提とはしていない。[30]

ルーマンによれば、そこでは地位の平等性が「同僚関係に不可欠な要素」となっている。組織のヒエラルキーの中の人員の配置を明確にすることで、「同じ階級の同僚を認識し、処遇する」ことが容易になる。[31]ルーマンの考えを敷衍して言えば、軍隊や警察では制服によって同じ階級の組織メンバーを容易に認識することができ、他者をほとんど、あるいはまったく知らなくても同志への期待を容易に適用することができる。たとえば企業や行政機関とは異なり、軍隊や警察では目に見えない階級の違いに驚かされることはない。

軍隊内の同じ階級の同僚同士の同志への期待は、上官の圧力によって強まる。訓練中に「一緒に経験するしごき」、「上官からのいじめ」、上官が課す「集団責任の原則」は、軍隊内の同志規範の形成に大きく寄与している。[32]だが同志関係に関する研究がしばしば指摘するように、これらは特定の上司から圧力をかけられた小集団の結束を強めるだけでなく、それ以上の効果を発揮する。兵士は他の部隊の同志も上官から似たような仕打ちを受けていると想定することができるため、他者を具体的に知っているかどうかにかかわらず、組織内の同じ階級の組織メンバーの間には結束力が生まれるのである。

フォーマル・インフォーマルな小集団の中の同僚への期待

軍隊や警察で面識があるかどうかにかかわらず同志への期待が生じることがあるとしても、小集団ではそれが特別な形で結晶化することも見落としてはならない。小集団の特徴は、各々が各々の立場から他のすべての者とコミュニケーションをとりうる点にある。このような形態のコミュニケーションを可能にする構造は、社会学では全チャンネル・ネットワークと呼ばれている。そうしたネットワークを確立するために、一定の人数だけが参加を認められる。そのような「全チャンネル・ネットワーク」は、任務の規模や空間的な距離に応じて五人、一〇人、一五人、ときに三〇人、まれに五〇人以上から構成されることもある。[33]

同志の「小集団」は、公式構造によって形成された最小の軍事単位、すなわちフォーマルな小集団と一致することがある。[34] 第一〇一警察大隊の場合はかなりの程度まで、こうした公式化された小集団――この場合は小隊――における同志への期待を通じて大量射殺への参加が促進されていたことが明らかになっている。各地に駐屯する小隊の警察官たちは、大規模な任務のときにだけ中隊として、まれに例外的なケースにだけ大隊として招集されるのが一般的であった。中隊や大隊全体が動員されているときでも、強制移送や射殺は小隊のレベルで実行された。[35]

だがこうしたフォーマルな小集団と並んで、公式構造の背後ではインフォーマルな小集団も形成される。ルーマンによれば、こうした小集団は組織内の「非常に多様な職務・階級領域の人びと」から形成されるため、「組織計画の枠組み」からは事実上独立している。組織内のインフォーマルな小集団――徒党集団とも呼ばれる――は、メンバーの境界が厳密に定義されていないという点で、フォーマルな小集団、チーム、ワーキンググループ、小隊とは異なっている。組織内では誰が特定の徒党集団に属し、誰が属さないのかがまったく明確でないことが多い。フォーマルな小集団とは違って組織が徒党集団への人員の配属を担保していないため、徒党集団のアイデンティティは部外者にとってはもちろん、徒党集団のメンバーにとっても理解しにくいことが多い[36]。

フェリックス・レーマーは、米国の捕虜となった国防軍兵士の盗聴記録をもとに、中隊や小隊の内部にしばしば「相互の共感」と「現実上・想像上の共通性」にもとづくインフォーマルな小集団が形成されていたことを明らかにした。そのような徒党形成の出発点は、公式に組織された中隊や小隊のような部隊の中で行われる日常的な対面的相互行為であることが多かった[37]。

だが組織内のインフォーマルな小集団の存在はつねに不安定である。というのも、それは人事異動にうまく対応できず、転属、負傷、死亡によって一人か二人でも集団を離れると、しばしば崩壊するからである。もっともレーマーによれば、徒党集団の「迅速な再形成」は「軍事教育での同志関係の絶対化」によって奨励されていただけでなく、「個々人の必要にも対応」していたという[38]。

シルズとジャノウィッツの主張に反して、そのような徒党集団のメンバーが出身地、学歴、職歴、民族的素性などに関して、同じような社会的特徴をもっていることは必ずしも重要ではない[39]。第一〇一警察大隊の場合、ハンブルクの特定の地区の出身であること、似たような職業に就いていたこと、ルクセンブルクの警察官として採用されたことなどが特定の徒党集団の形成を促したのかもしれないが、興味深いのはむしろ、戦闘状況において危険にさらされただけで同志の徒党集団が形成されたらしいことである。

メンバーが互いの行動を強め合うような徒党集団から、公式の命令を超えた自発的な暴力行為がしばしば発生したことを示す証拠がある。たとえばワルシャワ・ゲットーに配備された大隊の一つである第六一警察大隊には、ゲットーで派手に暴力をふるった後にバーで酒を酌み交わす特定の集団が存在した[40]。そのような徒党集団の存在は、警察大隊の隊員や兵士たちが射殺に参加しなければならないと感じることに大きく寄与しただけでなく、とくに残忍な暴力行使を奨励するようなサブカルチャーが形成されることにもつながった。

個人的信頼を超えた同志への期待

同志への期待は公式構造によって作られた小さな戦闘部隊や、友情によって結びついた徒党集団においてとくに凝縮された形で形成されることがあるが、上述の通り、同志への期待が個人的な面識があるかどうかにかかわらず発展することにこそ、その中心的な特徴がある。長い時間をかけて築き上げられた特定の人物への信頼が同志への期待を強めることもあるが、軍隊や警察の組織では匿名化された同志への期待も形成される。兵士や警察官が危険地帯で負傷して横たわっている場合、たとえ個人的な面識がなくても、他の兵士や警察官に救出してもらえると期待することができる。[41]

国防軍の部隊では戦争の全期間を通じて、隊員の死亡、負傷、転属ゆえの人員の入れ替わりが激しかった。[42] 国防軍が次々に戦果を収めていた時期でさえ、小集団はそうした理由ですぐに崩壊することが多かった。だが同志規範が小集団を超える形で形成されるとしても、暴力組織の中で行動期待が広まる際に同志関係が重要な役割を果たす事実を根本的に否定することにはならない。それはむしろ、組織全体の中で同志への期待の効果を強める可能性がある。[43]

3　同志規範はどのように広まったのか

ナチ組織のほぼすべてのレベルの声明、演説、書簡の中で同志関係が称賛されていたことは、いまや説得的に証明されている。ナチ・プロパガンダにおいては、同志のイメージが民族共同体という上位の概念に密接に組み込まれていた。ナチスの宣伝家たちは、民族共同体――人種的に規定された「民族」の「血の紐帯」――が国民全体を包含する同志関係の形態であると考えていた。ナチ・プロパガンダによれば、ナチ国家の軍事組織の中の戦闘部隊の同志と同じく、民族共同体のメンバーもまた、国民的な生存闘争において同志のように助け合わなければならないとされた[44]。

ナチ・プロパガンダにおいては、人種的に規定された民族――国家の中の「民族共同体」――とナチ組織の中の「共同体」――工場、大学、軍隊、警察の中の「民族共同体」――の違いが不明瞭であった。たとえばある宣伝パンフレットには、工場内の「拳の労働者」と「額の労働者」からなる国民の利益を志向する「業績共同体」の設立と「国民と結びついた」「防衛組織」の設立は、「ナチ民族共同体の創設」が先行していたからこそ可能になったと書かれている[45]。トーマス・キューネによれば、「ナチ民族共同体」は自らを「同志たちからなる全面的な共同体」として呈示し、「ナチ国家」は「同志たちの国家」としてイメージされた[46]。

ナチ国家は、同志規範が――現代の管理職が使う言葉を借りて言えば――組織の全メンバーの模範となるように、それを暴力組織の中に定着させようとしていた[47]。ナチ国家の管理下にあったドイツ警察官同志連盟の規約には、同連盟の目的が「ドイツの血とドイツの土による絆、国民社会主義的世界観と国民的伝統にもとづく真のドイツ的同志関係をメンバー間に培うこと」にあると記されている。こうすることでメンバーは、「国家の指導者と国民に対する完全で自発的で無私の献身」に向けて教育されるとされた[48]。

同志関係に訴えるこうしたナチ・プロパガンダは、第一〇一警察大隊にも様々な形で影響を与えていた。たとえば「ラインハルト作戦」遂行の責任者であったルブリン管区の親衛隊・警察指導者オディロ・グロボチュニクは、一九四二年から一九四三年への年の変わり目に同管区に駐屯する警察大隊に宛てた「感謝状」の中で、「たゆまぬ努力」と「厳しい闘争」が成果を収めたのは、ひとえに「部隊内の模範的な男らしさ」と「各個人の全親衛隊・警察部隊との同志的紐帯」によるものだと説明している。(49)

だがこうしたナチスの宣伝にもかかわらず、同志への期待が組織の公式手段によっては限定的にしか押しつけられないことを見落としてはならない。たしかに組織は同志規範に関して、特定の違反行為をとくに厳しく処罰することができる。たとえばナチ時代の国防軍では、「同志からの窃盗」は死刑に処せられることもあった。(50)「同志の妻との姦通」も仲間同士の信頼関係を損なうとして、とくに処罰の対象となった。(51)だが同志規範は他のすべてのインフォーマルな期待と同じく、公式にではなく非公式にしか押しつけられないという特徴がある。すなわち、正の制裁、とくに交換という形か、あるいは負の制裁、とくにいじめという形を通じてである。(52)

交換

組織の公式構造には通常、交換の要素はほとんど含まれていない。従業員は組織から一括で給与を支払われており、行為のたびに同僚、上司、部下から追加報酬を受け取ることはない。いずれにせよ、理事会の役員が理事のために手紙を書くたびに給与以外の追加報酬を要求したとしたら、混乱が生じるだろう。組織は公式構造においては「反交換的」であるが、インフォーマルな期待を押しつける際には交換が中心的な役割を果たす。(53)

同じ階級の組織メンバーの間では、インフォーマルな交換関係が成立することがある。軍事社会学の知見によれば、同志が任務を遂行できないとき、たとえ命令や規則がなくても同志の代わりをつとめることは、兵士にとって一般的な慣行となっている。軍隊における同志神話のかなりの部分は、同じ階級の組織メンバーの間で行われるこのような相互扶助を美化することから生じている。

だがこうしたインフォーマルな交換関係は、上司と部下の間にも生じる。たとえば組織には、部下が他の仕事で特別な献身を示せば、上司が部下の違反行為に目をつぶるという一般的な慣行が存在する。ユダヤ人資産の横領が親衛隊・警察裁判所に持ち込まれることが少なかったのは、警察官が犠牲者の資産を個人的に着服しても上官がそれに目をつぶれば、ユダヤ人迫害における部下の特別な献身を促すことができたからだということを裏付ける証拠もある。[54] トーマス・キューネはこの点について適切にも、「同志内の隠蔽」が一般化していたことを指摘している。[55]

交換過程を機能的に分析すると、武装親衛隊や国防軍と同様に秩序警察も組織メンバーに多種多様な規則を押しつけたため、それらすべてを遵守することがほとんど不可能であったように見える。国家的強制組織のメンバーは、挨拶や姿勢、制服や身体の手入れ、部屋や設備の清掃などに関する公式化された多数の規則によって「たえず批判を受ける状態」に置かれた。フーベルト・トライバーの観察によれば、部下にとってのこの「規範の罠」からは上司にとっての制裁の可能性が生じ、上司はこれによって自らの期待を公式に押しつけにくい領域で部下に適切な行動をとらせようとした。[56]

インフォーマルな領域におけるこうした交換関係はしばしば直接的な交換ではなく、むしろ異なる時間に行われる信頼にもとづく交換関係である。たしかに直接的な仕事の交換は存在し、それは組織メンバーが他の領域での要求を受け流すのと引き換えに、「自発的」に夜勤や臨時シフトを引き受けるような場合である。だがもっと頻繁に生じるのは、代替の仕事を指定することなく異なる時間に行われる交換である。組織メンバーは他の組織メンバーに事前給付を行い、この事前給付がいつか返済されることを信頼する。[57] このような信頼関係を恒常化し、拡大することによって、組織内に忠誠のネットワーク、徒党集団、同志グループ、協力関係が生じ、組織メンバーが長期的に互いに結びつくようになる。

いじめ

こうした交換過程が組織で機能しない場合、組織メンバーはインフォーマルな規範を押しつけるために否定的制裁を行う。軍隊の部隊では、そのような制裁はまず中傷的な発言や直接的な侮辱によって示され、次いで同志の社会的孤立や支援の拒否を経て、直接の体罰にまでいたる。制裁は主として仲間の輪から排除するためではなく、その反対にインフォーマルな規範を押しつけるために行われる。公式には禁止されていることの多いこの種の辱めを報告せず、それを我慢して受け入れる兵士や警察官は、結果的に仲間の輪に残ることで「報われる」[58]。

いじめを通じたインフォーマルな制裁は、組織メンバーによる特定の違反行為に関連することがある。たとえば困難な状況にある同志を助けることを拒否したために、次の夜に同志たちから直接罰せられる場合である。組織メンバーはたいてい長期にわたって「悪い同僚」または「悪い同志」という評判を得て、結果的に他の組織メンバーから一貫して排除されたり、いじめられたりする。

こうしたインフォーマルな制裁メカニズムは、射殺への参加を拒否した第一〇一警察大隊の隊員にも適用された。この大隊で目を引くのは、たとえ脅しがあったにせよ、そのような拒否が上官に報告されないことが多かった点である。たとえばハインツ・ブーマンは、再定住作戦中に多くの兵士がときおりユダヤ人の射殺を拒否していたと報告している。ブーマンによれば、「彼らはその後おそらく下士官から「大目玉を食らった」」が、「上官に報告された者はいなかった」[59]。

その代わりに別のもっと巧妙なメカニズムが用いられた。ある警官は、「軍隊を知る者なら誰でも、公式の処罰以外に、処罰を補って余りあるような嫌がらせの可能性があることを知っている」と述べている[60]。別の大隊員の報告によると、ユゼフフで処刑に参加しなかった彼の行動を理解してくれる部下もいたが、彼のことを「見下し」たり「侮蔑的な発言」をしたりする者もいた[61]。さらに別の大隊員は、自身の証言によればユゼフフでの射殺に参加していなかったが、後に同志たちから「クソ野郎」とか「虚弱男」などと侮辱されたと供述している。(62)別の事例に言及したある大隊員は、故意に撃ち損じていることを仲間に知られた後、その仲間から「裏切り者」とか「臆病者」などと侮辱されたと報告している。このようないじめの中では、ナチズムに蔓延するジェンダーの固定観念が持ち出されることも多かった。(63)警察大隊のある隊員は、分隊長や小隊長が「ユダヤ人狩り」に「男」しか連れて行かず、自分は彼らの目には「男」とは映らなかったので、「そのような任務を課されずに済んだ」と報告している。(64)

だが警察大隊の事例で看過できないのは、とくに上官がインフォーマルな期待を押しつけるために、組織の公式構造が提供する資源にも頼ったことである。警察官は射殺の際の行動を咎められることなく、特別歩哨や日曜勤務を命じられることがあった。帰休は他の同志たちほど寛大には認められなかった。あるいは射殺に参加しようとしなかったという理由で、警察官としての出世が止まることもあった。(65)

4　自由の付与による同志関係の動員

大隊員の報告によると、第一〇一予備大隊の指揮官ヴィルヘルム・トラップ少佐はユゼフフでの射殺の際、この命令に同意していないことを明らかにした。ある大隊員が戦後の尋問で述べたところによれば、トラップは出動前に「落ち着きを失って」おり、「この対ユダヤ人作戦」が「まったく自分の意に沿うものではない」ことを「しばしば涙で息を詰まらせながら」明らかにした。(66)別の大隊員によると、彼はたとえばユゼフフでの作戦の前に、「まったく自分の意に沿う作戦ではないが、「最上部」からこの命令を下された」と表明した。(67)別の大隊員の報告によると、トラップはユゼフフで手を後ろに組んで行ったり来たりし、「意気消沈した様子」を見せた。彼は大隊員に、そのような作戦は自分には「向いていない」が、「命令は命令だ」と述べた。(68)クリストファー・ブラウニングに言わせれば、トラップがきわめて感情的に命令から距離をとったこと、「泣きながら」命令を下したこと、「恐ろしい」任務だと指摘したこと、警察官に任務から外れる機会を提供したことは、この大隊指揮官が「強い権威者」ではなく「弱い権威者」であったことを示す証拠だという。(69)

しかし命令から距離をとったことと自由裁量を認めたことについては、別の解釈が必要である。「命令」がまったく自分の意に沿うものではないと述べることで、トラップは自らはっきりと命令の遂行に際しての役割距離を示した。彼はこれによって自分が命令に対してとる距離を表明しただけでなく、それと同時に部下が任務の遂行に困難を感じるのなら自分はそれを理解するという意向も示した。だが彼は同時に、大隊としては任務の遂行を避けて通ることはできず、自分は大隊がこの任務を実行するのを頼りにしているとも表明した。つまりトラップは、自分の公式権限を行使するだけでなく、さらに同志規範に訴えることによって命令を押し通そうとしたのである。(70)

上司と部下の間に同志的な――一般的には同僚的な――関係を築くことは、同じ階級の組織メンバー間よりも難しい。ルーマンが指摘するように、上司の忠誠や分別は純粋に同僚的・同志的な手段でコントロールすることは困難である。それゆえ上司と接する際には、「慎重な姿勢が適切」だという。(71)だが上司と部下が互いに依存し合う戦争状況において、トラップは明らかに同志的信念に訴えることに成功した。(72)

大隊指揮官が部下たちから「トラップ親父《パパ・トラップ》」と呼ばれていたことからも、彼のそうした親しみやすさがうかがえる。軍隊では指揮官を「親父」や「お父さん」と呼んだり、下士官を「中隊のお母さん」と呼んだりするなど、家族にならった呼称を用いることが多いが、それは通常の場合、インフォーマルな影響力ゆえに「部下たち」から評価されている上官にのみ許されるものである[73]。

単純化して言えば、大隊長トラップがユゼフフでの大量射殺のために十分な人員を集めることができたのは、離脱の可能性を認めることで公式の要求を引き下げると同時に、大隊全体としてはこの任務を遂行しなければならないという期待を呈示したからである。彼の演説の基調は結局のところ、大隊員を大量射殺に参加させるために軍事刑法を用いるつもりはないが、男性、女性、子供を直接射殺するというこの任務の遂行に十分な人員を確保できるかどうか、そこに大隊全体の運命がかかっている、というものであった。

ユゼフフでの部下の拘束の仕方が例外的なものであったとしても、この事例はゲットー解体、強制移送、大量射殺の際にフォーマル・インフォーマルな期待がどのように作用し合っていたかについてのパターンを提示している。トラップは命令が「最上部」から下された点に言及することで命令の合法性を強調しただけでなく、命令への服従がメンバーに対する組織のフォーマルな期待に属していることも明らかにした。

だが同時にトラップは一連の事件の中で、女性や子供を射殺するような大きな要求を課された場合、警察官にはそうしたフォーマルな期待を回避する機会が認められることを示した。最初の射殺に参加した後でこの任務から外れたり、最初から他の任務を与えられたりする機会が提供されていたため、個々の大隊員は組織の公式要求に違反することなく、大量処刑への参加を免れることができたのである[74]。

だが任務は何としても履行されなければならないという条件をつけることで、部隊の隊員の間に同志への期待が広まることになった。部隊の中で命じられた大量処刑への参加を望まなかった警察官も親衛隊員も、結局のところ他の同志がやってくれることをあてにしていた。これは射殺に参加しなかった者がその分だけ献身的に他の仕事を引き受けるという大隊員間の暗黙の交換過程を通じてか、あるいは

「命令拒否者」のために「汚れ仕事」をするつもりがないことを発言や脅しによって本人に理解させるという方法によって明らかにされた。他の大隊員の支援に頼らざるをえない状況で、同志の好意を失うことに比べればユダヤ人を射殺する方がましだと、大多数の警察官が考えたのは明らかである。[75]

注

（1）Sebastian Haffner, *Geschichte eines Deutschen. Die Erinnerungen 1914-1933*, Stuttgart 2004, S. 280.

（2）グスタフ・ミュラーの尋問。StA Hamburg, NSG 0022/001, Bl. 169.

（3）マックス・ドストの尋問。StA Hamburg, NSG 0021/005 Bl. 2536.

（4）ハインツ・ブーマンの尋問。StA Hamburg, NSG 0021/006 Bl. 3356 f.

（5）インフォーマルな期待の役割は、ダニエル・ゴールドハーゲンとクリストファー・ブラウニングの間の論争の主要な争点の一つであった。ゴールドハーゲンは、何千頁にも及ぶ尋問調書の中で、集団圧力を自分の行動の原因として挙げた被尋問者は一人もいなかったと主張している（Daniel Jonah Goldhagen, »A Reply to My Critics: Motives, Causes and Alibis«, in: *New Republic* vom 23. 12. 1996, S. 37-45, hier: S. 40）。これに対してブラウニングは、同志からの圧力に言及している大隊員の一連の証言を挙げている（Browning, »Die Debatte über die Täter des Holocaust«, S. 163）。

（6）ブルーノ・ドーゼの尋問。StA Hamburg, NSG 0021/005, Bl. 2535. Browning, »Die Debatte über die Täter des Holocaust«, S. 163も参照。

（7）アントン・ベッカーの尋問。StA Hamburg, NSG 0021/005, Bl. 2693. Browning, »Die Debatte über die Täter des Holocaust«, S. 163も参照。

（8）アドルフ・アウグスト・ベゲーアの尋問。StA Hamburg, NSG 0021/001, Bl. 442.

（9）Shils/Janowitz, »Cohesion and Disintegration in the Wehrmacht in World War II«を参照。これに類似した議論として、Murray Gurfein, Morris Janowitz, »Propaganda in War and Crisis«, in: Daniel Lerner (Hg.), *Propaganda in War and Crisis*, New York 1951, S. 200-208も参照。トーマス・キューネの指摘によれば、シルズはすでに一九四三年のメモに、この点についての最初の考えを記入していた。シルズとジャノウィッツの研究ほど、軍事的実践に直接的な影響を与えた社会学的研

究はほとんどない。第二次世界大戦後、米国陸軍は歩兵の訓練を四人一組のチームで行うことを定めた。「団結心」を維持するため、これらのチームは宿舎でも一緒に行動し、同じ船や飛行機で移動し、同時に休暇をとることになっていた（Thomas Kühne, *Kameradschaft. Die Soldaten des nationalsozialistischen Krieges und das 20. Jahrhundert*, Göttingen 2006, S. 12）。社会学的知見を実践に導入したこの驚くべき事例については、Leonard Broom, Philip Selznick (Hg.), *Sociology. A Text with Adapted Readings,* Evanston, White Plains 1955, S. 142 を参照。

（10）シルズとジャノウィッツに対する根本的な批判の中で、オメル・バルトフもこの点を指摘している。たとえば Omer Bartov, »Indoctrination and Motivation in the Wehrmacht: The Importance of the Unquantifiable«, in: *The Journal of Strategic Studies* 9 (1986), S. 16-34 を参照。尋問にもとづいて同志関係の重要性を強調する研究者と、それが兵士の間で培われた意味を反映しているにすぎないと指摘する研究者の間の論争は、戦争が起こるたびに行われる分析の中で繰り返されている。イラク戦争での米兵の動機づけをめぐるレナード・ウォン（Leonard Wong, »Why Professionals Fight: Combat Motivation in the Iraq War«, in: Don M. Snider, Gayle L. Watkins (Hg.), *The Future of the Army Profession*, Boston 2002, S. 491-513; Leonard Wong, »Combat Motivation in Today's Soldiers«, in: *Armed Forces & Society* 32 (2006), S. 659-663）とロバート・マクーンら（Robert Maccoun u. a., »Does Social Cohesion Determine Motivation in Combat? An Old Answer to an Old Question«, in: *Armed Forces & Society* 32 (2006), S. 646-654）の間の論争を参照。

（11）サミュエル・A・スタウファーらによる並行研究（Stouffer u. a., *The American Soldier*）はすでに、戦闘の士気には政治的信念よりも同志への期待の方がはるかに重要であると指摘している（この点については、Paul F. Lazarsfeld, »The American Soldier. An Expository Review«, in: *Public Opinion Quarterly* 13 (1949), S. 377-404 も参照）。その後のたとえばヴェトナム戦争に関する研究では、シルズとジャノウィッツの研究への方法論批判に対処するために、インタビューに加えて参与観察も用いられた。米国社会学の軍事的応用研究は、国防軍兵士の動機づけに関しても米国陸軍兵士の動機づけに関しても、きわめて類似した結論に達したと言っていいだろう。Edward A. Shils, »Primary Groups in the American Army«, in: Robert K. Merton, Paul F. Lazarsfeld (Hg.), *Continuities in Social Research. Studies in the Scope and Method of »The American Soldier«*, Glencoe, Ill 1950, S. 16-39 を参照。シルズとジャノウィッツの伝統にもとづく研究アプローチについての初期の優れた概説として、Alexander L. George, »Primary Groups, Organization and Military Performance«, in: Roger W. Little (Hg.), *Handbook of Military Institutions*, Beverly Hills, London 1971, S. 293-318 を参照。

（12）Westermann, *Hitler's Police Battalions*, S. 8 を参照。ウェスターマンはエドガー・H・シャインによる組織文化の概念に言及している（Edgar H. Schein, »Coming to a New Awareness of Organizational Culture«, in: *Sloan Management Review* 25 (1984),

S. 3-16)。シャインは価値観、儀礼、風土、行動パターンを通じて文化を規定している。

（13）Gerhard Paul, Klaus-Michael Mallmann, »Sozialisation, Milieu und Gewalt. Fortschritte und Probleme der neueren Täterforschung«, in: Gerhard Paul, Klaus-Michael Mallmann (Hg.), *Karrieren der Gewalt. Nationalsozialistische Täterbiographien*, Darmstadt 2004, S. 1-32 を参照。

（14）システム理論の用語を使えば、こうした期待は未決定の決定条件と呼ぶこともできる。これは組織幹部の決定によって実現した決定条件ではなく、組織内の多くの決定を通じて形成された決定条件を指している。組織文化、未決定の決定条件、非公式性を同一視する——研究者の間で論争の余地がないわけではない——見方については、Kühl, *Organisationen*, S. 113 ff. を参照。

（15）Bröckling, *Disziplin*, S. 10 f.

（16）Niklas Luhmann, *Funktionen und Folgen formaler Organisation. Mit einem Epilog von 1994*, Berlin 1995, S. 400 の中のルーマンのエピローグの一文を私が言い換えたもの。

（17）この点については、Luhmann, *Funktionen und Folgen formaler Organisation*, S. 314 を参照。同僚関係、そしてより狭い意味での同志関係が業績動機としてどの程度機能するかという問題については、Kühl, *Organisationen*, S. 43 f. を参照。

（18）語源的には、「同志（Kamerad）」が同僚を表すのに使われるのは、ほとんどもっぱら組織メンバーの生命を危険にさらすような活動を行う組織においてだけであることがわかる。このパターンに当てはまらないのは、同級生（Schulkamerad）だけである。私の知る限り、「歴史的な基礎用語」の次元での包括的な意味分析はまだ行われていない。

（19）このことは、そのような組織が専門家を養成したり、担架や遺体袋を用意したりして、メンバーの負傷や死に備えているのに対して、企業や行政機関、大学が組織メンバーの負傷や死に圧倒されてしまうことが多いという事実にも表れている。Axel Rüweler, *Informale Strukturen im Polizeibataillon 101*, Bielefeld 2008 も参照。同書は、危険が——自己に帰せられる脅威としてのリスクとは対照的に——同志関係を形成する神話の役割を果たすと指摘している。

（20）J. Glenn Gray, *The Warriors. Reflections on Men in Battle*, New York 1959, S. 27. この説明は、Mark J. Osiel, *Obeying Orders. Atrocity, Military Discipline & the Law of War*, New Brunswick, London 1999, S. 214 によるものである。J・グレン・グレイはこれを引用する際、自分の戦争体験を語る兵士の発言を再現している。

（21）呈示の様式、一般的な同僚性、良好な労働契約や人間関係が組織内のメンバーの行動条件に対する「自発的反応の凝縮」として形成されることについては、Niklas Luhmann, »Spontane Ordnungsbildung«, in: Fritz Morstein Marx (Hg.), *Verwaltung*, Berlin 1965, S. 163-183, hier: S. 175 を参照。

(22) Moskos, »Eigeninteresse, Primärgruppen und Ideologie. Eine Untersuchung der Kampfmotivation amerikanischer Truppen in Vietnam«, S. 205 und 218 f.; Charles C. Moskos, *Latent Ideology and American Combat Behavior in South Vietnam*, Chicago 1968; Charles C. Moskos, *The American Enlisted Man. The Rank and File in Today's Military*, New York 1970 を参照。

(23) この点については、Sven Grüneisen, *Kameradschaft in Militärorganisationen – Kameradschaft in Extremsituationen*, Bielefeld 2010 の考察を参照。第一〇一警察大隊への応用として、Sven Grüneisen, »Kameradschaft im Reserve-Polizeibataillon 101 und der Genozid an den Juden. Eine soziologische Rekonstruktion von Verhaltenserwartungen in Extremsituationen«, in: Alexander Gruber, Stefan Kühl (Hg.), *Soziologische Analysen des Holocaust. Jenseits der Debatte über »ganz normale Männer« und »ganz normale Deutsche«*, Wiesbaden 2015, S. 171-214 を参照。

(24) 軍隊における「極限状況」の稀少性に注目しているのが、ハンス・パウル・バールトである(Hans Paul Bahrdt, *Die Gesellschaft und ihre Soldaten. Zur Soziologie des Militärs*, München 1987, S. 97)。この点についての示唆は、Thomas Kühne, »Kameradschaft. ›Das Beste im Leben des Mannes‹. Die deutschen Soldaten des Zweiten Weltkriegs in erfahrungs- und geschlechtergeschichtlicher Perspektive«, in: *Geschichte und Gesellschaft* 22 (1996), S. 504-529, hier: S. 507 に負っている。

(25) Browning, *Ganz normale Männer*, S. 229; Browning, »Ideology, Culture, Situation, and Disposition«, S. 66 を参照。その際、ドイツ語訳では「集団圧力(group pressure)」も「仲間の圧力(peer pressure)」も「集団圧力(Gruppendruck)」と訳されるが、この用語を正確に用いる場合には異なる現象を指すことがある(原著での用法については、Browning, *Ordinary Men*, S. 175 ff. を参照)。

(26) これはブラウニングの中心的な問題の一つであり、彼は社会心理学的な説明に共感するあまり、組織と集団を体系的に区別しておらず、集団が組織の中でどのような働きをするのかという問題にも目を向けていない。たとえば彼はある講演の中で、アッシュの同調実験、ミルグラムの服従実験、ジンバルドーのスタンフォード監獄実験に言及しつつ、次のように述べている。「個人から集団へと焦点を移す別のアプローチもあるが、それは特定の文化的特質よりも、人間の行動の普遍的特質を強調するものである。それは集団力学の中で作用する状況的、組織的、制度的要因に焦点を当てるものである」(Christopher R. Browning, *Revisiting the Holocaust Perpetrators. Why Did They Kill?*, Burlington 2011, S. 6)。集団概念のこのような拡大解釈に対する初期の適切な批判として、William Foote Whyte, »Small Groups and Large Organizations«, in: John R. Roher, Muzafer Sherif (Hg.), *Social Psychology at the Crossroads*, New York 1951, S. 297-312 がある。社会学的な観点からすると、多くの疑問が生じる。ブラウニングは、状況的、組織的、制度的要因の間でどのような概念的区別を行おうとしているのか。彼は集団をどのようなものと理解しているのか——単なる小集団の同義語なのか、それとも社会システムの同義語なのか。なぜ集団力学の中の組織的要因に焦点を当て、その反対の組織内の集団力学には焦点を当てないのか。なぜ組織の概念よりも集団の概念を重視しているのか。

(27) たとえばテレビシリーズにもとづくグウィン・ダイヤーの著作（Gwynne Dyer, *War*, New York 1985, S. 106）、またはマーク・J・オシエルの包括的分析（Osiel, *Obeying Orders*, S. 221）を参照。

(28) シルズとジャノウィッツは、兵士が一緒に訓練を受け、駐屯し、戦闘任務に派遣される四人から一五人のグループに仲間の概念を限定した（Shils/Janowitz, »Cohesion and Disintegration in the Wehrmacht in World War II«, S. 280 ff.）。彼らによれば、絶望的な軍事的状況でも戦い続けようとする意欲は、主として小隊内の五人から七人で構成されるこの「主要集団」との結びつきと関連していた。戦争の経過とともにこの主要集団が解体してはじめて、そうした「結束」がますます「崩壊」へと向かい、国防軍兵士の脱走意欲が強まったのである。シルズとジャノウィッツの研究は、当時支配的だった社会学的小集団研究から影響を受けていた。小集団――企業内のインフォーマルな人間関係やストリートギャング（前者については、Fritz Jules Roethlisberger, William J. Dickson, *Management and the Worker. An Account of a Research Program Conducted by the Western Electric Company, Hawthorne Works*, Chicago, Cambridge 1939 を、後者については、William Foote Whyte, *The Street Corner Society*, Chicago 1943 を参照）――は、現代社会を説明する中心的な概念となった。シルズとジャノウィッツの研究では、この小集団の概念が戦争指導に転用された。読む価値の高い概説として、Edgar F. Borgatta, »Small Group Research«, in: *Current Sociology* 9 (1960), S. 173-270 を参照。

(29) これはトーマス・キューネも強調している点である。Thomas Kühne, »Zwischen Männerbund und Volksgemeinschaft. Hitlers Soldaten und der Mythos der Kameradschaft«, in: *Archiv für Sozialgeschichte* 38 (1998), S. 165-189, hier: S. 168 f.

(30) これまでほとんど注目されてこなかったが、きわめて読む価値の高い論文の中で、ルーマンはそう指摘している（Luhmann, »Spontane Ordnungsbildung«, S. 172）。彼は自分の議論を同僚への期待と関連づけているが、それは同僚への期待の特殊事例としての同志への期待にも問題なく転用することができる。

(31) Luhmann, »Spontane Ordnungsbildung«, S. 173.

(32) たとえば Kühne, »Kameradschaft. ›Das Beste im Leben des Mannes‹«, S. 515; Kühne, »Zwischen Männerbund und Volksgemeinschaft«, S. 177 f. を参照。もっともキューネはここで、主として小集団内の結束の形成を論じている。

(33) 全チャンネル・ネットワークについての初期の考察として、Alex Bavelas, *Réseaux de communications au sein de groupes placés dans des conditions expérimentales de travail*, Paris 1951 を参照。

(34) こうした事例は軍事研究でも優先的に考察された。様々な軍隊におけるフォーマルな小集団を比較している William

Darryl Henderson, *Cohesion, the Human Element in Combat. Leadership and Societal Influence in the Armies of the Soviet Union, the United States, North Vietnam, and Israel*, Washington, D.C. 1985, S. 45 ff. を参照。

（35）これを示す証拠と言えるのは、戦後に尋問を受けた警察官が分隊長や中隊長の名前は覚えていたが、小隊長の名前は覚えていないことが多かった事実である。

（36）これらすべての点について、詳しくは Luhmann, *Funktionen und Folgen formaler Organisation*, S. 331 f. を参照。ルーマンは別の論文の中で、「組織化されたワーキンググループ」と「徒党集団」の区別が「集団の理解」にとって重要であることを指摘している（Luhmann, »Spontane Ordnungsbildung«, S. 175 f.）。「インフォーマル集団」と「階級的組織」の緊張関係については、Thomas Kühne, »Massen-Töten. Diskurse und Praktiken der kriegerischen und genozidalen Gewalt im 20. Jahrhundert«, in: Peter Gleichmann, Thomas Kühne (Hg.), *Massenhaftes Töten. Kriege und Genozide im 20. Jahrhundert*, Essen 2004, S. 11-54, hier: S. 33 も参照。

（37）Römer, *Kameraden*, S. 173. キューネは以前から同様の指摘をしているが（Kühne, *Kameradschaft*, S. 131 ff.）、驚くべきことにレーマーはそこで彼の指摘に言及していない（この点への批判として、Thomas Kühne, »Rezension zu: Römer, Felix: Kameraden. Die Wehrmacht von innen. München 2012«, 〈hsozkult.geschichte. hu-berlin.de/rezensionen/2013-2-112〉最終閲覧日二〇一四年五月二八日）。軍事的組織の公式構造を超える小集団の「発見」については、米軍における通常二人だけからなる「相棒関係」に関するロジャー・W・リトルの研究がとくに重要である。Roger W. Little, »Buddy Relations and Combat Performance«, in: Morris Janowitz (Hg.), *The New Military: Changing Patterns of Organization*, New York 1964, S. 195-223 を参照。

（38）この点もルーマンがすでに指摘している。Luhman, *Funktionen und Folgen formaler Organisation*, S. 331 f. を参照。国防軍兵士の間のそのような現象についての説明は、Kühne, *Kameradschaft*, S. 137 ff.; Römer, *Kameraden*, S. 174 f. に見られる。レーマーがハルトムート・エッサーに関して代替的に持ち出したネットワークの概念は、社会学ではより緩やかな関係に用いられる傾向があるため、不適切である（この点については、Mark S. Granovetter, »The Strength of Weak Ties«, in: *American Journal of Sociology* 78 (1973), S. 1360-1380 を参照）。

（39）この点については、Shils/Janowitz, »Cohesion and Disintegration in the Wehrmacht in World War II«, S. 288 を参照。米国でとくに重要だったのは、「白人兵士」と「黒人兵士」――当時は学界でもそう呼ばれていた――の関係である（たとえば David Goodman Mandelbaum, *Soldier Groups and Negro Soldiers*, Berkeley, Los Angeles 1952）。軍隊に女性を受け入れることに関する現在の議論は、女性がその違いによって――少なくとも異性愛者の男性兵士の観点から――どの程度まで同志への期待の浸食に寄与するかを問うている点で、こうした議論と結びついている。たとえば Gary Schaub, »Unit Cohesion and the Impact of DADT«, in: *Strategic Studies Quarterly* 4 (2010), S. 85-101 を参照。

（40）Klemp, *Freispruch für das »Mord-Bataillon«*, S. 52 を参照。

（41）この点で、主として小集団内の結束に焦点を当てた同志関係の理解に対する批判は、シルズとジャノウィッツが行った国防軍兵士の戦闘意欲に関する説明にも当てはまる。シルズとジャノウィッツに対する批判として、Kühne, »Zwischen Männerbund und Volksgemeinschaft«, S. 166 ff. も参照。

（42）重要な指摘として、Bartov, *Hitlers Wehrmacht*, S. 51 ff. を参照。

（43）シルズとジャノウィッツを批判する人びとが見落としがちなのは、この点だと思われる。たとえ小集団が崩壊しても、同志への期待は維持することができる。

（44）この点については、Kühne, »Zwischen Männerbund und Volksgemeinschaft« を参照。現在では膨大な数に達している民族共同体の概念に関する文献の例として、Stöver, *Volksgemeinschaft im Dritten Reich*; Wildt, »Gewaltpolitik«; Wildt, *Volksgemeinschaft als Selbstermächtigung*; Thomas Kühne, *Belonging and Genocide. Hitler's Community, 1918-1945*, New Haven 2010 を参照。優れた概説を提供しているのは、Bajohr/Wildt, *Volksgemeinschaft* である。「民族共同体」の概念がすでに一九三三年以前から重要な政治的決まり文句となっていたことは、いまや説得的に立証されている。たとえば初期の研究として、Norbert Götz, *Ungleiche Geschwister. Die Konstruktion von nationalsozialistischer Volksgemeinschaft und schwedischem Volksheim*, Baden-Baden 2001; Steffen Bruendel, *Volksgemeinschaft oder Volksstaat. Die »Ideen von 1914« und die Neuordnung Deutschlands im Ersten Weltkrieg*, Berlin 2003を参照。この点に関して優れた概説を提供しているのは、Michael Wildt, »›Volksgemeinschaft‹ – eine Zwischenbilanz«, in: Dietmar von Reeken (Hg.), *»Volksgemeinschaft« als soziale Praxis*, Paderborn 2013, S. 355-370 である。

（45）Eberhard Kautter, *Ueber Volksgemeinschaft zur Wehrgemeinschaft*, Berlin 1942, S. 30 f.

（46）Kühne, *Kameradschaft*, S. 97. そこには同志関係という概念がいかに強く民族共同体の概念と結びついていたかを示すさらなる証拠も提示されている。

（47）理想像で賛美される「価値観」とフォーマルな期待を通じて規定される「計画」の区別については、Luhmann, *Rechtssoziologie*, S. 82 ff. を参照。この区別の適用については、Stefan Kühl, »Moden in der Entwicklungszusammenarbeit. Capacity Building und Capacity Development als neue Leitbilder von Entwicklungshilfeorganisationen«, in: *Soziale Welt* 55 (2005), S. 231-262 を参照。

（48）Kameradschaftsbund Deutscher Polizeibeamter, »Neudruck der Satzung des Kameradschaftsbundes Deutscher Polizeibeamter (im

Reichsbund der deutschen Beamten e.V.) vom September 1939«, in: *Die Deutsche Polizei* 7 (1939), S. 681-684, hier: S. 682. この点については、Grüneisen, *Kameradschaft in Militärorganisationen – Kameradschaft in Extremsituationen*, S. 73を参照。宣伝された同志規範は、国防軍の兵士に宣伝された同志規範を模範としたものだった。この点については、たとえば Wilhelm Reibert, *Der Dienstunterricht im Heere*, Berlin 1937を参照。その中の「ドイツ兵士のためのハンドブック」は様々な部隊向けに出版され、何度も改訂を重ねた。

(49) 同志関係へのアピールに加え、指導部がとくに期待していたのは、いわゆる同志の夕べを通じて同志規範を培うことだった。指導部は、こうした同志の夕べが不適切なものにならないよう注意を払った。たとえばルブリン管区の秩序警察指揮官は、同志の夕べはつねに「ドイツ人にふさわしい」ものでなければならないと指摘していた。「さわやかで陽気な雰囲気がすべての同志の夕べを満たす」のはよいが、「性的な事柄を不快な汚い言葉で」語るのは不適切だというのである。Globocnik in einem Dankesschreiben, 31. 12. 1942, IPN Lublin, 1/9/60, t. 28, Bl. 3; Anweisung vom KdO im Distrikt Lublin, 26. 9. 1941, IPN Lublin, 1/9/60 t. 14, Bl. 24.

(50) たとえばある手引きでは、窃盗が「最悪の違反行為」と呼ばれている。Reichsführer-SS und Chef der Deutschen Polizei Hauptamt SS-Gericht, *Die SS- und Polizeigerichtsbarkeit. Ein Leitfaden*, Leipzig 1944, S. 50.

(51) ハインリヒ・ヒムラーは一九三九年一〇月二八日の「全親衛隊・警察に対する親衛隊命令」で、戦争中に子供を作るよう要求し、混乱を引き起こした。ヒムラーは当時支配的だった戦争の劣生的影響に関する優生学的見解の伝統に則って、「あらゆる戦争は最良の血の損失」をもたらすと説明していた。だが「最良の男たちの必然的な死」よりも悪いのは、「戦争中に子供が産まれずじまいになること」であった。ヒムラーによれば、「他の時代なら必要かもしれない市民的な掟や慣習の枠を超えて、たとえ結婚によらずとも、帰還するかドイツのために戦死するか運命のみが知る出征兵士のために、軽率さからではなく深い道徳的真剣さをもって子供の母親となることが、優れた血をもつドイツの婦人と少女の崇高な使命となるだろう」というのであった。ヒムラーはまた、戦争で父親を失ったすべての「優れた血をもつ嫡出・庶出の子供」のために、親衛隊が「後見人」を引き受けると約束した。この命令は一部で「出征兵士の妻に近づけ」という「要求」、つまり婚外交渉への誘いとして理解されたため、彼は一九四〇年一月三〇日の補足命令で、親衛隊員にとって「出征兵士の妻に近づいてはならない」のは当然のことだと説明する必要があると考えた。これは「最も単純かつ自明な良識と同志に対する掟」だというのである。APL Lublin, 515/100.

(52) インフォーマルな期待を押しつける際のいじめと交換の関係については、Kühl, *Organisationen*, S. 123を参照。権力を行使する際の否定的・肯定的な制裁の関係についての基本的考察として、Niklas Luhmann, *Macht*, Stuttgart 1975を参照。

(53) Luhmann, *Funktionen und Folgen formaler Organisation*, S. 288 ff. を参照。

(54) 他のジェノサイドとは対照的に、ナチ国家は人種主義的理由から強姦を禁じていたが、ナチ指導部が認めようとした以上に頻繁に強姦が生じていたことを示す多くの証拠がある。この点については、Donald Bloxham, A. Dirk Moses, »Genocide and Ethnic Cleansing«, in: Donald Bloxham, Robert Gerwarth (Hg.), *Political Violence in Twentieth-Century Europe*, Cambridge 2011, S. 87-139, hier: S. 136 を参照。

(55) Kühne, *Kameradschaft*, S. 117. ここにもそうした「同志内の隠蔽」の事例や、同志内の密告の意義についての説明が数多く挙げられている。

(56) Hubert Treiber, *Wie man Soldaten macht*, Düsseldorf 1973, S. 51 を参照。同じような方向性を示す研究として、Heinz Steinert, »Militär, Polizei, Gefängnis, usw. Über die Sozialisation in der ›totalen Institution‹ als Paradigma des Verhältnisses von Individuum und Gesellschaft«, in: Heinz Walter (Hg.), *Sozialisationsforschung. Band 2*, Stuttgart 1973, S. 227-249 も参照。この点については、Bröckling, *Disziplin*, S. 24 も参照。

(57) 個人間の信頼の役割を一般的に論じた研究として、Niklas Luhmann, *Vertrauen*, Stuttgart 1968 を参照。

(58) 穏やかな制裁としてのあざけりやからかいについては、Kühne, *Kameradschaft*, S. 117 を参照。

(59) この点については、o.V., »Keiner wurde gemeldet«, in: *Hamburger Abendblatt* vom 5. 12. 1967 も参照。

(60) アドルフ・アウグスト・ベゲーアの尋問。StA Hamburg, NSG 0021/001, Bl. 442.

(61) ハインツ・ブーマンの尋問。StA Hamburg, NSG 0021/005, Bl. 2441.

(62) グスタフ・ミュラーの尋問。StA Hamburg, NSG 0022/001, Bl. 168. 期待を押しつけるこのようなインフォーマルな慣行の存在は、他の多くの警察大隊でも証明されている。アレクサンダー・グルーバーは、一九四五年以降の尋問で第六一警察大隊の隊員たちがこうしたインフォーマルな圧力をどのように報告していたかを調べている。Alexander Gruber, »›... zunächst wurde nach Freiwilligen gesucht‹. Soziologische Erklärungsansätze zur freiwilligen Beteiligung von Ordnungspolizisten an der ›Endlösung‹«, in: Alexander Gruber, Stefan Kühl (Hg.), *Soziologische Analysen des Holocaust. Jenseits der Debatte über »ganz normale Männer« und »ganz normale Deutsche«*, Wiesbaden 2015, S. 29-54 を参照。エルンスト・クレー、ヴィリー・ドレーセン、フォルカー・リースは、「加害者と見物人の視点から見たユダヤ人虐殺」に関する著書の中で、射殺への参加を免除してくれるよう頼んだところ、上官から「臆病な弱虫」と呼ばれた第九一警察大隊の隊員の事例を紹介している。Ernst Klee u. a., *»Schöne Zeiten«. Judenmord aus der Sicht der Täter und Gaffer*, Frankfurt/M. 1988, S. 88 を参照。

(63) 初期の研究として、Klaus Latzel, *Deutsche Soldaten – nationalsozialistischer Krieg? Kriegserlebnis – Kriegserfahrung 1939-*

1945, Paderborn 1998, S. 310 ff. を、より詳細な研究として、Kühne, »Zwischen Männerbund und Volksgemeinschaft«, S. 165 ff. を参照

(64) グスタフ・ミュラーの尋問。StA Hamburg, NSG 0022/001, Bl. 169.

(65) 昇進の拒否については、グスタフ・ミュラーの訴状を参照。StA Hamburg, NSG 0022/001, Bl. 168.

(66) ブルーノ・プリルの尋問。StA Hamburg, NSG 002/004, Bl. 1915.

(67) たとえばフランツ・クヌートの証言を参照。StA Hamburg, NSG 0021/005, Bl. 2482 ff.

(68) ブルーノ・リーケンの尋問。StA Hamburg, NSG 0021/004, Bl. 1852.

(69) Browning, *Ganz normale Männer*, S. 228. ブラウニングは、「男たちはトラップを権威のある人物というよりも好感のもてる愛すべき将校と考えていて、誰も彼を見捨てたくなかったのではないだろうか」と問うている。だが決定的なのは、この二つの役割が排他的なものではないということである。

(70) ここでは Welzer, *Täter*, S. 114 の記述に従っている。私の知る限り、ブラウニングの解釈と対立するこの議論を最初に提起したのはハラルト・ヴェルツァーである。このプロセスはすでに一般論として、ジャノウィッツの「職業軍人」に関する研究の中で指摘されている。軍隊の問題は、公式の権威が戦闘力の「必要条件」と見なされているにもかかわらず、権威を押しつける可能性がまさに戦闘状況において崩壊してしまう点にある。それゆえ戦闘状況においては、指導部は自らの期待を押しつけるためにますますインフォーマルなメカニズムに頼ることになるのだという。Morris Janowitz, *The Professional Soldier*, New York 1960, S. 136 を参照。

(71) Luhmann, »Spontane Ordnungsbildung«, S. 172 f.

(72) 研究においては、仲間の絆、または水平的絆と、指導者の絆、または垂直的絆が区別されている。この点については、Guy L. Siebold, »The Essence of Military Group Cohesion«, in: *Armed Forces & Society* 33 (2007), S. 286-295 を参照。この論文は、Anthony King, »The Word of Command. Communication and Cohesion in the Military«, in: *Armed Forces & Society* 32 (2006), S. 493-512 に対する反論でもある。

(73) ラジンの保安警察指導部支所の元要員ヘルムート・マルティン・カール・ハレンベルクの尋問を参照。彼はこの尋問の中で、一九四二年一〇月のラジン・ゲットーの解体について報告している。彼の報告によれば、ハンブルクの警察大隊が関与していたことを覚えているのは、トラップという名前が記憶に残っていたからで、この人物が「部下たちから高く評価されて」おり、「トラップ親父」と呼ばれていたためだという。BA Ludwigsburg, B 162/5911, Bl. 315 (KdS Außenstelle Radzyń).

（74）キューネ（Kühne, »Zwischen Männerbund und Volksgemeinschaft«, S. 177 f.）も、このような上司と部下の間の同志規範の形成に注目している。

（75）この点についてのブラウニング（Browning, *Ganz normale Männer*, S. 241）とヴェルツァー（Welzer, *Täter*, S. 115）の評価は説得的である。とくにゴールドハーゲンのように、大量虐殺の組織的枠組みを理解しない場合に何が起こるかは容易に想像がつくからである。ゴールドハーゲンは、集団圧力が形成されるのは「自発的な多数派」が「自発的でない少数派」に圧力をかけたときだけだと説明している（Daniel Jonah Goldhagen, *Worse than War. Genocide, Eliminationism, and the Ongoing Assault on Humanity*, New York 2009, S. 155）。これは抗議運動や小集団のような社会システムには当てはまるかもしれないが、組織においては自発的でない少数派が任務を遂行するというフォーマルな期待に直面したときにもインフォーマルな圧力が生じることがある。様々な社会システムにおける様々なメカニズムについては、Kühl, »Gruppen, Organisationen, Familien und Bewegungen«を参照。

第五章　金　銭

信念よりも崇高でない理由で殺人を犯す者がいることは、事態を良くするわけではない。もっと悪くする。

レオン・ヴィーゼルティア(1)

第一次世界大戦中にドイツの民間人の多くを襲った飢餓は、全般的な戦意喪失をもたらした。ナチ指導部はこの経験にもとづき、第二次世界大戦中に物資不足を回避することにつとめた。農作物と家畜の大部分の強制徴収を通じて占領地を略奪することで、ドイツ帝国は戦争末期の数年間もヨーロッパのすべての戦争参加国の中で最も高い生活水準を維持していた。

こうしたナチ指導部の政策には、国防軍や秩序警察に徴集された者のいる家族の収入の減少をできる限り埋め合わせることも含まれていた。大多数の警察官にとっては――国防軍の兵士にとってと同じく――、給与が家族の主な収入源だった。家の近くに配属された予備役は警察官としての活動と並行して手工業や小さな商店を営むこともできたが、占領地に派遣された場合はそれは一般的に不可能であり、給与が家族の唯一の収入源となるのが普通であった。

秩序警察官の給与は、国防軍や武装親衛隊の規定に準じていた。その根拠は、大隊に編入された警察官の活動が他の二つの組織のメンバーの活動にほぼ相当していたことだった。とくに対ソ戦が始まると――たとえばオットー・クレムが予備警察官の特別手当に関する資料に記しているように――、「警察の任務はますます部隊的・前線的な様相を」呈することになった。警察の仕事は「東部で際立った国防軍的な性格」を帯び、それゆえ警察官の給与は兵士の給与に準じることになったというのである。(2)

国防軍や武装親衛隊と同様に、秩序警察官の収入も階級に応じて区別された。最も低い階級である兵長の場合、警察官の年収はおよそ一五〇〇ライヒスマルクで、たとえばメクレンブルク州の農場で働く農業労働者や東ヴェストファーレン州の衣料工場で働く熟練労働者よりも数百ライヒスマルク多かった。次の階級である伍長になると、警察官の年収は約一九〇〇ライヒスマルクとなり、これは「第三帝国」の平均年収とほぼ同じであった。中隊を指揮することの多い秩序警察の大尉の年収は少なくとも四八〇〇ライヒスマルクであり、これはギムナジウムの教諭とほぼ同じであった。他方、少佐として大隊を指揮する者の収入はその二倍弱――年収八〇〇〇ライヒスマルク――であり、「第三帝国」の上位一〇%に入った。(3)

給与に関しては、公務員として正規採用された職業警察官と、戦時中に徴集された予備警察官の間に区別はなかった。(4)このことは事実上、たとえば予備役の少尉が任務期間中に職業警察官として採用された少尉と同じだけの収入を得たことを意味していた。(5)だがこのような公的な平等性にもかかわらず、職業警察官と予備警察官とでは給与が果たす役割が異なっていた。予備警察官は通常、任務後に民間の仕事に戻ることを想定していたため、秩序警察での昇進には限られた関心しかもたなかったが、職業警察官にとっては、警察での昇進だけが長期的に収入を増やす唯一の可能性であることが多かった。

1 大隊員の正規給与の機能

現代社会では金銭の需要が慢性化しているため、金銭の支払いは人びとを組織に結びつける効果的な手段となっている。カール・マルクスの言葉を借りれば、資本家と違って労働者には自分の労働力以外に売るものがない。そして、現代社会では労働組織での雇用——企業、行政機関、教会、大学、軍隊、強制収容所など——が、この労働力を売る枠組みとなっている。(6)

予備警察官にとっては、警察任務が国防軍での強制任務に代わる選択肢として魅力的であっただけのことが多かったが、ドイツの職業警察官においては、公務員としての任務が長期的に安定した収入を保証していた事実が警察への加入の動機となったことは明らかである。第九一警察大隊の隊員で、後に『ドイツ警察』という宣伝誌の編集長となったギュンター・デーベルは、戦争が始まって「帝国への復帰（Heim ins Reich）」だけを望んだ警察官もいたが、とくに「家計の増収（Reich ins Heim）」を望んだ警察官もいたと、日記に皮肉なコメントを記している。(7) また、第一〇一警察大隊に編入されたルクセンブルク人警察官の人事資料にも、定期的な収入の見込みが組織への加入の中心的な動機であったことが示されている。

慢性的な金銭不足に対処するという観点からすると、職業軍隊、傭兵部隊、警察部隊、強制収容所で暴力の専門家として働くことは、暴力の行使が組織の通常の要求に含まれていない企業、教会、大学で働くことと機能的に等価である。この観点からすれば、警察大隊の隊員の多くが警察官になる前に家具職人、港湾労働者、仕立屋などといったまったく別の——暴力的でない——職業に従事し、戦後に再びそうした職業に就くことが多かったのは驚くべきことではない。

成員動機の業績動機への変換

だが問題は、金銭が――ルーマンが言うように――「システムの魅力を生み出す一般的な手段」には適しているが、「アドホックな動機づけの手段」には非常に限定的にしか適していないことである。成員動機、つまり組織のメンバーであることの動機を、業績動機、つまりメンバーとして具体的な行為まで実行する動機へと変換するというのは、けっして自明なことではない。マルクス主義的な観点からすると、ここには変容の問題、つまり購入された労働時間という形での労働力を労働業績に変容させるという問題がある。合理的選択理論の観点からは、プリンシパル（依頼人）が労働力の節約に合理的関心を有しているエージェント（代理人）に対し、いかにして期待される活動を遂行させるかが問題となる。[8]

金銭によって手に入れた成員動機を業績動機に変換するというこの問題のために、組織は――この点で警察部隊や軍隊も企業や行政機関と変わらない――メンバーの業績動機を向上させる可能性を模索する。組織の指導部は、組織メンバーが労働力を節約しないようにする必要がある。こうした目的で組織メンバーのために特別なインセンティブ・プログラムが設けられたり、平均以上の働きに対して業績賞与が支給されたりする。

暴力組織では、そのようなインセンティブ・プログラムは自分または他者の身体に対する暴力の行使と結びついていることが多い。メンバーが表彰、勲章、昇進を受けるのは、任務中に負傷したり、――一見すると逆説的に思えるかもしれないが――死亡したりした場合か、困難な任務中にとくに多くの敵対者を負傷させたり、殺害したりした場合かのいずれかである。[9] 暴力組織のメンバーにとって暴力の加害と被害はきわめて大きな問題であるため、インセンティブ・プログラムはとくにそれに合わせて設けられるように思われる。[10]

警察大隊の事例で目を引くのは、その指導部が警察官の業績動機を高めるために様々なインセンティブを活用していたことである。職務で優れた成果を収めた警察官には特別休暇が与えられたが、これは大隊員が家族から長く離れていることを考えれば、その意味を軽視することのできない報酬の形態である。とくに積極的な警察官は危険な任務の後に表彰や勲章を受け、人事資料に記録された。そして、何よりも業績動機の高さこそ、昇給が約束される次の職位に上がるために必要な条件だった。だがとくに興味深いのは、警察官もユダヤ人資産の収用から利益を得ていたこと——それも合法的な報酬の形で——である。

2　ユダヤ人資産の収用による合法的な横領

ナチ国家が組織したユダヤ人資産の収用と、とくに非ユダヤ系ドイツ人への資産の分配は、ドイツ国民をナチ体制に結びつけることに大きく寄与した。ドイツ国民がナチ体制を支持した理由を現実の、あるいは約束された物質的利益だけにもとめるのは誤りだとしても、反ユダヤ主義的措置によって資金の一部がまかなわれたナチ国家の一般化された社会政策も、アーリア化の過程で生じた非ユダヤ系ドイツ人の個人的な利得の機会も、国民をナチ国家に結びつける上で重要な役割を果たした。

ゲッツ・アリーの主張によれば、「アーリア化計画」の枠内での多様な「公的強欲の諸形態」は、「穏和な課税政策、十分な物資供給、社会の周縁部への限定的なテロをミックスすることで、国民大衆を少なくとも鎮撫する」ことを可能にした。実際、アリーによれば、「他者を犠牲にしてドイツ大衆の気分を高揚させる物質的刺激」こそ、「体制統治の本質的な——たえず短期的に理解された——目的」であった。[11] 物質的利益が国民をナチ国家に結びつけるのに全体としてどの程度寄与したかについては、議論の余地があるだろう。だが個々の組織単位のレベルでは、そこで活動する人びとがユダヤ人資産から利益を得ていたことが裏付けられる。

他の占領地と同様にポーランドでも、ドイツ主導の民政機関が設立されるとすぐにユダヤ人資産収用の準備が始まった。早くも一九三九年一一月、総督府の民政機関はユダヤ系ポーランド人の口座の凍結を指示した。一九四〇年一月、民政機関はユダヤ系ポーランド人の貴重品すべてを登録する規則を導入した。民政機関はこれと同時に、一〇万を超えるユダヤ系企業——そのほとんどが従業員数の少ない零細企業——の接収を命じた[12]。これらの指令によって開戦直後にはすでにポーランド系ユダヤ人の資産のかなりの部分がナチ国家の所有に移管されていたが、「ラインハルト作戦」の開始とともに、ユダヤ人資産は完全にナチ国家の用に供せられるようになった。

親衛隊経済管理本部——従来の親衛隊管理経済本部と帝国内務省予算建設本部を統合して設立された——は一九四二年に政令を発布し、ユダヤ人資産——政令の中では盗品、贓品、備蓄品として偽装されていた——の使用方法を定めた。一九四二年九月に親衛隊少将アウグスト・フランクが出した指令によると、国立銀行《ライヒスバンク》紙幣の現金は同銀行の経済管理本部の口座に振り込まれることになっていた。外貨、宝石、貴石、半貴石、真珠、金歯、金屑は経済管理本部から国立銀行に引き渡された。懐中時計、腕時計、壁掛け時計、万年筆、シャープペンシル、かみそり、ポケットナイフ、はさみ、懐中電灯、札入れ、財布は経済管理本部の修理工場に送られ、そこから軍の販売店に送られた。中央で回収された絹の下着を除くと、押収された男女の上着や下着、羽毛布団、掛け布団、毛布、傘、乳母車、買い物袋、革ベルト、パイプ、サングラス、鏡、旅行鞄、布地は民族ドイツ人事業所に送られ、そこから無料または少額の手数料で占領地のドイツ人に引き渡された。ユダヤ人から押収した「高級毛皮」は直接経済管理本部に送られ、普通の毛皮はラーヴェンスブリュックの親衛隊織物工場に送られることになっていた[13]。

ユダヤ人資産の収用において、秩序警察は重要な役割を果たした。彼らはユダヤ人を直接ソビブル、トレブリンカ、ベウジェッツの「ラインハルト作戦」の絶滅収容所か、アウシュヴィッツとマイダネクの絶滅収容所に移送した。ユダヤ人はそこで到着と同時に最後の所持品を奪われ、ガス殺後に金歯、髪の毛、義歯を取り除かれた。警察官たちはまた、射殺を遂行する直前に犠牲者の最後の所持品を奪った。たとえばウォマジーで行われた射殺の際には、第一〇一警察大隊の第二中隊指揮官ハルトヴィヒ・グナーデ中尉が四、五人の警官にユダヤ人の貴重品を回収するよう命じた。戦後のある警察官の証言によると、ユダヤ人は脱衣場で裸にさせられ、一〇人から二〇人の集団で回収場所まで歩かされ、そこで服を引き渡した。ユダヤ人たちは「金銭と宝飾品」を箱に入れるよう強制され、警察官たちはユダヤ人たちが引き渡した衣類の中に金銭や宝飾品が隠されていないかくまなく調べた。それからユダヤ人たちはもう一度警察官のところへ行き、「時計、指輪、ネックレス、イヤリング」を身につけていないか確認された。その後、彼らは五〇メートルほど離れた墓穴の縁で撃たれて殺された[14]。

ハンブルクでの経験

秩序警察官たちは、任務外でも「普通のドイツ人」としてユダヤ人資産の収用から利益が得られることを知っていた。第一〇一警察予備大隊の大半の警察官の出身地である自由ハンザ都市ハンブルクで、住民がユダヤ人資産の「アーリア化」からどれほど大きな利益を得ていたかが、現在では明らかになっている[15]。フランク・バヨールの調査によると、三〇〇〇件以上のユダヤ人の不動産がいわゆる「敵性資産」として没収され、安い価格で非ユダヤ人に売却された。この街の深刻な住宅不足――連合軍の爆撃以前からハンブルクでは数万戸の住居が不足していた――のため、ハンブルクのユダヤ人の強制移送によって「空き家」となった住居には大きな需要があった。最初は総督府のゲットーへ、次いで直接絶滅収容所へとユダヤ人が強制移送される過程で、ハンブルクのユダヤ人、後にはドイツのユダヤ人、そして最終的には西欧全域のユダヤ人の家財道具がハンブルク港で売られるか、競売にかけられるかした。このハンブルク港での販売だけで一〇万人以上のハンブルク市民がユダヤ人から没収された家具、食器、衣類、玩具を一部叩き売り価格で手に入れたというバヨールの推計が正しければ、総督府に派遣された警察官の相当数がすでにユダヤ人所有の家財道具を手に入れていたか、家族に手に入れさせていたか、少なくとも親戚や友人から話を聞いていたかしたと推測することができる。秩序警察官は総督府での任務中、ユダヤ人資産への特権的なアクセスを利用して利益を得るのを普通のことと考えていたが、その理由もこれによって説明できる。

ルブリンでの経験

大隊員たちは任務地でも、「ラインハルト作戦」を通じたユダヤ人資産の収用から合法的に利益を得ることができた。利得の規模には幅があり、第一〇一警察予備大隊の場合、「ラインハルト作戦」中に押収した子供用浴槽を妻と子供たちの訪問を受けている大隊員に貸与することから、ユゼフフでの大量殺戮中に略奪した子供靴を子だくさんの大隊員に公式に配布することや、ハンブルクの住居を改装するために「ラインハルト作戦」で押収した備品一式を分配することまで、多岐にわたった(16)。

大隊指揮官ヴィルヘルム・トラップの事例は、ポーランドに派遣された警察官たちがユダヤ人資産の収用を利用して行った利得行為が合法化されていたことを示している。トラップによると、彼の家族がハンブルクの爆撃の際に火事で「家具すべて」と「生活必需品」、「衣類すべて」を失った後、彼はルブリン管区の親衛隊・警察指導者と口頭で協議し、「ラインハルト作戦」で押収された物品から新しい備品を受け取ることを申請した。羽毛布団三枚、布団カバー八枚、枕カバー八枚、タオル五枚、食器六セット、妻と娘用の靴六足、下着、衣服、婦人用ストッキングなどの品目が挙げられた詳細な引き渡しリストには「購入」と記入されているが、親衛隊・警察指導者が直接管理していたこれらの物品をトラップが非常に安い価格で手に入れたことは確実と考えられる。[17]

これらの措置は、合法化され一般化された形でのユダヤ人資産の横領であった。そうした横領が合法化されていたというのは、ユダヤ人資産の売却、貸与、譲渡がナチ国家によって合法化された方法で行われたからである。ユダヤ人資産の分配はガイドラインに従って決定され、資産の譲渡は資料に記録され、収益は国庫に記帳された。これらが一般化されていたというのは、民族的、宗教的、政治的な理由でナチ国家から排除されていないドイツ人なら原則として誰でも、ユダヤ人資産に対する権利を申し立てることができたからである。だがこの合法化され一般化された形でのユダヤ人資産の横領の影で、ナチ国家が正式には容認せず、すべてのドイツ人の「民族同胞」が原則としてアクセスできたわけでもない利得の機会も生じていた。

3　正式な報酬・報償以外の利得

秩序警察の部隊に対する捜査の際の証言だけからも、ゲットー解体、強制移送、射殺に関与した警察官が移送・射殺されたユダヤ人の貴重品を私的に着服していたことがわかる。たとえばアドルフ・アウグスト・ベゲーアは第一〇一警察大隊によるユゼフフでの射殺についての尋問で、「処刑部隊に所属する同志の大部分が横領していた」と報告している。このことは、彼らが「この作戦後の晩に多数の時計、宝飾品、多額の金銭」を所持していたことからも明らかだという。[18]

このような違法な私的横領は、他の警察大隊でも報告されている。ブレーメン出身でリトアニアに派遣された第一〇五警察大隊について、複数の証言者は大隊指導部が「トラック一杯」の盗品を「故郷に」運び、中隊長の部下が「昼夜を問わず戦利品の入った箱」に釘を打ち、それを鉄道でブレーメンに送ったと報告している。[19]ドルトムント出身の第六一警察大隊に対する捜査では、ワルシャワ・ゲットーの警備のために派遣された警察官たちがユダヤ人から押収した食料や衣類を大量に売買し、横領品の入った小包を自分の家族に送っていたことが明らかになった。[20]総督府ではこうしたユダヤ人からの横領に対して、「ピストルで買い物をする」という言い回しが使われた。[21]

トラヴニキの親衛隊訓練収容所の非ドイツ人補助要員も、ユダヤ人から横領する様々な機会を利用していた。ルブリンのポーランド国内軍指導部は、ベウジェッツ絶滅収容所の警備に動員されたトラヴニキが周辺地域でウォッカを購入し、その代金をユダヤ人から略奪した時計や宝飾品で支払うことが多かったと報告している。[22]おそらくこのルブリンの報告にもとづいて、ワルシャワのポーランド国内軍指導部はロンドンのポーランド亡命政府に、警備に動員されたトラヴニキが「莫大な金銭と略奪された貴重品」を所持しており、それで高額な酒や性交の代金を支払っていたと報告した。[23]

公式の横領禁止

ナチ体制の幹部は、占領地でのユダヤ人資産の収用に参加することが、関係する秩序警察官、保安部職員、民政機関職員にとって大きな誘惑であることを認識していた。「ユダヤ人資産の活用」を担当した親衛隊経済管理本部の局集団Aの指導者アウグスト・フランクは、ユダヤ人から押収した資産が「正確に捕捉」されなければ「最大級の私的腐敗」が生じると説明している。[24]「親衛隊懲戒・抗告規定」の改訂時のメモによると、とくに占領地の保安警察と保安部のメンバーは「特別な誘惑と試練にさらされて」おり、それには「懲戒権の厳格な適用によってのみ対抗できる」とされた[25]。

ナチ国家の指導部は自らもしばしば私的横領に関与していたが、彼らの間では公的資金の不正使用、国家に帰属する資産の横領、賄賂の受領、公的・私的業務の混同について苦情を述べるのはエチケットにかなっていた。おそらく保安部が作成したと思われる「東方のドイツ人」向けのリーフレットによると、総督府は「黄金の商売のためのエルドラド」、「党のハイエナ」や「悪魔のように前線勤務を恐れる」「怠け者」のための理想郷になっていたという[26]。

ハインリヒ・ヒムラーは、ユダヤ人住民の組織的収奪、権利剥奪、ひいてはその殺害をはかる計画の責任者であっただけでなく、親衛隊全国指導者・ドイツ警察長官として腐敗撲滅に大きな責任を感じていたため、頻発する横領事件を「ドイツと親衛隊に対する犯罪」と宣言した[27]。「親衛隊・警察における窃盗事件の評価と対策」に関する親衛隊裁判所本部の通達には、「北方的人間の名誉は他人の資産の横領を禁じている」というヒムラーの発言が引用されている。ヒムラーによれば、「理想主義者であると同時に私腹を肥やしたり、ユダヤ人の恋人を手に入れたり、暴飲の酒盛りに加わったりする」ことはできないという[28]。

フランク・バヨールが適切に指摘するように、親衛隊と警察のメンバーを「特別な親衛隊道徳」の精神で教育しようというこの「教育的野心」は、当初は価値観の表明にとどまっていたが、やがて一見したところ脅迫的な印象を与える計画に変換され、親衛隊・警察裁判所を通じて強制されることになった[29]。占領地に派遣された親衛隊員や警察官で、「ユダヤ人資産の収用」の際に「不当な利益」を得ようとした者を、ヒムラーは早い時期から「容赦のない処罰」で脅していた[30]。ヒムラーによれば、親衛隊員や警察官で私腹を肥やした者、押収したユダヤ人資産から「一マルクでも」着服した者は、「容赦なく死刑に処せられる」とされた[31]。

「ラインハルト作戦」中に強制移送と射殺に参加した警察官も第一〇一警察予備大隊の隊員も、拘束力のある誓約書に署名させられ、私的横領の禁止を徹底するよう確約させられた。警察官はこの誓約書の中で、「ポーランド人、ユダヤ人、その他いかなる人種のものであれ、金銭、金、銀製品、その他生活必需品や日用品など、いかなる物品も着服してはならない」こと、「ポーランド人、ユダヤ人、その他いかなる人種のものであれ、住居や平定された地所で行われる家宅捜索では、たとえわずかでも物品を着服してはならない」こと、「自由取り引きされている商品」は「領収書と引き換えに購入」しなければならないことを繰り返し指示されたと証明しなければならなかった。警察官はさらにこの誓約書の中で、これらの規則に対する違反は「ドイツ人にふさわしくない」こと、「最も厳しい処罰のために親衛隊・警察裁判所に容赦なく」報告されること、「強盗と略奪は死刑」に値し、「軽度の場合には強制収容所で終身刑に処される」ことを承知していると表明しなければならなかった。[32]

横領禁止の不徹底

だが実際には、占領地でのユダヤ人資産の私的横領はほとんど野放しだった。組織的殺戮が始まる前に書かれた「ドイツ占領当局の国籍政策に関する占領下ポーランド政府代表」の報告によれば、ユダヤ人にとっては「絶え間ない街頭テロ」と「家宅捜索」が日常茶飯事であった。その際には「たいてい所持品や資産」――「毛皮、貴重品、高級家具、寝具、石鹸、食料品、現金まで」――が略奪された。「ドイツ人が何度も家に押し入り、好きなものを没収する」ことも珍しくなかった。報告によると、「ユダヤ人男性のズボンのポケットからは現金が、ユダヤ人女性の肩からは毛皮やコートが、住居からは家財道具や寝具が持ち去られた」という。[33]

ナチ行政機関から見れば合法なユダヤ人財貨の没収と違法な私的横領との境界が流動的であったため、

横領の訴追は困難なものとなった。大隊指揮官のために没収した住居をユダヤ人から奪った家具で豪華に飾ることは、すでにガイドライン違反だったのだろうか。任務中の秩序警察のために毛布や寝具を没収することは、ナチ行政機関の目からすればすでに横領だったのだろうか。中隊長が大量射殺という特別に困難な任務のために、ユダヤ人犠牲者一人一人から腕時計や懐中時計を奪うことを部下に許可した場合はどうだったのか。

ユダヤ人の預金、住居、事業の収用は占領当初はまだある程度は監視できたが、ユダヤ人住民のゲットーへの再定住、ゲットーから絶滅収容所へのユダヤ人の強制移送、そして大量処刑の際に行われた資産の押収は中央の統制の及ばないものであった。住居で押収されたり、ユダヤ人から奪われたりした物品が最終的に親衛隊経済管理本部の予定通りに「国家資産」に移管されたのか、それともゲットー解体、強制移送、射殺に参加した秩序警察官のポケットに入ったのかは、現場の指揮官しか監視できないことが多かったが、指揮官自身が押収品の一部を着服することもしばしばであった。[34]

ナチ指導部は、少なくとも大規模な「作戦」の際には何度か特別検査を行って資産の押収を管理しようと試みたが、ごく限定的な成果しか収めなかった。「ラインハルト作戦」の際には押収されたユダヤ人資産の登録、分類、活用を担当する特別な人員が配置されたが、彼らも貴重品の着服を防ぐことはできなかった。私的横領を行った親衛隊の幹部に対する捜査も例外的なもので、ザクセンハウゼン、ブーヘンヴァルト、マイダネクの収容所所長カール・オットー・コッホの場合のように、とくに極端な私的横領事件に関与した人員を見せしめに処罰する機能しか果たさないことが多かった。[35]

秩序警察の部隊ではほとんどの場合、警察官による私的横領は容認されていた。上官への攻撃、公然たる命令拒否、単なる無断欠勤のような違反行為は連隊指導部を通じて親衛隊・警察裁判所に報告されることが多かったが、ユダヤ人資産を私的に横領したことを理由とする報告は——少なくとも親衛隊・

警察裁判所の現存資料から判断する限り——ほとんどなかった。上司と部下の間に大きな個人的対立があっても、横領を理由に一方が他方を上位部局に通報しないという暗黙の了解があったようである。(36)

4　横領の機能性

規則違反を容認することが組織にとって機能的になる場合があることが、研究から明らかになっている。組織の規則はしばしば非常に厳格であるため、正式に掲げられた目標は多くの公式規則を無視することによってしか達成できない。組織のフォーマルなコミュニケーション経路は課題に応じた多様なコミュニケーション・ニーズに適していないことが多いため、「短い業務経路」——公式には認められていないコミュニケーション経路——を選択することが機能的になり、組織によって容認されることになる。ニクラス・ルーマンはこの点に関連して、「有用な違法性」に言及している。(37)

だが組織メンバーは規則違反をするたびに、それが組織にとって機能的であると主張することはできない。秩序警察のメンバーは何度もユダヤ人を絶滅装置から解放しようとしたが、そうした行為はほとんどの場合、組織の規則に対する公然たる違反であって、「ユダヤ人の絶滅」を任務とする組織の目からすれば、何の機能性ももたなかったのである。それゆえシステム理論的な組織研究では、規則違反が——批判的な観点から——「有用」なものと規定できる場合にのみ、非公式性という用語が用いられる。(38)

こうした背景のもとで、ゲットー解体、強制移送、射殺の際に親衛隊員、秩序警察官、非ドイツ人補助部隊が行った違法な横領行為はどう理解することができるのだろうか。そうした横領行為は組織にとって、どの程度まで機能を果たすことができたのだろうか。また、こうした行為が広く容認されていたことを、これによってどう説明できるのか。

一見すると、私的横領はナチ国家にとって逆機能的であった。ドイツと併合地域のユダヤ人に対する組織的収奪を通じて国家財政を改善することが、ナチ指導部がヨーロッパ・ユダヤ人の殺害を決定した主要な理由でなかったことはたしかだが、ユダヤ人の資産を国庫に移管する可能性は、主に人種主義によって動機づけられていた絶滅計画の重要かつ肯定的な副次効果と考えられていた。このように見ると、ナチ国家の指導部はほとんど統制不可能な略奪、横領、収賄については、これらを問題のあるものと見なすことしかできなかったと言える。結局のところ、ゲットー解体や射殺の際に保安部職員、秩序警察官、トラヴニキが着服したものは一ライヒスマルクでも、腕時計一個でも、金歯一グラムでも、ナチ国家が戦費を調達するのに利用しうるものではなかったのである。

だが別の視点から見ると、違法な私的横領は組織が一定の枠内で容認している「サイドペイメント」――非公式の副収入――の形態として理解することもできる。[39] ルーマンは、メンバーに正式な業績賞与の代わりに違法な利得の機会を与えることが、組織にとって機能的になる場合があると指摘している。後者は組織が――たとえば検査の頻度を上げることで――いつでも撤回することができ、メンバーもそれに異議を申し立てることができない。[40]

「ナチ指導部」は――ミクロな視点から単独の警察大隊を見ても、このゲッツ・アリーの指摘は適切なものと言わざるをえないのだが――「ドイツ人の一部しかナチスの狂信者や確信的支配人種に変えなかった」。だが国民の大部分を「受益者や小受益者」に変えることには成功した。「少なくない人びとが気持ちを高揚させて」――このことも警察大隊に関するミクロ研究が明らかにしている――「ゴールドラッシュのような気分になり、路上にお金が撒かれる日も近いと感じるようになった」。アリーによれば、「国家全体が巨大な強盗マシーンに変身したように、普通の人びとも受益者や受動的な収賄者に変貌した」。「兵士」は――秩序警察官も、と補足できるかもしれないが――「武装したバター運送者になった」というのである。[41]

横領行為は通常、他の組織メンバーに目撃され、隠蔽される形で行われたので、同志関係を強めるのにも役立った。ホロコーストの遂行に携わった部隊内では、ユダヤ人の強制移送や大量射殺にとくに積極的に参加した同志については、横領を理由に上官に通報しないという暗黙の了解が生じていたようだ。とくに公式に要求される以上の積極的な関与は、組織が正式に禁じている利得の機会の容認と非公式に交換された。こうして強制移送や大量射殺の際に行われた横領は、公式構造の背後に規則違反に根ざした相互の義務感を生み出すことになった。[42]

違法な利得の可能性が、秩序警察、親衛隊部隊、さらにはトラヴニキ部隊に加入する中心的な動機であったわけではない。これらの組織への加入を促すために、ユダヤ人資産の略奪の機会があるなどと宣伝されることはなかった。また、組織メンバーが「ラインハルト作戦」に参加した際に違法な利得の機会が豊富にあることに気づいたとしても、それが組織のメンバーにとどまる決定的な理由であったとは考えにくい。結局のところ、組織単位が別の地域に移転させられたり、別の任務を割り当てられたりするだけでも、利得の源泉はすぐに枯渇してしまうのである。

違法な利得の可能性はむしろ、好んで利用される副次効果であり、それゆえ秩序警察官、親衛隊員、トラヴニキの業績動機を強めることに貢献した可能性の方が高い。とくにゲットー解体、強制移送、射殺への参加が心理的・身体的負担と感じられていたときには、靴や衣服の横領、財布の着服、懐中時計の窃盗がこの「過酷な労働」に対する――合法的なものではないにせよ――賞与のように受け止められたのかもしれない。そして、公式規則では認められていないこの賞与を得ることができるという見込みが、場合によっては強制移送や射殺に積極的に参加する意欲を強めた可能性がある。[43]

注

(1) Leon Wieseltier, »Final Comments«, in: Michael Berenbaum (Hg.), *The »Willing Executioners«/»Ordinary Men« Debate*, Washington, D.C. 1996, S. 39-44, hier: S. 42. 原文では「It does not make things better, that some of the killers may have killed for something less than conviction. It makes things worse」となっている。

(2) この点については、Klemm, *Die Einsatzbesoldung (Aktivenbesoldung) der Polizei-Reservisten*, S. 9 を参照。

(3) 給与についての情報は、ハンブルクの警察当局の人事資料（StA Hamburg, 331-8 Polizeiverwaltung – Personalakten – 802）に記載されている情報を参考にし、Best, *Die Deutsche Polizei*, S. 86 ff.; Klemm, *Die Einsatzbesoldung (Aktivenbesoldung) der Polizei-Reservisten*, S. 47 の情報と照合した。第二次世界大戦中、とくに上位等級では給与が若干変化したため、ここでは擬似的な正確さを印象づけるのを避けるため、四捨五入した数字を提示した。比較のために使用した労働者、職員、官僚の年収は、フランク・バヨールが作成したリストから引用した。Frank Bajohr, *Parvenüs und Profiteure*, Frankfurt/M. 2001, S. 235 を参照。ナチズムにおける警察官の給与については、Wilhelm, *Die Polizei im NS-Staat*, S. 256; Stephan Linck, *Der Ordnung verpflichtet: Deutsche Polizei 1933-1949*, Paderborn, München 2000, S. 363 の情報も参照。

(4) Klemm, *Die Einsatzbesoldung (Aktivenbesoldung) der Polizei-Reservisten*, S. 15.

(5) 中尉は分隊のほとんどの指揮官が有していた階級で、二四〇〇ライヒスマルク以上の収入を得ており、これはたとえばルール地方の鉱山労働者や、ハンブルクの小売業の従業員の収入よりもかなり高かった。だが大隊の指導的地位——小隊長から中隊長を経て大隊幕僚まで——には通常は職業警察官が就いていたため、彼らの平均収入は予備役出身の警察官よりも高かった。

(6) ここでは強制収容所の男女の警備担当者の活動を想定している。

(7) 一九三九年九月二五日の日記。Günter Doebel, »*So etwas wie Weltuntergang*«. *Kriegstagebücher eines Polizeioffiziers 1939-1945*, Mainz 2005, S. 23. この日記はデーベルの死後、彼の息子によって出版されたもので、大隊員が残した現存する数少ない日記の一つである。

(8) Luhmann, *Macht*, S. 103. 変換の問題を論じた重要な研究として、Braverman, *Labor and Monopoly Capital. The Degradation of Work in the Twentieth Century*, New York, London 1974 を参照。この研究はマルクスに従って、労働者の形式的包摂——労働力の購入——とその実質的包摂——労働力の実際の使用——を区別している（Karl Marx, *Das Kapital. Erstes Buch*, in: *Marx-Engels-Werke*, Bd. 23, Berlin 1962, S. 11-955）。プリンシパル・エージェント理論については、初期の研究として Terry M. Moe, »The New Economics of Organizations«, in: *American Journal of Political Science* 28 (1984), S. 739-777 を参照。組織の成

員動機・業績動機の手段としての金銭の意義については、Kühl, *Organisationen*, S. 38 f. を参照。

(9) 別の視点から見れば、これは驚くべきことではない。表彰や昇進は通常、それを受けた者だけでなく、受けなかった者に対してもシグナルになるからである。国家暴力組織の一員として敵を殺害することが——たとえその際に自分が殺される可能性が高くても——勲章を得る確実な方法であるという指摘については、Blake, »The Organization as Instrument of Violence: The Military Case«, S. 335 を参照。

(10) たとえば軍隊も警察も、暴力の行使を訓練する特別部隊《ゾンダーコマンド》のような特殊な組織単位を設置している。そうした特殊な組織単位の潜在的な機能は、暴力を行使する能力にもとづいて独自の昇進経路を設定することにある。

(11) Aly, *Hitlers Volksstaat*, S. 360. ナチ国家の略奪政策一般については、Martin C. Dean, »Seizure of Jewish Property and Inter-Agency Rivalry in the Reich and in the Occupied Soviet Territories«, in: Gerald D. Feldman, Wolfgang Seibel (Hg.), *Networks of Nazi Persecution. Bureaucracy, Business, and the Organization of the Holocaust*, New York 2005, S. 88-102; Martin C. Dean, »The Seizure of Jewish Property in Europe: Comparative Aspects of Nazi Methods and Local Responses«, in: Martin C. Dean, Constantin Goschler u. a. (Hg.), *Robbery and Restitution. The Conflict over Jewish Property in Europe*, New York, Oxford 2007, S. 21-32; Martin C. Dean, *Robbing the Jews. The Confiscation of Jewish Property in the Holocaust, 1933-1945*, Cambridge 2008 を参照。

(12) この点については、たとえば Saul Friedländer, *Die Jahre der Vernichtung. Das Dritte Reich und die Juden. Zweiter Band 1933-1945*, München 2006, S. 67 f. und 318; Dieter Pohl, »The Robbery of Jewish Property in Eastern Europe under German Occupation, 1939-1942«, in: Martin C. Dean, Constantin Goschler u. a. (Hg.), *Robbery and Restitution. The Conflict over Jewish Property in Europe*, New York, Oxford 2007, S. 68-80, hier: S. 71 f. を参照。ボグダン・ムジアルの研究には、ユダヤ人資産の収用の際に民政機関が果たした役割についての興味深い洞察が見られる。Bogdan Musial, *Deutsche Zivilverwaltung und Judenverfolgung im Generalgouvernement*; Bogdan Musial, »Verfolgung und Vernichtung der Juden im Generalgouvernement. Die Zivilverwaltung und die Shoah«, in: Gerhard Paul (Hg.), *Die Täter der Shoah. Fanatische Nationalsozialisten oder ganz normale Deutsche?*, Göttingen 2002, S. 187-204 を参照。

(13) この点については、Hilberg, *Die Vernichtung der europäischen Juden*, S. 1020 を参照。ここに記した内容は次の史料にもとづいている。Pohl an Himmler, 7. 9. 1942, No-1258; Frank an den Leiter der Standortverwaltung Lublin und Verwaltungsleiter Auschwitz (6 Kopien, 26. September 1942, NO-724); Nuernberg Military Tribunals (Hg.), *Trials of War Criminals before the Nuernberg Military Tribunals. Volume 1-15*, Washington, D.C. 1949.

(14) ヘルマン・ベルクマンの尋問。StA Hamburg, NSG 0022/001, Bl. 98.

（15）基本文献は、Frank Bajohr, *»Arisierung« in Hamburg*, Hamburg 1997である。英語のものでは、Frank Bajohr, »The Beneficiaries of ›Aryanization‹«, in: *Yad Vashem Studies* 26 (1998), S. 173-203も参照。さらに、Frank Bajohr, »Aryanization and Restitution in Germany«, in: Martin C. Dean, Constantin Goschler u. a. (Hg.), *Robbery and Restitution. The Conflict over Jewish Property in Europe*, New York, Oxford 2007, S. 33-52も参照。バヨールはハンブルクの状況について、深刻な住宅不足のため、強制移送されたユダヤ人の住居を市民に提供することが正当化の機能を果たしていたと指摘している。Frank Bajohr, »Die Deportation der Juden: Initiativen und Reaktionen aus Hamburg«, S. 34. 初期の研究状況のコンパクトな要約として、Herbert, »Vernichtungspolitik«, S. 45 ff. も参照。

（16）一九四二年一〇月二八日付のカール・フーバーからグロボチュニク宛の書簡。「今年の一一月四日水曜日、私の妻が生後六週間の男の子を連れて当地にやってきた。努力もむなしく、ここルブリンでは必要な子供用浴槽を調達することができなかった。そこで、「ラインハルト」作戦の物品から子供用浴槽を貸していただきたい」。APMM Majdanek, SS- und Polizeiführer im Distrikt Lublin – II-3.「ただ、ユゼフフでの家宅捜索の際に靴屋で大量に備蓄された子供靴が見つかり、我々が押収したことを思い出した。これらの靴は大隊の何かの命令で子だくさんの大隊員に配布されることになっていた。私もその一人だったが、結局靴を分けてもらえなかったので、この出来事はとくによく覚えている。これらの靴の配布は小隊長グリュルの監督下で行われることになっていた」。ハインリヒ・レンケンの尋問。StA Hamburg, NSG 0022/001, Bl. 624 ff.

（17）原本が現存している。「ヴィルヘルム・トラップ少佐、ルブリン、一九四三年八月二八日。全面的な爆撃の被害による衣類の購入について。親衛隊中将シュポレンベルクとの口頭での協議に関して。一九四三年八月二七日から二八日にかけての夜、ハンブルクの私の住居が爆撃で全壊した。その際、家具すべてと生活必需品、衣類すべてが焼失した。妻と娘は身につけていたものしか救出できなかった。それゆえ、次の衣類と備品を購入できれば非常にありがたい。羽毛布団三枚、布団カバー八枚、枕カバー八枚、〔……〕タオル五枚、妻用の下着四着、妻と娘用の衣服三着、妻と娘用の婦人用ストッキング六足、妻と娘用の靴六足、自分用の肌着二着、〔……〕食器六セット」。APMM Majdanek, SS- und Polizeiführer im Distrikt Lublin XIX 33. このような問い合わせが普通だったことについては、Joseph Wulf, *Das Dritte Reich und seine Vollstrecker. Die Liquidation der Juden im Warschauer Ghetto. Dokumente und Analysen*, Berlin 1961, S. 266 ff. に収録された史料を参照。

（18）アドルフ・アウグスト・ベゲーアの尋問。StA Hamburg, NSG 021/001, Bl. 439 ff.

（19）Karl Schneider, *»Auswärts eingesetzt«*, Essen 2011, S. 212 f. より引用。

（20）Klemp, *Freispruch für das »Mord-Bataillon«*, S. 51 より引用。
（21）この点については、西ガリツィアの保安警察に関する研究として、Klaus-Michael Mallmann, »›Mensch, ich feiere heut' den tausendsten Genickschuß‹. Die Sicherheitspolizei und die Shoah in Westgalizien«, in: Gerhard Paul (Hg.), *Die Täter der Shoah. Fanatische Nationalsozialisten oder ganz normale Deutsche?*, Göttingen 2002, S. 109-136, hier: S. 122 を参照。また、クラカウ管区のノイ＝ザンデツ国境警察署の職員の証言も参照。この職員は「自分を欺くべきではない」、「ユダヤ人作戦で手に入れられるものがあった」、だからこそ多くの者が進んで参加したのだと述べている。Klee u. a., *»Schöne Zeiten«*, S. 78 より引用。
（22）一九四二年四月の政治的状況に関するルブリン地区ポーランド国内軍指導部から国内軍総司令部宛の報告書の補遺。Friedrich, *Polen: Generalgouvernement August 1941-1945*, S. 261 のドイツ語訳より引用。ポーランド語の原本は閲覧していない。
（23）ワルシャワの国内軍指導部からロンドンのポーランド亡命政府内務省宛の一九四二年七月一〇日付の報告書。Friedrich, *Polen: Generalgouvernement August 1941-1945*, S. 333 のドイツ語訳より引用。ポーランド語の原本は閲覧していない。
（24）この史料については、Rainer Weinert, *»Die Sauberkeit der Verwaltung im Kriege«. Der Rechnungshof des Deutschen Reiches 1938-1946*, Opladen 1993, S. 138 を参照。
（25）一九四二年六月八日付のメモ。BA Berlin, NS 7/256. これについては、Wolfgang Scheffler, »Rassenfanatismus und Judenverfolgung«, in: Wolfgang Treue, Jürgen Schmädeke (Hg.), *Deutschland 1933. Rassenfanatismus und Judenverfolgung*, Berlin 1984, S. 16-44, hier: S. 38 を参照。
（26）この点については、IfZA München, MA 641, Bl. 2135 を参照。この史料に注意を向けさせてくれたのは、Pohl, *Nationalsozialistische Judenverfolgung in Ostgalizien 1941-1944*, S. 302 である。ここにはそれが保安部の文書ではないかという推測が示されている。
（27）「一九四四年一月のケーニヒスベルク会議での親衛隊全国指導者の閉幕演説」より。BA Berlin, R 58/1115, Bl. 47. これと次の史料への手がかりを与えてくれたのは、Bajohr, *Parvenüs und Profiteure*, S. 162 である。この史料は連邦文書館で調査した。
（28）「親衛隊・警察における窃盗事件の評価と対策」に関する一九四二年九月一五日付の親衛隊裁判所本部の通達より。BA Berlin, NS 7/5, Bl. 144 f. Bajohr, *Parvenüs und Profiteure*, S. 162 より引用。
（29）ヒムラーの演説の道徳的基調については、Bajohr, *Parvenüs und Profiteure*, S. 162 を参照。

(30) 一九三九年三月三日付のヒムラーの指令。IfZA München, MA 331. この点については、Bajohr, *Parvenüs und Profiteure*, S. 100を参照。

(31) Hilberg, *Die Vernichtung der europäischen Juden*, S. 1077より引用。ヒムラーは、私腹を肥やした者がそれほど多くなかったと述べている。だがこれは私の見るところ、疫病のように蔓延する規則違反をとくに非難すべきもののように見せかけようとしているにすぎない。汚職と横領に対する厳格な措置とポーゼン演説でのそれについての言及は、ヒムラーの視点から見てこの問題がいかに深刻であったかを明確に示している。ポーゼン演説には音声資料も存在することもあって、これはナチ研究で最も頻繁に用いられる箇所の一つとなっている。

(32) 一九四三年一月一〇日付の第一〇一警察大隊（ここでは一九四二年末以降に用いられるようになった第二五警察連隊第三大隊の名称で呼ばれている）の隊員のための注解。StA Hamburg, NSG 0022/001, Bl. 666.

(33) この点については、ポーランド政府代表の報告を参照。Friedrich, *Polen, September 1939-Juli 1941*, S. 704より引用。横領と絶滅政策の関係一般については、Frank Bajohr, »The Holocaust and Corruption«, in: Gerald D. Feldman, Wolfgang Seibel (Hg.), *Networks of Nazi Persecution. Bureaucracy, Business, and the Organization of the Holocaust*, New York 2005, S. 118-140, hier: S. 125 ff. を参照。

(34) ガリツィアについては、Pohl, *Nationalsozialistische Judenverfolgung in Ostgalizien 1941-1944*, S. 302を参照。ソ連については、ユダヤ人の多くが絶滅収容所に移送されずにその場で射殺されたため、そこで私的横領を行う機会がとくに大きかったことが、イツァーク・アラードによって指摘されている。その結果、金銭やその他の貴重品は通常、各地域の指揮官の管理下に置かれることになったという。Yitzhak Arad, »Plunder of Jewish Property in the Nazi occupied Areas of the Sowjet Union«, in: *Yad Vashem Studies* 29 (2001), S. 109-148, hier: S. 147.

(35) Tom Segev, *Die Soldaten des Bösen. Zur Geschichte der KZ-Kommandanten*, Reinbek 1992, S. 175 ff.

(36) 特徴的だったのは、第一〇一警察予備大隊の隊員の行動である。そこでは私的横領の戦略に関する――少なくとも公式の痕跡として裏付けられる――対立はなかった。唯一、ヴォルフガング・ホフマンが大隊指揮官から要求された誓約書への署名を拒否したことと、それに伴ってトラップとホフマンの間に対立が生じたことが比較的よく判明しているが、それは検察局が捜査のためにホフマンの人事資料を入手していたためである。ホフマンが誓約書への署名に抗議している一九四三年一月三〇日付の第二五警察連隊第二大隊指揮官への苦情、トラップによる一九四三年二月の査定に関する一九四三年五月三日付のホフマンの苦情、およびこの苦情に対してホフマンの解任をもとめる一九四三年二月二三日付のトラップの反応を参照。StA Hamburg, NSG 0021/001, Bl. 516 ff. 警察行政機関が所蔵していたホフマンの人事資料は、第一〇一警察大隊の他のほとんどの隊員の人事資料と同様に、大隊員に対する裁判が終結した後のいずれかの段階でハンブルク州立文書館によって破棄されたようである。

(37) Luhmann, *Funktionen und Folgen formaler Organisation*, S. 304 ff.

(38) この定義は、初期の米国組織社会学の機能主義との重要な違いを示している。初期の機能主義では、最終的に個々人、組織の部分集団、あるいは組織外の利益集団だけにとって役立つような規則違反も、しばしば機能的であると説明された(たとえばテネシー川流域開発公社についての重要な研究として、Philip Selznick, *TVA and the Grass Roots*, Berkeley 1949を参照)。これに対して、システム理論は機能性の概念をそのつど観察されるシステムに結びつける。この点についての詳細は、Kühl, *Organisationen*, S. 117 f. を参照。

(39)「サイドペイメント」に関する経験的研究として、たとえばMelville Dalton, *Men Who Manage*, New York 1959; Stefan Kühl, »Formalität, Informalität und Illegalität in der Organisationsberatung. Systemtheoretische Analyse eines Beratungsprozesses«, in: *Soziale Welt* 58 (2007), S. 269-291を参照。

(40) Niklas Luhmann, *Allgemeine Theorie der Verwaltung*, Bielefeld 1965 (unveröff. Ms.), S. 60 ff. 報酬の形態としての戦時中の略奪の容認については、Osiel, *Obeying Orders*, S. 188も参照。

(41) Aly, *Hitlers Volksstaat*, S. 361. アリーは、「武装したバター運送者」という表現がミヒャエル・ノイマンに由来することに言及している。

(42) チャールズ・モスコスは、ヴェトナム戦争中に戦闘部隊の隊員がしばしば略奪を行ったことをごく簡単に指摘している。その際、物質的価値は決定的な要因ではなく、むしろ「記念品」の収集が目的であったようだ。Moskos, »Eigeninteresse, Primärgruppen und Ideologie«, S. 205を参照。

(43) 第二次世界大戦中にユダヤ人殺害の過程で警察官に認められた利得の可能性は、現代の戦争において兵士に認められる利得の可能性と同じような役割を果たしたと考えられる。現代の戦争では略奪や放火の機会が兵士の戦争参加の主要な動機になることは通常ないが、中世の戦争では略奪の機会が戦争参加の動機として公然と掲げられていたので、ここには明らかな違いがあるように思われる。バーバラ・クフラーは、国家が戦争を行う動機と個々の兵士の動機の間に相関関係があると指摘している。前近代には利得の可能性が戦争を行う国家と動員される兵士の双方にとって中心的な動機であったことが多いように見えるが、近代にはこの動機はますます重要性を失っているという。Kuchler, *Kriege*, S. 124 ff. を参照。

第六章　行為の魅力

多くの者はそれを望んだから行った。だが他の者はそれを行ったから望んだ。
ヤン・フィリップ・レームツマ[1]

ハンブルク検察局は第二次世界大戦後、第一〇一警察大隊の隊員がゲットー解体、射殺、絶滅収容所への移送の際に残忍な暴行を行ったことを、目撃者の証言によって裏付けた。検察局の再現によると、ハルトヴィヒ・グナーデ中尉はウォマジーでの射殺の際、長い髭を生やした年配のユダヤ人男性たちに裸になって腹這いで銃殺部隊のところまで進むよう命じた。彼らは棍棒で殴られ、最後に射殺された[2]。ハインリヒ・ベッカー軍曹もこのやり方にならい、移送の際に「歌いながら腹這いで水たまりの上を進む」よう強いた。一人の老人が続けられなくなると、「彼は老人の口を至近距離から撃った[3]」。

ミエンジジェツのゲットー解体の際、ユダヤ人は嘲笑され足蹴にされただけでなく、広場で部隊が行う「ゲーム」に参加させられ、瓶や林檎を投げつける標的にされた。命中した者は群衆から引きずり出され、殴られ、場合によっては射殺された[4]。ウークフの作戦では、鞭と棒を携えた保安部の職員がユダヤ人女性にまず「棒にキスをさせ」、「それからその棒で顔を殴った」と報告されている[5]。

こうした残忍な暴行は、他の警察部隊でも繰り返し生じていた。[6] ドルトムントの第六一警察大隊の隊員は、公式の指示に反して繰り返しワルシャワ・ゲットーに侵入し、ユダヤ人を虐待した。[7] 通行証をもたずに捕まった一〇歳と一四歳の二人のユダヤ人少女は、警察官から警察犬との性交を強要され、その後処刑された。[8] 第三〇九警察大隊の隊員は、ひざまずいて将官に慈悲を乞うユダヤ人に小便をかけた。[9]

非ドイツ人補助部隊――「絶滅の下働き人たち」――についても、ユダヤ人に対する同様の残虐行為が報告されている。[10] 警察大隊のある隊員は、「保安部のような制服を着た異国の部隊」の隊員がある作戦の際、「頭を少し上げた」ユダヤ人全員を長い革の鞭で打ったと報告している。目撃者によると、父親のところへ行こうとした四、五歳のユダヤ人の子供が「非常に大きなウクライナ人」[11] に足をつかまれ、「弧を描くように空中から舗道に」投げつけられ、そこで潰れて動かなくなったという。非ドイツ人補助要員が投入されたルブリン管区以外の作戦でも、彼らがユダヤ人の乳児を空中に放り投げて「クレー射撃のように」撃ち落としたり、小児病院の病気のユダヤ人の子供を三階から中庭に放り落とし、仲間に銃剣で突かせたりした様子が報告されている。[12] ドイツ人の被告が自分の罪を相対化するのに非ドイツ人補助部隊の残虐性を利用した面はあるにせよ、ユダヤ人生存者の証言もまた、非ドイツ人補助部隊の残虐性がドイツの特別行動部隊にけっして劣っていなかったことを示唆している。[13]

とくにナチスの強制収容所では、恣意的な暴力行使からなる組織文化が生じた。監視員は強制収容所の囚人たちに「シシュフォス的労働」を課した――囚人たちはある場所から別の場所へ、そしてまた元の場所へと石を運んだり、仲間とともにある山から別の山へと、何の意味も目的もなく砂丘の砂をシャベルでかき集めなければならなかったりした。[14] 監視員は囚人を射撃競技の標的に使い、囚人同士の「剣闘士の闘技」を開催した。その際、個々の収容所では公式の処罰規定を超える独自の暴力儀礼が発達した。[15]

親衛隊、国防軍、保安部、警察大隊の隊員たちは、こうした残虐な暴行の写真を撮ることを厭わなかった。たとえばハンブルクの警察が一九六〇年代に第一〇一警察予備大隊の元隊員の家宅捜索を行ったとき、ウークフのゲットー解体の際に警察官が泥沼にひざまずくユダヤ人と一緒に撮った写真を押収した。この明らかに演出された写真の中の犠牲者の顔には恐怖が表れていたが、警察大隊の隊員たちはカメラに向かって勝ち誇るようににやにや笑っていた。[16]

注目されるのは、すべての警察大隊、すべての保安警察部隊や特別行動部隊で生じていたように思われるこれらの残虐行為が多くの場合、国家保安本部の公式規定に反していたことである。ヒムラーの公式見解は、親衛隊・ドイツ警察のメンバーは対ユダヤ人作戦で不必要な残虐行為を慎むべきであるというものであった。ユダヤ人の「国外追放」は「一貫した姿勢で、だが残酷さを排して遂行」されるべきであるとされた。[17]たとえば国家保安本部は親衛隊・警察に対して、ユダヤ人の髭を切ることは「ユダヤ人問題」の解決にならないので、「将来にわたって厳禁」するという命令を出した。[18]ヒムラーは一九四二年末にバイエルン州バート・テルツの親衛隊士官学校で行った演説の中で、「国民社会主義的なドイツ人」は「北方の血を守るために戦う」が、誰も「拷問」することはないと語っている。

だが第二次世界大戦後に行われた刑事警察と検察局の捜査は、大隊員による暴力行使が多くの場合、秩序警察の公式規則が定める正当な暴力をはるかに凌駕していたことを明らかにしている。国家暴力組織が目標を達成するのに用いる正当な暴力行使とは異なり、警察大隊の隊員たちが行使した暴力は組織の公式秩序の枠を超えており、目標を達成する上では——少なくとも一見したところ——不必要なものに思われることが多かったのである。[19]

だが警察大隊の隊員たちはなぜ殺害に積極的に参加しただけでなく、きわめて残忍な行動までとったのだろうか。この「過剰な残酷さ」——つまり工業的に組織化された殺害にとって逆効果ではないが、不必要な残酷さの行使——はどう説明できるのだろうか。[20]

1　殺害へのためらいとその克服のための組織的戦略

最も単純な説明は、とくに残忍とされた加害者たちには残忍な行動をとる素質があり、ナチ体制の暴力組織のメンバーとしてそれを存分に発揮できたというものである。単純化して言えば、警察官、親衛隊員、国防軍兵士の残忍さは組織での活動に対する喜びの表現であったということになる。そこから導き出される結論によると、彼らは組織内で許される暴力行為の魅力ゆえにメンバーになっただけでなく、暴力をふるうことに熱中さえしていたのだから、そうした活動に報酬を支払ってもらう必要はなかったし、それを強制される必要もなかったはずである。

警察大隊、親衛隊特別行動部隊、国防軍部隊の中には以前から——たとえばヴァイマール共和国期の政治的動機にもとづく街頭闘争の中で——暴力の専門家としてキャリアを積んでいた者がいたことはたしかであり、突撃隊のならず者たちの残虐性から国家組織の活動の残虐性にいたる連続性を認めることは可能である。戦後検察局が被告人を有罪にすることができたのは、被告人が狭い組織の枠組みの外でも残忍な暴力をふるう傾向があり、国家暴力組織への加入もそこでの活動も、そうした素質の結果と解釈しうることを証明した場合であった。[21]だが社会学的な観点からしても、つねに残忍な行動をとりがちなこれらの人びとの行動以上に興味深いのは、そうした性向をもたない男女の行動である。

暴力組織における殺害へのためらい

ホロコーストの遂行に携わった第一〇一警察大隊の活動は、至近距離から人を撃つことが多くの警察官にとって当初大きな心理的・身体的負担になっていた事実を示す好例である[22]。何人かの警察官は最初に射殺に参加した後、嘔吐した。射殺を大きな負担と感じたため、故意に撃ち損じたことを認める者もいた。警察大隊に関する研究では、中隊長の大腸炎も心因性の病気で、そのために彼は大量射殺に参加できなかった可能性があると解釈されている[23]。

軍事社会学的研究から明らかになっているのは、少なくとも暴力組織に配属された当初の兵士や警察官にとって、人を殺すのは難しいということである。これと関係するのが、国家暴力組織からすれば公式に正当化された暴力行使は単なる「行政行為」にすぎず、その遂行は反則切符の発行や滞在許可証の交付と根本的に変わるものではないが、組織メンバーにとっては暴力行使は特別な困難を意味するという事実である。暴力の行使者は相手を触り、傷つけ、あるいは殺すのであり、その臭いや体液に直面し、多くの場合には暴力行使後に負傷者や死体を処理しなければならない[24]。

米国陸軍公認の戦史家であったS・L・A・マーシャルは第二次世界大戦中に発表した研究の中で、戦闘で銃を撃ったことのある兵士がごく一部にすぎないことを明らかにしていた。彼の研究結果によると、戦闘経験や敵の数にもよるが、敵を撃った兵士は一五％から二五％しかいなかった。兵士たちはその代わりに――部隊からの圧力にもかかわらず――単に逃亡したり、嘔吐したり、恐怖でズボンを濡らしたり、シーツや寝袋の下に隠れたりすることが多かった[25]。ヘンドリク・フォルマーが要約して述べているように、兵士たちは「敵に対して暴力行為を開始・継続することに驚くほど無能」なのである[26]。

殺害へのためらいは、一方では兵士や警察官が直接の戦闘状況にあるときに生じる[27]。部隊が砲火を浴び、大きな損害を被るような「熱い任務」では、何度も躊躇する瞬間があるようだ。だが他方で、殺すべき相手が脅威になっていない状況でも殺害へのためらいは生じる。このような「冷たい任務」は「はっきりした意識」で行う攻撃であり、直前に体験したことが原因で生じるものではない[28]。対面的な相互行為の中の暴力にとくに関心をもつランドル・コリンズは、ホロコーストにおける大量射殺の際、犠牲者が「たいていまったく無力で受動的」であったため、彼らを殺害することは警察部隊にはきわめて困難であったと指摘している[29]。

このような殺害へのためらいは、加害者が被害者を知っている場合はさらに強まった。第一〇一警察大隊の場合、警察官がユダヤ人犠牲者をハンブルク時代から知っていることはめったになかった。ハンブルクのナチ党大管区長でハンブルクの国家弁務官もつとめたカール・カウフマンは、もともと一九四一年九月にハンブルクのユダヤ人をルブリン管区、とくにビャワ・ポドラスカ地区、フルビェシュフ地区、ヤヌフ・ルベルスキ地区に強制移送するよう要求していた。だがポーランド総督のハンス・フランクがこの当時まだ「旧帝国」からのユダヤ人の受け入れを拒否していて、その代わりに彼らをさらに東方へ追放することを主張していたため、ハンブルクのユダヤ人は最終的にウッチ、ミンスク、リガのゲットーへ、後には直接テレージエンシュタットとアウシュヴィッツへと追放されることになり、その結果、ナチスがユダヤ人と宣告したハンブルクの人びとはごくまれにしかルブリン管区には到達しなかったのである[30]。だがすでに言及したある大隊員の事例が示すように、最終的に殺害へのためらいを強めるような個人的な人間関係が急速に形成されることもあった。戦後ハンブルクの捜査当局から尋問を受けたこの大隊員は、ユゼフフで射殺を命じられた母子と会話を交わし、カッセル出身のドイツ人であることを知ったと述べている。この短い接触が原因で、彼は――少なくとも彼自身の証言によると――小隊長に射殺の任務から外してもらうよう願い出たという[31]。

殺害へのためらいを減らす試み

国家暴力組織はメンバーがつねに躊躇なく暴力行使の命令を実行するのをあてにすることはできないが、それは彼らも暴力行使の際にためらいを乗り越えなければならないことが多いからである。[32]それゆえ軍隊、民兵組織、警察部隊は戦闘活動の際の殺害へのためらいを減らすため、様々な創意工夫を行うものである。長距離兵器の投入によって敵との身体的距離を拡大したり、ロケット砲や榴弾砲のような大型装置を使用したり、小規模な戦闘部隊の編制によって集団圧力を高めたり、統制範囲の小さい厳格な指揮系統を確立したり、射撃を反射的に行えるようにする現実に即した訓練状況を設定したりすること——これらは暴力組織がメンバーに殺害へのためらいを克服させるために用いる手段である。[33]

ホロコーストの遂行の過程でナチ指導部がとった戦略も、殺害へのためらいを克服させるための措置という観点から解釈しなければならない。ナチ指導部が殺戮計画を実行するために十分な数の確信的な反ユダヤ主義者を動員できたことはたしかだが、同時に警察大隊や親衛隊部隊の人員をユダヤ人男性、女性、子供の直接的な殺害から可能な限り解放しようとしていたことも事実である。ベウジェツ、ソビブル、トレブリンカにもっぱら人間の殺害だけを目的とした絶滅収容所を設置したことで、ナチスの人員と犠牲者の接触は必要最小限にとどめられ、警察の任務はゲットーの解体、強制移送の実行、移送不可能または逃亡をはかったユダヤ人の射殺に限定された。絶滅収容所ではユダヤ人の特別部隊《ゾンダーコマンド》が到着するユダヤ人をガス室に押し込み、死体をガス室から運び出し、火葬場で焼却する仕事を担った。絶滅収容所への移送が不可能な場合、大量処刑の際の「汚れ仕事」は非ドイツ人補助部隊の動員によって処理され、大隊員が大量射殺を遂行する手間が可能な限り省かれた。

だがこれらの戦略も殺戮計画を円滑なマシーンのように進行させる結果にはならず、その実行者も「汚れ仕事」から解放されることはなかった。事態はその逆で、まさに第一〇一警察大隊の活動は「絶滅の下働き人たち」の協力が必要不可欠であったことを示す一例である。それはゲットーでの残忍なユダヤ人の追い立て、絶滅収容所に移送できない幼児や老人の殺害、鉄道駅が遠すぎたり鉄道路線が寸断されたりした場合に行われる男性、女性、子供の大量処刑など、様々な形で表れた。

研究者が明らかにした殺害へのためらいは、ナチ時代のユダヤ人殺戮を特徴づける残虐さと奇妙な対照をなしている。殺害をためらう人びとは――そう問わなければならない――きわめて残虐に殺戮を実行した人びとと異なっていたのだろうか。つまり、殺害へのためらいと残虐性は相反するものだったのか。それとも、残虐性はもしかすると――少なくともいくつかの事例では――まさに殺害へのためらいから説明できるものではないだろうか。

2　動機の創出――犠牲者の非人間化

組織は特徴的な方法で、メンバーが自らに課せられた行為について自分の立場を示す負担を大きく軽減する。指導部から命じられた陣地への攻撃を、それに参加する兵士が自らの動機で根拠づける必要はない。兵士たちは、とにかく命令を遂行したのだということを自分や他者に説明すれば十分である。即決裁判が命じた処刑を実行する場合も、警察官は自分の見解を示す必要はない。というのも、そこでは戦地の兵士に課せられる通常の要求の枠内で行動したのだということを、自分にも他者にも証明できるからである。

だが組織メンバーが自分の無関心領域に容易に収まらない期待に直面した場合、状況は異なる。社会学的な表現をするなら、組織メンバーには自己呈示の問題が生じる。というのも、彼らは組織メンバーでなければ行わないような行為を、さらには単なる組織内のルーティンワークとして呈示することができないような行為を要求されるからである。社会心理学では、組織メンバーは認知的不協和——ある人物のいくつかの精神的過程が相反している状態——に陥ると説明される[34]。

組織メンバーは、このような自己呈示の問題にどう対処するのだろうか。また、過剰な暴力の行使はそこでどんな役割を果たすのだろうか。

非人間化の戦略

社会学者のトロイ・ダスターは「罪悪感なき大量殺戮の条件」についての考察の中で、大量虐殺を遂行する際の加害者の罪悪感が犠牲者の人間性の否定によって効果的に減少することを明らかにした[35]。もし人びとや——本書の具体的事例では——住民集団が「生きるに値しない生活」を送っていると想定されるなら、彼らを殺害することは容易になる。なぜなら、彼らは狭い意味で人間を殺害することにはならないからである[36]。

このような「非人間化」は、マスメディアで準備されることが多い。たとえばナチ・プロパガンダでは、ユダヤ人だけでなく非ユダヤ系のポーランド人やロシア人の人間性も否定する試みが行われた。広く流布したドイツの旅行記『体験された総督府』では、ゲットーの「吐き気を催す迷宮」に住むユダヤ人は「もはや人間ではない」と述べられていた[37]。たとえば国家保安本部の親衛隊本部が発行した「劣等人種」に関する宣伝冊子では、占領地の人びとは「手、足、一種の脳を備え、生物学的には同じ種の被造物」に見えるが、実際には「人間に似た容貌をもつ」存在にすぎないと強調されていた。この宣伝冊子によれば、「劣等人種」は「名状しがたい破壊の意志」、「最も原始的な欲望」、「あからさまな卑劣さ」をもち、「知的、精神的にいかなる動物よりも［……］低い」存在であるとされた[38]。

だがナチ・プロパガンダは、組織メンバーが独自の非人間化の儀礼を展開するための基盤にすぎなかった。たとえばナチ・プロパガンダが多用した種の異なる東欧ユダヤ人という決まり文句は、占領地の警察官にも受け入れられた。とくにポーランド系、ロシア系、ウクライナ系、バルト系ユダヤ人は言語、服装、外見が異なっていたため、ドイツの警察官が非人間化の儀礼を遂行するのに好都合であった。たとえばユダヤ人が――公式に禁止されていたにもかかわらず――髭を切られたり、ラビがその場にいる警察官たちの気晴らしのためにタルムードの朗読を強要されたりした。

だがこうした非人間化の儀礼は東欧のユダヤ人だけでなく、占領地に移送されたドイツ帝国のユダヤ人にも同様に適用された。ハンブルクの警察官たちと言葉や外見、ときには信仰する宗教さえ変わらない同化したドイツ系ユダヤ人に対する警察官の残忍なふるまいや、ゲットーのユダヤ人の徹底的な飢餓化を通じて、ユダヤ人は外見上、ナチ・プロパガンダが描き出す歪んだイメージにますます類似していくことになったのである(39)。

プリーモ・レーヴィは労働収容所や絶滅収容所への収容を例にして、この脱人間化の過程を詳細に説明している。「非人間化」のプロセスは、ユダヤ人が駆り集められ包囲された後、殴打されることから始まった。彼らは強制移送を待つよう強いられ、鉄道車両に押し込められた。ユダヤ人は狭い空間、喉の渇き、飢え、寒さにさらされ、それによって気づかぬうちに人間としての地位をもつ個人から、人間としての地位を容易に否定されうる個人への通過を果たした。収容所では、この地位が組織的に剥奪された。彼らは裸にされ、髪の毛を剃られ、汚れた囚人服を着て歩かされ、番号でしか呼ばれなかった。労働収容所や絶滅収容所の状況は――さらにはゲットーの状況も――壊滅的で、囚人たちは感染症、皮膚病、栄養失調に苦しんだため、ナチ・プロパガンダが描き出すイメージにますます合致することになった(40)。

ハロルド・ガーフィンケルの言葉を借りれば、これを「降格の儀式」と呼ぶことができる。犠牲者は「異常」とされる。この「異常性」は必要な場合には犠牲者を醜悪化したり、その品位を貶めたりすることで強められる。こうした性格的特徴は犠牲者に付与されるだけでなく、最終的には創出されもするものだが、それが道徳的に優れているとされる加害者の社会的価値と対比される。加害者は犠牲者を個人的な性向からだけでなく、一般的な社会的価値からしても劣等な存在と見なすことをもとめ、「降格の儀式」の観客にその正しさを承認してもらう。犠牲者は最終的に正当な社会秩序における場所を失うことになる。[41]

非人間化の機能

残忍な暴力の行使には多くの機能がある。すなわち、他の方法では達成できない自分の期待を押しつけること、後で期待を押しつけられるようにあらかじめ相手を威嚇しておくこと、観客に強い印象を与えたり、相手からの圧力のはけ口を作ったりすることなどである。[42]だが残忍な暴力は、個々人が組織のメンバーであることとの結果として直面する自己呈示の問題への反応としても理解することができる。すでに述べたように、組織はメンバーをしばしばそれまでの自己呈示が崩れ去るような状況に置く。そして、組織メンバーは自らの自己呈示を「修復」するメカニズムを作動させる。他者に対する過剰な暴力は、自己呈示におけるそうした修復メカニズムの一つであるようだ。

ホロコーストの過程で行われた殺戮の相互行為の中での自己呈示に関して詳細な社会学的研究が不足しているとしても、ナチ国家の暴力組織の幹部たちが機能的な観点からも降格の儀礼を理解していたことを示す証拠がある。当初ハルトハイムのナチ殺戮施設の管理長をつとめ、後にトレブリンカとソビブルの絶滅収容所所長となったフランツ・シュタングルは、収容所で屈辱を与える行為がそうした「措置」の実行を命じられた人びとを「条件づける」のに役立ったと説明している。シュタングルによれば、ナチ暴力組織のメンバーは屈辱を与える経験を通じて、「あのときしたのと同じ行為をする」ことができるようになった[43]。クリストファー・ブラウニングによれば、「警察官の残虐化は彼らの行動の原因ではなく、むしろその結果であった」が、このことを示す証拠もある[44]。

ただしその際、過剰な暴力行使のプロセスが独自の力学に支配されることを見落としてはならない。それは「存在が意識を規定する」という決まり文句のように、考え方を特徴づける関係にとどまらない。暴力の行使はむしろ、個々人の自己認識と他者認識を特徴づける。社会学的ラベリング論が示しているように、ひとたび自分を暴力的な存在として呈示した者は、他者の認識の中でそうした自分のイメージを維持するために、多大な努力と想像力を投じることがある[45]。

3　残虐性の組織文化

とくに占領地での大隊員、保安部、ゲシュタポ、国防軍のメンバーの行動は、ますます残虐性が強まった点に特徴があった。占領地の地元住民、民族的・宗教的に規定された少数民族、あるいは戦争捕虜に対する兵士や警官の残虐な暴行は戦争の経過とともに増加の一途をたどり、この点から兵士や警官の「粗暴化」がますます進行していったと言うことができる[46]。

こうした残忍な暴力行使の特徴は、それが――前述の通り――多くの場合、公式構造の枠を超えていたことである。警察や軍隊のメンバーが出動時に暴力を行使するのは自明のことで、公式に許可され、公式に広く期待される暴力の行使はまさに国家暴力組織の特徴をなすものである。公式秩序に違反しているのは、暴力を行使する兵士や警察官ではなく、法的枠組みの中で下された暴力行使の命令を拒否する兵士や警察官の方である。国家暴力組織のメンバーがその成員条件の一部として義務づけられる暴力行使は、合法化された暴力行使と呼ぶことができる[47]。これに対して、国家暴力組織のメンバーの暴力行使が組織の公式秩序の枠を超える場合、あるいは公式に定められている程度を凌駕する場合、これを過剰な暴力行使と呼ぶことができる[48]。

合法化された暴力行使も過剰な暴力行使も、犠牲者からはテロ――何の意味も道理もない暴力の行使――と認識される。ヤン・フィリップ・レームツマによれば、テロは「道具的理性の規準」を無効にする。何かを達成するための――命令を守らせたり、お金を奪ったり、過ちを認めさせたりすることなど――暴力行使ではなく、暴力行使のための暴力行使だけが問題になるのである。まさにこの純粋に表出的なテロの論理――「テロの理性」[49]――こそ、暴力行使を無意味なものに思わせるがゆえに、犠牲者に深刻な損傷を与えるというのである。

興味深いことに、ナチ組織は遍在的なテロの実践をメンバーへのフォーマルな期待として一般的に規定していなかった[50]。強制移送、射殺、ガス殺の前にユダヤ人を辱め、拷問するようにとの命令は、通常はなかった。だがそれにもかかわらず――この点が重要なのだが――、絶滅過程におけるテロの実践は機能的であったため、ナチ組織に容認されただけでなく、奨励されることも多かった。残虐な暴力行使、降格の儀礼、警察官の恣意的な暴行は、対面的な相互行為の中で殺害へのためらいを克服するのに役立った。ゲットーで飢えに苦しみ、虐待によって醜く変形した人びとは生かしておく価値がないと、警察官たちは自分に言い聞かせることができたのである[51]。

具体的な対面的相互行為の中で殺害へのためらいを減らすため、自ら降格の儀礼を実行することは、大隊員たちにとって当初は重要ではなかった。多くの場合、他人が行っているのを観察するだけで十分だったのだろう。たえず繰り返される儀礼を容認するだけで、警察官たちはその対象となった者をまったく当然のように「正当な犠牲者」と理解するようになった。

だがこの容認を通じて——故意か非故意かにかかわらず——、同志たちにそうした残虐な暴行に参加するようもとめる期待も形成された。暴力行使の残虐性はこうして略奪と同じような機能、つまり組織単位内の同志的連帯の強化を果たした。[52] 多くの部隊、とくに特別行動部隊、警察大隊、強制収容所と絶滅収容所の監視隊の中には、こうした基盤の上に残虐な暴力からなるある種の組織文化が形成されることになった。[53] このようにして犠牲者に対する残虐性は——ジェームズ・ウォラーの言葉を借りればますます「普通の行動」になったのである。[54]

とくに親衛隊親衛旗団アドルフ・ヒトラー《ライプシュタンダルテ》に関する研究が示しているように、ほとんど際限なく暴力を行使できる機会がますます組織メンバーを動機づける中心的な手段になっていく場合もあった。[55] 親衛旗団の隊員は、たとえば戦争捕虜の射殺などの任務においてばかりでなく、まったく活動していない状況においても残虐性を発揮した。そこではもはや組織の目的への共感、加入の強制、同志関係に対する喜び、合法・非合法な利得の機会だけが、メンバーを組織にとどまらせたのではなかった。残忍な暴力の行使に対する直接的な喜びもまた、それに寄与したのである。

もっとも、過剰な暴力行使の形態はナチ暴力組織のインフォーマルな構造の一部であったため、これをフォーマルな組織役割に帰することはごく限定的にしか可能にならなかった。容易に推測できる理由から、それらは個々人に帰することのできる組織メンバーの特徴として理解された。

注

（1）Jan Philipp Reemtsma, »Individuelle und kollektive Tötungsbereitschaft«, Vortrag bei der Konferenz *Neuere Tendenzen der Holocaustforschung*, Kulturwissenschaftliches Institut Essen, 20. 3. 1997. Herbert, »Vernichtungspolitik«, S. 52より引用。引用の正しさはレームツマに確認した。

（2）フリードリヒ・パウルゼンの尋問を参照。StA Hamburg, NSG 0022/001, Bl. 241f.「射殺が始まる前から、グナーデ中尉は約二〇人から二五人の年配のユダヤ人を探し出していた。すべて顔一面に髭を生やした男性だった。グナーデ中尉はこの老人たちに広場の穴の前を腹這いで進むよう命じた。腹這いで進めと命じられる前に、彼らは服を脱がなければならなかった。ユダヤ人たちが全裸で地面を這っているとき、グナーデ中尉は周囲に向かって叫んだ。「下士官たちはどこだ。棍棒はもっていないか」。下士官たちはそれから森の端へ行き、棍棒を手に入れて、その棍棒でユダヤ人たちを激しく殴った」。この点については、Browning, *Ganz normale Männer*, S. 119; Goldhagen, *Hitlers willige Vollstrecker*, S. 272; Alex Hinton, »Why Did the Nazis Kill? Anthropology, Genocide and the Goldhagen Controversy«, in: *Anthropology Today* 14 (1998), S. 9-15, hier: S. 12f.; Curilla, *Der Judenmord in Polen und die deutsche Ordnungspolizei*, S. 712も参照。

（3）ヘルマン・ベーンの尋問を参照。StA Hamburg, NSG 0021/006, Bl. 3066 f. ベーンは尋問の中で当時の心境を「このろくでなしを殺してやりたい」という言葉で表現し、ベッカーの行動から距離をとっている。Landgericht Hamburg, »Urteil vom 8. 4. 1968 gegen Hoffmann, Wohlauf und andere«, in: Christiaan Frederik Rüter, Dick W. de Mildt (Hg.), *Justiz und NS-Verbrechen. Sammlung deutscher Strafurteile wegen nationalsozialistischer Tötungsverbrechen 1945-1999*, Bd. 27, Amsterdam, München 2003, S. 531-634, hier: S. 591; Curilla, *Der Judenmord in Polen und die deutsche Ordnungspolizei*, S. 720も参照。

（4）ゲットー解体の犠牲者の報告を発見したのは、ダニエル・ゴールドハーゲンの功績である。Goldhagen, »Die Notwendigkeit eines neuen Paradigmas«, S. 83. 犠牲者の証言は、Yosef Horn, *Mezrich Zamlbuch*, Buenos Aires 1952, S. 476 und 561に由来している。懸命に努力したが、私はこの史料を閲覧できなかった。とはいえ、この残虐行為の描写は納得のいくものに思われる。全体として、ゴールドハーゲンの著書の利点はユダヤ人への暴行の残虐性を従来なかったほど詳細に描写している点にある（この点については、Rürup, »Viel Lärm um nichts?«, S. 357の好意的な注釈も参照。ただしこの論考は、それ以外の点では全体として同書に批判的な評価を下している）。

（5）カール・フリードリヒ・クリスティアン・アンダースの尋問。BA Ludwigsburg, B 162/5911, Bl. 425 ff.

（6）第三〇六警察大隊と第二警察騎兵隊については、たとえば Schäfer, »*Jedenfalls habe ich auch mitgeschossen*«, S. 474 ff. も参照。

（7）彼らは自分たちの宿舎のバーで自分たちの行動を祝い、入り口のドアに殺害したユダヤ人の集計表を掲示した。この点については、Klemp, *Freispruch für das »Mord-Bataillon«*, S. 48 und 84 を参照。

（8）Jacek Andrzej Młynarczyk, *Judenmord in Zentralpolen. Der Distrikt Radom im Generalgouvernement 1939-1945*, Darmstadt 2007, S. 90 und 92. Curilla, *Der Judenmord in Polen und die deutsche Ordnungspolizei*, S. 877 より引用。

（9）Goldhagen, *Hitlers willige Vollstrecker*, S. 227.

（10）「絶滅の下働き人たち」という用語をホロコーストにおける非ドイツ人補助部隊の呼称として使ったのは、私が最初である。Stefan Kühl, »Die Fußvölker der ›Endlösung‹. Der Fall John Demjanjuk lenkt den Blick auf die Beteiligung von Nichtdeutschen der Shoah«, in: *Die Zeit* vom, 23. 4. 2009 を参照。ジョン・デミャニュクの事例は、非ドイツ人のショアーへの関与に目を向けさせてくれる。私はここでは、Klaus-Michael Mallmann, »Vom Fußvolk der ›Endlösung‹. Ordnungspolizei, Ostkrieg und Judenmord«, in: *Tel Aviver Jahrbuch für deutsche Geschichte* 26 (1997), S. 355-391 とは異なる用語を使用している。とくに詳細な記録が現存しているのは、労働収容所と絶滅収容所における残虐行為である。最初の入門書として、Richard J. Evans, *Das Dritte Reich. Band III, Krieg*, München 2009, S. 369 ff. を参照。

（11）ヴィルヘルム・ルートヴィヒ・カール・エルンスト・クレカムの証言。StA Hamburg, NSG 0021/005, Bl. 2470 ff.

（12）この点については、Mallmann, »Vom Fußvolk der ›Endlösung‹«, S. 372 を参照。WRN（各町村労働大衆運動――自由、平等、民族独立）の指導部が地下機関紙に掲載した一九四二年九月二八日付の報告も参照。この報告にはワルシャワ・ゲットーの解体の際のドイツ人と「人間の屑」の残虐行為の様子が紹介されているが、後者はウクライナの草原やラトヴィア、リトアニアの路地から連れてこられた人びとであった（Friedrich, *Polen: Generalgouvernement August 1941-1945*, S. 463 より引用）。

（13）たとえば一九六七年一一月一三日にハンブルクの陪審法廷で行われたクルト・ドライヤーの証言を参照。StA Hamburg, NSG 0021/009, Bl. 4370. その中でドライヤーは、「トラヴニキによってはじめて残虐性が作戦に導入された」と主張している。ヤン・キーペの研究は、裁判所がこうした説明に大きく依拠して判決を下したことを示している（Kiepe, *Das Reservepolizeibataillon 101 vor Gericht*, S. 109）。ハンブルクのミヒャルゼン裁判でヘレーナ・ランツベルクが行った証言（StA Hamburg, NSG 0038/003, Bl. 22773）、また次のマリア・カウフマン＝クラソフスカの証言も参照。「監視塔にいたのはドイツ人ではなかった。それはリトアニア人とウクライナ人だった。ウクライナ人は獣だった［……］。だが最も酷かったのはリトアニア人だった。［……］彼らは獣、野獣だった」。Eberhard Fechner, *Der Prozess. Eine Darstellung des sogenannten »Majdanek-Verfahrens« gegen Angehörige des Konzentrationslagers Lublin/Majdanek in Düsseldorf von 1975 bis 1981*,

Hamburg 1983, S. 67より引用。この研究は、非ドイツ人補助部隊の残忍さがドイツの警察官による単なる後付けの説明ではなかったと指摘している。特定の残虐行為をトラヴニキのメンバーに帰することの問題については、Helge Grabitz, *NS-Prozesse. Psychogramme der Beteiligten*, Heidelberg 1985, S. 105 ff. を参照。

（14）この点については、Primo Levi, *Die Untergegangenen und die Geretteten*, München 2002, S. 123 を参照。

（15）収容所における暴力の文化については、たとえば Raul Hilberg, *Täter, Opfer, Zuschauer. Die Vernichtung der Juden 1933-1945*, Frankfurt/M. 1996, S. 68 f. を参照。トビアス・ハウフェは近年、収容所における専横についての社会学的研究を発表している。強制収容所の実態に新たな視点を投じた Hauffe, *Hier ist kein Warum* を参照。

（16）これらの写真はハンブルクの州立文書館に所蔵されており、たとえば Browning, *Ganz normale Männer*, S. 71; Goldhagen, *Hitlers willige Vollstrecker*, S. 308 などに何度か再録されている。被告と写真の対面については、たとえば『ビルト』紙に掲載された報告を参照（*BILD*, »Ein Mann stand grinsend vor den Todesopfern« (o.V.)）。一九四〇年にリッツマンシュタットのゲットーで行われた作戦の写真も参照。そこでは大隊員がユダヤ人のゲットー警察官を辱めている（Apel, *In den Tod geschickt*, S. 101 に再録）。これらの写真を史料として使用することには議論の余地がある。Hans Mommsen, »The Thin Patina of Civilization. Anti-Semitism Was a Necessary, but by No Means a Sufficient Condition for the Holocaust«, in: Robert R. Shandley (Hg.), *Unwilling Germans? The Goldhagen Debate*, Minneapolis, London 1998, S. 183-196, hier: S. 183 ff.; Fred Kautz, *Gold-Hagen und die »Hürnen Sewfriede«. Die Holocaust-Forschung im Sperrfeuer der Flakhelfer*, Hamburg 1998, S. 14 ff. を参照。

（17）とはいえ、この史料は慎重に扱う必要がある。というのも、ヒムラーは親衛隊の若手指導者たちに、すでに始まっていた殺戮計画のことを黙っていたからである。この一節はおおよそ次のような内容である。「ユダヤ人はドイツから追放され、現在は東部に住み、道路や鉄道の建設などに従事している。この過程は一貫した姿勢で、だが残酷さを排して遂行された。我々は誰も拷問しておらず、我々の存在と北方の血を守るために戦っていることを知っている」。バート・テルツ親衛隊士官学校で一九四二年一一月二三日に行われた親衛隊全国指導者の演説。IfZA München, FA 37/3 1942 563 ff.

（18）このような命令も反ユダヤ主義的な偏見の影響を強く受けていたことは、文書の文言からわかる。「あちこちでユダヤ人の髭が切られていると聞く。このような暴行がどこかで起きているのであれば、将来のために最も厳しく排除しなければならない。そのようなことはユダヤ人問題の解決にはならないし、ユダヤ人に衛生を教えることも我々の任務ではない」。マリエンヴェルダーの行政長官から西プロイセン行政区の旧ポーランド地域の郡長宛の一九三九年一二月七日付の書簡。親衛隊全国指導者ヒムラーの命令への言及がある（O-Kdo.O (1) 1 Nr.330/39 an die »SS und Polizei im ehemals polnischen Gebiet« vom 17. 11. 1939）。Friedrich, *Polen, September 1939 – Juli 1941*, S. 169 ff. を参照。

（19）たとえばアウシュヴィッツ裁判でのヴィルヘルム・ボーガーに対する判決では、「親衛隊の規則に違反した」という理由で、被告人に比較的重い刑罰が科された。この判決については、Bernd Weisbrod, »Die ›Vergangenheitsbewältigung‹ der NS-Prozesse: Gerichtskultur und Öffentlichkeit«, in: Eva Schumann (Hg.), *Kontinuität und Zäsuren. Rechtswissenschaft und Justiz im »Dritten Reich« und in der Nachkriegszeit*, Göttingen 2009, S. 247-270, hier: S. 258 を参照。

（20）ビルギッタ・ネーデルマン（Nedelmann, »Gewaltsoziologie am Scheideweg«, S. 70 f.）はこうした残虐行為の詳細な描写を「暴力の影響に関する研究」の一部として位置づけ、そのような残虐な描写を行わない「官僚主義的暴力の研究」と区別している。クラウス・ダマン（Klaus Dammann, *Garbage Can Decision Processes? A Sociological Redescription of the Functionalist Research Programme in Shoah Historiography*, Bielefeld 2002）は、こうした過剰な残虐性の問題を——普通の男たちの参加の動機に関する「ブラウニング問題」やホロコーストの決定に関する「モムゼン問題」とは区別して——「ゴールドハーゲン問題」と呼んでいる。残虐性がしばしば公式に要求される枠を超え、さらに公式に許される枠も超えていたことを指摘している点で、この問題は興味深い。たとえば Goldhagen, *Hitlers willige Vollstrecker*, S. 32; Daniel Jonah Goldhagen, »Ordinary Men or Ordinary Germans?«, in: Michael Berenbaum, Abraham J. Peck (Hg.), *The Holocaust and History*, Bloomington 1998, S. 301-308, hier: S. 303 f. を参照。

（21）そのような事例の一つとして、たとえばエーリヒ・エーアリンガーを挙げることができる。彼はすでに一九三一年にナチ党と突撃隊に加入し、第一b特別部隊《ゾンダーコマンド》の指揮官としてユダヤ人の男性、女性、子供に対する一部残虐な暴行で注目を集めていた。カールスルーエの地方裁判所はエーアリンガーの初期の経歴とロシア北部での作戦中の残虐行為についての情報を得ていたが、彼を「主犯ヒムラーとハイドリヒの共犯者」と見なしただけであった（Dietrich Goldschmidt, »Soziologische Überlegungen zur Strafrechtsreform angesichts der Prozesse gegen nationalsozialistische Gewaltverbrecher«, in: Freie Universität Berlin (Hg.), *Gesellschaftliche Wirklichkeit im 20. Jahrhundert und Strafrechtsreform*, Berlin 1964, S. 71-89, hier: S. 76）。エーアリンガーについては、近年簡潔な研究が出ている。Michael Wildt, »Erich Ehrlinger. Ein Vertreter ›kämpfender Verwaltung‹«, in: Klaus-Michael Mallmann, Gerhard Paul (Hg.), *Karrieren der Gewalt. Nationalsozialistische Täterbiographien*, Darmstadt 2004, S. 76-85.

（22）高所からの爆撃、狙撃兵による射撃、自動発砲装置による殺害といった境界的な事例を除けば、暴力行使は身体的関係を必要とするため、つねに対面的な——顔と顔を突き合わせた——相互行為の中で行われる。私の見るところ、ここにニクラス・ルーマンに依拠して相互行為の中の暴力、組織の中の暴力、社会の中の暴力を区別するトルステン・ボナッカーの研究の問題点がある（Bonacker, »Zuschreibungen der Gewalt. Zur Sinnförmigkeit interaktiver, organisierter und gesellschaftlicher Gewalt«, S. 38 ff.)。身体的関係を必要とするため、組織の中の暴力や組織による暴力、社会の中の暴力も通常は対面的な相互行為の中で行われる。狙撃兵という特別な事例については、Martin Pegler, *Out of Nowhere. A History of the Military Sniper*, Oxford 2004 を、爆撃機のパイロットについては、Richard J. Overy, *The Bombing War. Europe, 1939-1945*, London 2013 の包括的な研究を参照。

（23）Collins, *Dynamik der Gewalt*, S. 124. ランドル・コリンズは、胃や腸の不調が「しばしば大きな適応と不安の状況」で、たとえば「戦場で兵士がズボンに漏らしたり、強盗が臭いで警察に気づかれるような場合」に生じると指摘している。

（24）暴力行使に関するミクロ研究でも参照されることが多くなっている包括的な身体社会学には、ここで立ち入ることはできない。初期の社会学的研究への入門書としては、Luc Boltanski, »Die soziale Verwendung des Körpers«, in: Dieter Kamper, Volker Rittner (Hg.), *Zur Geschichte des Körpers*, München 1976, S. 138-183 を参照。歴史学的研究としては、Jakob Tanner, »Körpererfahrung, Schmerz und die Konstruktion des Kulturellen«, in: *Historische Anthropologie* 2 (1994), S. 489-502を参照。

（25）マーシャルの古典的研究はまず第二次世界大戦直後に発表され、それ以来軍事専門家の間で論争を呼んでいる。S. L. A. Marshall, *Men Against Fire. The Problem of Battle Command*, New York 1947. これまでの最も厳しい批判として、Roger J. Spiller, »S.L.A. Marshall and the Ratio of Fire«, in: *Journal of the Royal United Service Institution* (1988), S. 63-71 を参照。優れた概説として、Bergen, »Controversies about the Holocaust: Goldhagen, Arendt, and the Historians' Conflict«, S. 168 ff.; Collins, *Dynamik der Gewalt*, S. 71 ff. も参照。Joanna Bourke, *An Intimate History of Killing*, New York 1999 も、こうした殺害へのためらいに対するアンチテーゼとして読むことができる。

（26）Hendrik Vollmer, »Kohäsion und Desintegration militärischer Einheiten. Von der Primärgruppenthese zur doppelten sozialen Einbettung militärischen Handelns«, in: Maja Apelt (Hg.), *Forschungsthema: Militär. Militärische Organisationen im Spannungsfeld von Krieg, Gesellschaft und soldatischen Subjekten*, Wiesbaden 2010, S. 163-192, hier: S. 175.

（27）この点については、Collins, »Entering and Leaving the Tunnel of Violence« も参照。

（28）研究では「熱い残虐行為」と「冷たい残虐行為」が区別されている（第二次世界大戦中の秩序警察の分析にこの用語を使っている研究として、Westermann, *Hitler's Police Battalions*, S. 19 を、より一般的には、Bröckling, *Disziplin*, S. 329 を参照）。だが私の目からすると、まず「熱い状況」と「冷たい状況」を中立的に論じ、殺害の際に残虐行為が行われた場合に、それにもとづいて「熱い残虐行為」と「冷たい残虐行為」を論じる方が理にかなっているように思われる。

（29）Collins, *Dynamik der Gewalt*, S. 123. コリンズの観察によれば、殺害に対する心理的嫌悪感は犠牲者が至近距離から頭を撃たれたときに最も大きくなる。コリンズはその際、クリストファー・ブラウニングの「普通の男たち」に関する研究に明確に言及している。

（30）ハンブルクで個々ばらばらに策定されたルブリン管区への強制移送の計画については、比較的情報が少ない。フランク・バヨールは計画された強制移送について、「ハンブルクから疎開させるユダヤ人」に関するテュルク課長からビャワ・ポドラスカ、フルビェシュフ、ヤヌフ・ルベルスキの各地区長宛の一九四一年一〇月七日付の書簡、およびテュルク課長から局長宛の一九四一年一〇月九日付の別の書簡を参照している（Bajohr, »Die Deportation der Juden: Initiativen und Reaktionen aus Hamburg«, S. 33）。APL Lublin, Bestand GDL, Ordner: Judenangelegenheiten, Judenaussiedlung, Ghettobildung 1940-1941, Sygn 892, Bl. 630-633. カウフマンについての詳細は、Frank Bajohr, »Hamburgs ›Führer‹. Zur Person und Tätigkeit des Hamburger NSDAP-Gauleiters Karl Kaufmann (1900-1969)«, in: Frank Bajohr, Joachim Szodrzynski (Hg.), *Hamburg in der NS-Zeit*, Hamburg 1995, S. 59-91 を参照。

（31）ヨハン・ゲオルク・クラウゼの証言。StA Hamburg, NSG 0021/005, Bl. 2631 ff.

（32）まさにこの点について、ランドル・コリンズは組織社会学的な視点からだけでは暴力行使を説明することはできず、相互行為社会学的な考察にまでそれを拡大しなければならないと指摘している。きわめて慎重な指摘として、Collins, »Entering and Leaving the Tunnel of Violence«, S. 133 を参照。システム理論の観点から言えば、暴力を分析する際には組織内の相互行為、とくに組織の境界で生じる相互行為を正確に認識することが必要である。このようにコリンズの洞察はシステム理論の観点から再定式化できるだけでなく、「大規模な暴力」との関連でも精緻化することができる。組織的な暴力行使の前と間の対面的な相互行為の重要性については、一九九五年のスレブレニツァでの虐殺に関するシュテファン・クルーゼマンの研究を参照（Klusemann, »Micro-Situational Antecedents of Violent Atrocity«; Klusemann, »Massacres as Process«）。これに匹敵するナチズム下の暴力行使に関する研究はまだ行われていない。

（33）殺害へのためらいを減らすこれらの措置を考察している研究として、とりわけ Dave Grossman, *On Killing. The Psychological Cost of Learning to Kill in War and Society*, New York 2009 を参照。物理的距離（S. 99 ff.）、権威（S. 141 ff.）、集団圧力（S. 149 ff.）、犠牲者との感情的距離（S. 156 ff.）、死んだ相手の直接的利益（S. 171 ff.）、部隊のごく一部の攻撃的素質の利用（S. 177 ff.）に関する章に加えて、とくに概要図（S. 188）を参照。デイヴ・グロスマンの考察に対する批判は、Collins, *Dynamik der Gewalt*, S. 85 ff. にも見られる。

（34）社会心理学の基本文献として、Leon Festinger, *A Theory of Cognitive Dissonance*, Stanford 1957 を参照。Seibel, »Restraining or Radicalizing?«, S. 350 f.; Browning, *Revisiting the Holocaust Perpetrators*, S. 8 もこの概念を参照している。Leonard S. Newman, »What Is a ›Social Psychological‹ Account of Perpetrator Behavior? The Person Versus the Situation in Goldhagen's

Hitler's Willing Executioners«, in: Leonard S. Newman, Ralph Erber (Hg.), *Understanding Genocide. The Social Psychology of the Holocaust*, Oxford, New York 2002, S. 43-67, hier: S. 53 も参照。

（35）Troy Duster, »Bedingungen für Massenmord ohne Schuldgefühl«, in: Heinz Steinert (Hg.), *Symbolische Interaktion*, Stuttgart 1973, S. 76-87, hier: S. 78 を参照。とくに米国の文脈に関心をもつダスターは、東洋人（gooks）、馬鹿（dinks）、黒人（niggers）、左翼（pinkos）、日本人（japs）といった呼称を非人間化の形態として挙げている。同年に発表されたHerbert C. Kelman, »Violence Without Moral Restraint. Reflections on the Dehumanization of Victims and Victimizers«, in: *Journal of Social Issues* 29 (1973), S. 25-60, hier: S. 25 ff. には、ホロコーストへの言及もある。簡潔な概説として、Albert Bandura, »Moral Disengagement«, in: Israel W. Charny (Hg.), *Encyclopedia of Genocide*, Santa Barbara 1999, S. 415-418, hier: S. 417 f. を参照。詳細な考察は、Martin Weißmann, »Organisierte Entmenschlichung. Zur Produktion, Funktion und Ersetzbarkeit sozialer und psychischer Dehumanisierung in Genoziden«, in: Alexander Gruber, Stefan Kühl (Hg.), *Soziologische Analysen des Holocaust. Jenseits der Debatte über »ganz normale Männer« und »ganz normale Deutsche«*, Wiesbaden 2015, S. 79-128 に見られる。強制収容所監督部を例にした研究として、Balcke, *Verantwortungsentlastung durch Organisation*, S. 148 ff. を参照。非人間化の概念に対する批判として、Lang, »Questioning Dehumanization« を参照。

（36）この点については、一九二〇年に法学者カール・ビンディングと精神科医アルフレート・ホッヘの共著で出版され、現在復刻版で研究者に容易に利用できるようになっている著作を参照。Karl Binding, Alfred Hoche, *Die Freigabe der Vernichtung lebensunwerten Lebens. Ihr Maß und ihre Form*, Berlin 2006.「T４作戦」による精神病患者と知的障害者の殺害の際に「生きるに値しない生命」という用語が使われたことは、Karl Dietrich Erdmann, »›Lebensunwertes Leben‹«, in: *Geschichte in Wissenschaft und Unterricht* 26 (1975), S. 215-225 が早くから指摘している。

（37）Bruno Hans Hirche, *Erlebtes Generalgouvernement*, Krakau 1941, S. 89. ナチ・プロパガンダに典型的なのは、この旅行記の中でゲットーの描写が「ドイツの同志たちの輪」と対比されていることである。そこでは「ドイツの言葉」、「ドイツの音楽」、「ドイツのもてなし」が「一日の暗い影」を忘れさせてくれるのだという。

（38）Reichsführer SS, SS-Hauptamt – Schulungsamt, *Der Untermensch*, Berlin 1942. この親衛隊の教育冊子『劣等人種』は一九四二年に出版され、戦争末期まで版を重ねた。

（39）ロベルト・クヴァウェクはルブリン管区のユダヤ系ドイツ人に関する研究の中で、ユダヤ教からキリスト教に改宗し、いわゆる「人種ユダヤ人」として強制移送され殺害された男女の特殊な状況を指摘している。Robert Kuwałek, *Von Lublin nach Belzec. Auf Spurensuche: Leben und Vernichtung der Juden im südöstlichen Lubliner Land*, Lublin 2006, S. 125 を参照。

(40) Primo Levi, *Ist das ein Mensch? Ein autobiographischer Bericht*, München 2013, S. 35 ff. Hinton, »Why Did the Nazis Kill? Anthropology, Genocide and the Goldhagen Controversy«, S. 14 f. の分析も参照。

(41) Harold Garfinkel, »Conditions of Successful Degradation Ceremonies«, in: *American Journal of Sociology* 61 (1956), S. 420-424. ガーフィンケルはこの論文の中で「降格の儀式」を論じている。

(42) Omer Bartov, *The Eastern Front, 1941-45. German Troops and the Barbarisation of Warfare*, Basingstoke 1985 の考察を参照。オメル・バルトフによれば、ナチ指導部が兵士や警察官にかけた大きな圧力は、占領地の地元住民や民族的・宗教的に規定された少数民族、戦争捕虜に対する兵士や警察官の残忍な暴力にはけ口を見出した。

(43) Sereny, *Am Abgrund*, S. 116.

(44) Browning, *Ganz normale Männer*, S. 211. こうした機能主義的な説明は、ゴールドハーゲンによって厳しく批判されている。Goldhagen, »Ordinary Men or Ordinary Germans?«, S. 303 を参照。ゴールドハーゲンはその際、二つの機能主義的な説明が存在することを見落としている。一つは彼が主に批判している説明で、犠牲者を威圧して従わせることで、具体的な作戦の際に「殺害の仕事」を遂行しやすくする点に残虐性の機能を見出すものである。第二の機能はゴールドハーゲンが組織的に論じていないもので、残虐性の行使が殺害そのものを容易にする点にある。これはまさにミェンジジェツのように、警察官が完全に統制していた状況において見られるものである。

(45) 古典的な研究は、Howard S. Becker, *Outsiders. Studies in the Sociology of Deviance*, New York 1963; Erving Goffman, *Stigma*, Englewood Cliffs 1963 である。ここではラベリング論に関する論争に詳しく立ち入ることはできない。これに関する初期の研究として、Wolfgang Keckeisen, *Die gesellschaftliche Definition abweichenden Verhaltens. Perspektiven und Grenzen des labeling approach*, München 1974 を参照。

(46) 古典的な研究として、Bartov, *The Eastern Front, 1941-45* を参照。また、Bartov, *Hitler's Army. Soldiers, Nazis, and War in the Third Reich*, New York, Oxford 1991; Bartov, »The Conduct of War. Soldiers and the Barbarization of Warfare«, in: *Journal of Modern History* 32 (1992), S. 32-45 も参照。

(47) たとえば正当防衛の場合など、民間人による合法化された暴力行使の形態もある。また、たとえば犯罪組織の場合など、公式に期待されているが合法化されていない暴力行使もある。

(48) この点については、一九四五年以降の刑事訴追における取り扱いも参照。たとえば Kerstin Freudiger, *Die juristische Aufarbeitung von NS-Verbrechen*, Tübingen 2002, S. 65 ff. を参照。

(49) Reemtsma, *Vertrauen und Gewalt*, S. 411; Jan Philipp Reemtsma, »Terroratio. Überlegungen zum Zusammenhang von Terror,

Rationalität und Vernichtungspolitik«, in: Wolfgang Schneider (Hg.), *»Vernichtungspolitik«. Eine Debatte über den Zusammenhang von Sozialpolitik und Genozid im nationalsozialistischen Deutschland*, Hamburg 1991, S. 135-163. レームツマは、ホロコーストは従来の合理性の観念では理解することができないと述べたダン・ダイナーの考察を踏襲している。たとえばユダヤ人評議会を例にした考察として、Dan Diner, »Historisierung und Rationalität«, in: Hans-Uwe Otto, Heinz Sünker (Hg.), *Politische Formierung und soziale Erziehung im Nationalsozialismus*, Frankfurt/M. 1991, S. 9-17 を参照。私の見るところでは、「テロの理性（Terroratio）」という用語は従来よりもはるかに強くシステム準拠の概念と関連づける必要がある。多くの手がかりが示しているのは、そのような「テロの理性」が具体的な対面的相互行為における暴力の行使の中で発展しうることである。ここにはまさに、ランドル・コリンズの暴力に関するミクロ社会学的考察との直接的なつながりを見出すことができる（Randall Collins, »The Micro-Sociology of Violence«, in: *The British Journal of Sociology* 60 (2009), S. 566-576）。だが対面的な相互行為における「テロの理性」は、そうした合理性の考慮が暴力の行使を国家的に正当化した人びとのレベルにも存在していたことを必ずしも意味するわけではない。そこではパスポートの交付、新しい道路の建設、暴力の行使などを根本的に区別しない「普通」の行政的合理性が支配的であった可能性がある（だが必ずしもそうであったとは限らない）。

（50）これに対して、拷問の実行はゲシュタポのメンバーへのフォーマルな期待として十分に理解することができる。簡潔な入門書として、Robert Gellately, *The Gestapo and German Society*, Oxford 1990; George C. Browder, *Hitler's Enforcers. The Gestapo and the SS Security Service in the Nazi Revolution*, New York, Oxford 1996 を参照。優れた概説は、Gerhard Paul, Klaus-Michael Mallmann (Hg.), *Die Gestapo. Mythos und Realiität*, Darmstadt 1995 である。

（51）トルッツ・フォン・トロータ（Trutz von Trotha, »Gewaltforschung auf Popitzschen Wegen«, in: *Mittelweg 36* 9 (2000), S. 26-36, hier: S. 31 f.）は、ハインリヒ・ポーピッツの論考（Popitz, *Phänomene der Macht*）を参照しながら、自己目的としての暴力と目的を達成する手段としての暴力とを分析的に区別することを主張している。この区別に依拠することではじめて、同じ暴力行為がある者にとっては自己目的であり、別の者にとっては上位の目的を達成する手段であることが明らかになるのである。

（52）トーマス・キューネは組織に妥当する分析を国民国家の次元にまで拡張している（Kühne, *Belonging and Genocide*, S. 6 ff.）。「一緒に殺す国民は一緒にとどまる（The nation that slays together, stays together）」とは、デイヴィッド・セサラーニがキューネのテーゼを簡潔に要約した言葉である（David Cesarani, »Review Thomas Kühne Belonging and Genocide«, in: *Central European History* 45 (2012), S. 162-165, hier: S. 162）。キューネのテーゼはある意味で、戦後ドイツのアイデンティ

ティがホロコーストに対する罪悪感によって大きく規定されたという一般的なテーゼと対をなす、ナチ時代に関連したアンチテーゼである（この点への批判として、Bernhard Schlink, *Vergangenheitsschuld und gegenwärtiges Recht*, Frankfurt/M. 2002を参照）。同様の考察は、すでにOmer Bartov, *Mirrors of Destruction*, Oxford, New York 2000, S. 29にも見られる。「今日にいたるまで兵士たちを結びつけてきたのは、彼らの闘争共同体やその延長である表面上の民族共同体以上に、国家の指導部や多くの市民・兵士たちが暗黙のうちに、あるいは明示的に証言している殺人共同体への帰属意識であった」。だが第二次世界大戦中にすでに国民全体が「犯罪と罪の共同体」に包摂されていたという指摘は、私には疑わしく思える（Kühne, *Belonging and Genocide*, S. 160）。たしかにナチ・プロパガンダは国民に対して、ドイツが戦争に負ければ敵が恐ろしい復讐をするに違いないという考えを植えつけようとした。だがもしそうだとすれば、国民的結束を強めるのに役立ったのは、集団的犯罪についての意識ではなく、そうした復讐への恐怖であった。

（53）この点については、Elissa Mailänder Koslov, *Gewalt im Dienstalltag*, Hamburg 2009も参照。

（54）James E. Waller, »Perpetrators of the Holocaust: Divided and Unitary Self Conception of Evildoing«, in: *Holocaust and Genocide Studies* 10 (1996), S. 11-33, hier: S. 28. ウォラーは心理学の観点から議論を行っている。だが彼の議論は社会学的な観点から、期待という概念を用いて再定式化することができる。

（55）組織内の暴力文化の形成については、Jens Westemeier, *Himmlers Krieger. Joachim Peiper und die Junkerschulgeneration der Waffen-SS in Krieg und Nachkriegszeit*, Paderborn 2014を参照。同書の中でイェンス・ヴェステマイヤーは、以前に自著（Jens Westemeier, *Joachim Peiper (1915-1976). SS-Standartenführer. Eine Biographie*, Osnabrück 1996）の中で行ったいくつかの考察を修正している。

第七章　動機の一般化

もし私と同じ教育を受け、私と同じ言葉を話し、私と同じ本、同じ音楽、同じ絵画を愛する人たちが冷酷無情になり、病的な個別事例を除いて、現代の人たちにはできないと思われたようなことをする危険性を免れていないとしたら、私はどうやって自分がその危険性を免れているという確信を得たらいいのだろうか。

マックス・フリッシュ(1)

大虐殺から二〇年後に刑事警察と検察局が行った尋問の中で警察官たちが証言した内容を信じるならば、彼らは程度の差はあれ、強制移送や射殺に関与していたことになる。一部の者たちは、殺害の最中もその後も深く考えることなく、ただ自分たちの任務をこなしただけだと供述した。他の者たちは、自分たちは思いとどまったが、何人かの仲間は文字通り血を渇望して積極的に殺戮を実行したと説明した。さらに別の者たちは、自分たちが行った殺戮によって錯乱状態に陥り、射殺の最中に嘔吐してしまったと告白した。

こうした証言にもとづき、ヘルベルト・イェーガーは一九六〇年代末――ナチ犯罪の刑事裁判が増加していた時期――に「犯罪行為の類型論」を展開し、過剰な犯行、自発的犯行、命令による犯行、不本意な犯行を区別した。イェーガーはその際、恣意的行為、盲従的犯行、ポグロムへの参加を過剰な犯行に分類している。射殺への自発的参加、自主的な個別の犯行、強制移送への個人的関与は自発的犯行に、「自動的服従」という形での非自主的な命令の遂行は命令による犯行に分類されている。不本意な犯行の例としては、命令に対する明確な抗議の後の、再三にわたる要求の後の、あるいは強制手段の脅威を理由としての射殺への参加が挙げられている。(2)

この「犯罪行為の類型論」からほとんど切れ目なく、さらに研究者によって「加害者の類型論」が提起されることになった。(3) クリストファー・ブラウニングによれば、加害者の一類型はユダヤ人の殺害を楽しむ過剰な加害者であった。この「確信的で血に飢えた殺人者」は自発的に処刑部隊に志願し、射殺の前に犠牲者を拷問し、それに引き続き「自分の殺人行為」を祝った。別の加害者の類型は「命令されたこと」は何でもやったが、ユダヤ人の殺害を「救済の行為」とは考えなかった男たちである。ブラウニングの分析によれば、最後の加害者の類型は「不本意」に殺戮作戦に参加したが、ゲットー解体、強制移送、射殺から積極的に逃れようとしなかった。(4)

このような類型論が作られたことで、「自発的な実行者」、「意志のない追随者」、「不本意な加害者」の割合がそれぞれどれくらいだったのかを論じることが可能になった。ナチ支配下の「ドイツ人」の罪を確信している者は、たとえばゴールドハーゲンのように、ドイツ人の「圧倒的多数」は深い信念から殺人を犯したのであり、大隊員のうち無視できるほど少数の者だけがユダヤ人の殺害に中立的、あるいは拒否的な姿勢を示したのだと主張した。(5) あるいはブラウニングのように、「かなり少数の者たち」がユダヤ人の殺害を楽しんでいたが、最大の集団は「自分たちの行為が間違っているか、あるいは道徳に反しているか」を考えることなく殺害を実行したのだという逆のテーゼを打ち出す者もいた。積極的に殺害を実行する「気がなかった」と認められたのは、「大隊員の一〇％より少し多いが、二〇％よりは確実に少ない」少数のグループだけであった[6]。

だが「自発的な」、「不本意な」、「意志のない」実行者のそれぞれの割合に関する活発な議論は、社会学的な分析にとってあまりにも大雑把な加害者の類型に依拠して行われている。当事者をいくつかの類型に押し込むのではなく、組織的な暴力行為の際に人びとがどのように自己を呈示するのか、そうした自己呈示において彼らがどのような一貫性の制約を受けるのか、そして組織メンバーが様々な動機をもち、それを自己呈示においても表現するという事実に、組織がどのように対処するのかに注目する方が、社会学的な観点からはずっと興味深い。

1 個人的関与の様々な呈示方法

暴力が直接に行使される比較的短い時間の局面——犠牲者の殴打や至近距離からの射殺——では、そうした行為に関与する者はたいてい行為に没頭しているため、自己呈示にほとんど注意を払わない。だが暴力の行使はしばしばゆっくりと行われ、長期にわたって影響を及ぼすため、暴力の行使者には自己呈示を行う機会が数多く存在する[7]。もっとも、組織に加入すると組織から主に役割の担い手と認識されるため、個々人が自己呈示を行う機会は減少する。警察官や兵士の制服——組織内の役割の視覚的な表現——の背後では、少なくとも一見した限りでは、特定の個人は姿を消している[8]。だが以下で示すように、組織内の役割の担い手にも自己を呈示し、それによって自らを個人として認識できるようにするための様々な方法がある。

役割の中立性

組織はある程度まで、メンバーが自らの遂行する行為を個人としての自分と関連づける負担を軽減する。法的規則に従って警備区域を封鎖した警察官は、個人としての身元を明かす必要はなかった。トラヴニキで訓練を受けたウクライナ人補助要員は、工場や鉄道区間を警備する際に組織内の役割の背後に隠れて、これらの行為が自分の別の役割、たとえば父親や友人としての役割とは無関係であると主張することができた。

だが組織は役割期待を細部まで規定することができないため、役割の担い手が個人として呈示されることは避けられない。兵舎の中庭での訓練や行軍装備の荷造り、武器の手入れでさえ、個人が完全に役割の背後に消滅してしまうほどまで詳細に規定することはできない。国家暴力組織の枠内で暴力を行使する場合でも、介入の速度や殴打の強さ、発砲の頻度を変えることのできる機会はつねに残っている。些細な違反、ちょっとした個性こそが、ある人物を役割の中の個人として認識できるようにするのである。[9]

だがこうした制約にもかかわらず、組織のメンバーであることは組織内の役割の背後にいる個人として、少なくとも一歩退く機会を提供する。ハンブルクの警察大隊の隊員であったエルヴィン・ガートマン軍曹は、一九六〇年代半ばのハンブルクの捜査当局による尋問の中で、当時なぜ処刑に参加したのかという質問に「ほとんど答えられない」と説明している。「当時は深く考えていなかったと言わざるをえない。後年になってようやく当時何が起こったのかを理解した」[10]。もう一人の被告であるクルト・ドライヤーは、当時なぜあのように行動したのかという質問に対して、「現在のことと当時のことを調和させる」のは「限りなく難しい」と答えただけだった。[11]

自分の活動に対してこのように中立的な姿勢を装うことが、組織メンバーには可能である。ニクラス・ルーマンによれば、組織メンバーとしてある行為を遂行している、あるいは遂行したことを明らかにすることで、そうした行為が「自分という存在」に帰せられるのを望まない、つまりこうした行為によって自分が「他の役割の中の自己呈示」に拘束されるのを望まないというシグナルを観察者に送ることができる。[12] 組織内の役割は組織メンバーに、行為をある程度まで「非個人的」なものとして呈示することを可能にする。

もっとも、このような自己呈示は多くの状況において阻止されたり、妨害されたりする。それはたとえば、組織メンバーがある目的を達成するのに様々な手段を選択することができ、適切な手段の選択がそれぞれの個人の決定に帰せられるような場合である。あるいはまた、ある個人の行為が公式秩序から期待されるものかどうか不明な領域で遂行される場合である。このような無関心領域の「グレーゾーン」で積極的な関与を示せば、それは個人的な行動としてその人に帰せられる。また、組織メンバーが組織の規則に違反した場合はなおさらで、たとえそれが型破りな手段で組織の上位目標の達成に寄与するためであったとしてもである。この場合、規則違反はその個人に帰責される。

役割への関与

組織から命じられた活動を遂行する際に、自らを個人として積極的に呈示する方法は数多く存在する。役割を遂行する際に特別な熱意を示すこと、期待された要求を上回る成果を挙げること、あるいは行為の後にその活動への満足を表明することなどである。ウーヴェ・シマンクが言うように、積極的な「役割演技者」は役割の機能に対して「期待される以上のこと」をなしとげる。[13]

役割への関与を呈示する際には、組織から提供される成員動機が——程度の差はあれ——利用される。組織がメンバーに報酬を支払っている場合、さらにはメンバーに任務を強制している場合、組織メンバーはこれを役割への関与の背景として利用することができる。組織での活動に報酬が支払われているにもかかわらず、さらには強制的に加入させられているにもかかわらず、メンバーはその役割を積極的に遂行する。強制と報酬という動機づけの手段は、当初はメンバーの組織内の役割に対する距離を示唆するが、メンバーの組織目的への共感や活動への喜びを示す自己呈示の要素によって補完される。

暴力が行使される短い時間の局面は、暴力の専門家としての役割の遂行にことさら積極的に関与していることを示すのに利用されることがある。無力な犠牲者は激しく殴打され、とっくに死んでいるのに銃弾を撃ち込まれ、その死体が切り刻まれる。[14] 戦後、多くの大隊員は——殺戮に対する距離を示すためでもあったが——何人かの仲間が際立って積極的に殺戮の仕事を遂行したことを指摘した。たとえばルドルフ・グリュルは、大隊員たちから「任務に大きな情熱」を示す「向こう見ずな男」、「百％のナチ」と評価された。[15] 戦死した中隊長ハルトヴィヒ・グナーデは「サディスティックな素質」をもち、「死体の上を」歩く「ユダヤ人絶滅の狂信的な擁護者」と見なされた。[16] ハインリヒ・ベッカー軍曹は殺戮活動の際に目立とうとしたために、小隊員たちから「悪党」と呼ばれた。[17]

このようなメンバーの積極的な関与は、組織の中でとくに際立った人物にしばしばあだ名が付けられたことからもうかがわれる。ハノーファーの第一一一警察大隊では、絶滅政策の遂行に特別な熱意を示した大隊指揮官が「キェルツェの虎」、「死体のハインリヒ」と呼ばれた。[18] よく研究されている第六一警察大隊では、とくに際立った警察官が「射撃王」、「いとしいやつ」と名付けられた。[19]

組織には、役割への関与を呈示することが避けられない状況が存在する。それはとくに、組織内で昇進をめざす組織メンバーに当てはまる。たとえばユリウス・ヴォーラウフは警察官候補者採用の志願書に、自分は「党と軍の学校を卒業」しており、「軍人としての徳性とナチ国家への無条件の献身」が要求される警察官の仕事を「最も理想的な職業」と考えていると記述している[20]。たとえそれがナチ組織の幹部職に応募する際の通常の傾向であったとしても、後に検察局はこの記述をヴォーラウフのナチ国家への強い共感を裏付けるのに利用することができたのであった。

何人かの大隊員が組織内の役割の遂行に熱意を示したことは、戦後の尋問で彼らの出世欲を表すものとしても説明された。ユダヤ人の強制移送と射殺への個人的な距離を示したハインツ・ブーマンは、中隊長ヴォーラウフとホフマンの熱意について、彼らは「現役の若者」で「ひとかどの男になりたかった」のだと説明している[21]。射殺への参加を控えていたと主張するグスタフ・ミュラーは、自分は「現役の警察官ではなく、自営の職人」であり、「昇進しない」ことが気にならなかったので、任務中に特別な熱意を示す必要がなかったのだと説明している[22]。

戦後、他者の熱意に言及することが、組織の要求を遂行する際の自分の控えめな姿勢を強調するのに役立ったことはたしかである。とはいえ、この種の発言は一つの重要な点を突いている。すなわち、組織での昇進は通常、ある人物がメンバーの役割を遂行する際に平均以上の熱意を示す場合にのみ可能だということである。組織メンバーは役割を遂行する際に自分を個人として呈示することで、自らの出世欲を強調するのである。

役割への距離

組織メンバーが自分を個人として呈示するもう一つの方法は、役割を遂行する際に消極的姿勢や反感、さらには嫌悪感を示すことである。たとえば家族や友人の集団とは異なり、組織では自己呈示の際に自分の役割から距離をとることが容易である。目的と動機が分離しているため、組織メンバーとしての役割の中で自分がすること、あるいはこれからしようとしていることと、個人としての自分とを同一視されたくないという姿勢を表明するのは比較的簡単である。

戦後、捜査当局に対して行われた証言の中で、多くの大隊員が命令の遂行に消極的であったと主張している。たとえばある大隊員はユゼフフでの処刑の際、至近距離からの射殺で犠牲者の一人の頭蓋骨が弾け飛び、脳味噌まみれになったために嘔吐したと報告している。(23) たいていの場合、嘔吐自体はまずもって自分の暴力行使の影響に対する身体的反応にすぎなかったと考えられるが、後に警察官たちにより、組織の要求に同意していなかった事実を示す証拠として利用されることもあった。(24)

秩序警察官のこのような行動は、社会学では役割距離と呼ばれる。役割距離とは、心理学の観点から想定されるように、「行為と存在」の間に個人が知覚する差異を示すものではなく、むしろ役割を遂行する際に、自らが遂行する役割と個人としての自分とを同一視されたくないという姿勢を呈示する可能性を示すものである。つまり役割距離とは、役割の遂行の際、あるいはその後に自分の消極的姿勢を呈示する手段である。(25)

自分自身と同一視されたくない任務の遂行を期待されている者にとって、役割距離は重要な機能をもつ。イェルク・バルケによれば、彼らのアイデンティティは組織から守られている。こうして表明されるのは、組織から命じられた行為の結果が個人としての自分に帰せられるのを望まないという姿勢である。(26) 興味深いのは、命じられた者を文字通り夢中にさせるような暴力の行使、ランドル・コリンズが詳細に説明したような過剰な暴力行使の形態が存在するだけでなく、暴力の専門家が任務を遂行する際に役割距離を示す場合もあること、しかも暴力行使が即決処刑のような標準化された手順に組み入れられるほど、そうした距離の呈示が容易になることである。(27)

このように役割距離を示す機会があることで、人びとは組織の要求に同意することなく、組織内の役割を引き受けられるようになる。組織もまた、そこから利益を得ることができる。というのも、役割の担い手は役割距離を呈示することで、個人としての自分をその役割からある程度引き離すことができ、これによって組織もまた、魅力のない役割を遂行する人員を見つけることができるからである[28]。

2　自己呈示の管理

対面的な相互行為の中で、人びとはほぼ必然的に自己呈示に取り組む。アーヴィング・ゴフマンによれば、このような自己呈示は大部分の日常的な相互行為では無意識のうちに行われるが、非日常的な状況では自己呈示に大きな要求が課される[29]。そして、強制移送と射殺こそ、秩序警察官、親衛隊員、国防軍兵士に三つの意味の次元すべてにおいて高度な自己呈示の管理を要求するような状況であった。

事実的次元における自己呈示

私たちは自己呈示を行う際、自分の一貫したイメージを描くことをもとめられる。いったんある特徴をもつ個人として自己を呈示した者は、大なり小なり呈示上の問題をきたすことなく、それを変更することはできない。ある人物が一度採用した自己呈示から頻繁に逸脱するようであれば、その人は一貫性のない予測不可能な人物ではないかという疑いをかけられる。ニクラス・ルーマンのよく知られた例を用いるなら、「非喫煙者として自己を呈示した人は、すぐに喫煙を始めてはならない」のである[30]。

それゆえ、自己呈示は大きな一貫性の圧力と結びついている。単純化して言えば、大量処刑の際にユダヤ人の男性、女性、子供の殺害に一度でも参加した警察官は、自己呈示上の理由から、さらなる射殺にも参加せざるをえないと思ったのかもしれない。だからといって、警察官たちはいったん自己呈示を行って組織に受け入れられたら、その呈示にずっと従うことを強いられたわけではない。だが以前の自己呈示から逸脱することを決めた場合には、彼らはそのことを説明しなければならなかった。

このような呈示上の問題は、ある行為が遂行されたということだけでなく、それがどのように行われたかということにも関係してくる。ある警察官がそれまでゲットー解体の際に「タフな男」として自己を呈示していたのに、血まみれの男性、女性、子供たちを前にして突然「軟弱」になったとしたら、彼は呈示上の問題に直面したはずである。また逆に、それまでたえず処刑部隊への配属に消極的な姿勢を示していた警察官が、いわば「一夜にして」積極的な実行者になった場合も、呈示上の問題をきたしたに違いない。

組織で活動したとしても、そのような呈示上の問題が解消されるわけではない。事態は逆で、多くの組織メンバーが同一の行動を要求されることが多いため、個々のメンバーが他のメンバーと比較してどれだけ早く、どれだけ積極的に期待に応えているかが注意深く観察される。もちろん、組織メンバーは標準化された組織の期待を用いて自らの行為を説明することで、これらの行為が個人的な自己呈示の一部と見られるのを望まないという姿勢を表明することはできる。しかし期待される活動が高度に標準化されているがゆえに、個々の組織メンバーの自己呈示は他の組織メンバーからも、組織を取り巻く人びとからも注意深く観察されることになるのである。

社会的次元における自己呈示

決定的に重要なのは、誰に対して役割の中立性、役割への関与、役割への距離を示すかという点である。ある役割の中で行われる自己呈示には、観察者、つまりその役割を遂行している私たちを観察する者が必要である。これはたとえば、医師から治療を受ける患者、教師から教わる生徒、警察官から退去を命じられる人など、役割の遂行によって直接影響を受ける者である。また、役割遂行の際に行われる自己呈示が、医師の治療を補助する看護師、教師と生徒のやりとりを研究する研修生、同僚の職務遂行を観察する警察官など、同僚に向けられることもある。[31] あるいは役割の呈示が、それを観察する第三者、つまり自分自身は出来事に直接関与していない者に向けられる場合もある。

要するに、秩序警察官の自己呈示が社会的次元において問題にしていたのは、ラウル・ヒルバーグが提案した区別を用いるなら、犠牲者、加害者、観客による行動の観察である。[32] ここで重要なのは、従来のホロコースト研究が主に取り組んできたような、そうした犠牲者、加害者、観客の行動の解明だけではない。社会学的な観点からは、犠牲者、加害者、観客による観察が大隊員の自己呈示にどのような影響を与えたかを正確に再現することも重要である。

数少ない生存者の口頭や文書による証言から、秩序警察官が犠牲者に対してどのような自己呈示をしていたかがわかるが、とくに作戦中に撮影された写真からも、多くのことが明らかになる。ゲットーへの食料の密輸を理由に処罰したり、家から追い出したり、鉄道車両に押し込んだりした相手に対して、警察官が自分の役割への距離を示すといったことは、原則としてありえた。警察官が犠牲者に対して、自分はこれから警察官としての役割に伴う任務を遂行しなければならないが、自分に課せられた期待にはまったく同意していないと語ったという報告もいくつかある。[33] 相手を家から追い出すときは、秩序警察官がこうした自己呈示を行うことはまだ可能だが、相手の命を奪うとなると、これはもっと難しくなる。「申し訳ないが、これからあなたを殺さなければならない」というような自己呈示は、個々の殺害の状況ではありうるかもしれないが、ユダヤ人の殺害においては、絶対的な例外であったことはたしかである。

さらにまた、警察官の自己呈示はしばしば観客にも向けられていた。というのも、ゲットー解体、強制移送、射殺はほとんどの場合、公衆の面前で行われたからである。そうした観客の中には、非ユダヤ系ポーランド人、ドイツ占領当局の民間職員、あるいはその地域に駐屯していた国防軍兵士も含まれていた。判明している限り、これらの観客に対する自己呈示はどちらかと言えば従属的な役割しか果たさなかった。警察官たちはたいてい彼らの評価を重視せず、どうせすぐに再会することはないと考えていた。ところが、警察官が他の役割との関係で出会った人びとが観客になった場合は事情が違った。第一中隊の中隊長ユリウス・ヴォーラウフがポーランドを訪問した妊娠中の妻ヴェーラ・ヴォーラウフをゲットー解体に連れて行ったとき、大隊員たちの間にはそれ相応の動揺が生じた。(34)

任務に参加した仲間に対する自己呈示はきわめて重要であったが、それは犠牲者や観客との接触がたいてい短時間であったのとは対照的に、同志たちとは長期にわたって寝食をともにしたからである。そのため、自己呈示における一貫性の断絶は人目を引いただけでなく、とくに厳しい制裁を受けることにもなった。警察官たちは戦争状況の中で同志たちからの評価に依存していたため、これは当事者にとってはかなり深刻な問題であった。

時間的次元における自己呈示

ゴフマンも指摘しているように、自己呈示はまず状況の中で直接行われる。ゲットー解体、強制移送、射殺の際にも、警察官や兵士は役割要求に対して中立的な、積極的な、あるいは距離を置いた姿勢を表明することができた。だがある活動に関する自己呈示が、後になってはじめて行われる場合もある。誰かに尋ねられてはじめて、人びとは――これがC・ライト・ミルズが指摘する点である――なぜあのような行為をしたのかを説明するのである。

自己呈示の時間的な一貫性が重要な基準であることは、すでに述べた。ある役割の遂行に大きな役割距離を示した人物が、後になって自分は役割要求に積極的に応えたと主張するなら、面倒な事態に陥る。また、今日の時点で役割要求に肯定的な発言をしている人物は、明日になって自分が本当はそれを歓迎していなかったことを他人にわかってもらおうとするなら、多少の努力をしなければならなくなる。

ナチ時代とその後で期待される姿勢が根本的に異なっていたため、自己呈示に対する要求も大きく異なっていた。占領地に派遣されている間、警察大隊の隊員にとって機能的だったのは、隊員としての役割を遂行する際に優れた資質を示すことであった。大量処刑の際に大きな熱意を示した者は「優秀な警察官」と認識され、組織内の出世の階段を登る見込みがあると期待することができた。

隊員としての役割を遂行する際に個人として優れた資質を示そうとするこのような試みは、ナチ体制によって奨励されていた。国防軍にも秩序・保安警察にも、役割の遂行において優れた資質を示した者に組織内の昇進で報いるような人事制度があった。昇進の機会のほか、勲章――パルチザン掃討章から鉄十字章まで――の授与も、組織内の役割の遂行にもとづいて個人を特別に取り立てる方法であった。

第二次世界大戦中の組織メンバーの関心は、自分の行為が組織の一員としての役割に加えて、個人としての自分にも帰せられることにあったが、終戦後は根本的に事情が変わった。ヤン・キーペは、大隊員たちが尋問する側の期待に合わせて自分の記憶を変化させたことを明らかにしている[35]。第二次世界大戦中は非常に熱心で出世欲の強い人物としてふるまっていた者でさえ、戦後はとくに熱意をもって事にあたっていたわけではない単なる役割の担い手として自己を呈示した。

一度選択した自己呈示の形態から逸脱したときに生じる問題を過小評価すべきでないとしても、人は永遠にこの形態に縛られるわけではない。彼は自分の行動によって形成された期待から逸脱することができるが、それによって生じる正当化の重荷を背負うことになる。ルーマンによれば、「従来の呈示から逸脱する場合」、その人はさもなければ同じ状態にとどまる――つまり「今後も信頼できる期待形成の対象」であり続ける——ことを確信してもらえるような「適切な説明を提供しなければならない」[36]。

それまで実践してきた呈示から逸脱する可能性があるにもかかわらず、大多数の警察官たちは最初の射殺への参加によって形成された自己呈示を、さらなる射殺への参加によって一貫したものにしただけではなかった。きわめて多くの警察官はさらに——キーワードは粗暴化である——自分の行動を残虐化させることで、こうした自己呈示を拡大していった。気を滅入らせるのは、いったん仲間に対して信頼できる殺害者として自己呈示を行うと、それを強化することの方が、必要であれば良心に従い、呈示の一貫性を失ってでもさらなる殺害の遂行を拒否することよりも、しばしば重要になったように思われることである。

3　目的と動機の分離

多くの組織の指導部から見れば、組織メンバーはできる限り組織に完全に共感し、積極的にメンバーの役割を果たす人びとから構成されていることが望ましい。理想的なイメージは、組織メンバーの動機が組織の目的と完全に一致し、それゆえ役割の遂行に距離を置く呈示がまったく生じないような組織だと思われる。組織の目的とメンバーの動機が一致している場合、メンバーの自発性に頼ることができるため、ヒエラルキーを通じた統制を大幅に減らすことができると想定される。また、組織の目的自体が動機づけを強める効果をもつため、給与を節約する可能性も生じるだろう。

ナチ国家では、まさにそうした組織の目的とメンバーの動機の一致が称賛された[37]。ヒトラーが「ドイツ民族体の結束」を唱え、「ドイツ国民」が「最大限の決意で彼の指導に従う」ことへの確信を表明したとき、彼はナチ国家の組織メンバーがナチ国家の目的に完全に共感することを想定していた[38]。また、ある感嘆符だらけのナチスの出版物が開戦直後の時期に、ポーランド占領時の兵士の「行進の歩調」を特徴づけた「狂信的な理想主義」、彼らの「熱い情熱」と総統への「盲目的な信頼」、ヒトラーの部隊訪問時に「総統に向けて輝いた」「何千人もの兵士の目」のことを話題にしているのを見ると、プロパガンダにおいて組織の目的とメンバーの動機の一致が強調されていたことがわかる[39]。

とはいえ、組織が期待するあらゆる行為を遂行するよう組織メンバーを動機づけるためには、組織の目的さえあれば十分だと想定しているような組織はごく少数であり、この点ではナチ組織もけっして例外ではない。それゆえ、組織は組織の目的に共感するメンバーを徴募しようとするか、少なくとも獲得したメンバーを組織の目的に共感させようとするが、ほとんどの場合――すでに明らかにしたように――メンバーの動機づけのために追加的な手段が用いられる。すなわち、強制、金銭、同僚への期待、魅力的な活動である。

ルーマンが正しく強調しているように、これらの動機づけの手段は「相互に干渉し合い、妨害し合い、信用を傷つけ合い、相殺し合う」可能性がある。メンバーの信念に訴えると同時に非同調的な行動には制裁を科すと脅したり、仕事の面白さを強調すると同時に破格の報酬を約束したりすれば、組織メンバーにとっては説得力がなくなる。もっとも、ルーマンはそこから性急に飛躍して、動機づけの手段は「類型に従って特殊化され、誘導される」ものであり、組織は目的への共感、強制、報酬、同僚への期待、あるいは魅力的な行為のいずれかを通じてのみ、メンバーを動員しようとすると結論づけている[40]。だがそうした主張とは反対に、組織の特徴はまさに――メンバーへの呈示に困難をきたすにもかかわらず――メンバーにたいてい複数の動機づけの手段の束を提供することにある。

組織が用いる戦略は、メンバーの動機を一般化することである。メンバーのどんな動機が組織への加入と滞留にとって重要であったか、あるいは重要であるかとは無関係に、組織はメンバーへの期待を公式化すること――組織への滞留をフォーマルな期待の遵守に依存させること――を通じて、メンバーが組織から様々な動機を付与されながらも、組織の期待に服従することを最終的に保障するのである。(41)

あらゆる組織メンバーは、こうしたフォーマルな期待に従わなければならない。組織の上位目的に強く共感しているメンバーも、その目的をあまりにも独自に具体的な行為に「翻訳」する傾向があり、組織にとって問題になることがあるからである。熱狂的な兵士が、国防軍にとっては西部戦線よりも東部戦線で戦う方が理にかなっているとの結論に達し、東部戦線での任務に志願したとしたら、おそらく脱走罪で有罪になっただろう。(42)またすでに言及したように、ハインリヒ・ヒムラーはユダヤ人に対する独断の残虐行為が横行していることを知って、ユダヤ人に対する親衛隊員のあらゆる個別行動を「最大限の厳罰をもって」禁止した。彼はほんの些細な違反行為も親衛隊からの除名処分をもって罰すると通告し、「ユダヤ人問題の解決」のための行動方針の決定はナチ指導部だけに委ねられており、個々の親衛隊員が勝手に実行してはならないと強調した。(43)とくにポーランド占領開始時にはいくつかのケースで、ユダヤ人の迫害に際しての国防軍と警察のメンバーの独断の行動が禁止された。たとえば自分の判断でユダヤ人の捕虜を射殺した警察官に対しては、懲戒手続きが開始された。その後も窃盗などの犯罪行為を隠蔽するために命令なしに殺人を犯した警察官に対して、親衛隊・警察裁判所が処分を下した事例があった。(44)同じ組織が少なくとも一九四一年半ばからユダヤ人の殺害を任務としていたにもかかわらず、それを組織計画の枠外で実行した場合には処罰の対象となったのである。(45)

人員徴募の柔軟性

成員動機の一般化を通じて、ナチ国家は人員徴募にある程度の柔軟性をもたせることができた。占領地での損失が大きかったため、戦争の過程で人員の「混成化」が進んだが、それにもかかわらず、殺戮計画を制約なく継続することができた。実際のところ、殺戮を実行するのが国家保安本部、ゲシュタポ、親衛隊髑髏師団の隊員であろうと、緊急任務を課せられた徴集兵、武装親衛隊の予備役、あるいは警察予備大隊の隊員であろうと、違いはなかった[46]。

加えて、ナチ国家は状況に応じて動機づけの手段を変えることができた。戦争末期には、兵士や警察官がナチ国家への共感や同志への忠誠心から任務を遂行することをあてにできなくなったが、それでも厳罰を科すことで人びとを組織にとどまらせることは可能であった[47]。ナチ国家はその結果、ある種の呈示上の困難に直面することになった。というのも、危機的な状況でもナチスの宣伝が強調した国民と総統との一体性は、脱走兵の処刑が増加している事実とますます整合させにくくなったからである。だがナチ国家は結局のところ、自らの計画が実行されるのを概ねあてにすることができた。

人員配置の柔軟性

組織の目的をメンバーの動機から切り離すことによってはじめて、組織は弾力性を獲得する。つまり組織は一定の枠内で目的を変更することができ、その目的がメンバーにとって魅力的かどうかをすぐに自問しなくて済むようになる。そのような弾力的な組織は、目的の変更がメンバーの不満をもたらすかどうかを厳密にチェックしなければならない組織よりも、たとえば政治からの期待の変化にうまく適応することができる[48]。

軍隊と警察部隊は、目的と動機の分離によって得られたこの柔軟性を活用した。単純化して言えば、一九四一年以前に様々な分野でソ連の兵士と進んで協力していた国防軍兵士を、一九四一年以降にただちに「ロシアの劣等人種」との戦争に投入することは、国防軍の観点からすれば機能的であった。報復作戦の際に家屋や農家の焼き討ちを命じる一方で、農業生産を維持するために必要な場合には家屋や農家の焼き討ちを「最小限に抑える」よう指示することは、国家保安本部にとっては機能的であった[49]。

このように組織の目的とメンバーの動機を少なくとも部分的に分離したからこそ、ナチ指導部は警察大隊の隊員たちを様々な方法で動員することができたのである。一九四二年から一九四三年への年の変わり目の頃、第一〇一警察大隊の様々な小隊の隊員たちはさしたる困難もなく集結させられ、ルブリン管区南部で主に非ユダヤ系ポーランド人を村々から追放し、ドイツ人の入植の準備をする任務に投入された[50]。第一〇一警察大隊の隊員たちは一九四三年春に他の大隊とともにパルチェフの森での「復活祭の祈り作戦」に投入されたが、これらの警察官たちが主にユダヤ人から構成されていたパルチザン部隊「プーシキン・グループ」との戦いに、同じく森林地帯で活動していたソ連のパルチザンに対する作戦よりも積極的に参加していたかどうかを検討する必要はなかった[51]。また、一九四四年には第一〇一大隊の第三中隊がワルシャワに派遣され、ポーランド国内軍の蜂起の鎮圧にあたったが、これも同じく隊員たちの動機を検討することなしに進めることができた[52]。それぞれの作戦の際の大隊員たちの動機が組織の目的と一致しているかどうかは、目的と動機の分離によって二義的な問題になっていたのである[53]。

暴力行使における動機状況の二義性

ホロコーストが一つの動機だけで説明できるのであれば、それは何か安心感を与えてくれるものになっただろう――たとえば確信的なナチスの一団が「抹殺的反ユダヤ主義」の計画を実行に移したのだとか、国民の大部分に対する「人種主義的教化」が成功したからだとかいった具合にである。もしそのように説明できるのなら、「人種主義者の一団」を特定し、政治的な手段を用いてそれを撲滅するか、相応の宣伝活動を行って人種主義的教化の影響を封じるかすれば、さらなる大量虐殺を防ぐには十分だということになる。

社会学的な観点からホロコーストを見たときに不安を覚えるのは、組織的な暴力行使においては、人びとがどんな動機から拷問、射殺、ガス殺に関与するかは二義的な問題にすぎないということである。もちろん、暴力の行使を専門とする組織も、メンバーが殺害の目的に完全に同意しているかどうか――つまり組織の目的が彼ら自身の動機とほぼ一致しているかどうか、メンバーが組織の目的に対してむしろ中立的な姿勢をとっているのであれば、組織が重要と見なす行為に参加するよう「買収」したり「強要」したりできるかどうか、あるいは彼らがもしかしたら具体的な行為に対して懐疑的な姿勢さえとっているのではないかといったことに合わせて、対応を調整しなければならない。結局のところ組織にとって重要なのは、組織が期待する行為が実行されることだけなのである。

注

（1）Max Frisch, *Tagebuch 1946-1949*, Berlin 2011.「ハンブルク、一九四八年一一月」の記述。

（2）「過剰な犯行」、「自発的犯行」、「命令による犯行」の区別については、Jäger, *Verbrechen unter totalitärer Herrschaft*, S. 22 ff. を参照。概観する限り、このような類型化は以前にも裁判の過程で展開されたことがある。たとえばフリッツ・バウアーは、加害者を確信的なナチス、権威に従順な命令の受け手、同調者に区別している。Fritz Bauer, *Heute Abend im Keller Club des Hessischen Rundfunks*, Wiesbaden 1964. この点については、Ilona Ziok, *Fritz Bauer – Tod auf Raten*, Berlin 2010 の解説を参照。

（3）こうした類型論は、すでに Jäger, *Verbrechen unter totalitärer Herrschaft*, S. 76 f. に見られる。その中でイェーガーは、分析の対象にした有罪判決を受けた者の二〇％を過剰な加害者、二％を自発的加罪者、六〇％を命令による加害者と想定している。この加害者類型論に続いてそれぞれ独自の加害者類型論を展開しているのが、たとえばクリストファー・ブラウニング（Browning, *Ganz normale Männer*, S. 246 ff.）やシュテファン・クレンプ（Klemp, *»Nicht ermittelt«*, S. 479）である。Browning, *Revisiting the Holocaust Perpetrators*, S. 7 und 11 も参照。ブラウニングは「普通の男たち」に関する自著への追加考察の中で、彼の類型論と割合の配分がジンバルドーのスタンフォード監獄実験の評価に触発されたものであると説明している（この点については、Haney u. a., »Interpersonal Dynamics in a Simulated Prison«; Philip G. Zimbardo, »On ›Obedience to Authority‹«, in: *American Psychologist* 29 (1974), S. 566 f.; Philip G. Zimbardo, *Der Luzifer-Effekt. Die Macht der Umstände und die Psychologie des Bösen*, Heidelberg 2008 を参照）。加害者類型のリストは無限に拡大できる。「イデオロギーに動機づけられた殺人者」、「不寛容な殺人者」、「暴力的な殺人者」、「恐怖に駆られた殺人者」、「出世志向の殺人者」、「物質志向の殺人者」、「規律正しい殺人者」、「同志的な殺人者」、「官僚的な殺人者」からなるマイケル・マンの九類型のリストを参照（Michael Mann, *Die dunkle Seite der Demokratie. Eine Theorie der ethnischen Säuberung*, Hamburg 2007, S. 48 ff.）。

（4）この説明については、Browning, »Die Debatte über die Täter des Holocaust«, S. 151 f.; Browning, *Revisiting the Holocaust Perpetrators*, S. 147 を参照。ドイツの親衛隊員、警察官、消防士、営林署職員の混成的な動機状況については、たとえば Klemp, *Freispruch für das »Mord-Bataillon«*, S. 97; Paul, »Von Psychopathen, Technokraten des Terrors und ›ganz gewöhnlichen‹ Deutschen«, S. 50 ff.; George C. Browder, »No Middle Ground for the Eichmann Männer?«, in: *Yad Vashem Studies* 31 (2003), S. 403-424, hier: S. 409; Kramer, »Tätertypologien«, S. 253 ff.; Curilla, *Der Judenmord in Polen und die deutsche Ordnungspolizei*, S. 875 も参照。

（5）「圧倒的多数」という用語への批判として、Erich Geldbach, »Goldhagen: Another Kind of Revisionism«, in: Franklin H. Littell (Hg.), *Hyping the Holocaust. Scholars answer Goldhagen*, Merion Station 1997, S. 89-102, hier: S. 98 を参照。ここにはダニエル・ゴールドハーゲンの記述への言及もある。

（6）Browning, »Die Debatte über die Täter des Holocaust«, S. 151 f. を参照。ユダヤ人の素性を隠し、ドイツ警察の通訳として生き延びたオズヴァルト・ルファイゼンの興味深い事例も参照。ブラウニングはルファイゼンの後の証言を利用して、加害者の三類型を正当化した。Browning, *Revisiting the Holocaust Perpetrators*, S. 12 f. を参照。

（7）暴力行使の局面が長期にわたる場合、暴力の行使者が自己呈示を再点検する「休憩時間」が短くなることが多い。

（8）こうした制服の着用がフォーマルな服装規定を超えて、組織メンバーによりインフォーマルに強化されるケースもある。「絶対的な男らしさ――上唇の髭」は、一九七〇年代から一九八〇年代までデモ参加者がよく口にしたスローガンだった。だがこうした連邦ドイツの警察官に当てはまる見方は、彼らのインフォーマルな制服着用の形態が主題化されていないことと顕著な対照をなしていた。私の知る限り、ナチズム下の警察のインフォーマルな制服着用方法に関する研究はこれまで存在しない。

（9）ここでの説明は、Uwe Schimank, *Identitätsbehauptung in Arbeitsorganisationen. Individualität in der Formalstruktur*, Frankfurt/M., New York 1981, S. 18 に従っている。

（10）エルヴィン・ガートマンの尋問。StA Hamburg, NSG 0021/002, Bl. 2503 f.

（11）ハンブルク地方裁判所陪審法廷の公聴会でのクルト・ドライヤーの証言。StA Hamburg, NSG 0021/029, Bl. 27.

（12）Niklas Luhmann, *Legitimation durch Verfahren*, Frankfurt/M. 1983, S. 95.

（13）Schimank, *Identitätsbehauptung in Arbeitsorganisationen*, S. 18.

（14）それゆえランドル・コリンズが述べた弱者に対する過剰な暴力は、暴力の専門家の「前方へのパニック」としてだけでなく、役割を遂行する際の特別な関与としても理解することができる。この点については、Collins, *Dynamik der Gewalt*, S. 110 を参照。

（15）Browning, *Ganz normale Männer*, S. 199. ルドルフ・グルントはルドルフ・グリュルの偽名だと思われる。

（16）アントン・ベッカーの弁護人による一九六六年四月二九日付の検察局宛の請願。StA Hamburg, NSG 0021/006, Bl. 3603. アントン・ベッカーによる一九六六年一〇月一〇日付の検察局宛の書簡。StA Hamburg, NSG 0021/007, Bl. 3868. この点については、Kiepe, *Das Reservepolizeibataillon 101 vor Gericht*, S. 126 を参照。

（17）ヘルマン・ベーンの証言。StA Hamburg, NSG 0021/006, Bl. 3067.

（18）Gunnar Bettendorf, »Das Reserve-Polizeibataillon 111 im Osteinsatz«, in: *Hannoversche Geschichtsblätter* 62 (2008), S. 91-167, hier: S. 118 を参照。

（19）Klemp, *Freispruch für das »Mord-Bataillon«*, S. 78 und 88 を参照。

（20）検察局の起訴状に引用されているヴォーラウフの一九三六年四月一日付の治安警察への志願書。StA Hamburg, NSG 0021/013, Bl. 50. 研修後の評価には、「彼の国民社会主義的志操は疑いの余地がない」とも書かれている。Beurteilung – Gruppen- und Zugführerausbildung vom 1. 9. bis 31. 10. 1936, gez. Illinger, Hauptmann und Kursleiter, VTHA Münster, Nachlass Wohlauf, Dep. 442/50. ユリウス・ヴォーラウフについての詳細は、Kaiser u. a., *»Nicht durch formale Schranken gehemmt«*, S. 235 ff. の中の伝記的説明も参照。

（21）ハインツ・ブーマンの尋問。StA Hamburg, NSG 0021/005, Bl. 2440.

（22）グスタフ・ミュラーの尋問。StA Hamburg, NSG 0022/001, Bl. 168.

（23）アルフレート・ブロイティガムの尋問。StA Hamburg, NSG 0021/033, Bl. 43.

（24）暴力を行使する際の様々な身体的反応を、コリンズは主として「直面することの緊張」に対する直接の感情的反応として論じている。だがむしろアーヴィング・ゴフマンのように、暴力の行使者の自己呈示を一貫して分析することで、身体的不快感によって自己呈示の修復がどの程度行われるのか、あるいはその反対に、自分の反感を表明するために身体的反応が利用されるのではないかということを明らかにすべきである。Collins, *Dynamik der Gewalt*, S. 67 ff.

(25) 役割距離の概念についての基本的な考察として、Erving Goffman, »Role Distance«, in: Erving Goffman, *Encounters. Two Studies in the Sociology of Interaction*, London 1961, S. 73-134, hier: S. 96 f. を参照。ホロコースト研究では、この概念が様々な形で利用されている。とくに役割距離を相互行為社会学的というよりも心理学的に解釈しているハラルト・ヴェルツァーの研究（Welzer, »Härte und Rollendistanz«, S. 358 ff.; Welzer, *Täter*, S. 38 ff.）と、役割距離を責任の概念と結びつけているイェルク・バルケの研究（Balcke, *Verantwortungsentlastung durch Organisation*, S. 89）を参照。ヴェルツァーによるゴフマンの誤読に対する批判として、Dominic Ionescu, »›Befehl ist Befehl‹. Drei Fälle systemfunktionaler Rollendistanz im Holocaust«, in: Alexander Gruber, Stefan Kühl (Hg.), *Soziologische Analysen des Holocaust. Jenseits der Debatte über »ganz normale Männer« und »ganz normale Deutsche«*, Wiesbaden 2015, S. 241-258 を参照。

(26) Balcke, *Verantwortungsentlastung durch Organisation*, S. 89.

(27) 暴力を行使する瞬間の役割距離の呈示に関するミクロ社会学的研究はまだ存在しない。適切な研究対象は死刑を執行する際の死刑執行人の行動であろう。

(28) André Kieserling, *Kommunikation unter Anwesenden*, Frankfurt/M. 1999, S. 121. ゴフマンは役割距離の考え方を、主に相互行為社会学的な概念として展開した。組織の中の役割期待にはメンバーへの期待なしには遂行されないような行為の遂行も含まれることが多いため、この概念の組織への適用はとくに興味深い。

(29) ゴフマンの著書『日常生活における自己呈示』のタイトルもこれに対応している（Erving Goffmans, *The Presentation of Self in Everyday Life*, New York 1956）。ゴフマンの相互行為社会学を歴史学的なナチズム研究に適用した最初の慎重な試みとして、Mühlenfeld, »Die Vergesellschaftung von ›Volksgemeinschaft‹ in der sozialen Interaktion«, S. 830 ff. を参照。

(30) Luhmann, *Legitimation durch Verfahren*, S. 91.

(31) この点でも、私はヴェルツァーとは異なるゴフマンの読解を行っている。ヴェルツァーはこの事例を、外科医が患者に対して役割距離を示すのは「自分の行為の対象に対する特別な厳しさ」のためだというように解釈している。私の理解では、外科医は患者（どのみち麻酔で意識を失っているので自己呈示にまったく気づかない）に対してではなく、部下の補助医や手術看護師に対して役割距離を示しており、それは厳然としたフォーマルなヒエラルキーによって特徴づけられる職場の雰囲気を和ませるためである。

（32）ヒルバーグの有名な著作のタイトル『加害者、犠牲者、観客』を参照（Hilberg, *Täter, Opfer, Zuschauer*）。原題の『加害者、犠牲者、傍観者』は、英米の議論で用いられているこれに対応する用語も反映している（Hilberg, *Perpetrators, Victims, Bystanders*）。

（33）ヴェルツァーはそうした事例の一つに言及している（Welzer, *Täter*, S. 157）。彼が調査した第四五警察大隊の隊員は戦後の尋問で、宝飾品とお金を差し出して撃たないでほしいと懇願してきたユダヤ人女性に対して、撃たないと自分が面倒なことになるので、残念ながら助けることはできないと伝えたと報告している。

（34）第一〇一警察予備大隊の中隊長の一人ユリウス・ヴォーラウフの妻の行動については、当時ある小隊長の妻だったルツィア・ボイゼンの尋問を参照。StA Hamburg, NSG 0022/001, Bl. 593 ff. 尋問官のメモによると、ルツィア・ボイゼンは次のように説明したという。「当時、女性までもがこの作戦を見物していたことを、多くの人が憤慨して話していた。ヴォーラウフ夫人もそうした女性の一人であった。これは間違っていないと、はっきり言うことができる。というのも、トラップ少佐が少し後にこの出来事を公然と非難し、たとえば妊娠した女性がそんなものを見るのは言語道断だと述べたのをはっきり覚えているからである」。ルツィア・ボイゼンの証言も参照。StA Hamburg, NSG 0021/020, Bl. 1411. 任務中のヴェーラ・ヴォーラウフの役割を分析した読む価値のある研究として、Stefanie Büchner, »Mythos Vera Wohlauf. Empörung und Ensemblebildung bei der Deportation von Międzyrzec Podlaski«, in: Alexander Gruber, Stefan Kühl (Hg.), *Soziologische Analysen des Holocaust. Jenseits der Debatte über »ganz normale Männer« und »ganz normale Deutsche«*, Wiesbaden 2015, S. 55-78 を参照。ヴェーラ・ヴォーラウフに関する追加情報——たとえば親衛隊への結婚許可申請に関する情報や総督府への訪問に関する戦後の説明に関する情報——は、Wendy Lower, *Hitler's Furies. German Women in the Nazi Killing Fields*, London 2013, S. 63 ff. und 185 ff. からも得ることができる。ユリウス・ヴォーラウフは妻との私信では「Wera」という呼び名を使っていたが、ここでは裁判記録の綴り「Vera」に従っている。

（35）Kiepe, *Das Reservepolizeibataillon 101 vor Gericht*, S. 86.

（36）Luhmann, *Legitimation durch Verfahren*, S. 91.

（37）ナチズムの社会学的考察の課題は、このように国家組織の目的と国家組織のメンバーの動機の一致を称賛することがどの程度まで組織の目的とメンバーの動機の実際の一致を示していたのか、それともプロパガンダに反映されたナチ指導部の希望にすぎなかったのかを解明することである。

（38）全国放送指導者オイゲン・ハダモフスキーの著作に引用されているヒトラーの演説。Eugen Hadamovsky, *Weltgeschichte im Sturmschritt*, München 1941, S. 322 f.

(39)「ポーランドで総統とともに体験したこと」を紹介している全国報道長官オットー・ディートリヒの記述。Otto Dietrich, *Auf den Straßen des Sieges. Erlebnisse mit dem Führer in Polen*, München 1940, S. 130 f.

(40) Luhmann, *Funktionen und Folgen formaler Organisation*, S. 133. 私の見るところでは、ルーマンはここで組織の動機づけの手段に関するアミタイ・エツィオーニの基本的な研究を要約している。エツィオーニはたしかに多くの組織が一つの動機づけの手段――エツィオーニにおいては強制、説得、金銭（「強制的手段」、「規範的手段」、「功利的手段」）――しか使わない傾向があると指摘しているが、彼はまた組織が「多いに越したことはない」という原則をとり、様々な手段を使ってメンバーを動機づけようとすることも多いと強調している。Etzioni, *A Comparative Analysis of Complex Organizations*, S. 7 f.

(41) Luhmann, *Funktionen und Folgen formaler Organisation*, S. 132 f.

(42) Luhmann, *Zweckbegriff und Systemrationalität*, S. 266 ff. を参照。社会学では「プリンツ・フォン・ホンブルク効果」を参照して、上位目的のために自発的に活動することの魅力が説明されている。Horst Bosetzky, »Das ›Überleben‹ in Großorganisationen und der Prinz-von-Homburg-Effekt«, in: *Deutsche Verwaltungspraxis* 29 (1973), S. 2-5 を参照。クライストの戯曲では、ホンブルク公子は命令から逸脱することでしか戦いに勝てないと考え、「上官」であるブランデンブルク選帝侯フリードリヒ・ヴィルヘルムの命令に背く。彼はこの行動のために戦いの勝者として称えられるが、組織メンバーとしてこの「間違った」行動のために処刑される危険にさらされる。彼にとって幸いなことに、そこで象徴的に一般化されたコミュニケーション・メディアとしての愛が効力を発揮し、オラニエン公女との結婚という形でハッピーエンドを迎える。Heinrich von Kleist, *Prinz Friedrich von Homburg*, Ditzingen 1986 を参照

(43) この点については、一九三五年八月一六日のヒムラーの命令を参照。Cüppers, *Wegbereiter der Shoah*, S. 22 より引用。だが独断で暴力行為を実行した警察官や兵士が処罰されなかったり、軽微な処罰しか受けなかったりしたことも多かった。これについては、Bröckling, *Disziplin*, S. 284 を参照。。

(44) この点については、Léon Poliakov, Joseph Wulf, *Das Dritte Reich und seine Diener*, Berlin 1956, S. 485 f.; Jäger, *Verbrechen unter totalitärer Herrschaft*, S. 22 f. を参照。

(45) ハンス・モムゼンが正しく指摘しているように、「ユダヤ人問題」はナチ党がすぐには「法的規制や制約に直面」しなかった唯一の分野であり、それゆえユダヤ人に対する犯罪的な攻撃は黙認された。Hans Mommsen, »Die Deutschen und der Holocaust«, in: Dieter Dowe (Hg.), *Die Deutschen – ein Volk von Tätern?*, Bonn 1996, S. 11-27, hier: S. 17 を参照。

(46) 人員の混成化という用語は、Paul, »Von Psychopathen, Technokraten des Terrors und ›ganz gewöhnlichen‹ Deutschen«, S.

51に由来している。とくにソ連侵攻後の人員の混成化については、Klaus-Michael Mallmann, *Deutscher Osten 1939-1945*, Darmstadt 2003, S. 303 ff. も参照。

(47) とくに戦争末期に科された厳罰については、Bartov, »The Conduct of War« を参照。

(48) Luhmann, *Funktionen und Folgen formaler Organisation*, S. 103.

(49) ここではたとえば第一〇一警察大隊にも写しが送られたルブリンの秩序警察指揮官の一九四三年六月二五日付の命令を参照。BA Ludwigsburg, Dokumentensammlung Polen 365x, Bl. 511.

(50) Browning, *Ganz normale Männer*, S. 181（英語の原著ではS. 135 f.）; Curilla, *Der Judenmord in Polen und die deutsche Ordnungspolizei*, S. 722を参照。

(51) Shmuel Krakowski, *The War of the Doomed. Jewish Armed Resistance in Poland, 1942-1944*, New York 1984, S. 35 ff. を参照。ヴォルフガング・クリラはこの文献を参照している（Curilla, *Der Judenmord in Polen und die deutsche Ordnungspolizei*, S. 723）。

(52) クリラの研究に引用されている文献を参照（Curilla, *Der Judenmord in Polen und die deutsche Ordnungspolizei*, S. 729）。

(53) ヴォルフガング・ヴィッパーマンによれば、この点からゴールドハーゲンの考察が「十分に急進的でなかった」のではないかという疑問も生じる。というのも、ドイツ人は「ヒトラーの反ユダヤ主義だけでなく、彼のグローバルな人種主義的計画も実行に移した「自発的な実行者」」であり、それゆえゴールドハーゲンの「抹殺的反ユダヤ主義」というテーゼではこれを十分に理解したことにはならないからである。Wolfgang Wippermann, *Wessen Schuld. Vom Historikerstreit zur Goldhagen-Kontroverse*, Berlin 1997, S. 102. ナチスの人種政策が過度に狭く理解されているというヴィッパーマンの批判は正当なものだが、私の議論はメンバーが共感する目的をより広く理解することではなく、目的と手段の分離の機能性を指摘することをめざしている。

第八章　殺人者から加害者へ

誰と話をしても、その人が殺人犯の一人ではないかと、目を見て確かめなければならなかった。しかし殺人犯はどんな姿をしているのだろうか。私たちはこの三〇年間、法廷で何度も彼らを見てきた。彼らはたいてい路上で出会ってもきっと殺人犯とはわからないような、ごく普通の俗物に見えた。

ルネ・ケーニヒ(1)

一九四六年八月七日、エリー・ドレーヴェス、旧姓ティマンはハンブルクのベルゲドルフ地区の第五七警察署に出頭し、第一〇一警察大隊の元隊員であった夫グスタフ・ドレーヴェスに対する告訴状を提出した。彼女は夫が一年近く前にロシアの捕虜収容所から帰還し、英国軍当局に捕らえられた後に釈放されたと述べた。だがエリー・ドレーヴェスによれば、夫は「戦時中に親衛隊部隊の隊員」であったことを隠しており、「彼自身の申し立てによると」「ポーランドでのユダヤ人絶滅」に参加し、「たえず様々な強制収容所への移送」を遂行していたという。報告を受け取ったドイツ人警察官の調書によれば、妻が告発を行ったのは夫が「獣のような性向の持ち主」で、彼女と子供たちが「毎日身体と生命を脅かされていた」からであった。[2]

この告発にもとづき、グスタフ・ドレーヴェスはハンブルクの刑事警察から尋問を受けた。警察による最初の尋問で彼は不注意なミスを犯し、最終的に命を落とした。ドレーヴェスは親衛隊の隊員であったことを否定し、「ラインハルト作戦」の一環でユダヤ人の射殺と強制移送に参加したことを一貫して隠し、自分が関与した「ユダヤ人狩り」にもけっして言及しなかった。ところが彼は、一九四二年九月末に警察大隊がタルチン村で実行した「報復作戦」のことは報告した。ドレーヴェスによると、大隊の曹長が村の近くで待ち伏せされ、パルチザンに射殺された。その結果、ルブリンの警察指導部は大隊に対し、この村で報復措置を実行し、一〇〇人の住民を射殺するよう命じた。ドレーヴェスは尋問の中で、ポーランド人は首筋を撃たれて殺害され、彼自身も——証言のこの部分が彼の命取りになったのだが——小銃を使ってこの方法で五人を射殺したと説明した。[3]

ドレーヴェスは明らかに、非ユダヤ系ポーランド人に対する報復作戦に参加したことが——「ラインハルト作戦」の一環でユダヤ系ポーランド人の射殺と強制移送に関与したこととは反対に——合法と見なされるはずであり、そのせいで自身が不利になることはないだろうと想定していた。だがそれは誤りで、彼は報復作戦の際に五人を射殺したことを認めたために警察に逮捕され、戦争犯罪に関与した疑いで英国軍警察に引き渡され、ノイエンガメの英国の収容所に拘置された。英国軍の尋問官はそこでドレーヴェスを再度尋問し、彼が「百％の戦争犯罪人」であり、できるだけ早い時点で法廷に引き出されるべきだという結論に達した。[4]

ドレーヴェスの証言にもとづき、ハンブルク警察は戦後の限られた個人識別手段を使って、報復措置に関与した他の人物を特定しようとした。しかしタルチンでの射殺に関与した一〇〇名以上の大隊員のうち、逮捕されたのは命令を下した大隊長ヴィルヘルム・トラップ、作戦実行の責任者であった小隊長ハインツ・ブーマン、准尉アルトゥーア・カドラーだけであった。だが警察大隊の他の隊員たちも捜査官の標的になった。英国の捜査官は一九四六年一〇月にはすでに、中隊長ヴォーラウフ、グナーデ、ホフマンも共犯者として逮捕しなければならないと考えていた。もっとも、これらの隊員の名前を正しく綴ることが難しかったこと——捜査資料では「グナーデ」が「クナーデ」に、「ヴォーラウフ」が「ヴォールホフ」になっていた——もあって、彼らの住所や居所を突き止めることができなかった。[5]

ドイツの秩序警察官の処刑がポーランドの領内で行われていたため、英国軍のポーランド戦争犯罪連絡班は一九四七年に捕虜をポーランドの刑事訴追当局に引き渡すことを決定した。ポーランドの捜査当局は、大量射殺に関する情報を提供してくれるタルチン村のポーランド人証言者を数多く見つけることができた。[6] 一九四八年七月、トラップとドレーヴェスはともに死刑を宣告され、処刑された。ブーマンは逮捕直後に多数の仕事仲間に働きかけて自分に有利な推薦状を書いてもらい、英語とポーランド語に翻訳して提出したが、懲役八年の判決を受けた。カドラーは最初からポーランド人一人を殺害したことを否認したが、懲役三年の判決を受けた。[7]

戦後のポーランドで迅速に有罪判決が下されたのとは対照的に、若いドイツ連邦共和国での特別行動部隊、警察大隊、親衛隊部隊の隊員に対する刑事訴追ははるかに困難であった。連合国は第二次世界大戦直後に「人道に対する罪」という新しい犯罪概念を作り出して、犯行後に制定された法律にもとづいて対象人物を告訴し、刑を宣告することを可能にしたが、ドイツ連邦共和国の裁判所は「法律なければ刑罰なし（nulla poena sine lege）」の原則に忠実に、遡及処罰の禁止を遵守していた。つまり犯行の時点で「文明化された国民により一般的に認められた法の原則に照らして違法であった」場合、その犯罪を訴追すべきだとした「ニュルンベルク条項」も、その法律がどこかの「文明化された国民」にではなく、犯罪が行われた法域に存在していなければならないのだから、ドイツ連邦共和国では適用できなかったのである。[8]

連邦ドイツの刑事訴追当局がナチ犯罪者の可能性のある人物に対して不承不承にしか訴追を開始しなかったのも、これが理由の一つである。一九五〇年代末、一九六〇年代初めになってようやく、ハンブルクの刑事警察は第一〇一警察大隊に対する捜査に当初はゆっくりと、やがてますます本格的に着手するようになった。[9] 後にマスメディアで報道されたところによると、総督府のユダヤ人の絶滅における秩序警察官の役割を明らかにする最初の手がかりを提供したのはまたしても大隊員の妻で、一九五〇年代に夫と別れた後、警察に夫を告発しようとした女性であった。ハンブルクの新聞の報道によると、彼女はゲットー解体や射殺の際に撮影され、撮影者の警察官から購入された「一〇一組」の「作戦中の写真」を、離婚のための「爆弾」として使おうとしたのである。[10]

ルートヴィヒスブルクのナチ犯罪解明・州司法行政中央本部による予備捜査手続きにもとづき、ハンブルク警察の特別班は一九六〇年代初めに、まだ捜査が行われていない全大隊員、合計二〇〇名以上を尋問した。検察局が想定したところでは、「大隊の隊員には、一九四二年六月から一九四四年末までの期間に、ルブリン管区でユダヤ人の絶滅に関与した十分な疑いがあった」。[11] その後の数年間、大隊員はしばしば何度も尋問され、彼らの証言は数千頁に及ぶ尋問資料に記録された。

様々な大量射殺と強制移送の再現にもとづき、戦争直後には捜査できず、比較的早くハンブルク警察に復職していた二名の元中隊長ヴォルフガング・ホフマンとユリウス・ヴォーラウフは、一九六四年一一月一六日にハンブルク警察によって逮捕され、未決勾留された。一九六五年二月一九日、検察局はこの二名と警察大隊のさらに一三名の隊員の予備司法捜査を申請した。その容疑は、第一〇一警察予備大隊の隊員として、一九四二年六月末から一九四三年五月までの期間に、「卑劣な動機」から「陰険かつ残忍に遂行された少なくとも五万人のユダヤ人の殺害」を幇助したというものであった。[12]

この刑事訴追を行うために、検察はある司法上の戦略を用いた。警察大隊の隊員にも適用された一九四二年の軍事刑法第四七条第一項は、「命令の遂行によって」刑法に違反した場合、原則として「命令を下した上司だけが責任を負う」が、「服従した部下」が「下された命令を超えた」場合、あるいは「上司の命令が一般的・軍事的な犯罪や違反を目的とする行為に該当することを認識していた場合」、その部下も処罰されると規定していた。(13) 警察大隊の隊員はポーランドでの任務中、軍事刑法に服していたため、ハンブルクの検察局はこの法律にもとづいて彼らを処罰することができたのである。(14)

検察局の主張によると、警察大隊の隊員は「当時の国家指導部が命じたいわゆるユダヤ人問題の最終解決を実行するための、必要ではあったが最後の隊列」であり、「犯罪の主導権は彼らにではなく、彼らの上司にあった」。被告人が「自発的に殺害に参加したり、自分の信念にもとづいてユダヤ人の絶滅を是認したりした」ことは証明できなかったので、検察局は被告人が犯罪を「自らの行為として行ったわけではない」ことを認め、彼らを単なる「幇助者」と見なすべきだと判断した。だが彼らは当時の法律状況のもとでも自分たちの行為の違法性を認識できたはずであり、このことが検察局の見方からすれば有罪判決を正当化する事由であった。(15)

結局、ヴォーラウフとホフマンを含む五名の被告が一審でハンブルク地方裁判所から数年の懲役刑を宣告された。(16) 他の被告は少なくとも一〇〇〇人の殺害への幇助で有罪となったが、刑罰は見送られた。裁判でその理由の一つに挙げられたのは、彼らが「階級と知能の低さにより緊急事態に似た状況に陥っていた」というものであった。(17) 大隊の隊員に有罪判決が下されたこと自体が異例であった。警察大隊の隊員に対する訴訟のほとんどは早期に却下され、たとえ審理が行われたとしても、被告は自由人として裁判所を出るのが通例だった。(18)

だが判決の内容にかかわらず、大隊員を「加害者」、「殺人者」、「犯罪者」と呼ぶことについては広範な一致が見られた。裁判を報じたハンブルクの新聞は異口同音に、被告となった警察官たちには「殺人者」という呼称だけがふさわしいと結論づけていた。[19] 秩序警察官が隠れたユダヤ人を探し出して殺害しようと、ポーランドの情報提供者から「殺人のヒント」を得ていたということが、まったく当然のように話題にされた。[20] また、射殺への参加を免れることも可能だったという事実が法廷で明らかになると、『ハンブルガー・アーベントブラット』紙は「殺人への参加を拒否することもできた」という見出しを掲げた。[21] さらに、中隊長ユリウス・ヴォーラウフの妻がゲットー解体に見物人として同行していたことが審理で明らかになると、タブロイド紙『ビルト』は「ハネムーンウィークに殺戮作戦へ」という見出しで一面を飾った。[22] この裁判に関するマスメディアの報道は、その用語法において強盗殺人に関する報道と根本的に異なるものではなかった――両者の違いはただ、一人か二人ではなく、五万人の犠牲者が出たことだけであった。[23]

地元紙の報道が好んで取り上げたのは、捜査と告訴を担当した検察官が当然のように刑法の用語を使ったことである。捜査の状況は「ナチスの暴力犯罪」という見出しで紹介された。[24] ナチ時代に開始したキャリアをしばしばドイツ連邦共和国でも切れ目なく継続できた「褐色の法律家」とは異なり、一九六〇年代以降にナチスの暴力犯罪者の訴追を担当した検察官は、親衛隊員や秩序警察官が対象となる場合、そこにしばしば法的な使命だけでなく政治的な使命も見出していた。これらの法律家たちが書いた出版物では、当然のように「制服を着た殺人者」[25]、「裁かれるナチスの犯罪」[26]、あるいは「最終解決妄想を抱いた犯罪者と共犯者」[27]が話題にされていた。

一九六〇年代と一九七〇年代のドイツ連邦共和国におけるこの問題に関する語法は、ドイツ民主共和国におけるそれと根本的に異なるものではなかった。一九六〇年代初め、ドイツ民主共和国で『褐色の書』が出版され、ドイツ連邦共和国で「ナチスの殺人者」がいかにしてキャリアを継続したかが明らかにされた。この『褐色の書』は公式にはドイツ民主共和国の国家文書局によって出版されたが、重要な情報はドイツ民主共和国の国家保安省扇動局から提供されていた[28]。『褐色の書』の著者たちは、ドイツ連邦共和国でキャリアを継続したホロコースト関係者をはっきりと名指ししている。すなわち、「西ドイツ、とくにその西ベルリン地区の国家・警察機構」に潜入した「親衛隊、保安部、ゲシュタポの殺人者」と、「サディストの集団」としてユダヤ人に対する残虐な「殺人」を犯し、何の咎めも受けずに現在は西ドイツの警察で職務を遂行している秩序警察の「犯罪者」であった[29]。ルブリン管区の第一〇一警察予備大隊中隊長から、オスロの親衛隊警察連隊中隊長を経て、戦後ハンブルクの警察本部長になったユリウス・ヴォーラウフの経歴は、『褐色の書』に紹介された事例の一つである。

「加害者」、「殺人者」、「犯罪者」という呼称は、ホロコースト研究にも定着した。社会心理学的な研究では、秩序警察官、親衛隊員、国防軍のメンバーは当然のように「加害者」や「殺人者」と呼ばれていた[30]。歴史学では、ホロコーストに関与した人びとの動機に関する議論は「ホロコーストの加害者に関する論争」というタイトルのもとで行われている[31]。ホロコーストに関与した人びとはすべて——裁判で有罪判決を受けたかどうかとはまったく無関係に——刑法の用語で説明するのが最も適切だというのが、学界の大方のコンセンサスのようである。

だが「適切な観点」を際立たせるために刑法に由来する語彙を採用したとしても、ナチ体制が人種政策を法的に正当化したプロセスを再現する必要がなくなるわけではない。ナチ体制の人種生物学的見解は、今日の私たちには疑似科学的に偽装された優生学的・民族的な人種主義のように思われるし、数百万人のヨーロッパ・ユダヤ人、数十万人の知的障害者と精神病患者、数十万人のシンティ・ロマの殺害は、今日の視点から見れば国家が計画した大量殺人にほかならない。だが学問的な観点から見て興味深いのは、殺害に関与した相当な数の人びとが、殺害への関与は正当な期待の枠内で行われただけでなく、合法的な期待の枠内にもあったと、当然のように考えていたことである。

学問的な観点から見て興味深い疑問は、どのような決断が警察大隊の隊員を殺人者に変えたのかというものである。[32] クルト・トゥホルスキーのように、兵士を一律に殺人者と呼ぶことに反対するのであれば、殺人者から加害者への転換点はいったいどこにあるのだろうか。[33] 警察大隊の隊員として戦争任務の一環で国防軍の部隊とともに敵の兵士を殺害した場合、殺人者はすでに加害者に変わっていたのだろうか。一九四二年から一九四三年にかけての冬にパルチザンとの戦いに投入された警察大隊の隊員を殺人者と呼ぶことは、はたして適切なのだろうか。もしそうでないとすれば、武器所持の廉で有罪判決を受けたポーランド人の処刑に警察官が関与した場合はどうだろうか。また、処刑に参加した人びとを殺人者と呼ぶのであれば、民主主義国家・非民主主義国家の双方で死刑を執行する軍や刑務所機関の死刑執行人がすべて一律に殺人者と呼ばれないのはなぜなのか。[34]

1　国家の暴力行使の合法化

純粋な殺害行為という点では、兵士、警察官、死刑執行人による暴力の行使は、テロリスト、犯罪者、殺し屋によるそれと異なるものではない。軍隊の武器はテロリストのものよりも口径が大きく、部隊の規模も大きいかもしれないが、どちらの場合も負傷や死につながる物理的な暴力が用いられている。暴力行使の形態という点では、テロ組織による政府首脳会議への攻撃は、暴力を行使してこの攻撃を阻止しようとする警察部隊の活動と根本的に異なるものではない。マフィアが行う裏切り者の処刑は、純粋な行為という点では、米国の裁判所が死刑を宣告した犯罪者の処刑と酷似している。[35]

このような暴力行使の間の決定的な違いは、それらが国家によって合法化され、国家の暴力装置のメンバーによって実行されるか否かによって生じる。[36] マックス・ヴェーバーのよく知られた定義によれば、「国家とは、一定の領域内で［……］正当な物理的暴力の独占を自らの権利として（成功裏に）要求する共同体」のことである。別の言い方をすれば、国家とは「正当な（つまり正当と見なされる）暴力の手段にもとづく人と人の支配関係」のことである。[37]

暴力行使の合法性

言うまでもないことだが、すべての国家公務員がこうした正当な物理的暴力を行使する権限を与えられているわけではない。省庁の課長が機関銃を持ち歩くことは通常ないし、教師が警棒で生徒の不正を防ぐことも（もはや）ないし、住民登録所が非常時用の武器庫をもっているわけでもない。「物理的暴力」の行使は――そして究極的には国家の暴力独占の実行も――、国家から給与を支払われ、国家から武器を装備され、国家組織に統合された「暴力の専門家」に委任されている。

彼らは日常業務の大部分を暴力を行使せずに遂行することができる。ほとんどの場合、国家暴力の専門家はゴム製の警棒やピストルを使わなくても、自分たちに課せられた要求に応じることができる。その際、必要な場合には他の国家暴力の専門家の――非常時には特別任務部隊の――ほとんど無制限の支援を要請できることも、たしかに強みとなっている。だがそれ以上に重要なのは、国家暴力の専門家の暴力行使が国家の暴力独占によって正当化されているため、彼らが自分たちの潜在的な暴力行使を正当な行為と想定することができる点である。

国家の暴力独占は少なくともほとんどの国で認められているが、それがあるからこそ、国家はそもそも暴力行使のための人員を見出し、法的に規定された枠組みの中で命令に応じて暴力を行使させることができるようになっている。というのも、家宅捜索令状にもとづいて家屋に侵入した後に不法侵入で訴追されたり、容疑者を強制的に拘束した後に傷害で訴追されたりすることを国家暴力の専門家が覚悟しなければならないとしたら、誰もこの仕事を引き受けようとはしなくなるからである[38]。

ある人物が警察に加入するとすぐに、暴力行使は原則として彼の無関心領域に包摂される。彼にはこの知識は養成期間中の早い段階で教えられる――所定の場合に身体的暴力を行使する資格があるだけでなく、組織の成員資格の枠内でそれを行使する義務もある。少なくとも、ある人物が警察官に志願しながら、良心上の理由から身体的暴力の行使を原理的に拒否したとしたら、大きな困惑が生じるだろう。警察官による具体的な暴力行使が国家の暴力独占の枠内で命じられた場合、警察官はその内容について自分の見解をもつ必要はない。つまりほとんどの場合には、警察官が暴力行使を個人的に正当な行為と見なすか、暴力行使に関して個人的な疑念を抱くか、そもそも暴力行使の理由に個人的な見解をもつかどうかといったことは、二義的な問題にすぎない。

すでに説明したように、警察官の暴力行使が法律、指令、または業務方針の枠内にあることが決定的に重要であるが、それはさもなければ暴力行使が国家組織にではなく、警察官個人に帰責されるからである[39]。警察官が法の枠外で誰かを撃った場合、本人に刑法上の責任が生じる可能性がある。国家暴力の専門家がきわめて恣意的に暴力を行使することを許されていたナチ体制にさえ、国家によって正当な行為と見なされず、そのために訴追された暴力行為が存在した。

遅くとも第二次世界大戦の開戦時には、ユダヤ人の組織的な権利剥奪が進んだ結果、ゲシュタポ職員、秩序警察官、民政機関職員が占領地で現地の法律や指令に反してユダヤ人に暴行を加えても、刑事訴追当局に告訴されることを覚悟する必要はなくなっていた。ドイツ帝国では、そして占領地ではなおのこと、ユダヤ人がナチ組織のメンバーや一般市民から不当な扱いを受けたと感じた場合でも、頼ることのできる国家機関はもはや事実上存在しなかったのである[40]。

つまり警察官によるユダヤ人への暴力が合法的であったかどうかを問う場合、ユダヤ人の法的地位が主たる問題になるわけではない。そのような法的地位はドイツ帝国、とくに占領地にはもはや事実上存在しなかったからである。問題になるのはむしろ、命令に合法性が欠如していることを挙げて命令の遂行を拒否することのできる可能性が、警察官、親衛隊員、国防軍のメンバーにどの程度あったのかということである。そのための最初のステップとして再現する必要があるのは、大量殺戮の際の警察官の法的状況がどのようなものだったのかという問題である[41]。

命令系統の中の合法性の創出

暴力行使の合法化は、警察のコミュニケーション経路を通じて行われるのが通例であった。戦争任務中の警察大隊にとって警察行政法がどの程度有効であったかについては議論の余地があるにせよ、これが――養成期間中にも教えられた――警察任務の法的根拠であった。暴力行使に関してそれ以外の点ではかなり抑制的な警察行政法が規定するところでは、「個々の警察官はいずれも上司から職務に従って命令を下された場合、武器を使用する義務がある。警察官は武器使用の命令に従わなければならない。これが警察官の服従義務である」。そしてさらにこう続く。「命令に従って武器を使用する責任は、命令を下す上司のみが負う[42]」。

すでに説明したように、ヴィルヘルム・トラップ少佐はユゼフフでの作戦の直前に警察官たちを前にして行った演説の中で、命令は「最上部」から下されていると述べて自己を正当化することで、自分がただ下された命令を部下に伝達しているだけであることを明らかにしていた[43]。そして、これは事実であった。ユゼフフでの射殺を指示する出動命令の文書は残っておらず、そもそも発行されていなかった可能性もあるが、そうであったにせよ、その命令がルブリン管区の親衛隊・警察指導者オディロ・グロボチュニクから直接下されていたことは確実だと考えられる。ルブリン管区のゲットー解体、強制移送、射殺を具体的に調整する任務は、保安警察指揮官――つまり各管区のゲシュタポ、保安部、刑事警察の上官――に加えて、秩序警察指揮官も担当していた。[44] ルブリン管区の秩序警察指揮官で、ルブリン管区を担当する第二五警察連隊指揮官も兼任していたヘルマン・キントルップは、さらにグロボチュニクの直接の指揮下にあり、彼の幕僚長もつとめていた。[45] グロボチュニクが一九四三年の親衛隊命令で指示しているように、彼は小規模な作戦の「実行と計画」については、原則として各々の「保安地区」の指揮官に委任していた。大規模な作戦については、グロボチュニクの部局に設置された「特別対策班」が「作戦の実行」を担当した。強制移送や射殺を実行する際には、グロボチュニクは管区内で自らに従属する警察大隊の働きに大きく依存していたが、それらの大隊は通常、「尋問」や「捜査上の問題」といった「警察的事項の処理」に関して数人の保安警察官の支援を受けていた。[46]

第一〇一警察大隊に対する命令は、このように――ヒムラーの権力機構の複雑なマトリックス構造においても――三つの方法で正当化されていたように思われる。[47] 一般的に、占領地に配備された警察大隊は国家保安本部の秩序警察本部に直接従属した。[48] 秩序警察本部は占領地の秩序警察司令官――この場合は総督府の秩序警察司令官――を経由して個々の警察大隊を指揮することができた。[49] このように、総督府の第一〇一警察予備大隊の「特別任務」の命令はハンブルクの秩序警察指導部から出され、同大隊は総督府の秩序警察司令官に従属した。[50] その後の各警察大隊の直接的な調整は、各管区レベルに配置されたいわゆる秩序警察指揮官を通じて行われた。[51]

こうした業務経路と並行して、ハインリヒ・ヒムラーはドイツ帝国と占領地の双方に自らに直属する地方総督を設置していた。[52] つまり最上位に親衛隊・警察上級指導者が、その一段下に親衛隊・警察指導者が置かれたのである。この地域機構は、各地に配備された親衛隊部隊、保安警察、保安部、秩序警察、およびその指揮下にある非ドイツ人補助部隊の活動を調整するために設置されたものであった[53]。総督府の場合、ヒムラーは自らに従属する総督府の親衛隊・警察上級指導者フリードリヒ＝ヴィルヘルム・クリューガーとこれに従属する親衛隊・警察指導者オディロ・グロボチュニクを通じて、ルブリン管区に駐屯する各警察大隊を直接指揮することができた[54]。

　だが「ラインハルト作戦」の場合、ヒムラーからグロボチュニクへの直接の命令経路も存在した[55]。ヒムラーは――少なくとも史料から推測される限りでは――すでに一九四一年一〇月にグロボチュニクと、ヴァルテガウのヘウムノ絶滅収容所をモデルにした「地域の絶滅センター」を設置することで合意していた[56]。この計画はグロボチュニクの発案によるところが大きく、彼はユダヤ人の殺害によってルブリン管区の（彼の言うところの）「ユダヤ人問題」を解決しようとしただけでなく、そこに同時に食料状況の改善、闇取り引きの抑制、住宅不足の緩和、伝染病蔓延の防止の機会を見出していた[57]。グロボチュニクは――何万人もの知的障害者と精神病患者を殺害したいわゆるT４作戦の中止によって任務を解かれた人員を使って――まずベウジェツに、次いでソビブルとトレブリンカに絶滅収容所を設立させた[58]。つまり「ラインハルト作戦」の場合、総督府の親衛隊・警察上級指導者を飛び越してのオディロ・グロボチュニクへの直接の任務委託があった[59]。

　「ラインハルト作戦」に投入された各警察大隊は、このような形で実際には複雑なマトリックス構造に組み込まれていた。だがこのマトリックス構造が様々な対立――たとえば秩序警察本部と親衛隊・警察上級指導者の間、あるいは総督府の親衛隊・警察上級指導者とこれに本来は従属するが「ラインハルト作戦」のためにヒムラーから直接任務を委託された親衛隊・警察指導者の間――を引き起こしたとしても、第一〇一警察大隊に下された命令が一義的に作用したことに変わりはなかった[60]。

2　合法性のグレーゾーンにおける暴力行使

いま再現したコミュニケーション経路の存在を踏まえれば、親衛隊特別行動部隊や警察大隊の隊員、国防軍の兵士の行為を、国家によって合法化されたものとは言えないにせよ、正当化されたものと見なすことは容易であろう。その場合、特別行動部隊や警察大隊の隊員、国防軍の兵士によるゲットー解体、強制移送、大量射殺は、多大な労力を要求したとはいえ、究極的には国家の命令の枠内で行われた殺戮であったように思われる。国家によって根拠づけられた大量虐殺の実行命令は、後から振り返れば「犯罪的」なものと呼べるかもしれないが、かつての殺人者たちの行為は国家によって合法化された政策の枠内のもののように見える。

このような立場は研究上の合法性テーゼに対応するもので、ナチスの暴力犯罪に加担した罪で告訴された多くの人びとが採用した。[61] たとえばハインツ・ブーマンは、ユダヤ人射殺の任務を免れようとしたものの、ポーランドで報復作戦に参加した罪で戦後長期の懲役刑を宣告された人物だが、一九五〇年代半ばにハンブルク警察の参事エルヴィン・ヤコビに対して、「個人的な違反行為を理由にハインツ・ブーマン個人が逮捕されたのではなく、第一〇一予備大隊第一中隊の小隊長が逮捕された」のであり、「予備警察将校としての職務上の義務」ゆえに懲役刑に服したのだと説明している。[62] また、ユリウス・ヴォーラウフはハンブルクの陪審裁判所での最終陳述の中で、ゲットー解体、強制移送、大量射殺が「非人道的に見えたとしても、罰せられるべき行為でない」ことは、すべての大隊員にとって「明白」だったと説明している。[63]

ニクラス・ルーマンは、裁判手続きの中で被告が繰り返し選択するこの正当化戦略に共感を示してきた。「売り手は所定の値段を支払えない貧乏人に商品を売らなくても、それを気に病む必要はない。境界的な事例では、逆の制度が存在する。すなわち、医師の救命義務や、官僚が違法な命令を受けた場合の義務である。だがここでも非個人的な、ほとんどルーティン化された行為が可能である。多くのナチスが良心の呵責を感じず、いまやナチズムの最も無力な犠牲者になっていることも、これによって理解することができる。というのも、彼らは自分では望むことのできないものと同一視されたままだからである」[64]。

このようにルーマンは、射殺、ゲットー解体、強制移送への参加を国家の命令の枠内で行われた通常の活動として説明しようとしているのだが、一つの中心的な点で間違いを犯している。すなわち、女性、男性、子供の大量射殺、幼児、老人、病人が即座に射殺されたゲットー解体、秩序警察が実行した「ユダヤ人狩り」は、警察官や兵士にとっては合法的秩序の枠内にあるかどうかが確信できないような活動だったのである。このことは、警察官、保安部職員、非ドイツ人補助要員が強制移送、ゲットー解体、射殺の時点で、自分たちの活動を現行法に違反するものとはっきり認識していたことを意味しているのだろうか[65]。

これと対立する違法性テーゼによれば、警察官や兵士は普通の殺人犯と根本的に異なっていたわけではなく、犯行の時点ですでに法を犯していることを知っていたということになる。このような立場はとくにドイツ連邦共和国とドイツ民主共和国の検察当局が採用したもので、これらの当局は被告人が犯行の時点で――つまりゲットー解体や射殺を実行する際に――すでに当時有効だった法規範に違反していることを知っていたと主張した。その根拠として挙げられたのが、宗教的帰属を理由に人びとを殺害することを認めるような法律など、いまだかつて制定されたことがないという事実である。このような意味で、トーマス・キューネはナチ国家に「国民的犯罪共同体」が成立したと指摘している。そうした指摘によって、彼は警察官や国防軍兵士の行為が一九四五年以降に犯罪と呼ばれるようになったことを強調しているだけではない。それだけでは凡庸である。彼はむしろ、犯行の時点ですでに「犯罪を犯す」という「共通の感情」が生じており、共同で行われたこれらの犯罪行為が一種独特の「共同体意識」の形成につながったと主張しているのである。キューネによれば、罪のない民間人を殺してはならないという規範に対する共同での違反が、特別行動部隊、警察大隊、国防軍部隊をまったく特別な形で結びつけたのであった。(66)

しかしながら、合法性テーゼの支持者も違法性テーゼの支持者も、問題を簡単に考えすぎているように思われる。私のテーゼによれば、警察官や兵士の暴力行使に際しては、ある要求が合法か否かが不明確な「グレーゾーン」が存在する。このグレーゾーンに含まれるのは、警察官から見て法的枠組みのはっきり内側にあるのか、はっきり外側にあるのかがわからないような措置である。組織は──そして究極的には組織メンバーも──このグレーゾーンの中で、どのような暴力行使がまだ国家の法律の枠内にあり、どのような暴力行使が枠外にあるのかを正確に勘案しなければならない。(67)

もちろん、あらゆる出来事を法律、指令、方針にもとづいて精査し、法的な見地から介入が必要かどうかを判断する法律家のように、警察官は「線引き」を行うわけではない。だが警察官は民主主義国家でも独裁主義国家でも同じように、照会を受けた場合にどのような行為なら合法と説明することができ、どのような行為ならそう説明することができないかを、経験にもとづいて判断しながら活動している。警察官はこのように、法的なグレーゾーンにおける暴力行使が自分の役割にではなく、すぐに個人に帰責される可能性があることを考慮して、何かが起きても自分には何も起こらないようにしている。(68)

私のグレーゾーン・テーゼによれば、第二次世界大戦中に動員された組織にとって女性、男性、子供の大量射殺に参加せよという命令は、警察官から見て当時有効だった合法的秩序の枠内にあるかどうかが確信できないような性質のものであった。[69] 警察官や兵士は一方では、自分たちに期待されている行為が違法であることを確信できなかった。というのも、他の部隊の警察官や兵士もそれを同じように遂行していたからである。だが他方では、そうした行為が法の枠内にある通常の警察官や兵士の活動に分類できないことも明らかであった。

秩序警察官による虐殺の間、その行為の合法性に疑念を呈する声が繰り返し上がった。たとえばオストローの警察大隊の隊員による最初の殺戮作戦の際にはすでに、クラカウ（クラクフ）の秩序警察司令官ヘルベルト・ベッカー少将が幕僚将校の一人に対して、こうした殺戮が法律の枠内にあるかどうかを確認するよう指示していた。[70] クラシニクに駐屯していた警察大隊の指揮官ハンス・リュータースも、捕虜の射殺に参加せよという指令を受けたときに抗議した。警察連隊の指導部幕僚を通じて伝達されたグロボチュニクの命令が本当に命令と見なされるべきものかどうかがわからないと、彼は主張した。というのも、その「書簡は完全に非形式的に書かれて」おり、「親衛隊少将個人の署名がなかった」からである。彼は総督府の秩序警察司令官に任務監督抗告を申し立て、自分に「口頭かつ個人的な報告」を行う機会を与えるよう要求した。[71]

こうした疑念が生じたのは、ヴァイマール共和国末期に成立し、ナチ時代を通じて有効だったプロイセン警察行政法が警察官による暴力行使を厳しく制限していたため、ユダヤ人の男性、女性、子供の大量処刑、路上で逮捕したユダヤ人の射殺、ゲットー解体の際の老人や幼児の処刑が明らかに同法の枠外にあるように見えたからである。[72] 同法によれば、警察が実行するいかなる措置も、直接的な危険の防止か、そうした危険の後の公的秩序の回復に役立つものでなければならない。その際、警察には暴力行使に関して一定の自由裁量の余地があるが、国家暴力の専門家が遂行する行為はつねに具体的な危険に比例したものでなければならないという。[73]

警察官による武器の使用も、ナチ国家では少なくとも公式には抑制的な扱いを受けていた。「武器の使用は、警察の目的が他の方法で達成できない場合にのみ許される」と、第二次世界大戦中も警察官の養成期間中に教えられていた警察行政法は規定している。同法によれば、「警察官が武器を使用できるのは、身体や生命への差し迫った危険を伴う攻撃や脅威を回避しなければならない」場合、「警察官に委ねられた人や物を保護しなければならない」場合、あるいは「合法的な職務遂行に伴う命令や措置」に対する暴力的な抵抗を克服しなければならない場合に限られる。だが「銃器」は「他の武器の使用が成果を挙げない場合、または明らかに目的を達成しない場合」にのみ使用されるべきであり、「幼児、老人、病人、無力な者」に対する銃器の使用は通例は「許されない」という。(74)

たしかに占領地の警察法は、占領法によって修正された。とくに「武器使用に関する業務指令」は、「特別任務」中の警察官に対する特別な指令によって修正された。(75)占領地ではとくにユダヤ人立法――登録の強制、居住の制限、目印の強制、公的行事からの排除、そして特別刑法など――が、秩序警察官に警察行政法から逸脱する機会を与えていた。(76)だが抑制的な「武器使用に関する業務指令」を含む警察行政法は、終戦までナチ国家の秩序警察官の行為を規定する法的な期待の枠内に含まれていた。(77)

当時公式に適用されていたこの法律を背景にして見ると、占領地での警察官の行動はどのように解釈できるだろうか。

警察の期待の地平への組み込み

ユダヤ人の男性、女性、子供の射殺は、警察大隊の隊員にとって根本的な変化を意味した。というのも、警察官が介入を行うのは通常、ある人物の犯罪が証明できる場合に限られるからである。タルコット・パーソンズによれば、法にもとづく警察業務の特徴は、相手の具体的な、個人の決定に帰することのできる行為――つまり「業績」――への対応として介入が行われる点にある。誰かが警察に訴追されるのは、その人が家に侵入したり、他人を武器で脅したり、自宅に不法に爆発物を保管したりしたからである。要するに、その人が処罰の対象となる具体的な行為を行ったからである。

だがユダヤ人の男性、女性、子供は明らかに犯罪を犯しておらず、むしろナチスによって定義された集団に属していたために射殺されたのであった。ジグムント・バウマンが的確に指摘しているように、ホロコーストにおいては――他のあらゆる大量虐殺においてと同じく――犠牲者は「何をしたかを理由に殺された」のではなく、誰であるかを理由に殺されたのである。[78] 再びタルコット・パーソンズによれば、人びとの具体的な行動様式とは何の関係もない特徴の「帰責」にもとづいて、迫害が行われたと言うことができる。「ジプシーは泥棒である」、「外国人は盗みを働く」といった帰責は、警察官がしばしば用いる認知的シナリオの一部だが、ほとんどの警察で介入が法的に認められるのは、「ジプシー」や「外国人」というレッテルを貼られた人びとが実際に法律に違反した場合に限られる。

ナチ指導部の戦略は、ユダヤ人の射殺をその実行者の通常の期待の地平に含まれる任務のように見せかけることであった。ナチ・プロパガンダにおいては、特定の集団をその人種的特徴にもとづいて絶滅させることだけが問題だったわけではなかった。警察の活動が必要だと思わせるような行動を、そうした集団に帰責することも重要だったのである。社会心理学的見地からこの戦略に着目したハラルト・ヴェルツァーは、これを強制移送、ゲットー解体、射殺を「軍事的・警察的参照枠に引き込む」「絶滅の総司令官」の試みと説明している。[79]

ナチ・プロパガンダによって提供されたこうした警察の期待の地平に、警察官たちは受動的に順応したわけではない。彼らはむしろ、ゲットー解体、強制移送、射殺の際の自分たちの行為を警察の期待の地平に収まるように解釈し、呈示したのである。警察指導部によるプロパガンダ、方針、命令は、警察官たちがこれらの活動を自分たちの期待の地平に組み込むための材料を提供したにすぎない。

ユダヤ人に対する措置がどのように警察の期待の地平に組み込まれたかは、次の二つの事例によって説明することができる。

ユダヤ人とパルチザンの同一視

警察の期待の地平を確立する上で中心的な役割を果たしたのが、ユダヤ人をパルチザンと同一視しようとする試みである。戦時中、警察官たちは自らの任務を正当化しようと、頻繁にパルチザンのことを口にした。ある大隊員は、トラップ少佐がユゼフフでの射殺の前に「恐ろしい任務」のことを説明したが、ユダヤ人住民が抹殺されることになったのは「この村からパルチザンと陰謀を企てていた」からだったと報告している。[80] 別の大隊員の供述によれば、コックでのユダヤ人の射殺は「パルチザンとの結びつき」があったという理由で正当化されたという。[81]
こうした解釈は、ナチ指導部がポーランド侵攻の際にはじめて唱え、ソ連侵攻開始とともに強化したものであった。「パルチザンがいるところにはユダヤ人がおり、ユダヤ人がいるところにはパルチザンがいる」と、ヒムラーは説明した。[82] しかも「パルチザン」は、ますます「盗賊」と同一視されるようになった。[83] ヒムラーは親衛隊全国指導者・ドイツ警察長官として一九四二年半ばに特別命令を出し、「心理的な理由」から「ボリシェヴィキが導入した「パルチザン」という美辞の使用は控える」べきであり、その代わりに「盗賊」、「便衣兵」、「犯罪者」という言葉を用いるようにと指示した。[84] ヒムラーが訴えようとした内容をより正確に要約するなら、次のような決まり文句になる。すなわち、「盗賊がいるところにはユダヤ人がおり、ユダヤ人がいるところには盗賊がいる」である。
ユダヤ人に対する作戦も、このような意味で「再定義」された。大隊員の一人が戦後に報告したところろによると、彼の小隊は「ユダヤ人狩り」の際に「ポーランド人の猟師」の手引きを受け、ユダヤ人が隠れている六つから七つの土壕を見つけた。これらの土壕が包囲された後、這い出てきた少年が小隊の衛生兵にピストルで撃たれ、隠れていたユダヤ人も投げ込まれた手榴弾で殺害された。戦後の大隊員の証言によると、「抵抗の兆候は少しも」なかったが、小隊長は任務報告書の中でユダヤ人を「重装備」と記述し、彼らを「激しい戦闘の末にようやく制圧し、全滅させた」と説明した。[85] 警察官たちはこのようにして、ユダヤ人に対する任務が警察の期待の地平に含まれていることを自分自身に——そして他の人びとにも——納得させたのである。[86]

合法性の罠の創出

警察の期待の地平への組み込みの第二の事例は、ユダヤ人住民に対する合法性の罠の創出である。国防軍が征服した地域の占領に伴い、ユダヤ人の権利は組織的に制限されることになった。中心的な役割を果たしたのは、占領地でのユダヤ人の居住権の制限と、それに伴うゲットーへの収容である。[87] 総督府に居住するユダヤ人を柵で囲まれたゲットーへと追い立てることは、絶滅収容所への移送のためにユダヤ人を一カ所に集めるという機能——これは研究上しばしば見落とされている——を有していただけではなかった。ゲットーへの収容はまた、収容から逃れようとするユダヤ人の射殺を合法化することにも役立ったのである。

一九四二年一〇月末——つまり「ラインハルト作戦」がピークを迎えていた頃——に総督府で新たな政令が発布され、これによりすべてのユダヤ人は特定の地区——政令では婉曲的に「ユダヤ人居住区域」と呼ばれている——のいずれかにしか滞在を許されなくなった。この政令によると、「ワルシャワおよびルブリン管区のいかなるユダヤ人も、警察の許可なくユダヤ人居住区域の外に滞在したり、そこを離れたりしてはならない」とされた。この規則に違反したユダヤ人は、「現行の規定に従って死刑に処せられる」[88]。また、総督府の居住制限に関する政令によれば、「そのようなユダヤ人を故意に匿った者」にも「同じ刑罰」が適用されるとされた[89]。

当初の「総督府の居住制限に関する政令」の文言によれば、射殺は特別法廷の判決にもとづいて行われることになっていたが、一九四一年一二月の秩序警察指揮官の指令は、「路上で発見したユダヤ人は射殺してもよい」としていた[90]。マルティン・ブロシャートとヴェルナー・プレークが指摘しているように、こうして「射殺命令の拡大解釈」と「逃亡ユダヤ人に対する警察の直接措置」が特別法廷の権限を「骨抜きにし、逮捕されたユダヤ人が直接射殺される」という状況が生まれた[91]。

第一〇一警察大隊の隊員も、こうした規定に従って行動した。ハインリヒ・ベッカーは、「外を歩いているユダヤ人や潜伏しているユダヤ人はすべて見つけ次第その場で射殺せよ」という命令を受けていたため、自分も「当時ユダヤ人を射殺」させたと説明している[92]。ある大隊員によると、ユダヤ人をその場で射殺せよという命令は「定期的な指導の対象」であり、警察官はパトロール任務の前にこの命令を伝えられていたという[93]。また別の分隊長も、自分たちの分隊が「パトロール中に何度かユダヤ人に遭遇したので、その場で射殺することもあった」と回想している。ユダヤ人は「実際に法律の保護外」にあるので、「開けた野原で遭遇したらその場で射殺するべきである」という明確な命令があったというのである[94]。

総督府に住んでいたユダヤ系ポーランド人のサムエル・カウファーは、占領当局の法令に違反しないことが事実上不可能であった当時の状況を次のように報告している。「腕章を付けないと死刑になり、大通りを歩くことも許されず、中央広場に行くことも、緑地に座ることも許されない。[……]日が変わるごとに新たな政令、新たな規制が発表された。「射殺される」という警告の言葉で終わる掲示物が日常茶飯事になり、もはや特別な関心を呼ぶこともなかった」[95]。

無統制な絶滅政策もこれによって一つのプログラムの形をとるようになり、あらゆる行政、さらにはあらゆる警察の日常を特徴づけることになった。プログラムを作動させるような要因——たとえば捕虜の逃亡——が警察官に認知されると、あらかじめ規定された行為——たとえば銃器の使用——が実行されることになる。社会学的な観点からは、これは規定によって保障された条件プログラムと呼ぶことができる。

警察官たちはポーランド侵攻直後から、こうした条件プログラムにもとづいて殺戮に動員された。ヒムラーは、国防軍に続いてポーランドに侵攻した警察部隊に対し、「現行犯または武器所持の廉で逮捕したポーランド人の反乱分子」を「その場で射殺」するよう命じた(96)。この規定はさらに、総督府の親衛隊・警察上級指導者が「犯罪組織との戦い」に従事する警察に対し、「このならず者と劣等人種の集団」をただちに「その場で射殺」するよう命じたことで強化された(97)。占領されたポーランド領の一部がドイツ帝国に併合され、ポーランド人が総督府に再定住させられた後、この射殺命令は拡大された。再定住したポーランド人の帰還を阻止するため、「再定住したユダヤ人とポーランド人」が「帝国領」に帰還した場合には殺害せよという命令が、秩序警察に発布された(98)。

ここで効力を発揮した条件プログラムの核心は、警察官に明確な命令を受けずとも武器を使用する権利が与えられただけでなく、武器を使用する義務も課せられた点である。条件プログラムは通常、ある特定の行為がなされるべきかどうかを自由に委ねることはない。それはむしろ、特定の作動要因に対して所定の方法で反応すべきことを定めている。プログラムの実行を課せられた人物は、プログラムの作動要因を観察してプログラムの実行を控えることもできる。だが組織から見れば、この人物はエラーを犯したことになる。

こうして占領地のユダヤ人は合法性の罠に陥ることになった。というのも、法的な規制がますます強化され、それに違反しない可能性がほとんどなくなっていったからである。[99] ゲットーへの強制移住、目印の強制、旅行の制限を通じて、彼らは――それでも生き延びようとするなら――何らかの形でこれらの規制に違反するしかない状況に追い込まれた。そして、これらの違反が警察官に、ユダヤ人に対する行動を警察の期待の地平に組み込む機会を与えたのである。

自己呈示の隙間の補填

ユダヤ人の具体的な法律違反を見出し、警察自身の行動を正当化しようとするこうした試みは、繰り返し限界に突き当たった。[100] たとえば第一〇一警察予備大隊がルブリン管区で活動した当初は、パルチザンの攻撃がほとんどなかった。[101] ある大隊員は戦後、一九四二年のクリスマスまで「パルチザン活動はまったく記録されて」おらず、「組織的抵抗の兆候」は確実になかったと報告している。[102] 別の大隊員の証言によると、「盗賊・パルチザン活動」は当時は「あまり広まって」おらず、個々の警察官も通常は護衛なしで移動することができたという。[103] だがパルチザン活動が活発化した一九四三年以降も、虚弱な老人の殺害をパルチザンとの戦いの一環として正当化するのは容易ではなかった。また、犯罪への懲罰として子供を撲殺することを正当化するのはまったく不可能であった。

このような呈示上の問題を指摘しようとする試みも、ときおりなされることがあった。たとえばルブリン管区に配備された第四一警察大隊のハンス・リューターース少佐は、ユダヤ人の射殺に関する報告書の中で「逃走中に」射殺されたという指摘が「ひっきりなしに」行われていることについて、秩序警察指揮官に苦情を述べた。彼は総督府でも「武器の使用に関する規定」は「完全に有効」なので、銃器は控えめに使用するべきだと指摘した。リューターースの説明によると、「所与の状況下」では「個別ケースで「逃走中に射殺された」という表現を方便として用いるのはわかるが、本当の事実を知っている以上、そのような報告をいつまでも容認し続けるわけにはいかない」というのであった。[104]

だが警察はかなりの想像力を発揮して、自分たちがなぜそのような行動をとったのかについて筋の通った説明を考え出した。ある大隊員の報告によると、大隊はしばしば「妬みを抱く隣人の訴えや指摘」にもとづき、「武器保有の疑い、あるいはユダヤ人や盗賊を匿っている疑いがあるだけで」非ユダヤ系ポーランド人とその家族全員を射殺した。だが中隊への最終的な任務報告書の中では、「これだけの数の盗賊が逃走中に射殺された」と「何度も報告されていた」という。[105] ある意味で、それは「義勇兵の妄想」――「パルチザンのいないパルチザン闘争」――の事例であったと言える。

カール・ワイクの指摘によれば、非日常的な状況では自分の行為が筋の通ったものに見えるように情報の隙間が埋められる。そのような状況――パイロットが着陸の際にそれまで発生したことのないような機械の技術的欠陥に直面したとき、消防士が突然火災に巻き込まれたとき、あるいは警察官がはじめて人びとを「ひっきりなしに」射殺しなければならないときなど――では「センスメイキング」、つまり意味の創出のプロセスが作動し、その過程の中で理解の隙間が補填され、ある行為が行為者自身にも他者にも一貫したものに見えるようになるのである。[106]

ホロコーストに関与した警察官たちの間で、このような合法性概念の自己確認という形でのセンスメイキングの過程がほとんど歯止めなく広まったのはなぜなのだろうか。

3　ナチズム下の法概念の変化

国家暴力組織は、暴力の専門家の活動が――とくに暴力のプロセスに内在する独自の力学のために

——しばしば法的なグレーゾーンで行われることを認識しているため、こうしたグレーゾーンを照らし出すような手段を発展させている。つまり暴力行使に関する規定は、その行使が統一的な根拠にもとづいて行われるように文書化される。暴力の専門家は、どのような状況なら暴力行使が組織の枠内に収まり、どのような状況なら枠内に収まらないかを区別できるように訓練される。また、命令の受け手が命令の合法性に疑問を感じた場合に上位の部局に訴えることができるような、法的に保障された異議申し立ての制度が設置される。[107] さらに軍事法廷も、けっして根本的に排除することのできない暴力行使のグレーゾーンに一定の明確さを持ち込む役割を果たす。

だがナチズム下では、まさにこうしたメカニズムが段階的に無効化された。[108] エルンスト・フレンケルは、ナチ国家における「法的審査の排除」、つまり行政裁判所、民事裁判所、刑事裁判所に警察の介入を審査させる機会が撤廃された事実を指摘している。[109] フレンケルは、法治国家では「裁判所が行政を合法性の観点から」統制するが、「第三帝国」では「警察当局が裁判所を便宜性の観点から」屈服させたと述べて、ナチスの法理解を要約している。[110] このような便宜性への志向は、警察業務の正当性を高めるために法治国家的に偽装されたものにすぎないというのである。[111]

「ドイツ的法感情」への志向

ナチ国家は、とくに警察業務への強い法的拘束を緩和するべきとする立場をとっていた。いかなる警察の介入も法にもとづいて行われるべきとする合法主義的な理解ではなく、警察官に許される行為は——親衛隊全国指導者・ドイツ警察長官の指導要領に記述されているように——もっぱら「ドイツ的法感情」だけにもとづいて行われるべきとされたのである。[112] このように警察業務の準拠点とされたのは主に法律ではなく、むしろ「ドイツ民族」の利益とされるものへの漠然とした関連であった。当時ドイツ法律アカデミー総裁、全国法律指導者、ナチ党法務局全国指導者を兼任し、後に占領下ポーランド総督もつとめたハンス・フランクの発言にもあるように、「法とは民族を利するものであり、不法とは民族を害するものである」とされたのである。[113]

しかもナチ国家では、「ドイツ民族」の利益は「総統の意志」と同一であると想定されていた。「法律とは総統の命令以外の何物でもない」という一般的な合意が、ナチ国家には広まっていた。[114] フランクが早い時期にすでに述べていたように、ナチ国家は「絶対国家」でも「警察国家」でも「市民的法治国家」でもなく、むしろ――「もし「法治国家」という表現を残したいのであれば」――「アドルフ・ヒトラーのドイツ法治国家」と呼ぶべきものであった。[115]

このような立場は一九三三年三月二三日の全権委任法によって法的に保障されたが、同法によると、帝国首相は――従来のように政令だけでなく――法律も帝国議会に諮ることなく制定することができ、その法律は帝国憲法に違反することもできた。[116] ナチ国家を代表する警察法の専門家ヴェルナー・ベストによれば、「指導部の意志は、それがどのような形で表明されるかにかかわらず」――つまり法律、指令、政令、個別命令、包括委任、組織規程のいずれによるものかを問わず――、そこに「法律」を生み出し、「従来適用されていた法律を修正する」。[117] 「「警察」がこの指導部の意志を遂行する限り、それは合法的に行動している。指導部の意志に違反した場合、もはや「警察」が行動しているのではなく、むしろ警察のメンバーが職務違反を犯しているのである」。[118]

ナチスが宣伝した民族共同体の概念は、その参照点として役立った。国法学者ヘルムート・ニコライはナチスの政権獲得直後、「健全な民族感情」に準じた司法と法執行こそ、「血縁的な民族共同体に対する」義務であると主張していた。[119] 警察は民族共同体の概念を浸透させる中心的な機関の一つとされた。たとえばハンブルクの保安警察監督官が発行した「ドイツ警察の概念、法、構造」に関する手引きによると、「警察」は「有機的全体としてのドイツ民族、その活力と組織を破壊と崩壊から守る」必要があった。[120] 警察の法的基盤に関する指針によれば、警察はさらに「ドイツ民族共同体内の平和」を維持し、「民族的な生活秩序」を守り、「民族共同体の破壊や動揺」を防ぐことによって、「ドイツ血縁共同体を守り、支援する」べきものとされた。[121]

ナチ国家の人種法、とりわけナチ司法の人種主義的法学は、「人種的に純粋な「民族共同体」」という見解が単なるプロパガンダではなく、法律を通じて「人びとの生活」に深く介入しようとする取り組みだったことを示している。[122] ミヒャエル・シュトーライスは的確にも、民族共同体というイデオロギー的概念がナチ国家のあらゆる法制領域を等しく規定したわけではないものの、いわば「法秩序のかすがい」の前に置かれた「倫理的原則」として、警察官や裁判官が既存の法律をナチスの人種イデオロギーに沿って解釈するのに役立ったと主張している。[123]

無制限の解釈

「個々の古い法律を正式に廃止したり修正したりすることなく」、ナチ指導部の意志から「逸脱したすべての法律規定は新秩序の精神に従って修正」されたものとすると、国家保安本部の指導的な法律家ヴェルナー・ベストは主張した。[124] ベルント・リュータースは、ナチ国家における現行法の「無制限の解釈」を指摘している。リュータースによれば、ナチ国家はしばしば現行法を公式に修正する必要すらなかった。法律家たちはむしろ、ドイツ帝国やヴァイマール共和国に由来する法律をナチ・イデオロギーに沿って「無制限」に解釈するだけでよかったというのである。[125]

このような民族の利益への志向は、結果として警察の行動への法的拘束が段階的に廃止されることにつながった。警察の行動はますます警察行政法を指針としなくなり、少なくとも一般的な意味においては、ドイツ民族の福祉に相応するものを指針とするようになった。法的に規制された条件プログラムへの志向の代わりに、民族の福祉という抽象的な価値観への志向がますます優勢になり、その内容は警察が範囲の曖昧な枠組みの中で自由に解釈できるものになった。[126] ナチスの指導的な警察法理論家の一人であるテオドーア・マウンツによれば、「規範に拘束されない警察行為」という見解が成立し、警察に対する総統の「委託」によって合法となった。[127] こうした点から、警察に「包括的な介入権」を与える「包括的な公共福祉の委託」によって「法的拘束の破壊」が生じたと、十分な理由をもって指摘することができるだろう。[128]

エルンスト・フレンケルが当時すでに指摘していたように、このような法解釈によって、古典的な立法と司法に依拠する「規範国家」がますます「措置国家」に席巻されるようになった。ナチ時代にも国家行為への法的拘束が廃止されることは原則としてなかったが、親衛隊と警察が支配を強める「措置国家」はそうした国家行為をますます後退させるようになった。フレンケルによれば、「第三帝国の政治部門」には「客観的な法律も主観的な法律もなく、法的な保証も、一般的に有効な手続き上の規則も責任の規定も存在しなかった」。「規範が欠如し、措置が支配」していたのである。[129]

第二次世界大戦の開始とともに「警察の「法律」の終焉」が生じたと主張するのは過大である。[130] 第二次世界大戦中も法律は警察官が参照する準拠点の一つであり続けた。だが警察法を「便宜性の観点」に従属させることによって、大隊員たちはユダヤ人に対する行動をほとんど無制限に警察の期待の地平に組み入れることができるようになった。もはや法律の一義的な解釈も、法律を解釈する法廷も、警察官が自らの行動を合法的秩序に組み込むのを阻止するための上訴の可能性もなかった。結局のところ、警察官たちは自らの行動がすでに合法であると、自分に言い聞かせることができたのである。

4　合法化による殺害の促進

ゲットー解体、強制移送、大量射殺、ガス殺のことを考えれば、警察官、親衛隊員、非ドイツ人補助要員の行為を犯罪と見なすのももっともである。ナチ国家の絶滅政策が二〇世紀最大の犯罪とまではいかなくても、最大級の犯罪であったことは——この点ではあらゆる観察者が一致しているように思われる——間違いない。

　だがホロコーストに関与した人びとを反射的に「加害者」、「殺人者」、「犯罪者」と呼ぶことは、すでにラウル・ヒルバーグが指摘していた事実、すなわち警察官、親衛隊員、国防軍メンバーが殺害の時点で自分たちを加害者、殺人者、犯罪者と見なしていなかったという事実を覆い隠している。彼らは——さらに付言するなら——むしろその反対に、自分たちを加害者、殺人者、犯罪者に対する国家的措置の実行者と見なしていたのだった。多くの場合、とくに明らかに何の罪も犯していない男性、女性、子供が対象となったケースでは、その殺害が政治的に正当化できるものかどうかについて、警察官、親衛隊員、国防軍メンバーには疑念が生じていたかもしれない。だが射殺が合法かどうかについて自問したのは、ごく少数の者だけであったようだ。

　殺人を合法——つまり無関心領域の枠内にある——とする認識は、警察官、親衛隊員、国防軍メンバーを、ただ単に「上から」与えられる一義的な規則や方針を実行する執行人に変えただけではなかった[131]。むしろ何を合法と見なすかについての理解が、日常的に行われるゲットー解体、強制移送、大量射殺によって何度も繰り返し確認された。絶滅機構のメンバー全員が共有する合法性の理解を創出する上で、公式の規則や方針も重要な役割を果たしたことはたしかだが、まさにこれらの規則や方針が曖昧であったからこそ、何を合法と見なすかについての理解がかなりの程度まで日常的な殺害行為によって形成されることになったのである。

注

（1）René König, *Leben im Widerspruch. Versuch einer intellektuellen Autobiographie*, München, Wien 1980, S. 168.

（2）一九四六年八月七日付のハンブルク警察署への告訴状の写し。IPN Lublin, 328/43, Bl. 31.

（3）一九四五年八月二七日に行われた警察での証言の写し。IPN Lublin, 328/43, Bl. 10. 一九四二年九月二六日に行われたこの射殺に関するトラップの報告書は第二五警察連隊に提出されたが、現在ではハンブルク州立文書館で閲覧することができる。StA Hamburg, NSG 0021/005, Bl. 2548 ff. Browning, *Ganz normale Männer*, S. 139 ff. も参照。

（4）CI Questionnaire, Camp No. 6 Neuengamme, Notiz Goodman, 31. 8. 1946, IPN Lublin, 328/43, Bl. 22. デニス・グッドマンが死の直前に行った証言者へのインタビューも参照。GSA Neuengamme, Video 2002/7040. この史料を教えてくれたゼバスティアン・マティセクに感謝する。

（5）Extract of CI Questionnaire, 22. 10. 1946, G. Goodman, R+I Staff, Neuengamme, IPN Lublin, 328, Bl. 17. グナーデはすでに戦死しており、ヴォーラウフとホフマンは捜査できなかった。

（6）ポーランド人証言者の調書は、IPN Lublin, 328/41, Bl. 59 ff. に所蔵されている。この点については、*Zychie Podlasie*, 14. 1. 1948, S. 4 も参照。ソ連とポーランドの刑事訴訟手続きからもたらされた史料特有の問題については、Dieter Pohl, »Sowjetische und polnische Strafverfahren wegen NS-Verbrechen – Quellen für den Historiker?«, in: Jürgen Finger (Hg.), *Vom Recht zur Geschichte. Akten aus NS-Prozessen als Quellen der Zeitgeschichte*, Göttingen 2009, S. 132-141 を参照。

（7）第一〇一警察大隊の四名の隊員に対する有罪判決のリストは、Elżbieta Kobierska-Motas, *Ekstradycja iirzestrępców wojennych do polsko z czterech stref okupacyjnych niemic, 1946-1950*, Warschau 1992, S. 51, 61, 118 und 229 にある。

（8）遡及処罰禁止の例外は、一九四五年八月八日の連合国ロンドン憲章によって「人道に対する罪」が処罰の対象とされたことで達成された。これによってとくに「民間人に対する殺人、民族的抹殺、奴隷化、強制移送、その他の非人道的行為」や「人種的、政治的、宗教的動機による迫害」が、個々の国内法に違反しているか否かにかかわらず、処罰の対象とされた。概説として、Peter Steinbach, »Der Nürnberger Prozeß gegen die Hauptkriegsverbrecher«, in: Gerd R. Ueberschär (Hg.), *Der Nationalsozialismus vor Gericht. Die alliierten Prozesse gegen Kriegsverbrecher und Soldaten 1943-1952*, Frankfurt/M. 1999, S. 32-44, hier: S. 36 f.; Annette Weinke, *Die Nürnberger Prozesse*, München 2006, S. 57 f. を参照。Peter Heigl, *Nürnberger Prozesse – Nuremberg Trials*, Nürnberg 2001; Franz W. Seidler, *Das Recht in Siegerhand. Die 13 Nürnberger Prozesse 1945–1949*, Selent 2007 も参照。

（9）これまでのところ、戦後の警察の捜査班と検察局の業務に関する研究は比較的少ない。ただし Michael Okroy, »›Man will unserem Batl. was tun ...‹. Der Wuppertaler Bialystok-Prozeß 1967/68 und die Ermittlung gegen Angehörige des Polizeibataillons 309«, in: Alfons Kenkmann, Christoph Spieker (Hg.), *Im Auftrag. Polizei, Verwaltung und Verantwortung*, Essen 2001, S. 301-317; Freia Anders, Hauke-Hendrik Kutscher, »Der Bialystok-Prozess vor dem Bielefelder Landgericht 1965-1967«, in: Freia Anders, Hauke-Hendrik Kutscher u. a. (Hg.), *Bialystok in Bielefeld. Nationalsozialistische Verbrechen vor dem Landgericht Bielefeld 1958 bis 1967*, Bielefeld 2003, S. 76-133; Ahlrich Meyer, *Täter im Verhör. Die »Endlösung der Judenfrage« in Frankreich 1940-1944*, Darmstadt 2005; Kiepe, *Das Reservepolizeibataillon 101 vor Gericht* を参照。とくに最後の二つの著作は、処罰を防ぐ司法という一部に広まっているイメージを覆している。私見によれば、個々の捜査当局がときに積極的に関与したのは、一九六〇年代にますます多くの警察本部や検察局がナチ暴力犯罪の訴追に特化した特別班を編成し、通常の忠誠義務から少なくとも部分的に切り離されたことと関係している（この点については、Grabitz, »Überblick« も参照）。

（10）o. V., »Mord-Gesang«, in: *Hamburger Morgenpost* vom 16. 12. 1967 を参照。検察当局が使用した写真の出所についての詳細は、Kiepe, *Das Reservepolizeibataillon 101 vor Gericht*, S. 64 f. を参照。写真の提出が実際にどのような役割を果たしたのかを正確に再現することは、もはや不可能である。ルートヴィヒスブルクのナチ犯罪解明・州司法行政中央本部からの照会を受けて、予備捜査手続きが開始されたことを示唆する手がかりは多い。

（11）「至急！一九六五年五月五日が時効の期限！」というメモのある一九六五年三月一七日付のハンブルク地方裁判所検事長の指示。StA Hamburg, NSG 0022/001, Bl. 113-114. ハンブルクの検察局は連邦ドイツのほとんどの検察局とは異なり、部隊や部局に所属したすべての既知の人物を「公式被告人」としてナチス関連裁判の対象とすることを決定した。Grabitz, »Überblick«, S. 35 を参照。

（12）一九六五年二月一九日付の検察局からハンブルク地方裁判所捜査判事（ダンカー）宛の書簡。StA Hamburg, NSG 0022/001, Bl. 35-50. 告訴理由は Bl. 38 に記載されている。

（13）一九四二年に出版された軍事刑法の解説書では、この条項が次のように説明されている。「部下は命令によって免責されるため、命令にもとづいて行った違法行為については基本的に責任を負わない。命令は遂行されなければならない。これは違法な命令にも該当する。違法であるというだけではまだ拘束力を失っていない。このことは軍隊の慣行からも明らかである。さらに上の上司が命令を下すことを禁止したという理由だけで、上司の命令は違法なものとなりうるからである。それゆえ、部下はいかなる命令にも拘束力があると考えなければならない。違法行為を行うべしとする命令には拘束力はない。処罰の対象となる構成要件を実現することに対する法的な禁止は、命令によって無効にすることはできない。それにもかかわらず、命令に拘束力がないことが明白にならない限り、部下はそれに従ってよい」。「部下がそのこと（命令が違法であること）を知りながら行動した場合、彼には犯罪を犯す意志がほとんどないため、通常は幇助者として処罰される。部下自身もその違法行為を望んだ場合、彼は共犯者となる。自分の手で犯罪を犯した場合、彼は単独犯である（Georg Dörken, Werner Scherer, *Das Militärstrafgesetzbuch und die Kriegssonderstrafrechtsordnung mit Erläuterungen*, Berlin 1942, S. 46 f.）。第二次世界大戦後の裁判でのこれに対応する条項の適用については、たとえばAdalbert Rückerl, *NS-Verbrechen vor Gericht. Versuch einer Vergangenheitsbewältigung*, Heidelberg 1982, S. 123 ff.; Helge Grabitz, »Die Verfolgung von NS-Gewaltverbrechen in Hamburg in der Zeit von 1956 bis heute«, in: Helge Grabitz, Klaus Bästlein u. a. (Hg.), *Die Normalität des Verbrechens*, Berlin 1994, S. 300-324, hier: S. 300 ff. を参照。第一〇一警察大隊に関してとくに詳細な検討を行っている研究として、Kiepe, *Das Reservepolizeibataillon 101 vor Gericht*, S. 39 ff. を参照。

（14）一九三九年一〇月一七日に制定された親衛隊・警察部隊の構成員に対する刑事事件の特別裁判権に関する指令の第三条を参照（Reichsgesetzblatt I, S. 2107）。これについては、Maunz, *Gestalt und Recht der Polizei*, S. 31 f.; Wilhelm, *Die Polizei im NS-Staat*, S. 126 ff. も参照。

（15）一九七〇年一月二二日にフェーゼがハンブルク地方裁判所検察局のために記したメモ。StA Hamburg, NSG 0022/002, Bl. 1247.「幇助者処罰」についての詳細は、Michael Greve, *Der justitielle und rechtspolitische Umgang mit den NS-Gewaltverbrechen in den sechziger Jahren*, Frankfurt/M. 2001, S. 145 ff. を参照。

（16）ヴォルフガング・ホフマン、ユリウス・ヴォーラウフ、クルト・ドライヤーには殺人幇助の罪でそれぞれ懲役八年、アントン・ベッカーには懲役六年、ハインリヒ・ベッカーには懲役五年が宣告された。詳細は、Kiepe, *Das Reservepolizeibataillon 101 vor Gericht*, S. 77 f. を参照。だがヘルゲ・グラビッツによれば、裁判は懲役三年半から八年までの実刑判決四件と、執行猶予付きの有罪判決七件で終了した（Grabitz, »Überblick«, S. 77）。グラビッツが言及している連邦最高裁判所第五部の上訴判決は、ヴォーラウフへの判決は支持したものの、ホフマンへの懲役を四年に、ドライヤーへの懲役を三年六カ月に減刑し、ハインリヒ・ベッカーへの懲役を罪の軽さを理由に取り消した。ヴォーラウフとホフマンだけが懲役に服した（これについては、Kiepe, *Das Reservepolizeibataillon 101 vor Gericht*, S. 81 f. を参照）。問題の整理として、一九九七年までの裁判について概説している Christiaan Frederik Rüter, Dick W. de Mildt, *Die westdeutschen Strafverfahren wegen nationalsozialistischer Tötungsverbrechen 1945-1997. Eine systematische Verfahrensbeschreibung*, Amsterdam u. a. 1998, S. 158 f. und 182 を参照。

（17） o. V., »Von Befehlsnotstand kann keine Rede sein«, in: *Hamburger Abendblatt* vom 5. 3. 1968 を参照。印刷された史料としても入手可能な判決を参照。Landgericht Hamburg, »Urteil vom 8. 4. 1968 gegen Hoffmann, Wohlauf und andere«. この判決については、Browning, *Ganz normale Männer*, S. 192; Kiepe, *Das Reservepolizeibataillon 101 vor Gericht*, S. 77 ff.; Curilla, *Der Judenmord in Polen und die deutsche Ordnungspolizei*, S. 863 も参照。

（18） シュテファン・クレンプ（Klemp, *»Nicht ermittelt«*, S. 378）もヤン・キーペ（Kiepe, *Das Reservepolizeibataillon 101 vor Gericht*, S. 12）も、ハンブルクの大隊員に対する裁判が有罪判決にいたった大隊員に対する裁判の最初の一つであったと指摘している。これらの大隊員の有罪判決が大きな例外であったことは、グラビッツが作成したリスト（Grabitz, »Die Verfolgung von NS-Gewaltverbrechen in Hamburg in der Zeit von 1956 bis heute«, S. 319）からわかる。それによると、ハンブルクの検察局は一九四六年から一九九三年までの間に三四四一件の捜査結果を受け取っており、その中にはしばしば複数の人物が捜査されたケースもあった。これらの捜査にもとづいて合計五九七人の被告に対して三一九件の告発が行われ、そのうち一三三人に懲役刑が宣告された。

（19） たとえば o. V., »Mord-Gesang« を参照。

（20） o. V., »V-Männer gaben den Mord-Tip«, in: *Hamburger Morgenpost* vom 6. 1. 1968.

（21） o. V., »Man konnte sich weigern, mitzumorden«, in: *Hamburger Abendblatt* vom 1. 2. 1968.

（22） o. V., »In der Flitterwoche zur Mord-Aktion«, in: *Bild* vom 5. 3. 1968.

（23） 地域研究にもとづいて一九五〇年代から一九六〇年代までの加害者イメージの変化を明らかにした研究として、Cord Arendes, *Zwischen Justiz und Tagespresse. »Durchschnittstäter« in regionalen NS-Verfahren*, Paderborn 2012, S. 160 ff. を参照。

（24） 他の多くの裁判が注目されず、メディアに取り上げられなかったのに対し、ハンブルクの警察大隊に対する裁判はハンブルクのメディアで大きく報道された。超地域的な新聞は、裁判の開始と裁判の結果を報道するにとどまった。Wolfgang Scheffler, Helge Grabitz, »Einleitung«, in: Helge Grabitz, Justizbehörde Hamburg (Hg.), *Täter und Gehilfen des Endlösungswahns. Hamburger Verfahren wegen NS-Gewaltverbrechen 1946-1996*, Hamburg 1999, S. 9-26, hier: S. 21 を参照。

（25） ルートヴィヒスブルクのナチ犯罪解明・州司法行政中央本部の副所長ハインツ・アルツトが自著で用いた表現。Heinz

Artzt, *Mörder in Uniform. Organisationen, die zu Vollstreckern nationalsozialistischer Verbrechen wurden*, München 1979.

（26）ルートヴィヒスブルクのナチ犯罪解明・州司法行政中央本部の所長アーダルベルト・リュッカールの表現。Adalbert Rückerl, *Die Strafverfolgung von NS-Verbrechen 1945-1978*, Heidelberg 1979.

（27）ハンブルクの上級検事ヘルゲ・グラビッツの表現。Grabitz, »Überblick«.

（28）BSTU Berlin, MfS ZAIG 10608 を参照。Malte Herwig, *Die Flakhelfer. Wie aus Hitlers jüngsten Parteimitgliedern Deutschlands führende Demokraten wurden*, München 2013, S. 128 f. より引用。原本は閲覧していない。ドイツ民主共和国の歴史学者たちは、ナチズム下の警察を対象としたドイツ連邦共和国の初期の歴史研究を批判的に検討している。これについては、Norbert Müller, »Zum Charakter und Kriegseinsatz der faschistischen Ordnungspolizei«, in: *Militärgeschichte* 23 (1984), S. 515-520, hier: S. 520 を参照。ノルベルト・ミュラーは警察の歴史に関する弁明的な著作として、Paul Riege, *Kleine Polizei-Geschichte*, Lübeck 1959; Eugen Raible, *Geschichte der Polizei. Ihre Entwicklung in den alten Ländern Baden und Württemberg und in dem neuen Bundesland Baden-Württemberg unter besonderer Berücksichtigung der kasernierten Polizei (Bereitschaftspolizei)*, Stuttgart 1963 に言及している。

（29）Dokumentationszentrum der staatlichen Archivverwaltung der DDR (Hg.), *Braunbuch Kriegs- und Naziverbrecher in der Bundesrepublik*, Berlin 1963 を参照。「親衛隊、保安部、ゲシュタポの殺人者」という呼称は S. 75 に、「サディストの集団」としての秩序警察への言及は S. 64 に見られる。

（30）著名な事例として、ハラルト・ヴェルツァーの著作のタイトルを参照。Welzer, *Täter: Wie aus ganz normalen Menschen Massenmörder werden.* 心理学的な観点からの呼称については、たとえば Harvey Asher, »Ganz normale Täter. Variablen sozialpsychologischer Analysen«, in: *Zeitschrift für Genozidforschung* 3 (2001), S. 81-115 を参照。

（31）クリストファー・ブラウニングの論文のタイトル。Browning, »Die Debatte über die Täter des Holocaust«. その結果、絶滅機構の人員に関心をもつ研究者も自分たちを殺人者研究者とも、容疑者研究者とも呼ばず、加害者研究者と呼ぶようになっている。「加害者研究」では、当然のように「加害者像」（Herbert Jäger, »Die Widerlegung des funktionalistischen Täterbildes. Daniel Goldhagens Beitrag zur Kriminologie des Völkermordes«, in: *Mittelweg 36* (1997), S. 73-85）、「加害者の経歴」（Klaus-Michael Mallmann, Gerhard Paul (Hg.), *Karrieren der Gewalt. Nationalsozialistische Täterbiographien*, Darmstadt 2004）、「加害者の類型」（Kramer, »Tätertypologien«）、「加害者のメンタリティ」（Ingrid Gilcher-Holtey, »Die Mentalität der Täter«, in: Julius H. Schoeps (Hg.), *Ein Volk von Mördern? Die Dokumentation zur Goldhagen-Kontroverse um die Rolle der Deutschen im Holocaust*, Hamburg 1996, S. 210-213）、「平均的な加害者」（Christian Gerlach (Hg.), *»Durchschnittstäter«. Handeln und*

Motivation, Berlin 2000）といった表現が用いられている。研究の中で刑法の語彙の使用を控えるよう提唱しているラウル・ヒルバーグ自身も、ある著書のタイトルにこの用語を用いている。Hilberg, *Perpetrators, Victims, Bystanders*; Hilberg, *Täter, Opfer, Zuschauer* を参照。

（32）刑法上の問題を超えて、比較的早い時期からこの問題に一定の関心を示した研究者もいる。その一例として、Goldschmidt, »Soziologische Überlegungen zur Strafrechtsreform angesichts der Prozesse gegen nationalsozialistische Gewaltverbrecher«, S. 83 を参照。

（33）トゥホルスキーからの引用の全文は次の通りである。「四年間にわたって一平方マイルの土地全体で殺人が義務づけられていたが、半時間離れた場所では殺人は同様に厳しく禁じられていた。私は言った。殺人だって？ もちろん殺人だ。兵士は殺人者だ」。Kurt Tucholsky, »Der bewachte Kriegsschauplatz«, in: *Weltbühne* vom 4. 8. 1931. ヴァイマール共和国およびドイツ連邦共和国におけるこの文章に関する包括的な――刑法上の問題にも及んだ――議論については、Michael Hepp, Viktor Otto (Hg.), *»Soldaten sind Mörder«. Dokumentation einer Debatte 1931-1996*, Berlin 1996 を参照。

（34）この点については、Zygmunt Bauman, »Die Pflicht, nicht zu vergessen – aber was?«, in: Aleida Assmann, Frank Hiddemann u. a. (Hg.), *Firma Topf & Söhne – Hersteller der Öfen für Auschwitz. Ein Fabrikgelände als Erinnerungsort?*, Frankfurt/M., New York 2002, S. 237-274, hier: S. 267 を参照。ジグムント・バウマンは「殺人者の社会的産出」という見出しのもと、米国司法における死刑執行人の「脱感情化」を論じたロバート・ジョンソンの研究を挙げている。Robert Johnson, *Death Work. A Study of the Modern Execution Process*, Mason 2006.

（35）この類似性については、Charles Tilly, »War Making and State Making as Organized Crime«, in: Peter B. Evans, Dietrich Rueschemeyer u. a. (Hg.), *Bringing the State Back In*, Cambridge, New York 1985, S. 169-186 を参照。構造的類似性を指摘している Gerald D. Feldman, Wolfgang Seibel, »The Holocaust as Division-of-Labor-Based Crime – Evidence and Analytical Challenges«, in: Gerald D. Feldman, Wolfgang Seibel (Hg.), *Networks of Nazi Persecution. Bureaucracy, Business, and the Organization of the Holocaust*, New York 2005, S. 1-12, hier: S. 5 f. も参照。

（36）Niklas Luhmann, »Symbiotische Mechanismen«, in: Otthein Rammstedt (Hg.), *Gewaltverhältnisse und die Ohnmacht der Kritik*, Frankfurt/M. 1974, S. 107-131, hier: S. 107 を参照。近代国家は究極的には法律や指令といった形の規則を通じて正当性を生み出す。それはヴェーバー的な意味で「合理的支配」であり、より正確には「合法的支配」である。カール・シュミットが正当性と合法性の対立を想定しているのに対し、私は合法性を正当性の下位カテゴリーと考えている。Carl Schmitt, *Legalität und Legitimität*, Berlin 2005 を参照。この点については、Johannes Winckelmann, *Legitimität und Legalität in Max*

Webers Herrschaftssoziologie, Tübingen 1952, S. 57 も参照。

（37）Weber, *Wirtschaft und Gesellschaft*, S. 822 f. 暴力の独占と国民国家の形成の関係については、Anthony Giddens, *The Nation State and Violence*, Berkeley 1985 を参照。

（38）ここには組織による責任の軽減についての議論を接続することができる。たとえば組織とは「連帯を弱め、道徳を弱め、責任を軽減する社会的メカニズム」であるとするクラウス・テュルクの発言を参照。Klaus Türk, *»Die Organisation der Welt«. Herrschaft durch Organisation in der modernen Gesellschaft*, Opladen 1995, S. 12. ここで重要なのは、人びとが自らのあらゆる行為において組織メンバーとしての自分の役割を引き合いに出すことができる点である。イェルク・バルケが詳細に分析している「権威と規律」、「分業」、「殺害行為からの距離」、「技術的・公式的な責任への退却」、「犠牲者の非人間化」など、責任の軽減に関する他のすべての側面は二義的な問題にすぎない。というのも、組織のメンバーであるということだけでメンバーは責任の大部分から解放されるからである。

（39）これらの法律、指令、業務方針が有効な法と見なされる限り、その実行者である暴力の専門家からすれば、それらがどのように成立したかは二義的な問題のように思われる。ヒトラーの政令は、一九三三年三月二三日の「全権委任法」にもとづいて帝国議会への配慮なしに統治することを可能にしたが、こうした点では、議会立法と機能的に等価なものと見なされていたように思われる。このような法理解については、Carl Schmitt, *Staat, Bewegung, Volk. Die Dreigliederung der politischen Einheit*, Hamburg 1933 を参照。この点についての概説として、Bernd Rüthers, *Carl Schmitt im Dritten Reich*, München 1989; Dirk Blasius, *Carl Schmitt. Preußischer Staatsrat in Hitlers Reich*, Göttingen 2001 を参照。

（40）非ドイツ人民間人に対するナチスの暴力組織のメンバーの行為は、たとえ軍事犯罪であっても訴追する必要はないとする指令を参照。この点については、Christian Streit, *Keine Kameraden. Die Wehrmacht und die sowjetischen Kriegsgefangenen 1941-1945*, Bonn 1978, S. 42; Herbert Zechmeister, *Das Polizeibataillon 322 aus Wien Kagran. Österreichische Polizisten und der Vernichtungskrieg im Osten*, Klagenfurt 1998, S. 96 を参照。多くのユダヤ人がナチ国家の「超法規的原則」の犠牲となったことは、とくにディームート・マイヤーが明らかにしている。Diemut Majer, *»Fremdvölkische« im Dritten Reich*, Boppard am Rhein 1981, S. 147 ff.; Diemut Majer, *Grundlagen des nationalsozialistischen Rechtssystems. Führerprinzip, Sonderrecht, Einheitspartei*, Stuttgart 1987, S. 170 ff.; Diemut Majer, *Nationalsozialismus im Lichte der juristischen Zeitgeschichte*, Baden-Baden 2002, S. 93.

（41）トーマス・ザントキューラーは、初期の「加害者研究」が命令経路の調査にほとんど注意を払っていなかったことを正しく指摘している。Thomas Sandkühler, »Die Täter des Holocaust. Neuere Überlegungen und Kontroversen«, in: Karl Heinrich

Pohl (Hg.), *Wehrmacht und Vernichtungspolitik*, Göttingen 1999, S. 39-66, hier: S. 58.

（42）Bernhard Scheer, Georg Bartsch, *Das Polizeiverwaltungsgesetz. Wesen und Rechtsgrundlagen der Polizei. Ein Leitfaden zum Handgebrauch für Studium und Praxis*, Berlin 1941, S. 124より引用。ナチ国家における警察行政法の適用可能性については、たとえば Theodor Maunz, *Verwaltung*, Hamburg 1937, S. 258 f.; Walter Scheerbarth, *Polizeirecht, Feuer- und Fremdenpolizei, Bau- und Siedlungswesen, Gesundheitswesen*, Berlin 1942, S. 15 f. も参照。

（43）Browning, *Ganz normale Männer*, S. 23を参照。

（44）ルブリンの秩序警察指揮官とルブリンの警察連隊指揮官の兼任については、Curilla, *Der Judenmord in Polen und die deutsche Ordnungspolizei*, S. 687を参照。ヴォルフガング・クリラはハンブルク検察局の調査に依拠している。

（45）Curilla, *Der Judenmord in Polen und die deutsche Ordnungspolizei*, S. 687を参照。秩序警察指揮官は比較的頻繁に交代した。

（46）ルブリン管区の親衛隊・警察指導者オディロ・グロボチュニクによる一九四三年六月九日付の命令第二号（もともとワルシャワのポーランド文書館の所蔵）。BA Ludwigsburg, B 162/5910, Bl. 177.

（47）警察大隊の一時的な国防軍への従属と、警察大隊に介入しようとする民政機関の試みは、第一〇一警察大隊の「ラインハルト作戦」中の活動とは関連がないので、ここでは立ち入らない。

（48）一九三六年六月二六日の施行政令によると、クルト・ダリューゲには行政警察、帝国の治安警察、地方自治体の治安警察、地方警察、消防警察、技術補助警察が従属した。この点については、Kurt Bader, *Aufbau und Gliederung der Ordnungspolizei. Reichspolizeirecht – Sammlung reichsrechtlicher Polizeivorschriften*, Berlin 1943, S. xを参照。

（49）秩序警察本部には、ドイツ帝国ではいわゆる秩序警察監督官が、占領地では秩序警察司令官が従属した。Best, *Die Deutsche Polizei*, S. 68を参照。ルート・ベッティーナ・ビルンが明らかにしたように、占領地の秩序警察司令官の幕僚は約一〇〇名からなり、陸軍部隊に準じて組織されていた。Birn, *Die höheren SS- und Polizeiführer*, S. 84 ff. を参照。秩序警察監督官と保安警察監督官は一九三六年の警察再編の一環として、親衛隊全国指導者・ドイツ警察長官と、「第三帝国」以前は警察が直接従属していた地方行政部門の間の——しばしば緊張を伴った——複雑な関係の中に設置された。この問題を扱った初期の研究として、Karl-Heinz Heller, *The Reshaping and Political Conditioning of the German Order Police, 1935-1945: A Study of Techniques Used in the Nazi State to Conform*, Ann Arbor 1970, S. 61 f. も参照。

（50）この点については、アスムスが署名した一九四二年六月二〇日付の命令「総督府の第一〇一警察予備大隊の特別任務の件」を参照。StA Hamburg, NSG 0021/001, Bl. 484 ff.

（51）この命令経路については、Mallmann, »*Vom Fußvolk der ›Endlösung‹*«, S. 366を参照。ルブリン管区の従属関係については、

一九六二年一二月一〇日付の州司法行政中央本部の最終報告も参照。BA Ludwigsburg, B 162/5911, Bl. 359 ff.

（52）親衛隊・警察上級指導者の設置の可能性は、一九三七年一一月一三日の帝国内務大臣ヴィルヘルム・フリックの政令によって生まれた。この背景には、ヒムラーが一九三六年に「親衛隊全国指導者・ドイツ警察長官」に任命されて以来、彼自身が体現してきたような「親衛隊と警察の結合」を地方レベルで確保しようと考えていたという事情があった。Tino Jacobs, *Himmlers Mann in Hamburg*, Hamburg 2001, S. 43 f. を参照。

（53）親衛隊・警察上級指導者と親衛隊・警察指導者の設置の意図については、Mallmann, »*Vom Fußvolk der ›Endlösung‹*«, S. 366 を参照。

（54）この点については、ゲオルク・テッシンが作成した初期の——概ね正しい——リストを参照。Georg Tessin, »Die Stäbe und Truppeneinheiten der Ordnungspolizei«, in: Hans-Joachim Neufeldt, Jürgen Huck u. a. (Hg.), *Zur Geschichte der Ordnungspolizei 1936-1945*, Koblenz 1957, S. 5-110, hier: S. 51 ff. Birn, *Die höheren SS- und Polizeiführer*, S. 45 も参照。

（55）この点はときおり見落とされる。ルブリン管区の「ラインハルト作戦」におけるグロボチュニクの役割については、とくに Ingo Haar, »Bevölkerungspolitik im Generalgouvernement. Nationalitäten-, Juden- und Siedlungspolitik im Spannungsfeld regionaler und zentraler Initiativen«, in: Jacek Andrzej Młynarczyk (Hg.), *Polen unter deutscher und sowjetischer Besatzung*, Osnabrück 2009, S. 281-306, hier: S. 298 ff.; Młynarczyk, *Judenmord in Zentralpolen*, S. 244 ff. を参照。ヤン・キーペはこの命令経路に必要な注意を払っていない。Kiepe, *Das Reservepolizeibataillon 101 vor Gericht*, S. 34.

（56）この点についての詳細は、Longerich, *Politik der Vernichtung*, S. 452 ff. を参照。決定過程に関する最も優れた研究は、Bogdan Musial, »The Origins of ›Operation Reinhard‹: The Decision Making Process for the Mass Murder of the Jews in the Generalgouvernement«, in: *Yad Vashem Studies* 28 (2000), S. 113-153 である。その改訂されたドイツ語版も参照。Bogdan Musial, »Ursprünge der ›Aktion Reinhardt‹. Planung des Massenmordes an den Juden im Generalgouvernement«, in: Bogdan Musial (Hg.), *»Aktion Reinhardt«. Der Völkermord an den Juden im Generalgouvernement 1941-1944*, Osnabrück 2004, S. 49-85.

（57）少なくともボグダン・ムジアルはこのような根拠のある推測を行っている。Bogdan Musial, »Verfolgung und Vernichtung der Juden im Generalgouvernement. Die Zivilverwaltung und die Shoah«, S. 195; Bogdan Musial, »The Origins of ›Operation Reinhardt‹«, S. 113 ff. を参照。殺戮計画の決定において、反ユダヤ主義的な動機が具体的な有益性の考慮といかに密接に絡み合っていたかという点については、研究者の間でいまだに論争が続いている。グロボチュニクに委託された任務については、たとえば Robert Kuwałek, *Das Vernichtungslager Belzec*, Berlin 2013, S. 44 ff. も参照。

（58）この点については、Peter Witte u. a. (Hg.), *Der Dienstkalender Heinrich Himmlers 1941/1942*, Hamburg 1999, S. 66 を参照。

そこにはヒムラーが親しみを込めて「グローブス」と呼んだグロボチュニクとヒムラーの親密な関係についての記述も見られる。

(59) それゆえ警察大隊に対する裁判で用いられたワルシャワのユダヤ歴史研究所のタティヤーナ・ベレンシュタインの所見は、この作戦が「総督府の親衛隊・警察長官クリューガーと「ラインハルト作戦」班長官でルブリン管区の親衛隊・警察指導者オディロ・グロボチュニクの個人的指導のもとで」行われたと想定している点で、誤解を招くものであった。Tatiana Berenstein, »Bericht des jüdischen historischen Institutes Warschau, Januar-März 1957«, Nr. 21, S. 20 を参照。この報告書はハンブルク州立文書館に所蔵されている。StA Hamburg, NSG 0021/029. ラインハルト作戦の際、グロボチュニクが親衛隊・警察上級指導者に従属し続けたというイツァーク・アラードの推測は間違いである（Yitzhak Arad, *The Operation Reinhard Death Camps*, Bloomington 1987, S. 15)。グロボチュニク配下の人員が「ラインハルト作戦」の際、親衛隊・警察上級指導者に相談することなく総督府の他の管区で任務を遂行することができたという事実は、グロボチュニクが作戦の責任者であったことを示している。この点については、Młynarczyk, *Judenmord in Zentralpolen*, S. 249 f. を参照。

(60)「ラインハルト作戦」の際のこの三重のマトリックス構造の緊張関係は、組織社会学的な観点からはまだ分析されていない。ただし親衛隊・警察上級指導者と親衛隊・警察指導者の間、および国家保安本部の部長たちの間の対立については、たとえば Birn, *Die höheren SS- und Polizeiführer*, S. 100 ff.; Jacobs, *Himmlers Mann in Hamburg*, S. 44 を参照。とくに興味深いのは懲戒処分権をめぐる争いである。親衛隊・警察上級指導者クリューガーあるいは親衛隊・警察指導者グロボチュニクと民政機関を管轄する総督フランクの間の対立が、マトリックス構造に内在していた親衛隊・警察上級指導者と親衛隊・警察指導者の間の対立を顕在化させないことに寄与した可能性もある（Birn, *Die höheren SS- und Polizeiführer*, S. 198 ff.)。

(61) 被告人のほとんどが自分の「罪は処罰に値しない」と考えていたことについては、Willi Dreßen, »Probleme und Erfahrungen der Ermittler bei der Aufklärung von NS-Gewaltverbrechen«, in: *Archiv für Polizeigeschichte* 5 (1994), S. 75-83, hier: S. 78 を参照。

(62) BA Ludwigsburg, B 162/5911, Bl. 127 ff.

(63) 一九六八年四月一日の陪審法廷での主要被告人ユリウス・ヴォーラウフの最終陳述。StA Hamburg, NSG 0021/009, Bl. 4728.

(64) Luhmann, »Die Gewissensfreiheit und das Gewissen«, S. 346. ルーマンは、戦後に告発された警察官や親衛隊員——たとえばアドルフ・アイヒマン——が用いたモチーフを修正して使っている。ユダヤ人は犠牲者であったが、「机上の犯罪者」や「現場の犯罪者」とされる被告人も自分たちが望んでいないことを強いられたのだから、結局のところ犠牲者なのだというのである。システム理論を批判する研究者も、おそらくシステム理論をあまり綿密に検討していないために、まだこのようなスキャンダラスな発言を取り上げていない。一例として、Christian Sigrist, »Das gesellschaftliche Milieu der Luhmannschen Theorie«, in: *Das Argument* 31 (1989), S. 837-854 を参照。ルーマンの解釈は、彼が用いている最上級表現（「最も無力な犠牲者」）とそれが意味する比較だけが理由で不適切なのではなく、内容的にも――それがここではより重要である――間違っている。

（65）初期の議論として、Jäger, *Verbrechen unter totalitärer Herrschaft*, S. 163 ff. を参照。

（66）トーマス・キューネの指摘。Regina Kusch, Andreas Beckmann, »Schwerpunktthema Emotionen und Gewalt im 20. Jahrhundert«, 〈http://www.dradio.de/dlf/sendungen/studiozeit-ks/216298/〉（最終閲覧日二〇一三年七月五日）より引用。Kühne, *Belonging and Genocide*, S. 1 の次の説明も参照。「共同体への欲求、憧れの経験、集団性のエートスが大量殺人の基盤となった。ホロコーストを実行し、支援することは、ドイツ人に特別な帰属意識を与えることになった。ホロコーストを遂行することで、ドイツ国民は自分自身を発見したのである」。キューネは「共犯関係の広がり」に関する考察の中で、この議論を詳細に展開している。とくに東部での犯罪行為は手紙や物語を通じて本国にも伝えられたため、各々の戦闘部隊の中でそうした共犯関係が形成されただけでなく、敗戦した場合には誰もが処罰されることを自覚する一種の「国民的共犯関係」が形成されたのだという。この点をめぐる論争については、Kundrus, »Der Holocaust« も参照。ただしこの論考は、「犯罪者共同体としての「民族の共同体」」という副題の後に疑問符を付けている。軍事刑法第四七条を持ち出す将校がなぜこれほど少ないのか、彼らのほとんどがなぜ当時の法的状況でも禁止されていた犯罪行為に加担したのかという、ハンス＝ウルリヒ・ヴェーラーが提起した問題も参照。Hans-Ulrich Wehler, *Konflikte zu Beginn des 21. Jahrhunderts. Essays*, München 2003, S. 28 f.

（67）私はプリーモ・レーヴィとは根本的に異なる意味でグレーゾーンという概念を用いている。Primo Levi, *Die Untergegangenen und die Geretteten*, S. 39 ff. レーヴィはこの概念を、占領地、強制収容所、絶滅収容所の犠牲者たちが押し込められ、ナチ国家の暴力組織に――「イデオロギー的誘惑」、「勝者の奴隷的模倣」、「臆病」、「計算」から――奉仕した領域を説明するために使っている。この点については、Jonathan Petropoulos, John K. Roth (Hg.), *Gray Zones. Ambiguity and Compromise in the Holocaust and Its Aftermath*, New York, Oxford 2005 も参照。この論集の中の諸論考は、レーヴィのグレーゾーンの概念を発展させている。

（68）この説明については、Niklas Luhmann, *Das Recht der Gesellschaft*, Frankfurt/M. 1993, S. 430 を参照。ルーマンが取り上げているのは、著名な政治家に対して警察が介入するときに警察官を守るような報道である。

（69）法的判断がどのように下されたかは重要ではない。重要なのは戦時中に法的状況がどのように認識されていたかということだけであり、ここには大量射殺の正当性に関して不確実性があったことが明確に示されている。
（70）この点については、Klemp, *»Nicht ermittelt«*, S. 26 ff. を参照。
（71）治安警察少佐・第二二警察連隊第一大隊指揮官ハンス・リューターースからルブリン管区の秩序警察指揮官キントルップおよび総督府の秩序警察司令官ベッカー宛の一九四二年一〇月一八日付の報告書。StA Hamburg, NSG 0022/002, Bl. 770 ff. リューターースは、この抗議と恣意的な射殺を理由とするさらに別の抗議の直後にベルリンに転任した。
（72）警察行政法の成立については、Stefan Naas, *Die Entstehung des Preußischen Polizeiverwaltungsgesetzes von 1931. Ein Beitrag zur Geschichte des Polizeirechts in der Weimarer Republik*, Tübingen, Frankfurt/M. 2003 による詳細な説明を参照。同書はとくに、プロイセン上級行政裁判所所長ビル・ドレーフスが法律制定に果たした役割に焦点を当てている。法案の予備調査については、Bill Drews, *Preußisches Polizeirecht. Ein Leitfaden für Verwaltungsbeamte*, Berlin 1929 を参照。ヘルムート・ファングマンが正しく指摘しているように、一九三一年まで「警察法を整備したのは基本的に立法機関ではなく、プロイセン上級行政裁判所の管轄下にあった行政裁判所」であった。この点については、Helmut D. Fangmann, »Faschistische Polizeirechtslehre«, in: Udo Reifner, Bernd-Rüdeger Sonnen (Hg.), *Strafjustiz und Polizei im Dritten Reich*, Frankfurt/M., New York 1984, S. 173-207, hier: S. 175 を参照。
（73）ここではアンドレアス・シュヴェーゲルの説明に従っている。Andreas Schwegel, *Der Polizeibegriff im NS-Staat*, Tübingen 2005, S. 30. シュヴェーゲルは一九三一年のプロイセン警察行政法の中核的な構成要素として、これら三つの側面を強調している。ナチ国家における議論は、主としてプロイセン警察行政法第一四条に定められた公益のための危険防止に関する一般条項を対象とするものであった。
（74）警察行政法。一九四一年の「研究と実践のための常用の手引き」より引用。Scheer/Bartsch, *Das Polizeiverwaltungsgesetz*, S. 124 を参照。興味深いことに、クルト・バーダーが一九四三年に「秩序警察の構造と組織」というタイトルで編纂した「帝国法下の警察規則集」には、戦時中の警察法に関する情報がほとんど含まれていない。総督府では――ヤン・トマシュ・グロス（Jan Tomasz Gross, *Polish Society under German Occupation. The Generalgouvernement 1939-1944*, Princeton 1979, S. 46）が指摘しているように――ナチ占領当局の規則に抵触しない限り、ポーランド法は有効なままであった。そのため、親衛隊と警察はポーランドの法律にではなく、ドイツ帝国の規定に拘束されたのである。
（75）一九三九年一〇月一七日に制定された特別任務中の親衛隊・警察部隊の構成員に対する刑事事件の特別裁判権に関する指令は、警察行政法を無効にするものではなかった。Hanns Dombrowski (Hg.), *Kriegsstrafrecht*, Berlin 1940, S. 118

ff. を参照。総督府の刑法については、当時編纂された法律・指令集も参照。Theodor Rohlfing, Rudolf Schraut (Hg.), *Die Neuordnung des Rechts in den Ostgebieten*, Berlin 1940, S. 40 ff. ただしドイツ帝国に編入されたポーランド領での警察行政法導入をめぐる論争については、Diemut Majer, »Der Kampf um die Einführung des Preußischen Polizeiverwaltungsgesetzes in den ›eingegliederten Ostgebieten‹. Ein Beitrag zum Prozeß der politischen Willensbildung im totalitären Staat«, in: *Der Staat* 17 (1978), S. 49-72 を、占領地の法的地位を決定することにナチ指導部が消極的であったことについては、Diemut Majer, »Führerunmittelbare Sondergewalten in den besetzten Ostgebieten«, in: Dieter Rebentisch, Karl Teppe (Hg.), *Verwaltung contra Menschenführung im Staat Hitlers. Studien zum politisch-administrativen System*, Göttingen 1986, S. 374-395, hier: S. 378 を参照。

（76）Albert Weh (Hg.), *Das Recht des Generalgouvernements*, Krakau 1941、とくに Abschnit A4, »Die Juden« を参照。この点については、Wiener Library, *Ausnahme-Gesetze gegen Juden in den von Nazi-Deutschland besetzten Gebieten Europas*, London 1956, S. 7 ff.; Christian Thomas Huber, *Die Rechtsprechung der deutschen Feldkriegsgerichte bei Straftaten von Wehrmachtssoldaten gegen Angehörige der Zivilbevölkerung in den besetzten Gebieten*, Marburg 2007 も参照。

（77）このことを示す一例として、Karl Schäfer (Hg.), *Das Polizeiverwaltungsgesetz vom 1.6.1931. Mit Ausführungsbestimmungen und ergänzenden Gesetzes- und Verwaltungsvorschriften*, Berlin 1944, S. 148 f. を参照。同書には一九三一年の「武器使用に関する業務指令」の一節が引用されている。イェルク・バベロフスキとアンゼルム・デーリング＝マントイフェルの言う「無法空間」は、ナチ絶滅政策の犠牲者のためだけのものであった。警察官自身が占領地で「無法空間」にいたわけではない（Jörg Baberowski, Anselm Doering-Manteuffel, *Ordnung durch Terror. Gewaltexzesse und Vernichtung im nationalsozialistischen und im stalinistischen Imperium*, Bonn 2006, S. 46）。

（78）Zygmunt Bauman, *Ist der Holocaust wiederholbar?*, Wiesbaden 1994, S. 7. バウマンはさらに続けて、「より正確には、誰であるかと同様に、誰になりうるかを理由に。あるいはまた、誰であるかと同様に、誰になりえないかを理由に」と述べている。

（79）Welzer, *Täter*, S. 80. 私は参照枠（Referenzrahmen）の代わりに、期待の地平（Erwartungshorizont）という概念を用いる。というのも、期待という概念は、規範、公式構造、文化といった社会学の他の概念と整合性が高いからである。歴史学における期待の地平という概念の使用については、Reinhart Koselleck, »Erfahrungsraum und Erwartungshorizont«, in: Reinhart Koselleck, *Vergangene Zukunft. Zur Semantik geschichtlicher Zeiten*, Frankfurt/M. 1979, S. 349-375 を参照。

（80）オットー・ユリウス・シェンデルの尋問。StA Hamburg, NSG 0021/004, Bl. 1952.

（81）ヘルムート・ゾルタウの尋問。StA Hamburg, NSG 0021/001, Bl. 662.

（82）この点については、Walter Manoschek, »›Wo der Partisan ist, ist der Jude, und wo der Jude ist, ist der Partisan‹. Die Wehrmacht und die Shoah«, in: Gerhard Paul (Hg.), *Die Täter der Shoah. Fanatische Nationalsozialisten oder ganz normale Deutsche?*, Göttingen 2002, S. 167-186, hier: S. 167 ff. を参照。この「ユダヤ人はパルチザンである」という決まり文句については、Reemtsma, *Vertrauen und Gewalt*, S. 316 も参照。

（83）ある大隊員の報告によると、ドイツの秩序警察のところには「しばしばポーランド人」が「隠れている人を通報するために」やってきたが、彼らは「いつもきまって」警察官に「盗賊」が隠れていると伝えたという。ヴァルター・ノーンスの尋問。StA Hamburg, NSG 0022/001, Bl. 235.

（84）Brackmann/Birkenhauer, *NS-Deutsch*, S. 214; Latzel, *Deutsche Soldaten – nationalsozialistischer Krieg?*, S. 195 より引用。以下のようなユダヤ人と盗賊の同一視は、私の知る限りではヒムラーが文字通りの形で行ったことはないが、彼のプロパガンダの方向性から明らかなものである。パルチザンの理論に関する一般的な考察として、Herfried Münkler, *Gewalt und Ordnung. Das Bild des Krieges im politischen Denken*, Frankfurt/M. 1992, S. 111 ff. 上位部局への報告の中でユダヤ人の射殺とパルチザン、略奪者、破壊工作員の射殺とがどのように区別されていたかについては、まだ詳細な研究が行われていない。殺戮計画が進めば進むほど、ナチ暴力組織の報告書にはユダヤ人が独自のカテゴリーとしてますます当然のように登場するように思われる。

（85）アドルフ・アウグスト・ベゲーアの尋問。BA Ludwigsburg, B 162/5911, Bl. 414 ff.; StA Hamburg, NSG 0021/001, Bl. 443.

（86）そしてもちろんこのモチーフは、一九六〇年代に警察官が殺人幇助で刑事訴追された際に、彼ら自身によって再び持ち出された。捜査にあたった刑事の一人ヨハネス・ベンティンはヤン・キーペとの会話の中で、「盗賊」や「パルチザン」といった言葉が尋問を担当した刑事によってではなく、尋問を受けた者によって持ち出されたことを指摘している（Kiepe, *Das Reservepolizeibataillon 101 vor Gericht*, S. 114）。パルチザンや盗賊というモチーフが尋問の際に大隊員によってどのように用いられたかについて、キーペは詳細かつ説得的な説明を行っている（Kiepe, *Das Reservepolizeibataillon 101 vor Gericht*, S. 113 ff.）。ただし第三二二大隊の隊員の戦後の証言も参照。この人物の指摘によると、身分証明書のない人びとは即座にパルチザンと認定され、銃殺されたという。この点については、Zechmeister, *Das Polizeibataillon 322 aus Wien Kagran*, S. 85 f. を参照。

（87）最初期の研究は、Martin Broszat, Werner Präg, *Grundzüge der Besatzungspolitik und Judenverfolgung, der Verwaltung und Polizeiorganisation im Generalgouvernement. Mit besonderer Berücksichtigung des Distrikts Lublin und der Beteiligung der Ordnungspolizei*, München 1967, S. 14 ff. である。この点についての詳細は、Kuwałek, *Das Vernichtungslager Belzec*, S. 21 ff. を参照。

（88）「一九四二年一〇月二八日のワルシャワおよびルブリン管区におけるユダヤ人居住区域の形成に関する警察指令」（Verordnungsblatt des Generalgouverneurs für die besetzten polnischen Gebiete）。ハンブルクのシュトライベル裁判の資料の中の写しより引用。StA Hamburg, NSG 0039/142. この指令は Friedrich, *Polen: Generalgouvernement August 1941- 1945*, S. 497 ff. にも収録されている。居住制限の詳細は、Wiener Library, *Ausnahme-Gesetze gegen Juden in den von Nazi-Deutschland besetzten Gebieten Europas*, S. 8 f. を参照。

（89）一九四一年一〇月一五日の政令（Verordnungsblatt des Generalgouvernements 1942, S. 595）。Broszat/Präg, *Grundzüge der Besatzungspolitik und Judenverfolgung, der Verwaltung und Polizeiorganisation im Generalgouvernement*, S. 44 より引用。この政令は Friedrich, *Polen: Generalgouvernement August 1941- 1945*, S. 92 f. にも収録されている。

（90）一九四一年一二月一六日の政府会議の席でのワルシャワ管区局長の発言（Diensttagebuch des Generalgouverneursに収録）。Broszat/Präg, *Grundzüge der Besatzungspolitik und Judenverfolgung, der Verwaltung und Polizeiorganisation im Generalgouvernement*, S. 44 より引用。

（91）Broszat/Präg, *Grundzüge der Besatzungspolitik und Judenverfolgung, der Verwaltung und Polizeiorganisation im Generalgouvernement*, S. 45. この政令にもとづく特別法廷の権限と、一九四一年末の秩序警察司令官による射殺命令の間の調整の難しさに関する同書の考察も参照。マルティン・ブロシャートは、ドイツ占領当局が政令違反の大半を死刑に処していたことを指摘している（Martin Broszat, *Nationalsozialistische Polenpolitik, 1939-1945*, Frankfurt/M. 1965, S. 128 ff.）。Gross, *Polish Society under German Occupation*, S. 200 も参照。

（92）ハインリヒ・ベッカーの尋問。StA Hamburg, NSG 0021/005, Bl. 2606.

（93）ヴァルター・ラツィーナの尋問。StA Hamburg, NSG 0022/001, Bl. 192.

（94）ヘルマン・ベルクマンの尋問。StA Hamburg, NSG 0022/001, Bl. 100.

（95）サムエル・カウファーの報告。ŻIHA Warschau, 301/1703, Bl. 2. Kuwałek, *Das Vernichtungslager Belzec* より引用。原本は閲覧できなかった。

（96）この史料は Mallmann, »›... Mißgeburten, die nicht auf diese Welt gehören‹«, S. 72 に挙げられている。クラウス＝ミヒャエル・マールマンによれば、ヒムラーの命令文書は現存していないようだが、秩序警察長官から第四軍付秩序警察司令官宛の一九三九年九月一六日付の指令に引用されている。BA Freiburg, RH 20-4/856. この史料は確認できなかった。

（97）親衛隊・警察上級指導者「東」からクラカウの保安警察司令官宛の一九四〇年一〇月三〇日付の指令。BA Ludwigsburg, Dok. Slg. Polen 365 q Polen 365 b. Mallmann, »›... Mißgeburten, die nicht auf diese Welt gehören‹«, S. 76 f. より引用。

（98）ポーゼンの国家警察支所の一九三九年一二月一九日付の通達。BA Ludwigsburg, Dok. Slg. Polen 365 q Verschiedenes 301 AAx. Mallmann, »›... Mißgeburten, die nicht auf diese Welt gehören‹«, S. 76 f. より引用。

（99）私は規範の罠（Normenfalle）よりも合法性の罠（Legalitätsfalle）という概念を用いる。規範の罠とは規範一般、たとえば組織や家族の中で形成された規範的期待のことも指す。合法性の罠はより狭い概念で、法律、政令、方針といったより特殊な法的規範のことを指す。

（100）Welzer, *Täter*, S. 79.

（101）ルブリン管区の保安警察の記録から、一九四二年と一九四三年に治安情勢がどのように進展したのかを正確に知ることができる。一九四二年一月に同管区で報告された襲撃はわずか四二件であったが、その数は一九四二年七月までに一四〇〇件に増え、さらに一九四三年三月には二三〇〇件に達した。タティヤーナ・ベレンシュタインが作成したリストを参照。Tatiana Berenstein, *Widerstand und Vernichtung der jüdischen Bevölkerung im Distrikt Lublin*, Lublin 1957, S. 46. ルート・ベッティーナ・ビルンの評価によれば、パルチザン運動がドイツ占領当局にとって現実的な危険となったのは、グロボチュニクがザモシチ地域でポーランド人住民の大規模な再定住作戦を開始した一九四三年以降のことであった（Birn, *Die höheren SS- und Polizeiführer*, S. 167 ff.）。

（102）ブルーノ・プリルの尋問。StA Hamburg, NSG 0021/004, Bl. 1919.

（103）ヴィルヘルム・グリップの証言。出典は o. V., »*Wir mußten nicht schießen*«, in: *Die Welt* vom 9. 2. 1968 である。

（104）治安警察少佐・第二二警察連隊第一大隊指揮官ハンス・リューターースから第二五警察連隊指揮官キントルップ宛の一九四二年一〇月二三日付の報告書。StA Hamburg, NSG 0022/002, Bl. 770 ff.

（105）ブルーノ・プリルの尋問。StA Hamburg, NSG 0021/004, Bl. 1919.

（106）消防士とパイロットの「センスメイキング」に関するカール・ワイクの研究を参照。Karl E. Weicks, »The Collapse of Sensemaking in Organizations. The Mann Gulch Disaster«, in: *Administrative Science Quarterly* 38 (1993), S. 628-652; Karl E. Weicks, »The Vulnerable System: An Analysis of the Tenerife Air Disaster«, in: *Journal of Management* 16 (1990), S. 571-593. ミヒャエラ・キップは同様の「センスメイキング」のプロセスを説明し、兵士たちが野戦郵便の中で軍事的必要性（たとえばテロの防止、パルチザンの攻撃への復讐、法と秩序を確立するための懲罰措置、戦略的に重要な戦場の掃討など）に言及してユダヤ人の殺害を正当化していたことを明らかにしている。Michaela Kipp, »The Holocaust in the Letters of German Soldiers on the Eastern Front«, in: *Journal of Genocide Research* 9 (2007), S. 601-615, hier: S. 606 を参照。

（107）この点については、「警察の暴力」に関する一般書、たとえば Donatella Della Porta, *Policing Protest. The Control of Mass*

Demonstrations in Western Democracies, Minneapolis 1998; Jean-Paul Brodeur, *Les visages de la police. Pratiques et perceptions*, Montreal 2003 を参照。

(108) ナチズム下の法律の位置づけについては、詳しく立ち入ることができない。この分野の包括的な法社会学的研究は、まだ行われていない。その出発点として適している史料集は、Herlinde Pauer-Studer, Julian Fink (Hg.), *Rechtfertigungen des Unrechts. Das Rechtsdenken im Nationalsozialismus in Originaltexten*, Berlin 2014 である。歴史学的・法学的観点からの概説として、Lothar Gruchmann, *Justiz im Dritten Reich 1933-1940. Anpassung und Unterwerfung in der Ära Gürtner*, München 1988; Michael Stolleis, *Recht im Unrecht. Studien zur Rechtsgeschichte im Nationalsozialismus*, Frankfurt/M. 1994; Ralph Angermund, *Deutsche Richterschaft 1919-1945. Krisenerfahrung, Illusion, politische Rechtsprechung*, Frankfurt/M. 1990 を参照。

(109) Ernst Fraenkel, *Der Doppelstaat*, Frankfurt/M. 1974, S. 50 ff. 英語版（Ernst Fraenkel, *The Dual State. A Contribution to the Theory of Dictatorship*, New York, Oxford 1941, S. 24 ff.）ではやや不正確に「司法の再審理の廃止」とされている。簡潔な概説として、Ralph Angermund, »Die geprellten ›Richterkönige‹. Zum Niedergang der Justiz im NS-Staat«, in: Hans Mommsen (Hg.), *Herrschaftsalltag im Dritten Reich. Studien und Texte*, Düsseldorf 1988, S. 304-342 も参照。

(110) Fraenkel, *Der Doppelstaat*, S. 69.「行政の合法性の原則」から「行政の正当性の原則」への変化については、Theodor Maunz, »Die Rechtmäßigkeit der Verwaltung«, in: Hans Frank (Hg.), *Deutsches Verwaltungsrecht*, München 1937, S. 51-65, hier: S. 51 も参照。ただしそこでは「この対置の弱点」が指摘されている。この史料への手がかりを与えてくれたヘルムート・ファングマンは、そうした変化が一九三三年以前からすでに生じていたと主張している。ファングマンによれば、「合法性の網の目」は一九三三年以前からすでに「非常に目が粗い」ものであった。

(111) この点については、Fraenkel, *Der Doppelstaat*, S. 70 を参照。

(112) Reichsführer-SS und Chef der Deutschen Polizei, Hauptamt, SS-Gericht, *Die SS- und Polizeigerichtsbarkeit*, S. 1.

(113) ハンブルクの保安警察監督官が発行した「ドイツ警察の概念、法、構造」に関する手引き（IdS Hamburg, *Begriff, Recht und Aufbau der deutschen Polizei. Druckbogen, Februar 1941*, Hamburg 1941）より引用。NARA Washington, Microcopy T-175, Records of the Reich Leader SS and Chief of the German Police, Roll 247, Frames 2738501-2738510. この史料はドイツでは複写でしか閲覧できなかった。この興味深い史料については、Heller, *The Reshaping and Political Conditioning of the German Order Police*, S. 20 を参照。フランクの占領下ポーランド総督としての活動と全国法律指導者としての活動の関係については、Christian Schudnagies, *Hans Frank. Aufstieg und Fall des NS-Juristen und Generalgouverneurs*, Frankfurt/M. 1989; Dieter Schenk, *Hans Frank. Hitlers Kronjurist und Generalgouverneur*, Frankfurt/M. 2006 を参照。

(114) 初期の分析として、Neumann, *Behemoth*, S. 517 も参照。

(115) フランクの発言。Scheer/Bartsch, *Das Polizeiverwaltungsgesetz*, S. 17 より引用。この点については、Walter Hamel, »Wesen und Rechtsgrundlage der Polizei im nationalsozialistischen Staate«, in: Hans Frank (Hg.), *Deutsches Verwaltungsrecht*, München 1937, S. 381-398, hier: S. 389 も参照。次のカール・シュミットの発言も参照。「つまり我々は、国民社会主義をそれに先立つ法治国家の概念から定義するのではなく、その反対に国民社会主義から法治国家を定義するのである」。Carl Schmitt, »Nationalsozialismus und Rechtsstaat«, in: *Juristische Wochenschrift* 63 (1934), S. 713-718, hier: S. 716.

(116) 全権委任法については、Rudolf Morsey (Hg.), *Das »Ermächtigungsgesetz« vom 24. März 1933. Quellen zur Geschichte und Interpretation des »Gesetzes zur Behebung der Not von Volk und Reich«*, Düsseldorf 1992 を参照。シュミットが全権委任法の正当化に果たした意義については、Blasius, *Carl Schmitt*; Stefan Breuer, *Carl Schmitt im Kontext. Intellektuellenpolitik in der Weimarer Republik*, Berlin 2012; Rüthers, *Carl Schmitt im Dritten Reich* を参照。

(117) Best, *Die Deutsche Polizei*, S. 15. こうした立場はナチ行政法学者テオドーア・マウンツによってさらに明確に表明されたが、彼は「総統が警察に与えた国家防衛部隊たるべしとの委任」を警察への「制度的全権委任」と呼んでいる。Maunz, *Gestalt und Recht der Polizei* を参照。

(118) Best, *Die Deutsche Polizei*, S. 20. この一節へのマウンツの言及も参照(Maunz, *Gestalt und Recht der Polizei*, S. 26)。彼は「民族的秩序の枠内で行動する国家指導部の意志」への志向の中に、「単なる法的体制のスキュラと絶対国家的な警察体制のカリュブディス」の間の「通路」を見出している。

(119) Helmut Nicolai, *Die rassengesetzliche Rechtslehre*, München 1932, S. 25 ff. を参照。Christine Schoenmakers, »Gestalter und Hüter der Gemeinschaftsgrenzen. NS-Justiz und ›Volksgemeinschaft‹«, in: Dietmar von Reeken (Hg.), *»Volksgemeinschaft« als soziale Praxis*, Paderborn 2013, S. 209-224, hier: S. 214 より引用。この論考にはニコライの『国民社会主義的法哲学の基本的特徴』の一九三三年版(Helmut Nicolai, *Grundzüge einer nationalsozialistischen Rechtsphilosophie*)が挙げられているが、私は閲覧することができなかった。ニコライと同様の立場をとる法律家の著作として、Reinhard Höhn, *Rechtsgemeinschaft und Volksgemeinschaft*, Hamburg 1935 を参照。ラインハルト・ヘーンがナチ法の再定義に果たした役割については、Michael Stolleis, »Gemeinschaft und Volksgemeinschaft. Zur juristischen Terminologie im Nationalsozialismus«, in: *Vierteljahrshefte für Zeitgeschichte* 20 (1972), S. 16-38, hier: S. 28 ff. を参照。ヘーンについての一般的な解説として、Michael Wildt, »Der Fall Reinhard Höhn. Vom Reichssicherheitshauptamt zur Harzburger Akademie«, in: Alexander Gallus, Axel Schildt (Hg.), *Rückblickend in die Zukunft. Politische Öffentlichkeit und intellektuelle Positionen in Deutschland um 1950 und um 1930*, Göttingen 2011, S. 254-274 を

参照。

（120）この点については、IdS Hamburg, *Begriff, Recht und Aufbau der deutschen Polizei. Druckbogen, Februar 1941* を参照。NARA Washington, Microcopy T-175, Records of the Reich Leader SS and Chief of the German Police, Roll 247, Frames 2738501-2738510.

（121）Scheer/Bartsch, *Das Polizeiverwaltungsgesetz*, S. 11.

（122）Schoenmakers, »Gestalter und Hüter der Gemeinschaftsgrenzen«, S. 211.

（123）Stolleis, »Gemeinschaft und Volksgemeinschaft«, S. 27 f. Majer, *Grundlagen des nationalsozialistischen Rechtssystems*, S. 117 ff. も参照。

（124）Best, *Die Deutsche Polizei*, S. 19. テオドーア・マウンツは、「権力掌握」後も「過去の国家の警察法と警察法的思考が［……］まだかなりの点で新時代に残存」しており、「数週間で除去することはできなかった」と書いている。Maunz, *Gestalt und Recht der Polizei*, S. 9. アンドレアス・シュヴェーゲルは、帝国内務省次官ヴィルヘルム・シュトゥッカートがある書評でベストの著作を取り上げ、警察・内務官僚のための実用的なハンドブックとしても、親衛隊・警察学校での職務教育のための手引きとしても適していると称賛したことを指摘している。Schwegel, *Der Polizeibegriff im NS-Staat*, S. 341. Wilhelm Stuckart, »Besprechung von Best, Werner: Die Deutsche Polizei (1940)«, in: *Reich – Volksordnung – Lebensraum* 1 (1941), S. 363-365 を参照。シュトゥッカートについての詳細は、Hans Christian Jasch, *Staatssekretär Wilhelm Stuckart und die Judenpolitik*, München 2012 を参照。

（125）この点については、Bernd Rüthers, *Entartetes Recht. Rechtslehren und Kronjuristen im Dritten Reich*, München 1989 を参照。リュータースの議論は何よりもまず私法に関するものだが、私の見るところでは刑法や警察法にも転用可能である。同様の議論として、Majer, *Grundlagen des nationalsozialistischen Rechtssystems*, S. 101 ff. も参照。これについての興味深い批判として、Udo Reifner, »Institutionen des faschistischen Rechtssystems«, in: Udo Reifner (Hg.), *Das Recht des Unrechtsstaates. Arbeitsrecht und Staatsrechtswissenschaft im Faschismus*, Frankfurt/M., New York 1981, S. 11-85, hier: S. 45 ff. も参照。

（126）法システムにおける条件プログラムへの志向については、Luhmann, *Das Recht der Gesellschaft* を参照。

（127）Maunz, *Gestalt und Recht der Polizei*, S. 26. この点については、Fangmann, »Faschistische Polizeirechtslehre«, S. 201 も参照。戦後、マウンツは――一時的にキャリアを中断した後、フライブルクで限定的な教育資格を得て――キャリアを継続した。彼はミュンヘン大学の公法学教授となり、ギュンター・デューリヒとともに基本法に関する最も重要な解説書の一つを出版し、キリスト教社会同盟の政治家として数年間バイエルン州の文部大臣をつとめた。彼はまた匿名で極右の『ナツィオナール・ツァイトゥング』紙に数多くの記事を寄稿し、そのことで死後に同紙から詳細な賛辞を贈られた。マウンツについては、とくに Michael Stolleis, »Theodor Maunz – ein Staatsrechtslehrerleben«, in: *Kritische Justiz* 4 (1993), S. 393-396 を参照。

(128) Michael Stolleis, *Gemeinwohlformeln im nationalsozialistischen Recht*, Berlin 1974, S. 251. この点については、Schwegel, *Der Polizeibegriff im NS-Staat*, S. 6 f. も参照。

(129) Fraenkel, *Der Doppelstaat*, S. 26. この点については、Frank Bajohr, »Korruption in der NS-Zeit als Spiegel des nationalsozialistischen Herrschaftssystems«, in: Jens Ivo Engels u. a. (Hg.), *Geld – Geschenke – Politik. Korruption im neuzeitlichen Europa*, München 2009, S. 231-248, hier: S. 232 も参照。フレンケルへの批判として、一九四二年に初版が出版されたフランツ・ノイマンの著作の中の記述も参照。Neumann, *Behemoth*, S. 509 ff.

(130) Fangmann, »Faschistische Polizeirechtslehre«, S. 202. この点については、Mommsen, *Zur Geschichte Deutschlands im 20. Jahrhundert*, S. 177 ff. も参照。ファングマンの立場はノイマンの伝統に沿ったものである。ノイマンはナチ国家に法律というものが存在するのかという問いに対して、次のように答えたという。「法律が君主の意志にほかならないのであれば、イエスである。法律が君主とは反対に、形式的にも内容的にも合理的でなければならないのであれば、断じてノーである」。ノイマンによれば、「刑事裁判所は、秘密国家警察、検察局、死刑執行人とともに、何よりもまず暴力の実践者である」。Neumann, *Behemoth*, S. 530. クラウス・テュルク、トーマス・レムケ、ミヒャエル・ブルッフは、ナチズムの目的が「合理的な行政国家を残らず排除し、「無定形でとらえどころのない運動」に置き換えること」にあったとするノイマンの発言を彼に帰していない点で、ノイマンの主張を正しく説明していない。Klaus Türk, Thomas Lemke, Michael Bruch, *Organisation in der modernen Gesellschaft*, Opladen 2002, S. 237. ノイマンは一九四四年に出版された自著の第二版の序文で、ナチ国家の診断としてではなく、一九四四年七月二五日のヒトラーの政令の影響に対する予言として、このように書いていたのである。Neumann, *Behemoth*, S. 21 f. を参照。ノイマンは、この政令が「今日［一九四四年末のこと：著者］なお存在する国家と党の二元論の消滅」をもたらし、「まだわずかに残っている国家を多かれ少なかれ組織化された無政府状態に」変貌させるだろうと述べている。ノイマンの接続法は、テュルク、レムケ、ブルッフによってあまりにも性急に直接法に変えられているのである。

(131) イェルク・バルケは「所定の組織的役割の中で「役割取得」のほかに「役割形成」の点でも可能なことは、［……］組織の公式構造によってすでに定められている」と書いているが、これは重要な点を突いている。だが私はもう一歩進んで、組織メンバーの「役割形成」が公式構造の再生産においてだけでなく、その変化においてもどんな役割を果たすのかを体系的に解明することが必要だと考えている。Balke, *Verantwortungsentlastung durch Organisation*, S. 85.

第九章　普通の組織と異常な組織

私たちは学ばなければならなかった。［……］死刑執行人であると同時にブルックナーの交響曲を理解できるということを。

テオドーア・W・アドルノ(1)

第一〇一警察予備大隊のほとんどの隊員は、戦後再び「普通の生活」を送った。予備役として勤務していた者は家族のもとに戻り、戦前に営んでいた仕事に復帰したり、新たな生計の手段を探したりした。予備役とは違って公職に就いていた大隊の幹部たちは、非ナチ化の第一波が収まった後、大部分がハンブルクの警察勤務に復帰した。中隊長のヴォルフガング・ホフマンは一九四七年末に警察勤務に戻り、一九六〇年代半ばに刑事警察に逮捕されるまで、妻と三人の子供たちとハンブルクで暮らし続けた。ユリウス・ヴォーラウフは戦後一時的に木こり、家具職人、セールスマンとして働いた後、一九五五年に警部としてハンブルク警察に復職し、最終的に逮捕される直前に主任警部にまで昇進した。(2)

ホロコーストを論じた学者たちは、「大量殺人者」たちが何百人もの男性、女性、子供を射殺しながら、「自分の息子にはどの専攻がふさわしいかを考える」ような生活を送るという「円滑さ」に驚きを、いや狼狽さえも繰り返し表明してきた(3)。ジョージ・M・クレンとレオン・ラポポートは、殺人を含むナチ国家の公的価値観と家族生活に関連する私的価値観の間の「分裂症的断絶」を指摘している(4)。ジグムント・バウマンは、組織の要求を志向する技術的な責任を個人的な責任よりも優先するという個人的な態度の「解離」のことを書いている(5)。強制収容所の医師たちの「大量殺戮のメンタリティ」に注目してきたロバート・ジェイ・リフトンは、親衛隊員が強制収容所の世界に適応することを可能にした「アウシュヴィッツの自我」と、彼らが家族関係の中で「普通」にふるまうことを可能にした「以前の自我」への「二重化」を指摘している(6)。

このような「分裂症的断絶」、「解離」、「二重化」という説明アプローチは、ある人物の様々な役割の間に高い一貫性がなければならないということを示唆している。死刑執行人がブルックナーの交響曲を理解することができ、父親が昼間は数千人の殺害を命じ、夜は子供におやすみ物語を読み聞かせることに対するアドルノの驚きは、「死刑執行人」、「クラシック音楽の愛好家」、「一家の父親」という役割が互いに整合していなければならないという仮定にもとづいている。この仮定に従えば、死刑執行人は仕事中に死刑執行人でなければならないだけでなく、余暇の時間も「死刑執行人的」に過ごさなければならないことになる。

社会学的な観点からすると、こうした「分裂症的断絶」、「解離」、「二重化」はさしあたってごく普通の役割分離を表しているように見える。組織に加入することで、その組織特有の期待にもとづいて新たな役割が形成され、その中で人びとは組織外の役割での行動とは関係のない行動をとる。ヤン・フィリップ・レームツマが挑発的に誇張して述べているように、ペンキ屋が家で自分の子供にペンキを塗ったりしないように、拷問の専門家も家で子供を拷問したりはしないだろう(7)。

このような役割分離は、ここ数百年の間に近代社会ではじめて成立した。前近代社会では、たとえば家族経営企業の社長、一家の家長、地域の裁判官、宗教的な権威など、ある人物の様々な役割が互いに整合している必要があったが、近代社会ではそのような役割要求は互いにより強く分離されている。「普通の組織」という私のテーゼによれば、ホロコーストが私たちの知っているような形で遂行されたのは、ナチ国家が組織に――つまり近代社会の中心的原則に――頼ることができたからである。そして、組織はメンバーの役割を分化させ、メンバーに組織の外ではしないようなことをさせる。

1 「異常な組織」のイメージを超えて

ホロコーストのことを考えるとき、人びとはこれまで例外的で異常な組織だけが宗教的・民族的少数派の強制移送を組織し、人びとを暴力的にゲットーに押し込み、その後次々に大量射殺や絶滅収容所で抹殺することができると考えて、安心しようとしてきた。世間の一部にいまだに広まっているこのような見方はニュルンベルク主要戦争犯罪裁判の影響で形成されたものだが、そこではゲシュタポと親衛隊だけが――たとえば国防軍、秩序警察、刑事警察ではなく――「犯罪的組織」と宣告された。そこでは暗黙のうちに、ゲシュタポと親衛隊のメンバーは強く目的に共感している人びとであり、それゆえこれらの組織の枠内で行われた行為からもメンバーについての結論を導くことができると想定されていた。親衛隊やゲシュタポのすべてのメンバーが殺人者であったとは限らないが、すべての殺人者は親衛隊やゲシュタポのメンバーであったというのが、そうした見方の基調であった(8)。

だが親衛隊とゲシュタポに焦点を当てたこのようなナチ体制のイメージは、歴史研究の進展によって根本的に覆された。というのも、ナチ体制は絶滅計画を実行する際、ニュルンベルクで「犯罪的組織」

と宣告された組織の人員だけでなく、戦争犯罪裁判ではまったく、あるいはほんの少ししか言及されず、戦後もゲシュタポや親衛隊ほどの恐怖を引き起こさなかった多くの組織の人員にも頼ることができたということを、歴史研究は明らかにしたからである[9]。ホロコーストの遂行には、国家(暴力)組織で働いていた数十万人のドイツ人と、占領地でナチ国家に徴集された数十万人の非ドイツ人が関与していた。すなわち、警察大隊の隊員として、歩哨に配置された国防軍兵士として、絶滅収容所の医師として、強制移送を担当する国有鉄道の職員として、占領地の民政機関の行政官僚として、あるいはナチ国家の非ドイツ人補助要員としてである[10]。言い換えれば、きわめて多くの「普通の組織」――普通のプログラム、普通のコミュニケーション経路、普通の人員によって特徴づけられる組織――がホロコーストに関与していたのである[11]。

普通のプログラム

第二次世界大戦の経過とともにナチ国家の指導部の中でますます明確になった目的プログラム――ヨーロッパに住む一一〇〇万人のユダヤ人の殺害――は、普通とは程遠いものであった。組織的な大量殺戮によって宗教的少数派を根絶するというナチ国家の努力は、戦争が原因で殺戮への慣れが生じていたにもかかわらず、また過去の、たとえばドイツ領南西アフリカのヘレロ人に対する大量虐殺が知られていたにもかかわらず、その実行を課され、場合によっては自らそれを課した多くの組織にとっては、異常なものに思えたであろう[12]。

だが注目に値するのは、こうした目的プログラム――繰り返し引用される周知のポーゼン演説の中で、ヒムラー自身がその実行担当者に並外れた負担を強いるものと呼んだ計画――が、ホロコーストに関与したほとんどの組織にとっては、多くの計画の中の一つにすぎなかったことである。ラウル・ヒルバーグがすでに指摘していたように、ナチスのユダヤ人政策の実行に専従していたのはごく少数の組織メンバーだけであり、ほとんどの組織単位——国家保安本部の諸部局から警察大隊を経て占領地の個々の地方警察部隊にいたるまで——は他の目的プログラムにも従事していたのであった。

このように複数の多様な目的プログラムが存在し、各々がしばしば急速に変化しただけでなく、ときには相互に矛盾さえしたため、組織メンバーを狭く定義された目的にあまり強く縛りつけないことが、ナチ体制にとっては機能的であった。[13]こうして個々の秩序警察官には、「ナチズムの大義」に——少なくとも要求された場合には——支持を表明するだけでなく、自分たちが実行を命じられた具体的な目的プログラムに対して一定の無関心を示すことも期待された。単純化して言えば、ナチ国家は知的障害者や精神病患者の殺害にしか熱意を示さないような人員には関心がなく、むしろ「ラインハルト作戦」の一環でユダヤ人の殺害のためにガス室を建設するという任務まで積極的に引き受けるような人員を必要としていたのである。[14]

「ユダヤ人の絶滅」という目的プログラムを実行する際、各組織は以前から他の目的の達成において有効性を証明していたいくつかの条件プログラムに頼ることが多かった。ユダヤ人を絶滅収容所に移送する場合も、国防軍兵士を前線に送る場合も、児童疎開の一環で子供を空襲の恐れのある都市から避難させる場合も、そのために用いられた国有鉄道のプログラムは基本的に同じであった。路上で発見した非ユダヤ系ポーランド人を処刑するために用いられたプログラムも、パルチザンへの支援を疑われた非ユダヤ系ポーランド人やロシア人を処刑するために用いられたものと同じであった。

普通のコミュニケーション経路

プログラムが普通であったのと同様に、ナチ国家の諸組織が構築したコミュニケーション経路も普通であった。一例を挙げれば、百人隊、大隊、連隊に組織された兵営警察という組織原則は、一九三三年以降にナチスが発明したものではなく、一九四五年以降も廃止されなかった。少佐、中隊長、小隊長といった指導的地位の呼称にいたるまで、コミュニケーション経路には他の国家暴力組織で一九三三年以前も一九四五年以降も使われていたモデルが採用された[15]。

たしかに一九四一年と一九四二年にユダヤ人政策が組織的絶滅へと移行するのに伴い、国家保安本部によっていくつもの新たなコミュニケーション経路が創設された。国防軍の背後で活動する特別行動部隊の構想は、オーストリア、チェコスロヴァキア、ポーランドの占領時にすでに実地に移されていたが、これらの特別行動部隊はソ連での絶滅戦争のために編制し直されただけでなく、新たな形で国家保安本部のコミュニケーション経路に組み込まれることにもなった。すでに言及したように、「ラインハルト作戦」の一環としての絶滅計画の実行は、ハインリヒ・ヒムラーがオディロ・グロボチュニクに異例の直接委託をしたことで始まったが、グロボチュニクはベウジェツ、ソビブル、トレブリンカに絶滅収容所を建設することで、この任務を遂行するための新たな直属の部隊を創設した。

だがこの関連で重要なのは、現場で計画を実行する上ではユダヤ人殺戮のために特別に作られたコミュニケーション経路を頼りにする必要はほとんどなく、既存のコミュニケーション経路を利用するだけでほとんど事が足りたことである。第一〇一警察大隊の場合、出動命令は特別な権限を与えられた親衛隊・警察指導者を通じて出されたが、大隊内では大隊長から中隊長、小隊長を経て分隊長にいたるまでの既存の標準化された命令経路を通じて命令が伝達された。

普通の人員

ホロコーストに関与した組織の多くでは目的と動機の分離が一般化しており、現場で既存のコミュニケーション経路を利用することもできたため、絶滅計画の遂行にあたっては多くの領域で「普通の男たち」に頼ることが可能であった。ホロコースト研究者が説得的に実証しているように、この計画に関与した人員はそれゆえ、多くの分野で「ドイツ国民の注目すべき断面図」を表していたのである。[16]

これは絶滅計画のかなりの部分に関して、ユダヤ人殺害のために特別な人選を行う必要がなかったことを意味している。ソ連での大量射殺に投入された秩序警察官は、この仕事のために特別に選抜される必要はなかった。総督府の各町村に配備された地方警察部隊は、特別な能力がなくてもゲットーの解体やユダヤ人の強制移送に参加することができた。ホロコースト研究者が一致して認めているように、第一〇一警察予備大隊の隊員たちは人員の普通さを示すとくに印象的な一例にすぎない。

たしかに占領地の保安部、秩序警察、民政機関の幹部を選抜するにあたっては、ナチ・イデオロギーへの共感――少なくともその呈示――が重視された。その点で、ハンナ・アーレントがよりによってアドルフ・アイヒマンを例にして悪の凡庸さというテーゼを展開したのは、いささか皮肉なことである。というのも、アイヒマンはナチ時代全体を通じてたえず確信的なナチとして、つまり殺戮組織の「技術的中核」の一員ではなく、むしろ行政機構の典型的なキャリア官僚として自己を呈示していたからである。[17] 国家保安本部の職員は、平均的なドイツ人から構成されていたのではなかった。優先的に採用されたのはむしろ、ナチ・イデオロギーに強く共感し、しかもその共感をナチ国家でのキャリアへの関心からたえず証明しようとしていた人びとだったのである。[18]

組織が特別な資質をもつ人びとを採用するのは、そうした人びとが組織構造にスムーズに順応するからではなく、彼らにある種の意思決定を期待することができるからである。[19] プログラムとコミュニケーション経路に自由裁量の余地がある場合、法律家は経済学者とは異なる決定を行うことが多いし、長年勤務している管理職は採用されたばかりでまだ能力を認められていない新人とは違う決定をするものである。人員の採用、育成、異動、解雇に関する決定は、プログラムの開発やコミュニケーション経路の構築と並んで、組織を構成するための中心的な手段である。だが組織の構造的特徴としての「人員」要因の重要性は、あるメンバーが公式のコミュニケーション経路のどの位置にいるか、その行動がプログラムによってどれだけ強く規定されるかに応じて異なる。

このような観点からすれば、ホロコーストの「単純作業」――ゲットーへの追い立て、押収したユダヤ人資産の確保と登録、絶滅収容所への強制移送、あるいは逮捕したユダヤ人の射殺――のために特別な「人事政策」が必要でなかった理由も理解できる。ラウル・ヒルバーグによれば、「行政組織、法制度、財務管理の性質」からして「特別な選抜や育成はまったく必要なかった」。「我々が知っている」ように、「秩序警察のどの隊員」も「ゲットーや鉄道輸送の監督」として、あるいは――付け加えるなら――銃殺部隊や「ユダヤ人狩り」の特別部隊の一員として動員することができた。「国家保安本部のどの法律家も、特別行動部隊を指揮することを期待された。そして、経済管理本部のどの財務担当者も、死の収容所で勤務する能力を備えていた。［……］つまり、すべての任務は既存の人員で処理することができたのである」[20]。

2　組織における無関心領域の拡大

だがホロコーストの遂行に普通の組織のメカニズムが利用できたからといって、いかなる組織も上から目的の変更を命じるだけで殺戮組織に変えることができるわけではない。大学が専門教員の一部を失うことなく、署名一つで生産計画研究所に変わることができないのと同じように、病院、広告代理店、自動車工場も、上司の気まぐれで一夜のうちに「殺戮組織」や「慈善組織」に変わるようなことはありえない[21]。

そこでの困難はおそらく、各組織をそれぞれの専門性の範囲で国家的な大量虐殺計画に組み込むことではないだろう。もしＩＢＭがユダヤ系ドイツ人を捕捉するための機械を提供しなかったとしても、確実に他の企業がそうしていただろう[22]。もしＪ・Ａ・トプフ＆ゼーネ社がアウシュヴィッツの焼却炉を供給できなかったとしたら、他の国内・国外企業が参入しただろう[23]。ある組織が本来の殺戮活動から離れれば離れるほど、相応の報酬と引き換えに大量殺戮に関与することへのためらいは少なくなる。

だが実際に射殺を実行するとなると、どんな企業でも、どんな行政機関でも、どんな病院でも「殺戮組織」に変身できるわけではない。組織の目的が変更される際には、メンバーが組織にとどまり続けることを望まなくなる一定の閾《しきい》が存在する。言い換えれば、「新たな目的」がメンバーの期待からかけ離れ、組織がメンバーに期待する目的への無関心さの枠内に収まらなくなったとき、メンバーは組織を去る[24]。

もっとも、メンバーの要求水準を変えることで、殺戮組織への目的の変更を受け入れさせるような社会的条件が存在するようである。その場合、組織は引き続き「普通のプログラム」、「普通のコミュニケーション経路」、「普通の人員」に依存し続けるが、変化した社会的条件のもとで要求水準を調整することができるため、メンバーは大量殺戮への参加を免れることが難しくなる[25]。

ホロコーストに関しては、次の三つの特徴が際立っている。第一に、ホロコーストは全体主義国家、つまり市民が競合する期待をもつことを許容しない国家によって組織された。第二に、大量射殺やガス殺による直接的な殺害を担当した人員のほとんどは「強欲な組織」、つまりメンバーの他のすべての役割まで統制しようとする組織に組み込まれていた。そして第三に、民族的・宗教的に規定された少数派や知的障害者・精神病患者の組織的な大量殺戮は、第二次世界大戦の開戦によってはじめてナチスの人種政策の中心的な手段となった。これら三つの特徴をもっと詳しく検討してみよう。

全体主義国家

通常の場合、近代国家は市民への期待を制限している。市民は税金を納め、法律を遵守し、国家の暴力独占を受け入れることが期待されているが、国家の介入可能性は多くの点で制限されている。たとえば市民権は、どんな宗教を信仰し、どんな職業を選び、どんな政治的意見をもつかを決める自由を市民に保障している。これによって、国家を超えた期待が形成される社会的領域が生じる。それどころか、国家と競合するような期待が形成されることさえある。

ナチ国家はまさにこのような社会的領域の形成を阻止し、自らと競合しうるような期待が発展するのを防ごうとした。ナチ党を除くすべての政党の禁止、労働組合の解体、職業団体の統制権の奪取、マスメディアの強制的画一化は、潜在的に国家と競合しうる期待が形成される社会的領域を、ナチ国家の利益に従属させようとする試みであった。[26] フランツ・ノイマンが言うように、ナチズムは「すべての組織を傘下に」収め、互いに競合する組織という多元的な原理を「一元的で全面的な権威主義的組織」に置き換えた。[27] たとえ個々の教会信徒や政治団体の中で競合する期待が維持されていたとしても、ナチ国家ではそれが非正当化されていたことは明らかだった。

ナチスは「民族共同体」という概念によって、ナチ国家のイメージをドイツ国民に叩き込んだだけではなかった。イアン・カーショーによれば、この概念は冬季救済事業のための募金や、ドイツ国民が貧富の差なく同じ質素な食事をとる「一鍋料理《アイントプフ》の日曜日」、そしてナチ国民福祉団のような組織を通じて、現実的な意味をもつようになった。[28] 「民族共同体」という概念は、当時広く知られていた社会学者フェルディナント・テンニースによる区別を取り入れ、結束を特徴とする「共同体」と、匿名性を特徴とする「社会」の対立を強調するものであった。民族主義的原理にもとづく「共同体」の概念は、深く分裂したものとして描かれたヴァイマール共和国の匿名的な「社会」への対立概念として提示された[29]。

ハンナ・アーレントは、競合する期待の形成を妨げようとする国家を「全体主義」と表現した。全体主義国家の目的は、暴力独占を利用して市民生活のあらゆる領域を包括的に統制することである。彼女はその特徴として、大衆運動、強力なイデオロギー、強大な秘密警察のテロ、生活の画一化を挙げている[30]。ハンス・モムゼンはこの関連で、「個人の自律性が組織的に浸食され、体制の目的のために道具的に利用された」と指摘している[31]。またハンス・ブーフハイムによれば、「全体主義の支配下の人びとはつねに「任務中で、つねに緊張している」。「彼らはもはや本当の自分を示すことを許されず、偽りのパトス、惨めさ、不信感の雰囲気の中でつねに決められた役割を演じ、忠誠心を証明することを心がけなければならない[32]」。

社会学的な観点からすると、「全体主義」という概念は国家が市民のあらゆる役割に介入しようとすることを意味している。党員としての役割、ドイツ労働戦線、ナチ職業団体、ナチ国民福祉団、ナチ自動車運転者団のメンバーとしての役割の中で、当時の非ユダヤ系ドイツ市民は究極的にはナチ国家の市民としての役割に従属するような役割を担っていた[33]。

全体主義国家がもつ大きな介入可能性は、ホロコーストの遂行にとって決定的に重要であった。ハンナ・アーレントは、全体主義国家では殺戮要員が「自らの悪行をほとんど自覚できないような条件のもとで行動する」と指摘している[34]。プリーモ・レーヴィが述べているように、「教育、宣伝、情報」が「何の障害にも」妨げられないので、殺戮要員はナチ国家から大きな影響を受け、正義・不正義の意識をナチ国家に大きく規定されることになったのである[35]。

社会学的に言えば、全体主義国家の成立とともに生じたのは、ナチ国家と競合する期待がごく限定的な範囲でしか形成・維持されないという事態であった。スタンリー・G・ペインが強調するように、そこではあらゆる重要な社会的機能システム——経済、マスメディア、法律、宗教、スポーツ、観光など——が政治の要求に従属させられることだけが問題なのではない。[36] それと同様に重要なのは、市民権の廃止に示されるような政治の要求、つまり家族、友人関係、隣人関係の中の期待の形成までも統制しようという要求である。[37] 警察官の中には、ユダヤ人の殺害は正当化できないという印象を抱いた者もいたかもしれない。だが全体主義国家には、彼らがそのような期待を表明しても支持が得られるような社会的領域はもうほとんど存在しなかった。

すぐ後でもう少し詳しく述べるが、ナチ国家のこうした全面的な介入は、警察官と親衛隊員がナチ国家の組織に編入され、競合する期待の形成がさらに妨げられたことによっていっそう強まった。ナチ国家の抑圧的な官僚機構の妨害にもかかわらず、家族や友人の間では競合する期待を育むこともできた。だがまさにそのような可能性こそ、組織に編入された殺戮要員からは少なくとも部分的に剥奪されたものだったのである。

強欲な組織

近代社会では通常、組織とそのメンバーの関係は二重の無視によって特徴づけられている。一方では、組織はメンバーからの組織外的な理由にもとづく要求を拒否することができる。新居を建てたから昇給してほしいという要請は、大家族の面倒を見なければならないから解雇しないでほしいという依頼と同じように、不当に思われる。だが他方で組織メンバーも、自分の組織外の役割が組織の成員資格に影響を及ぼすような場合にしか、組織がその役割に関心をもつことはないと期待することができる。会社や病院の職員は、自分が政党の党員であること、古い貴族の出であること、現在の家庭状況のことなどは無視されると想定することができる。これは組織の観点からしても機能的である。そうすることで、組織はメンバーの選抜の際に「関連する基準」だけを考慮することができるようになるからである。中世や近世の階層化された社会とは異なり、今日では普遍主義的（特殊主義的ではない）で業績志向的（属性志向的ではない）な基準が、メンバーの選抜の際には中心的な役割を果たすのである。(38)

このような二重の無視は、ナチ国家では制限されていた。ナチスが要求したのは、とくに「自分たち」の組織の、つまり国家組織のメンバーに対する全面的な介入を確実なものにすることであった。たとえばドイツ秩序警察長官クルト・ダリューゲは秩序警察官に対して、平時から「職務中だけでなく私生活においても国民社会主義者」でなければならないと要求していた。警察官は「朝から晩まで、晩から朝まで、そしてまた朝から晩まで」、ナチ・イデオロギーに従って行動しなければならない――「ナチ教育活動」の目的もそこにあるとされた――というのである。(39)ますます強く国家機構に統合されるようになっていた親衛隊に対しては、さらに大きな要求が課された。ヒムラーによれば、ナチ指導部の目的は親衛隊が「すべての男性同盟や兵士同盟のように遅かれ早かれ崩壊する」ことではなく、これを「騎士団として徐々に成長させる」ことにあった。この騎士団の成員資格は多くの組織の成員資格の一つにすぎないものではなく、それはメンバーを完全に吸収する「氏族共同体の騎士団」でなければならなかった。(40)これはポール・ドゥ・ゲイがジグムント・バウマンを批判しつつ、ナチスの組織はナチズム下の国家官僚制の包括的な政治化を背景としてのみ理解しうると強調した点に関わっている。(41)

戦争が始まるまでは、ナチ国家は自らの全体主義的な要求をごく限られた範囲でしか実行に移せなかった。すでに言及したように、親しい家族の間ではナチ国家や、場合によってはナチ組織内の活動についても軽蔑的な発言をすることができたし、友人の間でも――相手をよく知っている場合には――全体主義的な介入を少なくとも部分的に免れることが可能であった。[42] だが戦争が勃発した後、状況は劇的に変化した。少なくとも秩序警察、武装親衛隊、国防軍のメンバーにとってはそうであった。[43]

戦時中、秩序警察、武装親衛隊、国防軍はますます「強欲な組織」になり、メンバーの他のあらゆる役割を統制するようになった。「強欲な組織」――ルイス・A・コーザーの用語――とは、メンバーの他の役割への関与を統制、制限、さらには禁止することで、その排他的な忠誠心を得ようとする組織のことである。アーヴィング・ゴフマンの言う「全面的制度」とは異なり、他の役割関係は完全に排除されるわけではなく、単に組織に従属することが要求されるだけである。このような要求は、エホバの証人やサイエントロジー教会のような宗教組織、赤軍派やアクシオン・ディレクト（直接行動）のような革命集団に典型的であるが、戦争任務中の国家軍隊や警察部隊にも見られる。[44]

シュテファニー・ビュフナーは秩序警察の勤務規定にもとづき、ナチ組織の介入がどの程度まで及んでいたかを解明した。それによると、一般の秩序警察官も結婚前には上司から結婚許可を得なければならなかった。これに違反すると三カ月以下の禁固刑に処せられた。警察の経済管理業務に関する規定では、低い階級の警察官は集団給食への参加が義務づけられていた。警察の服装規定によると、大隊員は「少数の近親者」の集まりを除いて、公の場では制服の着用が義務づけられていた。後者の義務は、総督府でヒトラー式敬礼による恒久的な「すべての制服着用者・公職者の相互敬礼義務」を導入するための根拠となった。現地のポーランド人住民との接触、とくにポーランド人女性との性交渉は厳しく禁じられた。ビュフナーの観察によれば、「仕事」、「睡眠」、「余暇」という三つの中心的な生活領域の間の――通常であれば存在するはずの――分離は、勤務規定によってほとんど廃止された。[45]

もちろん、このきわめて広範囲に及ぶ介入を免れる――組織の公式構造によって部分的に認められた――機会はつねにあった。警察大隊の隊員はごく限られた範囲ではあったが、故郷の家族を訪問することができた。高い階級の大隊員は家族を駐屯地に連れてきて、ときには私的な宿泊所に泊めることもできた。ポーランド人との私的な接触は厳しく禁じられていたが、上官からある程度は容認されていたようである。トーマス・キューネは軍隊を全面的な組織と呼びつつも、その介入はそれほど全面的なものではなかったと指摘している[46]。だが公式・非公式に自由裁量の余地を認めていたにもかかわらず、各々の組織は職務上の必要に応じて、あるいは個々人への懲罰措置としても、そうした裁量の余地を再び制限する可能性を留保していた。

競合する期待が外部からの働きかけで形成されるようなことがほとんどなかった原因も、このような組織の「強欲さ」にある。ハラルト・ヴェルツァーも、ホロコーストに関与した人員が「外部からの影響」——たとえば家族や友人などの影響——をほとんど受けなかったことを指摘している。ヴェルツァーによると、組織内には独自の「参照枠」が形成されたが、代替的な解釈パターンがほとんど欠如していたため、この枠組みがメンバーにとって全面的なものになった[47]。トロイ・ダスターはこれに関連して、組織の運命と個人の運命の「融合」を指摘している。この「融合」は「罪悪感のない大量殺人」を実行するための重要な基本条件である。戦争任務では組織が「他のいかなる熟慮」や「他のいかなる道徳」よりも重要になる。この「忠誠心の不履行」は厳しい非難につながるというのである[48]。

戦争という枠組み

人びとはたいてい組織に加入した時点では何が待ち受けているかについて漠然とした考えしかもっていないが、組織がその要求を——彼らに無関心領域の枠内での柔軟性を期待するにもかかわらず——根本的に変えることはないと思い込んでいる。そして実際にも、通常は組織の要求水準が急激に変化することはない。

とはいえ、組織のメンバーが要求水準の大きな変化に直面するような危機が存在する。社会学的に言えば、危機はつねに社会システムの一部だけでなく、システム全体が変化の影響を受けるときに発生するものである。組織については、たとえば資金難によって組織が解体の脅威にさらされたり、自然災害に直面したり、長期にわたる戦争に巻き込まれたりする場合がこれに該当する。

このことは、大量虐殺《ジェノサイド》がしばしば戦争――つまり内戦や国家間の戦争――という状況の枠組みの中で発生する理由を説明してくれるかもしれない。(49)「平和社会」では限定的な支持しか得られないような行為が、「戦争社会」では想定可能なのである。(50)ホロコーストもその例外ではない。ナチ指導部はすでに権力掌握直後に最初の人種政策的措置を導入していたとはいえ、彼らが住民集団の組織的殺戮を開始したのは開戦後になってからであった。クラウス・ダマンは、戦争を――大量虐殺を実行するための――機会の窓と呼んでいる。(51)

大量虐殺がしばしば戦争の枠組みの中で生じるのには、様々な理由がある。ラファエル・レムキンがすでに指摘しているように、戦争状況は個々の戦争当事者を少なくとも部分的に国際法の制約から解放し、国家に対して民族的・宗教的に規定された少数派を絶滅させる機会を提供することができる。(52)同時にそれは国家に対して、軍事上の必要を挙げて広範囲に及ぶ秘密保持の規制を導入することを可能にする。これにより、大量虐殺に対する潜在的な抗議は困難になる。(53)そして戦争状況では何よりも、民族的・宗教的少数派の大量虐殺を国際紛争の一部のように見せかけることができる。たとえばハンナ・アーレントは、ナチスが「あたかも世界がユダヤ人に支配されているかのように」行動し、その影響力を食い止めるために「対抗陰謀を必要とした」と述べている。(54)

だが組織内の無関心領域の拡大という私たちの見方にとっては、次の点がとくに重要である。すなわち、戦争によって民間人の殺害がある種の普通さを獲得することである。たとえそれが――少なくとも戦争の当事国や内戦の当事者の自己説明においては――暴力的紛争の意図しない副次効果として呈示されるとしても、国家暴力組織のメンバーはそれに慣れ、意図しない殺戮と意図した殺戮の境界が流動的になる。

これによって、ナチスの絶滅政策にも国家暴力組織が関与し、そのメンバーが戦争状況の中で敵兵の殺害だけでなく、民間人の殺害にも慣れた理由を説明することができる。たしかに第二次世界大戦中にも、人間のガス殺だけを担当する部隊が存在した。当初は「T４作戦」の一環で知的障害者・精神病患者の殺害を担当し、その後ベウジェッツ、ソビブル、トレブリンカの絶滅収容所の建設に従事した一〇〇名以上からなる部隊のことを考えてみればよい。だが原則としてホロコーストに関与した部隊は――通常は前線の後方にいたとはいえ――戦争任務に就いていたため、民間人の殺害に慣れていた。

大量虐殺の枠組み条件

以上の考察によって、ホロコーストから他の大量虐殺にも当てはまるような一般的な結論を導くことができる。第一に、大量虐殺が全体主義国家によって開始・実行される場合、その実行は容易になる。いずれにせよ、政治、法律、マスメディア、科学がそれぞれの論理で自らを差別化している民主主義国家においては、大量虐殺は例外的な現象である(55)。第二に、大量虐殺のための人員が全面的組織、あるいは少なくとも強欲な組織に組み込まれている場合、彼らは明らかに最も大きな動機づけを得ることができる。第三に、大量虐殺はしばしば戦争という枠組みの中で発生するが、それは戦争が暴力組織のメンバーの殺害意欲を抑制する閾を下げるからである。いずれにせよ、大量虐殺の実行は戦時よりも平時の方がはるかに困難であるように思われる。

私が「普通の組織」について語るとき、これらの要因――全体主義国家への組み込み、メンバーに対する組織の強欲な介入、戦争状況という特殊性——が国家暴力組織の環境条件であっただけでなく、これらの組織の内部も変化させたことを見落としてはならない。だが組織メンバーの脱退の機会が減少し、組織と競合する期待の形成が困難になったとしても、ナチ国家は——この点が重要なのだが——その中心的構造においてはまったく普通の組織に頼ることができた。殺戮作戦を遂行する上では——これがホロコーストの恐ろしい教訓の一つであるが——まったく新しいプログラムも、新しいコミュニケーション経路も、特別に選ばれた人員も必要なかったのである。

3　組織を理解する——結論

連字符社会学——特定の社会現象を扱う社会学の下位分野——では、あらゆる社会現象を各々の観点から説明する傾向がある。政治社会学は政治の機能システムの分析にとどまらず、政治的なものの概念にもとづいて独自の社会分析を提示することが多い。そして、あらゆる社会現象は政治的制度による統制、あるいは——新しいドイツ語になっている——ガバナンスの問題に還元される[56]。労働社会学はマルクスの伝統にもとづき、資本と労働の対比から企業内の状況のみならず資本主義社会全体の状況も説明できると主張する[57]。そして、現代社会を——企業についての説明から——階級社会として理解する。さらに組織社会学にも、組織の機能様式を説明することで満足するのではなく、組織社会への発展を時代診断として提示しようとする傾向もある[58]。

様々な社会システムの相違に焦点を当てるシステム理論社会学は、このような一般化の傾向に懐疑的である[59]。それゆえ、私の「普通の組織」というテーゼは、現代社会に見られる暴力の行使をすべて「普通の組織」の中の行動に還元することができるという意味で理解してはならない[60]。コンゴ民主共和国で戦闘に従事する少年兵たちは、完全に環境から切り離されている点で、たしかに「普通の組織」ではない[61]。また、マフィアが「異常な組織」であることもたしかである。それはマフィアからの脱退がしばしば大きな問題を伴い、――ハリウッドの物語を信じるなら――足にコンクリートの重りを付けられ、港に沈められて終わることが多いからというだけでなく、まさに国家の暴力行使と競合しながら、メンバーへの期待を押し通さなければならないからである[62]。

現代社会における暴力の問題を、組織という現象に限定する根拠もない[63]。一七九三年のフランス第一共和政時代の恐怖政治、一八二一年のオデッサでのロシア系ユダヤ人に対するポグロム、あるいは一九九四年のルワンダでの大量虐殺は、おそらく組織よりも社会運動のプロセスから説明するべきである[64]。ウルグアイのトゥパマロス、ドイツ連邦共和国の赤軍派、イタリアの赤い旅団の暴力を説明するには、組織社会学的な説明よりも集団社会学的な説明を用いた方がよいだろう[65]。

また、ホロコーストの時間的周縁領域――つまりその前後の時期――に起こったいくつかの現象についても、組織に焦点を当てて説明する意味はあまりない。ユダヤ人に対するポグロムは、とくにポーランドとソ連でドイツ軍の侵攻前と撤退中の双方で起こったが、それに関与した人びとの大半が組織のメンバーではなかったので、組織によって説明することはできない。また、戦争末期の死の行進の間の強制収容所や労働収容所の収容者に対する暴行は、国家暴力組織がほとんど解体していたため、組織行動としては限定的にしか説明できない[66]。

このような限界にもかかわらず、私の見るところでは、「普通の組織」というテーゼは――秩序警察、特別行動部隊、あるいは国防軍の部隊に関する個別の研究をはるかに超える――大きな説明力をもっている。ホロコーストは組織内の行動だけによっては説明できない。そこでは一方では、法的、政治的、科学的、経済的条件があまりにも大きな役割を果たしており、他方では、ゲットー解体、強制移送、大量射殺が暴力の行使者とその被害者の間の対面的な相互行為の中で行われ、あまりにも大きな独自の力学を展開しているからである。[67]だがそれでも組織についての根本的な理解なしには、「普通の男たち」や「普通のドイツ人」のホロコーストへの関与を説明することは不可能である。拷問や殺人を専門とする組織は、病人の世話やアイスクリームの宣伝、生徒への教育、自動車の製造を任務とする組織と根本的に機能が異なるわけではない。憂慮すべき知見は、大量殺戮を専門とする組織のメンバーがしばしば普通の人びとであるということだけでなく、大量殺戮を計画・実行する組織もまた普通の組織の特徴を示しているということである。

注

（1）全文は次の通りである。「ナチズムが生み出した最も恐ろしい死刑執行人の何人かが、残虐行為から立ち直りたいと思ったときに、ブルックナーの交響曲のレコードをかけさせただけでなく、この音楽を実によく理解したという、何度も耳にする話が本当だとすれば——私たちは学ばなければならなかったのだと思う。死刑執行人であると同時にブルックナーの交響曲を理解できるという、そのような二律背反が本当に存在することを——、それはいわば文化の無害化、現実に対する特別な領域としての文化の廃止の瞬間を表す極端な見本にすぎない」。Theodor W. Adorno, »Kultur und Cultur. Vortrag«, in: Hessische Hochschulwochen (Hg.), *Hessische Hochschulwochen für staatswissenschaftliche Fortbildungen, 29. Juni bis 19. Juli 1958*, Bad Homburg 1959, S. 246-259, hier: S. 249. これについては、Kramer, »Täertypologien«, S. 266 も参照。

（2）ハンブルク警察の非ナチ化については、とくに Norbert Steinborn, Karin Schanzenbach, *Die Hamburger Polizei nach 1945. Ein Neuanfang, der keiner war*, Hamburg 1990, S. 69 ff. を参照。この研究はハンブルク州立文書館の史料の詳細な調査にもとづいている。終戦直後の非ナチ化第一段階で一九三三年以前のすべてのナチ党員が、第二・第三段階で突撃隊と親衛隊の隊員も公職停止処分を受けた後、一九四七年一〇月以降の非ナチ化第四段階で以前に停職処分を受けた公職者の復職が行われた。ホフマンもヴォーラウフもこの段階で復職したようである。この点についての詳細は、Kiepe, *Das Reservepolizeibataillon 101 vor Gericht*, S. 144 f. を参照。ヤン・キーペは警察当局の資料にもとづき、キリスト教民主同盟、自由民主党、ドイツ党、故郷被追放民連盟の連立政権である「ハンブルク・ブロック」の政権期になってようやく、ヴォーラウフが基本法第一三一条にもとづき主任警部として警察勤務に復帰したことを明らかにしている。ノルウェーでの彼の元上官ゲアハルト・ホッペからの「ユリウス・ヴォーラウフ元中隊長［……］の警察勤務への復帰」に関する一九五五年二月一五日付の推薦書を参照。VTHA Münster, Nachlass Wohlauf, Dep. 442/50.

（3）Welzer, *Täter*, S. 13. このモチーフは文献に何度も登場する。ヴィリー・ドレーセンは、大隊員が小さなユダヤ人の子供の足をつかんで壁に叩きつける一方で、家では同じ年頃の子供たちが待っているという「分裂症」を指摘している（Willi Dreßen, »Probleme und Erfahrungen der Ermittler bei der Aufklärung von NS-Gewaltverbrechen«, S. 78）。エーリヒ・フォラートは、アドルフ・アイヒマンがあるときは「思いやりのある家庭人」で、またあるときは「動くユダヤ人絶滅マシーン」であったことを驚きとともに指摘している（Erich Follath, »Holocaust als Karriere. Völkermord: ›Duch‹, Eichmann und die Banalität des Bösen«, in: *Der Spiegel* vom 14. 12. 2009, S. 114-116, hier: S. 114 f.）。

（4）この点については、George M. Kren, Leon Rappoport, *The Holocaust and the Crisis of Human Behavior*, New York 1980 を参照。Asher, »Ganz normale Täter«, S. 96 も参照。

（5）この概念については、Bauman, *Dialektik der Ordnung*, S. 113 を参照。ここでは「解離（dissociation）」が「分離（Trennung）」と訳されている。

（6）Robert Jay Lifton, *The Nazi Doctors. Medical Killing and the Psychology of Genocide*, New York 1986, S. 418 を参照。同様の説明として、Robert Jay Lifton, Eric Markusen, *The Genocidal Mentality. Nazi Holocaust and Nuclear Threat*, London 1979 も参照。

（7）この点については、Jan Philipp Reemtsma, »Hässliche Wirklichkeit und liebgewordene Illusionen«, in: *Süddeutsche Zeitung* vom 25. 1. 2008 を参照。組織メンバーの責任軽減に役割分離が果たす機能を論じた啓発的な論考として、Balcke, *Verantwortungsentlastung durch Organisation*, S. 80 ff. を参照。

（8）こうした見方については、Jürgen Matthäus, »Historiography and the Perpetrators of the Holocaust«, in: Dan Stone (Hg.), *The Historiography of the Holocaust*, Houndmills, New York 2004, S. 197-215, hier: S. 199 を参照。ゲアハルト・パウルはゲシュタポと親衛隊の「制度的隔離」を指摘している（Paul, »Von Psychopathen, Technokraten des Terrors und ›ganz gewöhnlichen‹ Deutschen«, S. 17）。制度という概念が正確に定義されていないため、私には「組織的隔離」と言った方が適切なように思える。親衛隊とゲシュタポは「国民のアリバイ」となったが（これについては、とくに Gerald Reitlinger, *The SS, Alibi of a Nation, 1922-1945*, London 1956, S. 449 ff. を参照)、それはこれら二つの組織のメンバーが「ドイツ人の罪をすべて背負う駄馬」の役割を果したからである(Mallmann, »Vom Fußvolk der ›Endlösung‹«, S. 391)。ナチ党についてのとくに興味深い研究として、Armin Nolzen, »Moderne Gesellschaft und Organisation. Transformation der NSDAP nach 1944«, in: Manfred Grieger, Christian Jansen u. a. (Hg.), *Interessen, Strukturen und Entscheidungsprozesse! Für eine politische Kontextualisierung des Nationalsozialismus*, Essen 2010, S. 91-112 を参照。ただしナチ党は、「近代社会」の「組織」としては組織の目的とメンバーの動機がかなり一致していた点に特徴があった。

(9) たとえば秩序警察と国防軍、親衛隊強制収容所と武装親衛隊の比較研究は有用だろう。親衛隊強制収容所については、たとえば Balcke, *Verantwortungsentlastung durch Organisation*; Karin Orth, *Die Konzentrationslager-SS. Sozialstrukturelle Analysen und biographische Studien*, Göttingen 2000 を、武装親衛隊については、たとえば René Rohrkamp, *»Weltanschaulich gefestigte Kämpfer«: Die Soldaten der Waffen-SS 1933-1945*, Paderborn 2009 を参照。イェルク・バルケの研究はとくに比較に適している。というのも、親衛隊一般、とりわけ強制収容所監督部に関して、一貫して組織社会学的な議論を行っているからである(Balcke, *Verantwortungsentlastung durch Organisation*, S. 174 ff. を参照)。私の推測では、親衛隊強制収容所と武装親衛隊、とりわけゲシュタポについても、メンバーの間に目的と動機の分離の兆しを見出すことができる(この点については、たとえば Gerhard Paul, »Ganz normale Akademiker. Eine Fallstudie zur regionalen staatspolizeilichen Funktionselite«, in: Gerhard Paul, Klaus-Michael Mallmann (Hg.), *Die Gestapo. Mythos und Realität*, *Darmstadt 1995*, S. 236-255 を参照)。

(10) もちろん、関与した者の正確な人数を特定することは不可能である。というのも、いつから関与したと言えるのかについて議論の余地が残るからである。ダニエル・ゴールドハーゲンのような著者が加害者の人数を挙げる際、「数万人」、「確実に一〇万人以上」、「五〇万人かそれ以上」、「数百万人に達するかもしれない」などといった表現の間を行き来するのはこのためである(Goldhagen , *Hitler's Willing Executioners*, S. 4, 24 und 167)。ゴールドハーゲンが挙げる様々な数字への手がかりは、Hubert G. Locke, »The Goldhagen Fallacy«, in: Franklin H. Littell (Hg.), *Hyping the Holocaust. Scholars answer Goldhagen*, Merion Station 1997, S. 19-29, hier: S. 24 にある。現在までに十分に研究が進んでいる秩序警察と保安警察の関与、および占領地の行政機関の関与を考慮するだけでも、きわめて多種多様な組織に所属する数十万人のドイツ人が強制移送、ゲットー解体、大量射殺に関与していたと述べるのが適切だと私は考えている。ドイツの占領当局によって様々な組織形態で動員された非ドイツ人部隊についての説明は、調査不足が顕著なためさらに困難である。だがホロコーストに関与した非ドイツ人からなる既知の部隊の人員を単純に合計するだけで、狭い基準を適用したとしても六桁の数字になる。

（11）ここで「普通の組織（ganz normale Organisationen）」の中の「ganz（まったく）」という言葉について説明が必要かもしれない。というのも、「普通の組織」と言うには「ganz normale Organisationen」ではなく「normale Organisationen」でも十分なように思えるからである。クリストフ・シュナイダーはクリストファー・ブラウニングとハラルト・ヴェルツァーの著書のタイトルを引き合いに出しながら、なぜ——英語の「普通の男たち（ordinary men）」とは対照的に——「ドイツの議論では普通さに強調語」が必要なのかという的確な疑問を提示している。Christoph Schneider, »Täter ohne Eigenschaften. Über die Tragweite sozialpsychologischer Modelle in der Holocaust-Forschung«, in: *Mittelweg 36* (2011), S. 3-23, hier: S. 16 を参照。私はドイツで一般化している語法に従ってこの言葉を使っているが、「ganz」という言葉で組織が特別に普通であることを主張したいわけではない。

（12）ユルゲン・リンクが詳細な考察の中で指摘しているように、「普通」であることは規範的に良いこと、望ましいこと、努力する価値があることとはまったく関係がない。Jürgen Link, *Versuch über den Normalismus. Wie Normalität produziert wird*, Opladen 1999, S. 444 ff. リンクは同書の中で、研究において普通さと規範性の区別が自明でないことも詳しく説明している（Link, *Versuch über den Normalismus*, S. 15 ff.）。

（13）Kuchler, *Kriege*, S. 91 f. を参照。バーバラ・クフラーは「組織の目的とメンバーの動機の切り離し」を手がかりにして、軍隊が多くの点で「普通の組織」であることを指摘している。

（14）精神病患者や知的障害者の殺害から民族的に規定された少数派の殺害への移行に見られるこの柔軟性は、いわゆる「T４作戦」の人員をもとに包括的に裏付けられている。この点についての最も詳細な研究として、Henry Friedlander, *The Origins of Nazi Genocide. From Euthanasia to the Final Solution*, Chapel Hill 1995 を参照。

（15）一九二〇年の組織再編後もハンブルク警察で兵営警察が維持されたことについては、Lothar Danner, *Ordnungspolizei Hamburg. Betrachtungen zu ihrer Geschichte 1918-1933*, Hamburg 1958, S. 29 を参照。この点についての概説として、たとえば Jürgen Siggemann, *Die kasernierte Polizei und das Problem der inneren Sicherheit in der Weimarer Republik*, Frankfurt/M. 1980 を参照。カール・ハインツ・ヘラーは、英国の「ボビー」や米国の「コップ」と異なるドイツの「シュポ（Schupo）」の特殊性が、中隊、大隊、さらには連隊という軍隊に似た秩序に編入されていた点にあると指摘している（Karl Heinz Heller, »The Remodeled Praetorians. The German Ordnungspolizei as Guardians of the ›New Order‹«, in: Otis L. Mitchell (Hg.), *Nazism and the Common Man*, Washington, D.C. 1981, S. 45-64, hier: S. 46）。だが警察官を中隊や大隊に編入するのは、昔も今もドイツ特有のことではない。

（16）Hilberg, *Die Vernichtung der europäischen Juden*, S. 1080. この点については、Matthäus, »Historiography and the Perpetrators of the Holocaust«, S. 202 も参照。

（17）アーレントのアイヒマン解釈に対する批判として、以下の個別研究を参照。Cesarani, *Adolf Eichmann*; Yaacov Lozowick, *Hitler's Bureaucrats: The Nazi Security Police and the Banality of Evil*, New York 2000; Hans Safrian, *Eichmann und seine Gehilfen*, Frankfurt/M. 1995; Wojak, *Eichmanns Memoiren*. 興味深いのは、アーレントの解釈を中間管理職についての米国の議論に関連づけたマイケル・サド・アレンの研究である。Michael Thad Allen, »Grey-Collar Worker. Organisation Theory in Holocaust Studies«, in: *Holocaust Studies* 11 (2005), S. 27-54.

（18）それゆえ組織社会学的な観点からは、国家保安本部の幹部たちに個人的社会化の面での類似性だけでなく、ナチズムの大義への強い共感も見られたのは驚くべきことではない。この点については、国家保安本部に関するミヒャエル・ヴィルトの研究（Wildt, *Generation des Unbedingten*）と、ヴェルナー・ベストに関するウルリヒ・ヘルベルトの先駆的研究（Ulrich Herbert, *Best. Biographische Studien über Radikalismus, Weltanschauung und Vernunft, 1903-1989*, Bonn 1996）を参照。特別行動部隊の指導的地位の布陣については、Mommsen, *Das NS-Regime und die Auslöschung des Judentums in Europa*, S. 135 f. も参照。

（19）この点についての詳細な考察は、Luhmann, *Organisation und Entscheidung*, S. 279 ff. を参照。ルーマンの個人、人員、人事システムの定義については、Klaus Dammann, »Verwaltungsmenschen beim Verwaltungsselbstmord. Grunows und Luhmanns Personaltheorie in der Genozidforschung«, in: Heinz-Jürgen Dahme, Norbert Wohlfahrt (Hg.), *Systemanalyse als politische Reformstrategie*, Wiesbaden 2010, S. 196-211 を参照。

（20）Hilberg, *Die Vernichtung der europäischen Juden*, S. 1080. 親衛隊国家の幹部も精神的に異常な人びとではないというのが、研究者のコンセンサスになっているようである。この点については、Harald Welzer, *Verweilen beim Grauen. Essays zum wissenschaftlichen Umgang mit dem Holocaust*, Tübingen 1997, S. 69 f. を参照。

（21）この点については、服従意欲に関する社会心理学的実験の解釈をめぐる論争を参照。Stefan Kühl, »Willkommen im Club. Zur Diskussion über die Organisationshaftigkeit des Deportations-, Soda Cracker-, Stanford Prison- und Milgram-Experiments«, in: *Zeitschrift für Soziologie* 36 (2007), S. 313-319; Thomas Klatetzki, »Keine ganz normalen Organisationen«, in: *Zeitschrift für Soziologie* 36 (2007), S. 302-312.

（22）とくにＩＢＭについては、Edwin Black, *IBM and the Holocaust. The Strategic Alliance between Nazi Germany and America's Most Powerful Corporation*, New York 2001 を、ナチ国家に対する米国企業の支援一般については、Edwin Black, *Nazi Nexus.*

America's Corporate Connections to Hitler's Holocaust, Washington, D.C. 2009 を参照。

（23）とくにアウシュヴィッツにおける焼却炉の建設については、Jean-Claude Pressac, *Die Krematorien von Auschwitz. Die Technik des Massenmordes*, München 1995 を、ホロコーストにおけるJ・A・トプフ&ゼーネ社の役割一般については、Annegret Schüle, *Industrie und Holocaust. Topf & Söhne – die Ofenbauer von Auschwitz*, Göttingen 2011 を参照。当時の「焼却炉市場」での各社の競合状況については、Christian Gerlach, »Die Firma J.A. Topf & Söhne, die deutsche Vernichtungspolitik und der ›Osten‹ als Aktionsfeld kleiner und mittlerer Firmen im Zweiten Weltkrieg«, in: Aleida Assmann, Frank Hidemann u. a. (Hg.), *Firma Topf & Söhne – Hersteller der Öfen für Auschwitz. Ein Fabrikgelände als Erinnerungsort?*, Frankfurt/M., New York 2002, S. 72-94, hier: S. 79 ff. を参照。

（24）この点については、Luhmann, *Funktionen und Folgen formaler Organisation*, S. 103 を参照。

（25）組織社会学のこうした社会的埋め込みは繰り返し要求されてきた。ハンス・ゲーザーが行った軍隊の組織問題についての考察に対するギュンター・ヴァハトラーの批判を参照（その批判はゲーザーの論考の序文の中にある）。Hans Geser, »Organisationsprobleme des Militärs«, in: Günther Wachtler (Hg.), *Militär, Krieg und Gesellschaft. Texte zur Militärsoziologie*, Frankfurt/M., New York 1983, S. 139-165.

（26）これはナチ時代の文献で公然と主張されていた。ナチスの警察法の専門家ヴァルター・ハーメルは、「国民社会主義」が「社会と国家の分離を廃止」したと断言している。Hamel, »Wesen und Rechtsgrundlage der Polizei im nationalsozialistischen Staate«, S. 383 を参照。

（27）Neumann, *Behemoth*, S. 464. フランツ・ノイマンの研究は一九四二年に発表されたものだが、ナチ国家によるほとんどすべての生活領域の「組織化」を論じた最も興味深い研究の一つである。

（28）ここでは Kershaw, »›Volksgemeinschaft‹« S. 7 の記述に従っている。Bernd Sösemann, »Mediale Inszenierung von Soldatentum und militärischer Führung in der NS-Volksgemeinschaft«, in: Christian Th. Müller; Matthias Rogg (Hg.), *Das ist Militärgeschichte! Probleme – Projekte – Perspektiven*. Paderborn, München, Wien, Zürich 2013, S. 358-380, hier: S. 361 も参照。この論考は、ナチ・プロパガンダが一九三八年以降になってはじめて「民族共同体」を「防衛共同体」として提示したことを指摘している。Bernd Sösemann, »Propaganda und Öffentlichkeit in der ›Volksgemeinschaft‹«, in: Bernd Sösemann (Hg.), *Der Nationalsozialismus und die deutsche Gesellschaft. Einführung und Überblick*, München 2002, S. 114-155 も参照。

（29）Neumann, *Behemoth*, S. 466 を参照。Kershaw, »›Volksgemeinschaft‹«, S. 6 も参照。もっともナチスが広めた概念は、一部の人びとを包摂し、他の人びとを排除することを想定していた。ユダヤ人と定義された一部の人びとが民族的人種主義にもとづいて民族共同体への帰属を拒否されたように、知的障害者や精神病患者は優生学的人種主義にもとづいて帰属を拒否されたのである。優生学的・民族的人種主義の区別については、Gisela Bock, »Rassenpolitik, Medizin und Massenmord«, in: *Archiv für Sozialgeschichte* 30 (1990), S. 423-453; Gisela Bock, »Krankenmord, Judenmord und nationalsozialistische Rassenpolitik. Überlegungen zu einigen neueren Forschungshypothesen«, in: Frank Bajohr, Werner Johe u. a. (Hg.), *Zivilisation und Barbarei. Die widersprüchlichen Potentiale der Moderne. Detlev Peukert zum Gedenken*, Hamburg 1991, S. 285-306; Gisela Bock, *Zwangssterilisation im Nationalsozialismus. Studien zur Rassenpolitik und Geschlechterpolitik*, Münster 2010 を参照。

（30）Hannah Arendt, *The Origins of Totalitarianism*, London 1979. 同様の議論として、Carl Joachim Friedrich, *Totalitäre Diktatur*, Stuttgart 1957 も参照。カール・ヨアヒム・フリードリヒの議論についての簡明な解説として、Zbigniew Brzezinski, »Die allgemeinen Merkmale der Totalitarismus-Theorie«, in: Eckhard Jesse (Hg.), *Totalitarismus im 20. Jahrhundert*, Bonn 1996, S. 225-236, hier: S. 230 f.

（31）Mommsen, »Probleme der Täterforschung«, S. 426 f.

（32）Hans Buchheim, *Totalitäre Herrschaft*, München 1962, S. 13. ブーフハイムはさらにこう続ける。「全体主義的支配は全人格を、その人の存在の実質と自発性を、その人の良心まで含めて掌握しようとする」（Buchheim, *Totalitäre Herrschaft*, S. 15）。

（33）このような狭い社会学的定義は、「全体主義」を「政治的武器」ではなく「学問的概念」として定着させるのにも役立つ。この概念の二重の機能については、Klaus Hildebrand, »Stufen der Totalitarismus-Forschung«, in: Eckhard Jesse (Hg.), *Totalitarismus im 20. Jahrhundert*, Bonn 1996, S. 70-94, hier: S. 73 ff. を参照。クラウス・テュルク、トーマス・レムケ、ミヒャエル・ブルッフが提唱した「社会の全面的組織化」（Türk, Lemke, Bruch, *Organisation in der modernen Gesellschaft*, S. 240）という用語は、一九三三年以降の展開を非常に的確に表している。

（34）Jäger, *Verbrechen unter totalitärer Herrschaft*, S. 163 より引用。

（35）Levi, *Die Untergegangenen und die Geretteten*, S. 123.

（36）全体主義を正確に定義しようとするペインの次の主張を参照。「全体主義とは、［……］すべての主要な国民的制度のあらゆる重要な側面を直接的に統制しようとする国家体制という、正確かつ文字通りの意味で定義される」。Stanley G. Payne, *A History of Fascism*, Madison 1995, S. 206. これに対する批判として、Barnett, *Bystanders*, S. 82 も参照。

（37）全体主義研究では、この側面は全体主義支配の「革命的・テロリズム的性格」に関して繰り返し指摘されてきた。この点については、たとえば Walter Schlangen, *Die Totalitarismus-Theorie*, Stuttgart 1976, S. 41 ff. を参照。

(38) Shmuel N. Eisenstadt, »Bureaucracy and Bureaucratization«, in: *Current Sociology* 7 (1958), S. 99-164, hier: S. 109 ff. を参照。

(39) クルト・ダリューゲの一九三四年四月二八日の演説。*Der Deutsche Polizeibeamte* vom 15. 5. 1934, S. 363. Matthäus, »Die Beteiligung der Ordnungspolizei im Holocaust«, S. 171 より引用。

(40) ヒムラーが一九三七年一一月八日にミュンヘンの親衛隊旗団《シュタンダルテ》「ドイチュラント」指導者宿舎で親衛隊中将たちに対して行った演説。BA Berlin, NS 19/4004, Bl. 278-351. Wildt, *Generation des Unbedingten*, S. 190 より引用。

(41) Du Gay, *In Praise of Bureaucracy*, S. 35 ff. この点を掘り下げることを勧めてくれたトビアス・ハウフェに感謝する。プログラム、コミュニケーション経路、人員が「普通」であったとしても、国家暴力組織と政治運動が——場合によっては意図的に——絡み合っていることは、民主主義国家の国家暴力組織とは異なる特殊性である。

(42) 私の見るところでは、マルティン・ブロシャートは「ナチ時代のバイエルン」というプロジェクトの中で、この現象を「抵抗（Resistenz）」という言葉を使って過度に強調した。Broszat, »Resistenz und Widerstand« を参照。ブロシャートの抵抗概念に対する批判として、Ian Kershaw, »›Widerstand ohne Volk?‹. Dissenz und Widerstand im Dritten Reich«, in: Jürgen Schmädeke, Peter Steinbach (Hg.), *Der Widerstand gegen den Nationalsozialismus. Die deutsche Gesellschaft und der Widerstand gegen Hitler*, München 1994, S. 779-798; Klaus-Michael Mallmann, Gerhard Paul, »Resistenz oder loyale Widerwilligkeit? Anmerkungen zu einem umstrittenen Begriff«, in: *Zeitschrift für Geschichtswissenschaft* 41 (1993), S. 99-116 を参照。システム理論的な観点から組織とは異なる家族や友人グループのコミュニケーションの特殊な形態を考察した研究として、Kühl, »Gruppen, Organisationen, Familien und Bewegungen« を参照。

(43) これと興味深い対照をなすジョン・ランドル・ダニエル・ブラハムの自伝的研究を参照。John Randall Daniel Braham, *Night Fighter*, New York 1961. 第二次世界大戦中の爆撃機のパイロットが夜間任務の後、昼間に家族のもとに帰れたことを同書は紹介している。

(44) Lewis A. Coser, »Greedy Organizations«, in: *Europäisches Archiv für Soziologie* 8 (1967), S. 198-215. より広くは、Lewis A. Coser, *Greedy Institutions. Patterns of Undivided Commitment*, New York 1974 も参照。この概念を軍隊に応用した興味深い研究として、Mady Wechsler Segal, »The Military and the Family as Greedy Institutions«, in: *Armed Forces & Society* 13 (1986), S. 9-38 を参照。強欲な組織（greedy organization）という概念は、軍事社会学で用いられる全面的組織という概念よりも適切なように思われる。強欲な組織という概念が業績的役割を担う人びと（兵士、船員、宗派のメンバー）を対象としているのに対し、全面的組織という概念は公衆的役割を担う人びと（病院や精神病院の収容者）を説明するのに適している。Erving Goffman, *Asylums*, New York 1961 も参照。同書の簡潔な概説として、Christian Th. Müller, »Kasernierte Vergesellschaftung

und militärische Subkultur. Überlegungen zur Alltags- und Sozialgeschichte des deutschen Militärs im 19. und 20. Jahrhundert«, in: Christian Th. Müller, Matthias Rogg (Hg.), *Das ist Militärgeschichte! Probleme – Projekte – Perspektiven*, Paderborn u. a. 2013, S. 479-497, hier: S. 489 f. を参照。

(45) この点についての詳細は、Stefanie Büchner, *Das Reservepolizeibataillon 101 als totale Organisation? Versuch einer graduellen Reformulierung von Totalität*, Bielefeld 2009 を参照。同書は以下の史料を用いて、秩序警察がメンバーに課した広範囲に及ぶ要求を再現している。*Vorschrift über den Wirtschafts-Verwaltungsdienst bei Verwendung der Polizei außerhalb des Standortes (VdPaS), gültig ab 15. 7. 1940 durchnummerierte Ausgabe*, Berlin 1940; *Leitfaden zur Vorschrift über den Wirtschafts-Verwaltungsdienst bei Verwendung der Polizei außerhalb des Standortes (LaV), gültig ab 1. November 1941*, Berlin 1941; *Polizeibekleidungsverordnung*, Berlin 1942.

(46) Kühne, *Kameradschaft*, S. 120. これに対する批判として、Büchner, *Das Reservepolizeibataillon 101 als totale Organisation?*, S. 5 も参照。

(47) Welzer, *Täter*, S. 263.

(48) Duster, »Bedingungen für Massenmord ohne Schuldgefühl«, S. 81. 英語の原著も参照。Troy Duster, »Conditions for Guilt Free Massacre«, in: Nevitt Sanford, Craig Comstock (Hg.), *Sanctions for Evil*, San Francisco 1971, S. 25-36.

(49) ジェノサイドと戦争の関係は、研究者の間で激しい議論の対象となっている。論争の焦点の一つは、ジェノサイドと戦争がどの程度異なるのかという問題である。アーヴィング・ルイス・ホロウィッツ（Irving Louis Horowitz, *Taking Lives. Genocide and State Power*, New Brunswick, London 1997）やカート・ジョナソン（Kurt Jonassohn, »What Is Genocide?«, in: Helen Fein (Hg.), *Genocide Watch*, New Haven, London 1992, S. 17-26）のような研究者が戦争とジェノサイドの違いを強調する一方で、たとえばレオ・クーパー（Leo Kuper, *Genocide. Its Political Use in the Twentieth Century*, New Haven, London u. a. 1982）、ロバート・ジェイ・リフトンとエリック・マーキューセン（Lifton, Markusen, *The Genocidal Mentality*）、あるいはエリック・マーキューセンとデイヴィッド・コップ（Eric Markusen, David Kopf, *The Holocaust and Strategic Bombing. Genocide and Total War in the Twentieth Century*, Boulder 1995）など、他の研究者は両者の共通性を強調する。簡潔な概説として、Bloxham, *The Final Solution*, S. 272 ff. を参照。このような学問的には非生産的な議論は別にして、戦争とジェノサイドがしばしば同時に発生することには説明が必要である。クフラーはシステム理論的な観点から、戦争における民間人への組織的攻撃――「民族浄化」や集団レイプまで――は広範な住民を政治的に包摂した結果と見なすべきだという主張を展開している。Kuchler, *Kriege*, S. 245 ff.; Barbara Kuchler, »Krieg und gesellschaftliche Differenzierung«, in: *Zeitschrift für*

Soziologie 42 (2013), S. 502-520 を参照。

（50）戦争社会の概念については、Volker Kruse, »Mobilisierung und kriegsgesellschaftliches Dilemma«, in: *Zeitschrift für Soziologie* 38 (2009), S. 198- 214 を参照。初期の社会学理論における戦争の役割については、Volker Kruse, »Krieg und Gesellschaft in der frühen soziologischen Theorie. Auguste Comte, Ludwig Gumplowicz, Franz Oppenheimer, Herbert Spencer, Werner Sombart«, in: Maja Apelt (Hg.), *Forschungsthema: Militär. Militärische Organisationen im Spannungsfeld von Krieg, Gesellschaft und soldatischen Subjekten*, Wiesbaden 2010, S. 27-48 も参照。

（51）この点については、Dammann, *Garbage Can Decision Processes?* を参照。Doris L. Bergen, »World Wars«, in: Peter Hayes, John K. Roth (Hg.), *The Oxford Handbook of Holocaust Studies*, Oxford, New York 2010, S. 95-112 も参照。戦争とホロコーストの関係については、Tobias Jersak, »Die Interaktion von Kriegsverlauf und Judenvernichtung. Ein Blick auf Hitlers Strategie im Spätsommer 1941«, in: *Historische Zeitschrift* 268 (1999), S. 311-374 も参照。

（52）Lemkin, *Axis Rule in Occupied Europe*; Freeman, »Genocide, Civilization and Modernity«, S. 210.

（53）この点については、Eric Markusen, »Genocide and Warfare«, in: Charles B. Strozier, Michael Flynn (Hg.), *Genocide, War and Human Survival*, Lanham 1996, S. 76-86, hier: S. 78 を参照。

（54）Natalija Bašic, Harald Welzer, »Die Bereitschaft zum Töten. Überlegungen zum Zusammenspiel von Sinn, Mord und Moral«, in: *Zeitschrift für Genozidforschung* 1 (2000), S. 78-100, hier: S. 79 より引用。この引用箇所をアーレントの著書の中に特定することはできなかった（Arendt, *Elemente und Ursprünge totaler Herrschaft*, S. 573）。

（55）ただしこの点については、民族浄化やジェノサイドまでも「民主主義の暗黒面」、より正確には「民主化の暗黒面」と解釈しているマイケル・マンの対照的な議論も参照。Mann, *Die dunkle Seite der Demokratie*. マンの主張をめぐる論争については、ここでは詳しく立ち入らない。Mark Levene, »Dark Side of Democracy. Review of Michael Mann«, in: *Journal of Genocide Research* 8 (2006), S. 473-479; Omer Bartov, »The Bright Side. Review of Michael Mann«, in: *Journal of Genocide Research* 8 (2006), S. 479-485; Michael Mann, »In the Twenty-First Century, Still the Dark Side of Democracy. Reply to Bartov and Levene«, in: *Journal of Genocide Research* 8 (2006), S. 485-490 を参照。社会学的な観点からは、マンの事例を民主主義の——あるいは自称民主主義の——概念で分析するよりも、むしろ社会の機能的分化という、より正確に定義された概念で分析する方が有益なように思われる。そのような方向性のための基礎研究として、Niklas Luhmann, *Die Gesellschaft der Gesellschaft*, Frankfurt/M. 1997, S. 743 ff. を参照。

（56）政治的なものの概念を拡張する試みとして、Ulrich Beck, *Die Erfindung des Politischen*, Frankfurt/M. 1993 を参照。

(57) レギュラシオン理論の有名な提唱者の著書として、Michel Aglietta, *Régulation et crises du capitalisme*, Paris 1976 を参照。

(58) 自らの取り上げる「組織」を過大評価し、社会理論に対してだけでなく、本来の研究対象に対しても盲点を生み出している例として、Robert V. Presthus, *The Organizational Society*, New York 1962 を参照。あらゆる社会現象を組織社会学の手段を用いて性急に説明しようとする病理を詳細に論じた研究として、Stefan Kühl, »Gesellschaft der Organisation, organisierte Gesellschaft, Organisationsgesellschaft. Zu den Grenzen einer an Organisationen ansetzenden Zeitdiagnose«, in: Maja Apelt, Uwe Wilkesmann (Hg.), *Zur Zukunft der Organisationssoziologie*, Wiesbaden 2015, S. 73-91 を参照。

(59) それゆえ連字符社会学一般、とりわけ組織社会学にもとめられる質の基準は、自らのカテゴリー目録の限界が社会理論を提示する際に反映されているのか、反映されているとすればどの程度か、また自らの研究対象と社会の関係がこのような反映を背景にしてどのように規定されているのかということである。

(60) これは経験的にも成り立たないだろう。インドネシア、オスマン帝国、バングラデシュ、ギリシアにおける集団暴力を扱ったクリスティアン・ゲアラッハの啓発的な事例研究集（Gerlach, *Extrem gewalttätige Gesellschaften*）を参照。同書は、国家の暴力独占が限定的にしか成立していない「帝国周縁地域」でとくに集団暴力が発生することを明らかにしている。だが「集合的な大量殺人者として機能する」のがつねに「集団」だとする主張も、同様に疑わしいだろう。Sémelin, *Säubern und Vernichten*, S. 264 f. も参照。ジャック・セムランはここで、初期社会学のあまりにも広く拡散した集団概念を使っている。「殺人集団」が組織のヒエラルキーに組み込まれた兵士や警察官なのか、それとも地域の徒党なのかは大きな違いである。

(61) この点については、Alcinda Honwana, *Child Soldiers in Africa*, Philadelphia 2006 を参照。

(62) シチリアと米国のマフィアについてのもう少し詳細な考察として、たとえば Robert T. Anderson, »From Mafia to Cosa Nostra«, in: *American Journal of Sociology* 7 (1965), S. 302-310; Diego Gambetta, *The Sicilian Mafia*, Cambridge 1993 を参照。

(63) だが分析の際にシステムの種類を明確に区別しておくことが重要である。ランドル・コリンズのアプローチの最大の弱点はおそらく、「マクロな暴力」――別の言い方をすれば「暴力のマクロな組織」――を考察する際に、国家、組織、運動といった異なる社会システムを組み合わせてしまうことにある（たとえば Collins, »Micro and Macro Causes of Violence«, S. 17 に顕著である）。とくに暴力の行使をミクロ社会学的に分析する上では、それが家族、集団、組織、運動によって枠組みを与えられているかどうかを考慮することが重要である。集合的暴力の問題をより一般的に論じた研究として、Charles Tilly, *The Politics of Collective Violence*, Cambridge 2003 も参照。だがこれも同じく家族、集団、組織、運動を体系的に区別していない。

（64）ヴィクトリア・バーネットも、ホロコーストが他のジェノサイドと異なり、際立って「官僚化」——私の用語で言えば「組織化」——されていたと指摘している（Barnett, *Bystanders*, S. 88）。だがバーネットによれば、アルメニア、カンボジア、ルワンダ、ボスニアでのジェノサイドは、民族的・宗教的に定義された少数派の殺害が必ずしも組織に依拠するわけではないことを示している。

（65）このような意味で赤軍派を考察した論考として、Jan Philipp Reemtsma, »Lust an Gewalt«, in: *Die Zeit* vom 8. 3. 2007, S. 45を参照。それに対する返答として、Gerhart Baum, »Dämonisierung des Terrors. Eine Antwort auf Jan Philipp Reemtsma«, in: *Die Zeit* vom 15. 3. 2007, S. 52も参照。後者の趣旨は、「テロリストたちは社会の中心からやってきた」というものである。私の見るところでは、集団、運動、社会を区別する理論は「赤軍派現象」の説明に大いに役立つ（この研究アプローチについては、Kühl, »Gruppen, Organisationen, Familien und Bewegungen«を参照）。

（66）時間的周縁領域というのは、大量虐殺の初めか終わりという意味である。この点については、イェドヴァブネのポグロムに関する最近の文献を参照。Jan Tomasz Gross, *Neighbors. The Destruction of the Jewish Community in Jedwabne Poland*, Princeton 2001; Thomas Urban, »Zur historiographischen Kritik an Jan T. Gross in Polen. Korrekturen an seinem Buch über Jedwabne«, in: *Osteuropa* 51 (2001), S. 1480-1487; Frank Golczewski, »Der Jedwabne-Diskurs. Bemerkungen im Anschluss an den Artikel von Bogdan Musial«, in: *Jahrbücher für Geschichte Osteuropas* 50 (2002), S. 412-437. これらを読むと、過去の克服がいかに難しいかがわかる。死の行進についての入門書として、Katrin Greiser, *Die Todesmärsche von Buchenwald. Räumung, Befreiung und Spuren der Erinnerung*, Göttingen 2008を、詳細な研究として、Daniel Blatman, *Die Todesmärsche 1944/45. Das letzte Kapitel des nationalsozialistischen Massenmords*, Reinbek 2011を参照。

（67）この点で、本書はまず第一に社会学の本であり、第二、第三に組織社会学の本であるにすぎない。警察官の行動を暴力社会学、集団社会学、法社会学の観点だけから説明することができないように、それを組織社会学の観点だけから説明することもできない。ホロコーストを分析する際に必要なのは、個々の連字符社会学ではなく、社会学全体なのである。

補遺——社会学的アプローチと経験的基盤

ホロコースト研究に対する社会学の貢献を判定するリトマス試験紙は、それが通常の歴史学的、政治学的、哲学的、心理学的、社会心理学的立場を超えた洞察を生み出すことに成功しているかどうかである(1)。歴史学の教育を受けた社会学者が(あるいは社会学の教育を受けた歴史学者も)他の学問分野の研究者とまったく同じことを立証するのであれば、ホロコーストに対する社会学特有の取り組みを正当化することはできないだろう。

社会学の特徴はまさに、扱うテーマが他の学問分野でも研究されていることである。政党の機能様式には社会学だけでなく、政治学も関心をもっている。教室の中の社会的力学は社会学者だけでなく、教育学者にとっても関心事である。社会学で盛んに議論される金融市場の機能様式は国民経済学でも研究され、社会学者だけでなく心理学者もロマンティックな恋愛の出現について論評している(2)。学問分野としての社会学の唯一の正当性は、他の学問分野の手法では容易になしとげられないような社会現象についての説得的な説明を提供することである(3)。

とはいえ、ホロコーストの社会学に何か新しさがあるように言い立てることは、理論形成にあまり関心のない古典的な歴史学の前では控えるのが適切である(4)。クリストファー・ブラウニングはその多因論的アプローチにおいて、「普通の男たち」を「大量殺戮の執行者」へと変貌させるには「反ユダヤ主義と戦争状況の双方からユダヤ人を敵のイメージにしたイデオロギー的な重なり合い、そして犠牲者の非人間化という、状況に条件づけられた諸要因の組み合わせ」があれば十分だったと述べているが、これは社会学的な観点から見ても間違ってはいない。だが社会学的な観点からすると、このような複数の動機の並置はとうてい十分とは言えない。

あらゆる社会学的な説明の出発点は、社会学特有の概念によってよく知られた説明モデルを再構成することである。だが他の場所ですでに単純な言葉で説明されていることを複雑な言葉で繰り返しているだけだと非難されたくなければ、社会学はそこで立ち止まってはならない[5]。重要なのはむしろ、こうした社会学的な再構成にもとづいて、新たな説明アプローチを生み出すことである。社会学の強みは、個々の側面を補足し、より明確にすることにある。たとえば無関心領域を確保する上での反ユダヤ主義の機能、組織の公式構造を維持することに寄与する「命令拒否者」の役割、大隊員が強制移送や殺害から違法な「利益」を得ることの機能、あるいは同志への期待を徒党集団を超えて拡大することなどに関してである。だが私の見るところでは、社会学的アプローチの付加価値はとりわけ次の洞察にある。すなわち、ホロコーストにおいては多様な動機をもった人びとが行動しただけでなく、そのような多様な動機が組織の中で一般化され、組織メンバーが組織外では行わないような行為も進んで行うようになったということである。

マルチパラダイムな学問分野である社会学では、ホロコーストに対する他の理論的アプローチも考えられることを見落としてはならない。社会学の理論を使ってホロコーストを研究しようとする学者たちは、私がシステム理論を用いたのと同じように、タルコット・パーソンズの構造機能主義理論、ピエール・ブルデューの実践理論、アンソニー・ギデンズの構造化理論、ミシェル・フーコーの主体論、あるいはヘルベルト・マルクーゼやマックス・ホルクハイマーのマルクス主義的ファシズム理論も援用することができる。[6] だがその場合には、システム理論とは異なるアプローチを使った方が、「普通の男たち」や「普通の女たち」のホロコーストへの関与という問題をより説得的に分析できるということを示さなければならない。[7] 社会学においてこうした論争的な議論を提起することが、本書の目的の一つである。

他の学問分野や他の社会学理論の観点からの説明と比較できるようにするために、私は最もよく研究され、最も論議を呼んだ警察大隊の事例を用いて、ホロコーストに関する私の社会学的考察を説明している。[8] 読者はこれによって、私が提供する社会学的説明をすでに発表されている歴史学的、政治学的、社会心理学的研究や、将来発表されることが期待される代替的な社会学的説明と関連づけ、どこに一致する部分があるのか、またシステム理論を使って既存の説明を再構成することができ、さらにはそうする必要があるのか、そしてそこで提示された社会学的視点が新たな説明を提供しているのかといったことを、自ら検討することができるのである。[9]

社会学者の史料との関係は、歴史学者のそれとは根本的に異なっている。歴史学の学問的発展は、かなりの程度まで――歴史学者の同僚たちにはこうした誇張を容赦してもらいたいが――まだ開拓されていない、あるいはまだ徹底的に分析されていない史料の調査にもとづいている。[10] そのため歴史学者の間では、同僚が自分と同じ未開拓の史料を使って研究していることを知ると、容易にパニックが生じることになる。[11] 社会学はまさに一般的に知られた史料の再解釈から洞察を引き出すので、新しい史料の探求欲に同じように身を焦がすことはない。誇張して言えば、社会学は独自の理論的手段を用いてテーマに接近するため、ホロコーストの社会学には歴史学によってすでに十分に調査された出来事、つまり史料状況からその経緯について比較的高い見解の一致が見られる出来事の方が適している。

史料は――この点では社会学の方法論は歴史学のそれと変わらない――学問的説明のための経験的根拠としてそのまま直接用いることはできない。というのも、個々の史料が生まれた文脈もそれぞれ考慮しなければならないからである。社会学的な説明を提示する際にも、ラインハルト・コゼレックが「史料の拒否権」と呼んだものが存在している。社会学においても、「史料の鑑定」から「容易に虚偽、あるいは許容されないと見抜ける」ような解釈は禁じられている。[12] そこで以下では、社会学的アプローチに特有の史料の扱いについてやや詳細に説明しておくことにする。組織を分析する際には、次の三つの側面を区別しなければならない。第一に、組織が自らを外部に呈示し、その環境の中で正当性を確保しようとする表向きの側面、第二に、組織の成員資格の条件を設定するのに用いられるフォーマルな側面、第三に、インフォーマルな側面、つまり公式構造の背後で形成されるが、組織の成員資格の条件を引き合いに出しても押しつけることのできない組織メンバーの期待である。[13] それゆえ、組織を研究するいかなる取り組みとも同じように、この事例——第一〇一警察大隊——を研究する上でも、組織の表向きの側面——つまり内外向けの美しく飾られた呈示——に関する情報を提供し、フォーマルな側面——つまり正式に告知された成員資格の条件——を説明するのに役立ち、さらに組織のインフォーマルな側面を少なくとも可能な限り再現できるような史料を用いなければならない。

プロパガンダ文書

外向け（主にドイツ帝国の住民向け）と内向け（つまり警察と親衛隊の隊員向け）の宣伝文書は、とくに反ユダヤ主義的教化に関して、これまでに包括的に調査されている。[14] そのため、組織の表向きの側面はそれらから容易に再現することができる。ドイツ警察官同志連盟が公式に発行していた雑誌『ドイツ警察官』——後に『ドイツ警察』に改称——や、ヘルムート・コショルケとハンス・リヒターが出版した一連の書籍は、内外向けのプロパガンダにとってとくに重要であった。[15] 秩序警察本部に設置された「世界観教育局」は、これらの出版物の制作に重要な役割を果たした。[16] 私たちはミュンスター警察大学図書館の警察史資料室にほぼすべて所蔵されている警察宣伝文書を調査し、秩序警察が大隊員に押しつけたイメージを再現した。

戦時日誌

国外での任務の間、各々の指導部幕僚はいわゆる戦時日誌をつけ、個々の中隊の活動を毎日、しばしば写真も添えて記録していた。戦時日誌の記述は典型的な自己説明に相当し、各々の組織単位が上位の部局に可能な限り魅力的な表向きの側面を呈示しようとするものであった。戦時日誌は当初は内向けの役割しか果たさなかったが、ハインリヒ・ヒムラーの考えでは、戦後に一般的な宣伝目的にも使われることになっていた。第一〇一警察予備大隊の戦時日誌は（他のほとんどすべての大隊の戦時日誌と同様に）現存していない。親衛隊警察師団、親衛隊警察連隊、警察狙撃兵連隊、警察大隊の戦時日誌は、秩序警察指導局の「戦史」班（O-Kdo I Krg）によって収集され、終戦直前にベーメン（ボヘミア）のビショフタイニッツで破棄された[17]。戦後、秩序警察の中尉で戦時日誌の破棄を担当した分隊長でもあったエミール・クロファンダは、かつての上司であった秩序警察指導局長アドルフ・フォン・ボンハルトに次のように報告している。もし「命令書と日誌」が「敵の手に渡る」ようなことがあったとしたら、秩序警察の元隊員に対する迫害の圧力はもっと大きくなっただろう。というのも、「一万五〇〇〇枚の写真が多くのことを語った」だろうからである、と[18]。私は本書で現存する数少ない戦時日誌の一つ、つまりロシアに派遣されたヴィーンの第三二二警察大隊の戦時日誌を頼りにして、任務中の大隊が行った典型的な活動に関する自己説明を理解することにつとめた[19]。

法律、指令、方針、規則

法律、指令、方針、規則は、国家暴力組織の公式構造を再現する上で決定的に重要である。これらは「ドイツ警察法および施行規定」（一九三七年）、「国家政治上特別に重要な任務の要員の確保のための緊急任務令」（一九四〇年）、「軍事刑法」（一九四〇年）に始まり、「帝国公職刑法」（一九四一年）、「戦時特別刑法」（一九四三年）を経て、「警察部隊の指導および活用に関する規則」（一九四三年）、「駐在地外での警察の活用の際の経済管理業務に関する規則」（一九四〇年）、「警察服装規則」（一九四二年）、「予備警察官の職務免除、労働休暇および労働配置に関する帝国内務省通達」（一九四二年）まで、多岐にわたっている。[20]警察大隊に関する研究では、これらの史料はこれまで断片的にしか利用されてこなかった。たとえばブラウニングもゴールドハーゲンも、第一〇一警察大隊に関する研究では――そもそもこれらの史料を利用するにしても――たまたま見つけた法律、通達、指令だけを利用しているようである。[21]だがこれらすべての規則は社会学的分析にとって重要である。というのも、それによって組織の幹部が策定した警察大隊の公式秩序を正確に再現することができるからである。たとえ実際にはこの公式秩序に違反する行動が繰り返されていたとしても、それは警察大隊内で過失の帰責を決めるための基準点として重要な役割を果たしていたのである。

日常命令

日常命令は警察大隊の公式構造の一部であった。本部によって作成され、発令される法律、指令、方針、規則とは異なり、日常命令では大隊員に対するフォーマルな期待が個々ばらばらなレベルで呈示された。ルブリン管区の秩序警察指揮官、つまり第一〇一警察大隊と同管区に配備された他の警察大隊を配下に収める第二五警察連隊指揮官の一般的な日常命令は、同連隊に従属していた親衛隊警察騎兵大隊の一九四一年から一九四四年までの文書が概ね残っているため、利用可能である。その呼称が示唆する内容とは異なり、日常命令は連隊の隊員たちに具体的な任務を伝えるものではなく、一般的な情報を提供するものであった。日常命令には追悼文、盗賊との戦いや分遣隊での戦功の表彰のほか、防寒服の支給、燃料の使用、地雷の目印、ドイツ帝国への交通に関する情報も掲載されている。注目に値するのは、ユダヤ人に対する作戦やユダヤ人の扱いの問題が日常命令ではほとんど触れられていないことである。[22]

公文書

マックス・ヴェーバーが述べたように、近代の警察・軍事組織は文書主義にもとづく職務遂行を特徴としている。[23]このため、上から下への、下から上への、そしてヒエラルキー上対等な組織単位間のコミュニケーションは、公文書による指令、メモ、公式報告書によって容易に再現することができる。第一〇一警察大隊の公文書は不完全な形でしか残っていない。そこで私たちは可能な限りハンブルク検察局が発見した数少ないメモを利用し、さらに様々な文書館で第一〇一警察大隊の文書を個別に発掘・確認した。とくにハンブルク、マイダネク、ルブリンの文書館に所蔵されているこれらの個別文書は、「ラインハルト作戦」の際に押収された略奪品の公式移管申請書から、任務報告書、第一〇一警察大隊に統合されたルクセンブルク人警察官の人事資料のメモまで、多岐にわたっている。[24]一九四四年に赤軍がルブリンを占領した際、ルブリンの親衛隊・警察指導者が所蔵していた膨大な文書も押収されたようで、現在ではロシアの秘密情報局ＦＳＢの書庫に保管されていると思われるが、現在までのところ研究者には公開されていない。[25]

野戦郵便と日記

戦争任務中の国家暴力組織におけるインフォーマルな期待を再現するためには——参与観察が不可能な場合——、野戦郵便と日記がとくに重要である。[26] 残念ながら、第一〇一警察大隊についてはそのような文書は確認できなかった。戦後ハンブルク警察が行った大隊員に対する家宅捜索ではそのような文書は発見されず、私や私の研究グループも野戦郵便や日記を提供してくれそうな第一〇一大隊の隊員を見つけることができなかった。[27] もっとも、今後の研究で秩序警察の他の部隊の隊員の日記や野戦郵便を使えば、家族（あるいは自分自身）に宛てた警察官の同時代の自己イメージを知ることに役立つだろう。[28]

警察、検察局、裁判所での証言

警察大隊の活動を再現するための中心的な史料は、言うまでもなく戦後警察捜査当局、検察局、裁判所で行われた被告人や目撃者の証言である。[29] 戦時中の資料がたびたび欠落していたため、警察と検察局はこれらの証言によってはじめて大隊の任務地と任務内容を——二〇年以上前に行われ、証言に応じた警察官でさえ記憶にかなりの空白があるような任務についても——正確に再現できるようになったケースが多かった。後にこれらの捜査資料を利用した研究者に帰せられた「厳密さ」は、何よりもまず戦後の刑事訴追当局の「几帳面さ」だったのである。[30] だが捜査当局は刑法上重要な証言にしか関心を示さず、警察官の供述も逐語的にではなく大まかにしか記録されなかったため、情報は選択的であった。[31] 尋問を受けた大隊員は明らかに自分の証言が後に告発に使われることを恐れ、それに応じて発言を変えた。[32] 裁判記録を読むと「虚偽の証言の寄せ集め」のような印象を受けることが多いが、多くのケースで捜査官は証言の矛盾を見つけ、そこから射殺の経緯を再現することができた。[33] 裁判記録は任務中の動機の呈示を再現するにはほとんど適していないが、それは二〇年後、三〇年後にその動機をどう理解すべきかを述べているにすぎないからである。[34] これらの証言を現実の動機状況を示す証拠と見なした場合、何よりも「現実には証明不可能な命令の緊急性」や「ナチ指導部の組織的煽動」による「構造的強制」を誇張するような歪んだイメージが生じてしまうだろう。[35] 警察、検察局、裁判所での証言は、第二次世界大戦後に大隊員が自らの動機をどう見てほしかったのかという側面に関して有効であるにすぎない。

新聞記事

警察、検察局、裁判所の公式文書を精査するため、一九六〇年代の警察大隊の隊員に対する裁判を報じたマスメディアの報道も利用した。[36] とくに第一〇一警察予備大隊の隊員に対する最初の裁判は、ハンブルクのメディア――『ハンブルガー・アーベントブラット』紙、『ハンブルガー・モルゲンポスト』紙、『ビルト』紙のハンブルク版――で集中的に報道された。記者たちの報道は裁判中の世論の雰囲気を評価する可能性を提供してくれるが、様々な新聞の記事が裁判中の被告たちの動機呈示について比較的正確な印象を伝えているという点でも有益である。[37]

写真

警察官自身が任務中に撮影した写真は、とくに興味深い史料である。[38] 強制移送、ゲットー解体、射殺の撮影は明確に禁止されていたにもかかわらず、絶滅作戦に投入された部隊のほとんどが大量の写真を撮影している。[39] 一見したところ、これは「作戦」中の力学を把握するのに適した経験的素材のように思える。だが事前に予告して撮影され、ときには「演出」までされた写真と、いわば自発的に撮影された写真とは区別しなければならない。前者の場合、撮影された警察官は「撮影されることの相互行為の期待」にさらされ、そのために特定の呈示を行ったと想定することができる。写真撮影のために服装を整えたり、ポーズをとったり、カメラ目線の微笑みを浮かべたりといったことである。犠牲者の場合、命に危険が差し迫っていたため、このような相互行為の期待は何の役割も果たさなかったが、犠牲者が――明らかに力ずくで――文字通り飾り立てられて撮影された写真もある。(40)

犠牲者による同時代の報告

絶滅収容所に関する報告とは異なり、ユダヤ系・非ユダヤ系のポーランド人やポーランドに強制移送されたユダヤ人によるゲットー解体、強制移送、大量射殺についての同時代の報告は、長い間ごく限られた範囲でしか利用できなかった。これらの記録は主としてポーランドの文書館に所蔵されているが、出版物を通じて断片的に公開されるようになったものの、ゲットーへの収容、強制移送、大量射殺の経緯を犠牲者の視点から再現することは長年にわたり困難な状況が続いた。だがとくに一九三三年から一九四五年までのナチ・ドイツによるヨーロッパ・ユダヤ人の迫害と殺害に関する一六巻の史料集が刊行されたことで、研究者がこれらの史料を利用することが容易になった。(41) 犠牲者による報告は、ウォマジー、ウークフ、ミエンジジェツ、マイダネク、ポニアトヴァでのゲットー解体や射殺について、ハンブルク検察局が明らかにした事実をほぼ裏付けている。これらの報告を分析すると、他の史料からも推測できるドイツの秩序警察と非ドイツ人補助要員――トラヴニキの親衛隊訓練収容所から派遣された――の腐敗と残虐さを裏付けることができるが、当然ながらそこからは各組織内の状況はあまりわからない。

犠牲者へのインタビュー

警察大隊に関する学問的研究に、犠牲者の事後的な体験報告が使われることはほとんどない。(42) ブラウニングの第一〇一警察大隊の研究をめぐる論争では、彼が「ユダヤ人の史料を一切」使っていないとの批判が繰り返された[43]。第一〇一警察大隊の場合、これは犠牲者がゲットー解体や射殺の際に警察官とごく短時間しか接触しなかったことが多く、そのため——まれに生存していたとしても——後からほとんど情報を提供できなかったことによるところが大きい。このことは、第一〇一警察大隊の隊員によるゲットー解体に関するショアーの生存者へのインタビュー——スティーヴン・スピルバーグが始めたオーラルヒストリー・プロジェクトの一環として行われたもので、私はエルサレムのヤド・ヴァシェム記念館でこれを閲覧した——も裏付けている。ラウル・ヒルバーグがすでに指摘していたように、ショアーの生存者の報告は強制収容所、絶滅収容所、逃亡、地下での生き残り、パルチザン闘争といったトピックで占められていることが多い[44]。

警察大隊の隊員へのインタビュー

私たちが利用できなかった史料形態の一つは、大隊員への独自インタビューである。この種の史料に対する正当な懸念にもかかわらず、そのようなインタビューが実現していれば、大隊員が法廷で行った証言を分析し、捜査官には重要でなかったテーマに関する説明を得るのに役立ったことだろう[45]。私たちが大隊の調査を始めた頃には、大隊員はすでに全員亡くなっていた。私たちの知る限り、以前に第一〇一大隊の研究に取り組んだ研究者で、そのようなインタビューを行った者はいなかった。例外はパウル・ドスタートで、彼は一九九〇年代末に「第一〇一警察予備大隊のルクセンブルク人」に関する論文のために、大隊のルクセンブルク人隊員に一連の聞き取りを実施した[46]。だがドスタートが大隊員に匿名を約束していたので、私たちは会話の録音を聞くことも、会話の文字起こしを閲覧することもできなかった。私たちが利用できたのは、一九四五年以降の捜査に携わった英国とドイツの捜査官との、あまり遠くない過去の会話の録音だけであった[47]。

注

（1）ここで行った社会学と歴史学の対置は、もっぱら理念型的に理解すべきものである。歴史学者は、社会学者が骨の折れる個別事例の調査に取り組むことなく、あまりにも性急に一般化してしまうと非難する。これに対して社会学者は、歴史学者が個々の事例——個々の戦争、個々の大量虐殺、個々の組織——に執拗に取り組み、それを超える一般化に関心を示さないと非難する。歴史学者のシャルル・セニョボスと社会学者のエミール・デュルケームの間で行われた初期の論争を参照。Émile Durkheim, *Textes*, Paris 1975, S. 199-217. 実際にはいくつかのテーマ領域で個々の歴史的個別事例に執拗な関心をもつ社会学者もいるし、一般化や理論化に強い関心をもつ歴史学者も多い。歴史社会学の不足については、Niklas Luhmann, »Ansprüche an historische Soziologie«, in: *Soziologische Revue* 17 (1994), S. 259-264 を参照。

（2）この点については、ナチズム、とりわけホロコーストに対する社会学特有のアプローチは存在するのかという問題をめぐって、ドイツの社会学界内でも議論が行われている。この議論に関する私の論考として、Stefan Kühl, »Ein letzter kläglicher Versuch der Verdrängung«, in: *FAZ* vom 8. 5. 2013; Stefan Kühl, »Im Prinzip ganz einfach. Zur Diskussion über den Ort des Nationalsozialismus in der Soziologie«, 〈http://www.uni-bielefeld.de/soz/forschung/orgsoz/Stefan_Kuehl/workingpapers.html〉を参照。すでに以前から、別の点を強調した議論も行われている。M. Rainer Lepsius, »Plädoyer für eine Soziologisierung der beiden deutschen Diktaturen«, in: Christian Jansen, Lutz Niethammer u. a. (Hg.), *Von der Aufgabe der Freiheit. Politische Verantwortung und bürgerliche Gesellschaft im 19. und 20. Jahrhundert; Festschrift für Hans Mommsen*, Berlin 1995, S. 609-615. 社会学がナチズムの研究に何か寄与しうることがあるのか、またそのような研究がこの学問分野にもたらす利益にはどんなものがありうるのかという問題についての称賛に値する——だが私の好みから言えば接続法を使いすぎている——議論は、ナチ国家に関する分析がもっと多く提示された時点でおのずと決着がつくだろう（この点をめぐる最新の研究として、Michaela Christ, Maja Suderland (Hg.), *Soziologie und Nationalsozialismus. Positionen, Debatten, Perspektiven*, Berlin 2014 を参照）。そのような分析は、一方では社会学的アプローチがどのような新しい視点を提供できるかを、他の学問分野の研究を踏襲・拡張しつつ具体的に示すものであり、他方では一般的な社会学的議論から無視されないような形で、理論化・一般化をめざしつつ行われるものでなければならない。私の見るところでは、社会学的研究はその際、すでに一九三〇年代と一九四〇年代に行われていたナチズムに関する質の高い社会学的研究を基礎とすることができる。ナチ体制における規範国家・措置国家の結合に関するエルンスト・フレンケルの——本書でも用いた——テーゼや、国防軍兵士の動機づけに関するエドワード・A・シルズとモーリス・ジャノウィッツのテーゼのほか、たとえば「ナチズム下の中間層」に関するテオドーア・ガイガーの考察（Theodor Geiger, *Die soziale Schichtung des deutschen Volkes. Soziographischer Versuch auf statistischer Grundlage*, Stuttgart 1932）や、タルコット・パーソンズによるナチ国家の統合メカニズムに関する比較分析（Uta Gerhardt (Hg.), *Talcott Parsons on National Socialism*, Piscataway 1993）を考えるだけでよい。

（3）社会学と歴史学は歴史的に学問分野として別々に発展してきたが、両者の関係は特殊なケースである。ピエール・ブルデューは、この二つの学問分野の対抗関係は資源の維持と学問的影響の拡大に対する分野的関心から社会的には理解しうるものの、客観的には正当化できないと指摘している。ブルデューによれば、「同時代的な現象」――さらに言えば歴史的な現象――の社会学に到達するためには、その現象の歴史に目を向ける必要がある。逆にまたブルデューの考えを敷衍するなら、ある現象についての歴史的に正確な説明は、それが文脈化されなければ不完全なものとなるだろう。「社会学と歴史学の境界は無意味である。［……］社会学と歴史学の対立は歴史的人工物であり、歴史的に構築され、歴史的に脱構築されうるものである」。Pierre Bourdieu, *Über den Staat*, Berlin 2014, S. 165.

（4）このように述べるのは、社会学の影響を受け、理論形成に関心をもつ歴史学は、歴史的現象に鋭敏な感覚をもつ社会学とよく似た知見に達するということを強調するためである。Rudolf Schlögl, »Historiker, Max Weber und Niklas Luhmann. Zum schwierigen (aber möglicherweise produktiven) Verhältnis von Geschichtswissenschaft und Systemtheorie«, in: *Soziale Systeme* 7 (2001), S. 23-45 を参照。この点では、歴史学が社会学よりもすでに成熟しているテーマ領域もある。その例として、Barbara Stollberg-Rilinger (Hg.), *Herstellung und Darstellung von Entscheidungen. Verfahren, Verwalten und Verhandeln in der Vormoderne*, Berlin 2010; Willibald Steinmetz (Hg.), *»Politik«. Situationen eines Wortgebrauchs im Europa der Neuzeit*, Frankfurt/M., New York 2007; Rudolf Schlögl (Hg.), *Interaktion und Herrschaft. Die Politik der frühneuzeitlichen Stadt*, Konstanz 2004 を参照。

（5）アルミン・ノルツェンが行ったナチズム研究のシステム理論的分析の要求も参照。Nolzen, »Moderne Gesellschaft und Organisation«, S. 110. だがそこでは、ナチ党のシステム理論的分析がどのようなものになるかが示唆されるにとどまっている。

（6）ここでは様々な理論には詳しく立ち入らない。構造機能主義的アプローチとネオ・マルクス主義的アプローチについての簡潔な概説として、Friedrich Pohlmann, *Ideologie und Terror im Nationalsozialismus*, Pfaffenweiler 1992, S. 28 ff. und 147 ff. を参照。これまでで最も説得的な試みと思われるのは、イェルク・バルケの研究である。これはシステム理論的な組織社会学の知見を体系的に無視しているが、組織の政治経済学への批判という観点から、多くの興味深い知見に達している。理論的分析として、Balcke, *Verantwortungsentlastung durch Organisation*, S. 22 ff. und 150 f. を、組織の政治経済学理論の概説として、Türk, »*Die Organisation der Welt*«, S. 37 ff. を参照。

（7）システム理論的な観点からの別の説明も考えられるということを、明確に強調しておきたい。本書の文献一覧を見ると、読者は私が主にルーマンの一九八〇年代の「オートポイエーシス的転回」以前の理論を用いていることに気づくだろう。大げさに表現された「システム理論のパラダイム転換」については、Luhmann, *Soziale Systeme*, S. 15 ff. を参照。私の考えでは、まず「オートポイエーシス的転回」以降のシステム理論が組織現象の説明において、一九六〇年代の――私の見るところ――まだ乗り越えられていない手本と同程度の正確さを発揮しうることを示す必要がある。

(8) 社会学的な暴力研究における「厚い記述」にもとづく経験的手法に関する考察も参照。Trotha, »Zur Soziologie der Gewalt«; Nedelmann, »Gewaltsoziologie am Scheideweg«.

(9) 第一〇一警察大隊に関する私たちの研究と対照するために、ワルシャワ・ゲットーでの任務でとくに有名になったドルトムントの第六一警察大隊も並行して調査した。シュテファン・クレンプがこのテーマに関連する著書の中で、「ゴールドハーゲンの自発的執行者理論が正しい」ことの証左として同大隊を挙げているからである。Klemp, *Freispruch für das »Mord-Bataillon«*, S. 13 を参照。第六一警察大隊については、ヤン・ヘンドリク・イッシンガーによる新たな――しかも社会学に触発された――考察が期待される。

(10) 歴史学的ホロコースト研究のこれまでの発展も、大部分はこのようなアプローチにもとづいている。たとえばトーマス・ザントキューラー (Sandkühler, *»Endlösung« in Galizien*) とディーター・ポール (Pohl, *Nationalsozialistische Judenverfolgung in Ostgalizien 1941-1944*) のガリツィアに関する興味深い研究、クリスティアン・ゲアラッハ (Gerlach, *Kalkulierte Morde*) のベラルーシにおける絶滅政策に関する研究、ミヒャエル・ヴィルト (Wildt, *Generation des Unbedingten*) の国家保安本部の指導部に関する研究などがそうだが、これらは東欧とロシアの文書館で利用できるようになった新たな史料に大きく依拠している。この問題については、ダニエル・ゴールドハーゲンが新しい史料を使用していないという歴史学者たちの批判も参照。Weingart/Pansegrau, »Reputation in Science and Prominence in the Media: the Goldhagen Debate«, S. 6.

(11) ハンブルク州立文書館でホロコーストに関与したラトヴィア人アラーイス部隊の隊員に対する刑事訴追を「対照グループ」として詳しく調べたとき、そのようなことが私たちにも起こった。これまでほとんど利用されてこなかった史料を使って同時期に研究をしていた歴史学者に対して、私たち社会学者はあるテーマに取り組んでも後の歴史学者に何も残らないほど「焼き尽くす」わけではないということを納得してもらうのに、多少の努力が必要であった。ハンス・モムゼンはこのような意味で、ゴールドハーゲンが付け焼き刃で書いた一九三三年以前のドイツの反ユダヤ主義に関する章を自らの著書に追加した事実を解釈している。モムゼンによれば、すでに出版されていた「多くの点で模倣の対象となったクリストファー・ブラウニングの研究」が存在したために、ゴールドハーゲンは「一九世紀のドイツの反ユダヤ主義の前史に逸脱」し、「弱点と誤った解釈に満ちた」章を提示することを余儀なくされたというのである。

Mommsen, »Die Goldhagen-Debatte: Zeithistoriker im öffentlichen Konflikt«, in: *Zeitschrift für Geschichtswissenschaft* 54 (2006), S. 1063-1067, hier: S. 1065 f. を参照。

(12) この点については、Reinhart Koselleck, »Standortbindung und Zeitlichkeit. Ein Beitrag zur historiographischen Erschließung der geschichtlichen Welt«, in: Wolfgang J. Mommsen, Jörn Rüsen u. a. (Hg.), *Objektivität und Parteilichkeit in der Geschichtswissenschaft*, München 1977, S. 17-46, hier: S. 45 f. を参照。

(13) 組織分析における三つの側面の区別については、Kühl, *Organisationen*, S. 89 ff. を参照。

(14) たとえばユルゲン・マテウスとエドワード・B・ウェスターマンの一連の研究を参照。Matthäus, »Ausbildungsziel Judenmord?«; Matthäus, »›Warum wird über das Judentum geschult?‹«; Matthäus, »›Weltanschauliche Erziehung‹ in Himmlers Machtapparat und der Mord an den europäischen Juden«; Westermann, »›Ordinary Men‹ or ›Ideological Soldiers‹?«; Edward B. Westermann, »Shaping the Police Soldier as an Instrument of Annihilation«, in: Alan E. Steinweis, Daniel E. Rogers (Hg.), *The Impact of Nazism. New Perspectives on the Third Reich and Its Legacy*, Lincoln 2003, S. 129-150; Westermann, *Hitler's Police Battalions* を参照。

(15) コショルケについては、Koschorke, *Jederzeit einsatzbereit, Polizeireiter in Polen und Polizei greift ein* を、リヒターについては、Richter, *Einsatz der Polizei*; Hans Richter, *Ordnungspolizei auf den Rollbahnen des Ostens*, Berlin 1943 を挙げることができる。

(16) この点については、Matthäus, »Die Beteiligung der Ordnungspolizei im Holocaust«, S. 172 を参照。

(17) この点については、コブレンツの連邦文書館の所蔵目録R19を参照。Bundesarchiv Koblenz, *Findbuch R 19 Chef der Ordnungspolizei (Hauptamt Ordnungspolizei)*, Koblenz 1974.

(18) Werner Liersch, »Erwin Strittmatters unbekannter Krieg«, in: *FAS* vom 8. 6. 2008 より引用。この点については、Christoph Spieker, »Polizeibilder unter SS-Runen. Die Film- und Bildstelle der Ordnungspolizei«, in: Sabine Mecking, Stefan Schröder (Hg.), *Kontrapunkt. Vergangenheitsdiskurse und Gegenwartsverständnis*, Essen 2005, S. 83-98 も参照。

(19) ポーランド語の序文の付いた最初の古い複写は、Kazimierz Leszczyński, »Dziennik wojenny batailonu policji 322«, in: *Biuletyn Głównej Komisji Badania Zbrodni Hitlerowskich w Polsce* 17 (1967), S. 170-232 に収録されている。第三二二警察大隊については、戦時日誌にもとづく二つの研究がある。Andrej Angrick u. a., »›Da hätte man schon ein Tagebuch führen müssen‹. Das Polizeibataillon 322 und die Judenmorde im Bereich der Heeresgruppe Mitte während des Sommers und Herbstes 1941«, in: Helge Grabitz, Klaus Bästlein u. a. (Hg.), *Die Normalität des Verbrechens*, Berlin 1994, S. 325-385; Zechmeister, *Das*

Polizeibataillon 322 aus Wien Kagran.

（20）この種の史料の使用については、とくに Büchner, *Das Reservepolizeibataillon 101 als totale Organisation?*, S. 13 f. を参照。同書はまた、ミュンスター警察大学図書館の警察史資料室に所蔵されている膨大な指令、方針、指示の文書をいち早く活用している。

（21）ナチズム下の警察法の歴史、とくにプロイセン警察行政法の使用の変化は、アンドレアス・シュヴェーゲルの著書のおかげでよく知られるようになった。Schwegel, *Der Polizeibegriff im NS- Staat.* 初期の概説として、Fangmann, »Faschistische Polizeirechtslehre« を参照。次の二つの法律学の博士論文も参照。Dionys Jobst, *Der Polizeibegriff in Deutschland*, München 1953; Steffen Just, *Der Polizeibegriff und Polizeirecht im Nationalsozialismus unter besonderer Berücksichtigung der Arbeit des Ausschusses für Polizeirecht bei der Akademie für Deutsches Recht*, Würzburg 1990. だが占領地で警察行政法がどのような形で効力を発揮したのかについては、まだ詳細な法学的分析が行われていない。

（22）第二五警察連隊指揮官の日常命令は、ルブリンの国立文書館（APL Lublin）に所蔵されている。

（23）この点については、Weber, *Wirtschaft und Gesellschaft*, S. 552 を参照。とくに興味深いのは、警察官、弁護士、検察官、裁判官の職務上の文書の使用に関するトーマス・ミヒャエル・ザイバートの考察である。Thomas Michael Seibert, *Aktenanalyse. Zur Schriftform juristischer Deutungen*, Tübingen 1981, S. 9 ff.

（24）とくに印象的なのは、現存する数少ない任務報告書の一つである。一九四二年九月二六日のトラップ少佐の報告書を参照。「この作戦全体で射殺された人数。三人の武装した盗賊、七八人の共犯者、逃亡して逮捕を免れようとした一八〇人のユダヤ人。射殺された人数が多いのは、タルチンが昔から悪名高い共犯者の巣として知られているためである」。StA Hamburg, NSG 021/014, Bl. 2548 ff.

（25）この尋問については、Heinrich Wefing, *Der Fall Demjanjuk. Der letzte große NS-Prozess*, München 2011, S. 139 を参照。私の問い合わせに対し、モスクワのＦＳＢ文書館はルブリンの親衛隊・警察指導者に関する文書は所蔵していないと通知してきた。

（26）長らく放置されてきた史料としての野戦郵便については、とくに Peter Knoch, »Feldpost – eine unentdeckte Quellengattung«, in: *Geschichtsdidaktik* 11 (1996), S. 154-171 を参照。これに関連する研究として、Latzel, *Deutsche Soldaten – nationalsozialistischer Krieg?*; Martin Humburg, *Das Gesicht des Krieges. Feldpostbriefe von Wehrmachtsoldaten aus der Sowjetunion 1941-1944*, Opladen 1998 を、より簡潔な説明として、Klaus Latzel, »Von Kriegserlebnis zur Kriegserfahrung. Theoretische und methodische Überlegungen zur erfahrungsgeschichtlichen Untersuchung von Feldpostbriefen«, in: *Militärgeschichtliche Mitteilungen* 56 (1997), S. 1-31; Martin Humburg,

»Feldpostbriefe aus dem Zweiten Weltkrieg. Zur möglichen Bedeutung im aktuellen Meinungsstreit unter besonderer Berücksichtigung des Themas ›Antisemitismus‹«, in: *Militärgeschichtliche Mitteilungen* 58 (1999), S. 321-343 を参照。クラウス・カハイは、「私的な野戦郵便」に加えて、各種協会に任命された野戦郵便受託者に宛てた「いわば準公的な」野戦郵便も存在していたことを正しく指摘している。Klaus Cachay, »Sport und Sozialisation im Nationalsozialismus. Feldpostbriefe als Quelle historischer Sozialisationsforschung«, in: *Sozial- und Zeitgeschichte des Sports* 5 (1991), S. 7-29, hier: S. 12.

(27) 私たちの研究プロジェクトは終了しているが、それでもこのような第一〇一警察大隊の史料に関する情報をいただけるとありがたい。

(28) とくに興味深いのは、第九一警察大隊の隊員で後に秩序警察本部の従軍記者になった者の日記（Doebel, *»So etwas wie Weltuntergang«*）と、ブレーメンの商人で第一〇五警察大隊の隊員の日記（Ludwig Eiber, »›... ein bißchen Wahrheit‹. Briefe eines Bremer Kaufmanns von seinem Einsatz beim Reserve-Bataillon 105 in der Sowjetunion 1941«, in: *1999 Zeitschrift für Sozialgeschichte* 5 (1991), S. 58-83; Karl Schneider, »Ein Bremer Kaufmann und Rottwachtmeister im Reserve Polizeibataillon 105«, in: *Arbeiterbewegung und Sozialgeschichte* 19 (2002), S. 70-74）である。クラウス・デネケは目下、現存する秩序警察官の野戦郵便を分析している。

(29) この種の史料の可能性と限界は、現在までに歴史学者や法律学者によって集中的に分析されている。たとえば Johannes Tuchel, »Die NS-Prozesse als Materialgrundlage für die historische Forschung. Thesen zu Möglichkeiten und Grenzen interdisziplinärer Zusammenarbeit«, in: Jürgen Weber, Peter Steinbach (Hg.), *Vergangenheitsbewältigung durch Strafrecht? NS-Prozesse in der Bundesrepublik Deutschland*, München 1984, S. 134-144; Wolfgang Scheffler, »NS-Prozesse als Geschichtsquelle. Bedeutung und Grenzen ihrer Auswertbarkeit durch den Historiker«, in: Wolfgang Scheffler, Werner Bergmann (Hg.), *Lerntag über den Holocaust als Thema im Geschichtsunterricht und in der politischen Bildung*, Berlin 1988, S. 13-27; Insa Eschebach, »›Ich bin unschuldig‹. Der Rostocker Ravensbrück-Prozeß 1966«, in: *Werkstattgeschichte* 12 (1995), S. 65-70; Michael Wildt, »Differierende Wahrheiten. Historiker und Staatsanwälte als Ermittler von NS-Verbrechen«, in: Norbert Frei u. a. (Hg.), *Geschichte vor Gericht. Historiker, Richter und die Suche nach Gerechtigkeit*, München 2000, S. 46-59; Michael Stolleis, »Der Historiker als Richter – der Richter als Historiker«, in: Norbert Frei u. a. (Hg.), *Geschichte vor Gericht. Historiker, Richter und die Suche nach Gerechtigkeit*, München 2000, S. 173-182; Finger, »Zeithistorische Quellenkunde von Strafprozessakten« を参照。このほか、主として尋問調書を経験的根拠に用いている研究における多くの方法論的考察も参照（たとえば Meyer, *Täter im Verhör*, S. 299 ff.; Kiepe, *Das Reservepolizeibataillon 101 vor Gericht*, S. 12 ff.）。私の見るところ、最良の入門書は Jürgen Finger, Sven Keller, »Täter

und Opfer – Gedanken zu Quellenkritik und Aussagekontext«, in: Jürgen Finger (Hg.), *Vom Recht zur Geschichte. Akten aus NS-Prozessen als Quellen der Zeitgeschichte*, Göttingen 2009, S. 114-131 である。

（30）秩序警察の活動を再現したことで称賛されるべきなのは、歴史学者（Daniel Jonah Goldhagen, *Briefe an Goldhagen*, Berlin 1997, S. 87）や社会学者というよりも、むしろ――とくに第一〇一警察大隊の場合は――戦後捜査にあたった官僚たちである（ブラウニングは彼らを称賛している。Browning, *Ganz normale Männer*, S. 12 ff.）。戦後の連邦共和国には「褐色の法律家」が存在していたにもかかわらず、個々の検察局がナチ犯罪の捜査になぜあれほど熱心だったのかという疑問は、まだ解明されていない。私の推測では、ナチ犯罪のみを担当する専門検察局が設立された結果、他の司法機関にナチズム下で活躍した法律家が存在していたにもかかわらず、職業的な野心を抱けるようになったことと関係がある。この関連でとくに興味深いのは、ハンブルクの検察局である。同検察局の上級検事ヘルゲ・グラビッツは、捜査に関する論考も発表している。Helge Grabitz, »Die Verfolgung nationalsozialistischer Gewaltverbrechen aus der Sicht einer damit befassten Staatsanwältin«, in: Jürgen Weber, Peter Steinbach (Hg.), *Vergangenheitsbewältigung durch Strafrecht? NS-Prozesse in der Bundesrepublik Deutschland*, München 1984, S. 84-99; Helge Grabitz, »Problems of the Nazi Trials in the Federal Republic of Germany«, in: *Holocaust and Genocide Studies* 3 (1988), S. 209-222; Helge Grabitz, »Die Verfolgung von NS-Gewaltverbrechen in Hamburg in der Zeit von 1956 bis heute«; Grabitz/Justizbehörde Hamburg (Hg.), *Täter und Gehilfen des Endlösungswahns*.

（31）第一〇一警察大隊のケースでの調書作成方法については、Kiepe, *Das Reservepolizeibataillon 101 vor Gericht*, S. 92 ff. を参照。ヤン・キーペは捜査官の選択的な焦点化の典型的な例として、ある警部による大隊員ルドルフ・グリュルの尋問を挙げている。グリュルがユダヤ人のパルチザン女性の射殺について報告すると、捜査官は話題をそらそうとした。「あなたがいま説明した事件はおそらくパルチザン作戦のことであり、ここで話し合うべき作戦とはほとんど関係がないだろう。たとえそれがユダヤ人女性であったとしても、明らかにパルチザン作戦だったのだろう。［……］私があなたに説明してほしかったのは、組織的なユダヤ人絶滅作戦の一環として無抵抗のユダヤ人に対して行われた作戦のことだけだ」。ルドルフ・グリュルの尋問。StA Hamburg, 0021/002, Bl. 2493.

（32）興味深い例としては、ハンス・クラウゼのケースがある。彼は検察局と刑事警察に射殺についての詳細を報告し、いくつかの再定住作戦に関与したことを認めたが、その後の公判では「私はユダヤ人作戦には参加していない」と主張した。o. V., »Zweifel an drei Zeugen«, in: *Die Welt* vom 25. 1. 1968. 捜査圧力の高まりによる第九警察大隊の隊員の証言の変更については、Wolfgang Curilla, *Die deutsche Ordnungspolizei und der Holocaust im Baltikum und in Weißrussland*, Paderborn 2006, S. 268 ff. も参照。

（33）「虚偽の証言の寄せ集め」という発言については、Klemp, *Freispruch für das »Mord-Bataillon«*, S. 15 を参照。

（34）この点で、捜査資料にもとづいて大隊員の「真の動機」を再現しようとするゴールドハーゲンの試み（Goldhagen, *Hitler's Willing Executioners*, S. 464 ff.）はきわめて大きな問題をはらんでいる（ゴールドハーゲンの方法論については、Locke, »The Goldhagen Fallacy« も参照）。ゴールドハーゲンは一九四五年以降に大隊員が呈示した動機の大部分を自己弁護的主張として斥け、彼の解釈に当てはまる証言だけを残すことによってのみ、大隊員を「抹殺的反ユダヤ主義者」とする彼の解釈図式を経験的に裏付けることができたにすぎないのである。

（35）この点については、Jürgen Matthäus, »An vorderster Front. Voraussetzungen für die Beteiligung der Ordnungspolizei an der Shoah«, in: Gerhard Paul (Hg.), *Die Täter der Shoah. Fanatische Nationalsozialisten oder ganz normale Deutsche?*, Göttingen 2002, S. 137-166, hier: S. 157 を参照。

（36）ハンブルク州立文書館には、大隊員に対する裁判についての記事のコレクションがある。ゴールドハーゲンとブラウニングが放置していたこのコレクションを最初に集中的に活用したのは、キーペの功績である。Kiepe, *Das Reservepolizeibataillon 101 vor Gericht* を参照。

（37）報道にはしばしば誤りが含まれているが、それは裁判記録と照らし合わせた場合に目立つだけではない。驚くべきことに、ある被告は明らかな誤報の事例――五万人「だけ」の殺害ではなく五〇万人の殺害の罪で起訴されたと報道された――を反論の機会として使った。この点については、o. V., »Gegendarstellung von Julius Wohlauf«, in: *Die Welt* vom 23. 12. 1967 を参照。

（38）ブラウニングの本にもゴールドハーゲンの本にも掲載されているハンブルク州立文書館のよく知られた写真に加えて、ヴォーラウフの遺品にはこれまで知られていなかった写真がある。VTHA Münster, Nachlass Wohlauf, Dep. 442/2. もっとも、写真のほとんどはヴォーラウフがノルウェーの第一〇五警察大隊の大隊長として任務に就いていたときのものである。史料としての写真については、とくに Dieter Reifarth, Viktoria Schmidt-Linsenhoff, »Die Kamera der Henker«, in: *Fotogeschichte* 3 (1984), S. 57-71 (Dieter Reifarth, Viktoria Schmidt-Linsenhoff, »Die Kamera der Täter«, in: Hannes Heer, Klaus Naumann (Hg.), *Vernichtungskrieg. Verbrechen der Wehrmacht 1941-1945*, Hamburg 1995, S. 475-503 に再録); Frank Stern, »Voyeure der Vernichtung. Verbildlichung und Zeitbewusstsein«, in: Helgard Kramer (Hg.), *NS-Täter aus interdisziplinärer Perspektive*, München 2006, S. 45-66 を参照。ドイツの記憶文化におけるホロコーストの写真の役割に関する詳細な理論については、ここで立ち入ることはできない。ゴールドハーゲン論争との関連でのみ、Habbo Knoch, »Im Bann der Bilder. Goldhagens virtuelle Täter und die deutsche Öffentlichkeit«, in: Johannes Heil, Rainer Erb (Hg.), *Geschichtswissenschaft und Öffentlichkeit. Der Streit um Daniel Goldhagen*,

Frankfurt/M. 1998, S. 167-183; Habbo Knoch, *Die Tat als Bild. Fotografien des Holocaust in der deutschen Erinnerungskultur*, Hamburg 2001 を参照。

（39）写真撮影の禁止については、「ラインハルト作戦」部隊の隊員の誓約書を参照。この誓約書では、隊員は「「ラインハルト作戦」の収容所での明確な「写真撮影の禁止」」を通知されたことを文書で誓約しなければならなかった（APMM Majdanek, SS- und Polizeiführer Distrikt Lublin II-1）。撮影禁止の部分的実行については、親衛隊・警察裁判所の通達（Mitteilungen über SS- und Polizeigerichtsbarkeit (herausgegeben vom Reichsführer SS und Chef der deutschen Polizei) H. 6/1943）を参照。StA Hamburg, NSG 021/038.

（40）蚤の市で発見されたハンブルクの第一〇四警察大隊の写真アルバムもこの点で興味深く、そこにはカメラに向かってポーズをとったり、犠牲者を飾り立てたりする警察官の姿がはっきりと写っている。Heiko Lange, Stephan Linck, »Ein Hamburger Polizeibataillon im Osteinsatz. Anmerkungen zu einer neu entdeckten Quelle«, in: *Informationen zur Schleswig-Holsteinischen Zeitgeschichte* (2003), S. 166-183 を参照。

（41）本書の焦点にとって重要なのは、Wolf Gruner (Hg.), *Deutsches Reich 1933-1937*, München 2008; Susanne Heim (Hg.), *Deutsches Reich, 1938-August 1939*, München 2009 のほか、クラウス＝ペーター・フリードリヒが編纂したポーランドについての次の二巻である。Friedrich, *Polen, September 1939-Juli 1941*; Friedrich, *Polen: Generalgouvernement August 1941-1945*.

（42）ルート・ベッティーナ・ビルンとフォルカー・リースは、ゴールドハーゲンはブラウニングが生存者の報告を利用していないと不満を述べているが、ゴールドハーゲン自身もごく少数の例外を除いてこのような経験的根拠に依拠していないと指摘している。Birn/Rieß, »Das Goldhagen-Phänomen oder fünfzig Jahre danach«, S. 84 を参照。ゴールドハーゲンは、必要に応じてわずかに生存者の報告を用いている。Goldhagen, *Hitlers willige Vollstrecker*, S. 635 und 663.

（43）ブラウニングは「ユダヤ人史料の不使用」という非難のことを指摘している。Browning, »Ordinary Germans or Ordinary Men? A Reply to Critics«, S. 260. トーマス・トイヴィ・ブラットの回想（Thomas Toivi Blatt, *Nur die Schatten bleiben. Der Aufstand im Vernichtungslager Sobibor*, Berlin 2000）を「ユダヤ人史料」として後付けで使用しようとする彼の試みは、それらが第一〇一警察大隊と関連づけられていない点で問題がある。エルサレムのヤド・ヴァシェム文書館には、ユゼフフからの強制移送についてのシュライナーの証言（YVA Jerusalem, 0.16/414）とウークフからの強制移送についてのフィンケルシュタインの証言（YVA Jerusalem, M.10.Ar.2/306）がある。この点については、David Silberklang, »Die Juden und die ersten Deportationen aus dem Distrikt Lublin«, in: Bogdan Musial (Hg.), *»Aktion Reinhardt«. Der Völkermord an den Juden im Generalgouvernement 1941-1944*, Osnabrück 2004, S. 141-164, hier: S. 160 f. を参照。ゴールドハーゲンが用いているヨーゼフ・

ホーンの著書（Horn, *Mezrich Zamlbuch*）は、ビーレフェルト大学の遠隔借用課が何度か試みたが見つからなかった。ゴールドハーゲンによれば、この本はハーバード大学の図書館にあるとのことである。

（44）この点については、Hilberg, *Unerbetene Erinnerung*, S. 115 f. を参照。ジェノサイド研究一般にとってのこの種の史料の可能性と限界については、Samuel Totten, »First Person Accounts of Genocidal Acts«, in: Israel W. Charny (Hg.), *Genocide. A Critical Bibliographic Review*, London 1988, S. 321-362 を参照。

（45）この種の史料の問題点については、戦後の非ユダヤ系ドイツ人の「ナチ犯罪に対する集合的沈黙」についてのガブリエレ・ローゼンタールの興味深い研究、たとえば Gabriele Rosenthal, »Kollektives Schweigen zu den Naziverbrechen. Bedingungen der Institutionalisierung einer Abwehrhaltung«, in: *Psychosozial* 15 (1992), S. 22-33; Gabriele Rosenthal, »Vom Krieg erzählen, von den Verbrechen schweigen«, in: Hannes Heer, Klaus Naumann (Hg.), *Vernichtungskrieg. Verbrechen der Wehrmacht 1941-1945*, Hamburg 1995, S. 51-66 を参照。自伝的構築物の「現実性」については、Gebhard Rusch, »Die Wahrheit der Geschichte. Zehn Fußnoten zur Viabilität (auto-)biographischer und historiographischer Konstruktionen«, in: *Zeitschrift für Genozidforschung* 4 (2003), S. 8-21 を参照。

（46）この点については、Dostert, »Die Luxemburger im Reserve-Polizei-Bataillon 101 und der Judenmord in Polen« を参照。奇妙なことに、この論考は第一〇一警察大隊に関する議論においてほとんど注目されていない。

（47）二〇〇二年の英国人憲兵デニス・グッドマンへのインタビューの記録の調査を可能にしてくれたノイエンガメ強制収容所記念館の管理運営部と、二〇〇五年のヨハネス・ベンティン主任警部とクリスティアン・ヴェルク上級検事へのインタビューの記録を提供してくれたヤン・キーペに感謝する。

訳者解題

本書は、Stefan Kühl, *Ganz normale Organisationen. Zur Soziologie des Holocaust*, Berlin: Suhrkamp Verlag 2014の全訳である。

著者のシュテファン・キュールはビーレフェルト大学社会学部の教授で、ニクラス・ルーマンのシステム理論にもとづく組織社会学の第一人者であるが、同時にナチズムやホロコーストの歴史研究にも取り組み、米国の優生学とナチスの人種政策の関係を解明した著作（『ナチ・コネクション』）を発表するなど、社会学と歴史学の二足の草鞋を履く研究者として知られている。

このような異色の経歴をもつキュールが本書で焦点を当てるのは、ホロコースト研究において最も大きな争点となっている問題の一つ、ナチ体制下で多くのドイツ人がユダヤ人の大量殺戮に進んで参加したのはなぜかという問題である。彼自身も強調しているように、これは組織社会学的アプローチが真価を発揮するうってつけの問題と言っていいだろう。というのも、虐殺に加わった者のほとんどは組織の構成員で、彼らの行動はすぐれて組織の問題だと考えられるからである。キュールがめざすのは、歴史学的なホロコースト研究に接合しうる説得的な社会学的分析を提示することである。そこで彼が調査対象に取り上げるのは、これまで歴史研究で詳細に調査されてきたナチ国家の殺戮部隊、ハンブルクの第一〇一警察予備大隊である。「この警察大隊についてはすべてのことが語り尽くされたように思われるし、この大隊ほど激しい論争の対象となったものはないが、まさにそれゆえにこそ、既存のホロコースト研究の説明モデルを補完し、しばしばその対照をなす社会学的な説明アプローチの強みが明らかになるはずである」（二一頁）。

第一〇一警察予備大隊が注目されるのは、それがいたって「普通の男たち」から構成されていたからである。クリストファー・ブラウニングはいまや古典となった著作（『普通の人びと』）の中で、この大隊のメンバーの大半が港湾労働者や職人、商人として生計を立てていた比較的年配の男性で、とりたてて狂信的な反ユダヤ主義者ではなかったことを明らかにした。ブラウニングによれば、彼らは他の社会にも見られる一般的な要因によってユダヤ人の虐殺に加わったにすぎなかった。こうした見方に異議を唱えたのが、同じ警察大隊を研究したダニエル・ゴールドハーゲンである。彼はメディアで大きな注目を集めた著作（『普通のドイツ人とホロコースト』）の中で、ホロコーストが反ユダヤ主義に染まっていたドイツ人による国民的事業だったと主張した。ドイツの文化に深く根付く「抹殺的反ユダヤ主義」に駆り立てられた「普通のドイツ人」はユダヤ人の絶滅を望み、最終的にそれを実現したというのである。

ホロコーストの解釈をめぐる大きな論争に発展した両者の対立――「普通の男たち」対「普通のドイツ人」――については、ブラウニングの側に軍配が上がったという見方が学界では支配的である。だがキュールはこの論争において、ブラウニングの解釈の弱点が見過ごされている点を的確に指摘する。ブラウニングが加害者の行動に見出した多くの要因――戦争による残虐化、権威の信奉、軍団メンタリティ、集団圧力など――は単に列挙されているだけで、これらの多様な要因が互いにどう関連し合っているのかは明らかにされていない。これに対してキュールが要求するのは、組織社会学的な分析によってより正確に因果関係を特定し、諸要因の関連を解明することである。本書のタイトル『普通の組織』には、ブラウニングの著作に対するキュールの挑発的な姿勢が示されていると言ってよい。

キュールはまず、ホロコーストのほぼすべてが国家組織の構成員によって実行された点に注目する。たしかにナチ政権下でも一一月ポグロム（いわゆる帝国水晶の夜）のような無統制な暴力行為は生じたが、「普通の男たち」が殺戮に関与し始めたのはもっぱら国家組織の一員となってからのことだった。だがそれは加害者たちが何の意思も意欲ももたずに、唯々諾々と命令に従っていたということを意味しない。ハンナ・アーレントが描き出すアドルフ・アイヒマンの姿（『エルサレムのアイヒマン』）が典型的に示しているように、従来の研究の多くは国家組織を円滑に機能する装置ととらえ、個々の構成員を機械の歯車のような存在に還元してしまう傾向が強かった。キュールはこうした「ほとんど戯画的な、究極のところマックス・ヴェーバーに遡るような組織の理解」（一八頁）を批判し、組織メンバーがもつ多様な動機も組み込んだより精緻な説明モデルの必要性を強調する。これによって構造主義と主意主義、つまり組織による制約を重視するアプローチと個々人のイニシアティブを強調するアプローチの対立を克服することが可能になるはずだというのである。

それでは、警察大隊の隊員たちはどんな動機からユダヤ人の虐殺に参加するにいたったのだろうか。この何度も繰り返されてきた問いに対して、キュールは明確な社会学的回答を提示する。すなわち、加害者の真の動機を突き止めることは原理的に不可能である。個々人が行為の最中に自分の動機を表明することがあるとしても、本人がそれを正しく認識しているとは限らないし、後付けの説明であればなおのこと、現実の動機を再現している保証はない。それゆえ、信頼に足る学問は経験的に観察可能な行動、つまり動機の呈示と動機の付与を問題にしなければならない。キュールはこうした視点から、組織内部で行われる動機のコミュニケーション——それは真の動機に合致しているとは限らない——に焦点を当て、人びとを組織に結びつけるメカニズムを、そのために用いられる動機づけの手段——組織の目的、強制、同志関係、金銭、行為の魅力——に従って詳細に分析していく。このあたりの説明はやや抽象的に思えるかもしれないが、それこそが大隊員たちの行為決定要因を体系的に秩序づけることを可能にし、キュールの暴力実践の分析に新たな視点をもたらすものである。

キュールが最初に取り上げるのは、組織が掲げる目的である。第一〇一警察予備大隊の隊員たちは、ユダヤ人を殺害するという組織の目的に強く共感していたのだろうか。ゴールドハーゲンが主張するように、彼らはイデオロギーに動機づけられた積極的・確信的な加害者だったのか。そうではないというのがキュールの回答で、大隊員たちが虐殺に加担する上で、目的への共感はそれほど強いものである必要はなかったという。ナチ体制の反ユダヤ主義的性格は明らかだが、だからといって多くの人びとが絶滅志向の人種主義に内面的に動機づけられていたということにはならない。そこに存在していたのはむしろ「コンセンサスの虚構」（ルーマン）であって、それが個々人に他の人びととの間で共有された期待に従って行動することを可能にしていた。キュールは当事者たちが実際に何を考えていたのかを問うのではなく、彼らが相互の合意のもとで行動していたという観察にもとづいて、大量殺戮への加担を可能にすると同時に正当化することも促したメカニズムを解明する。これは近年のナチズム研究で注目されている「民族共同体」論と同様に、イデオロギーの役割を主観的要因に還元するのではなく、多様な動機を動員しつつ個々人の行動を方向づける一種の構造的枠組みととらえる重要な視点である。

キュールによれば、強制も組織にメンバーを結びつける手段であるが、そこでは組織への加入を強いる強制力よりも、自発的な脱退を妨げる拘束力の方が大きな役割を果たす。実際にも、警察大隊の隊員は自分の意思で組織を離脱する可能性をほとんどもたなかった。とはいえ、離脱の理由が組織の目的の正当性を疑問視させない場合は別であった。暴力行為の非人道性に抗議して組織を離れることはまず不可能だったが、職業上・健康上の理由、たとえば仕事の都合や性格の弱さを挙げて離脱することは十分可能だった。従来の一般的な見方とは異なり、警察大隊においても自由裁量の余地はあったし、それは組織の存続にとって不可欠なものでもあった。「こうした自由裁量を認めるからこそ、強制組織はメンバーに非常に大きな要求を課すことができる」（一四三頁）。第一〇一警察予備大隊を指揮したヴィルヘルム・トラップ少佐が殺戮の任務に耐えられない隊員に離脱の機会を与えたという、ブラウニングが提示した一見意外な事例も、組織社会学的な視点からすればまったく理にかなった対応を示すものにすぎない。組織が自由裁量を認め、規則違反を許容し、選択の機会を作り出すのは通常のことであり、それは虐殺に参加するかどうかの判断も個々のメンバーに委ねられていたことを意味する。

ブラウニングが明らかにしたように、大隊員たちに虐殺の任務を遂行させた最も重要な要因は組織内の同調圧力や仲間への義務感であったが、キュールもまた、集団的な暴力実践にとっての同志関係の重要性を強調する。だが従来の研究では、仲間に同調を強いる同志規範の働きが具体的に説明されていないとキュールは批判する。そこで彼は、仲間の任務を肩代わりする交換や同志に規範を押しつけるいじめなどの行動に焦点を当てながら、小集団内でインフォーマルな期待がどう働いたのか、そのような期待が中隊、大隊、連隊、師団全体のレベルでも働いていたのかを詳細に明らかにする。こうした分析を通じて、キュールは同志への期待が隊員たちに射殺への参加を促しただけでなく、残虐な暴力行為を奨励するようなサブカルチャーを形成することにもつながったと指摘する。彼の見るところでは、部下に離脱を認めたトラップ少佐の発言も、大隊全体としては何としても任務を遂行しなければならないという同志規範に訴えたものにほかならない。

もちろん、物質的誘因も一定の役割を果たした。組織は魅力的でない任務にメンバーを確保するため、それに見合った報酬——賃金、給料、賞与——を支払う。だがキュールによれば、直接的な金銭の支払いではなく、非公式の利得の機会を容認・促進することで動機づけが行われる場合もある。ゲッツ・アリー（『ヒトラーの国民国家』）がホロコーストを史上最大の大量強奪殺人と呼んだように、警察大隊においても略奪や横領は常態化していた。ユダヤ人の住居の捜索の際に金銭や宝飾品を盗んだり、犠牲者を殺害する前に取り上げた所持品の一部を着服したりして、誰もが私腹を肥やすことができた。略奪や横領は公式には禁止されていたが、実際には大隊内で黙認・隠蔽されるケースが多く、それは同志関係を強めるのにも役立った。多くの加害者にとって、この種の利得の機会が任務を遂行する上での重要な動機となったことはたしかである。だがキュール自身も認めているように、そうした物質的誘因が組織への加入や虐殺の遂行を可能にした中心的な動機だったわけではない。ホロコースト研究では、経済的要因は決定的な原動力ではなく、むしろ加害者にとって好都合な副次効果だったと考えられている。

警察大隊の隊員たちが行った——しばしば命令の枠を超える——残虐な暴力行為は、彼らがそこに直接的な喜びを見出していたかのような印象を与える。従来の研究では、この種の「過剰な残酷さ」は加害者個人の特別な性向に還元され、狂信主義、サディズム、ユダヤ人憎悪といった主観的要因から説明されることがほとんどだった。キュールはこうした見方を明確に否定し、残虐な行為はむしろ殺害へのためらいから生じたのではないかという仮説を提示する。無抵抗の人びとを殺害することを命じられた隊員たちは、命令された行為が公式の職務に合致するかどうかについて葛藤を抱くことが多かったが、だからこそそれを躊躇なく遂行できる正当な行為の枠内——キュール自身の用語では「無関心領域」——に収めるため、犠牲者を非人間化しようとしたことが過剰な暴力につながったというのである。ヤン・フィリップ・レームツマに言わせれば、「多くの者はそれを望んだから行った。だが他の者はそれを行ったから望んだ」（二〇三頁）ということになる。隊員たちの残虐化が彼らの行動の原因ではなく、むしろその結果であったというキュールの指摘は、集団的な暴力実践のきわめて重要な側面を突いたものと言える。

多くの大隊員たちは、ユダヤ人を殺害する任務と個人としての自己の間に折り合いをつけようと、様々な自己呈示――積極的な役割関与から消極的な役割距離の呈示まで――を行い、多くの場合、最初の虐殺への参加によって形成された自己呈示を、さらなる虐殺への参加によって一貫したものにしようとした。こうしたキュールの見方は、ブラウニングが加害者の行動に見出した残虐化のメカニズムをより的確に説明している。だが彼はさらに、組織の側もメンバーの動機を一般化しつつ、殺戮の任務が警察官の通常の行為の枠内に収まるものに見えるよう、様々な形でメンバーの「無関心領域」を拡大しようとつとめた点に注目する。大隊員たちにとって重要だったのは、殺人が国家によって合法化されていることだったが、ユダヤ人の殺害はそうした合法性の枠内にあるかどうかが確信できないような、いわば「グレーゾーン」にある任務だった。そこでナチ国家は、ユダヤ人とパルチザンを同一視させたり、ユダヤ人が規則違反を犯さざるをえないような措置を講じたり、さらには警察法を拡大解釈する余地を作り出したりして、警察官たちが内面でどんな動機を抱いていようと、いかなる任務も通常の期待の枠組み――つまり「無関心領域」――に組み込むことができるよう仕向けたのだという。キュールは大隊員たちを単なる命令の遂行者ではなく、自分たちへの期待を解釈し直し、合法性の枠組みに組み入れようとする能動的な存在と見ている。何が合法で何が合法でないかの境界が組織とそのメンバーの間でたえず交渉され、日常的に行われる暴力実践を通じてそのつど確認されるという彼の視点は、組織メンバーの逸脱、再解釈、イニシアティブも組み込んだダイナミックな組織像を提示している。

キュールは最後に、ナチ国家が近代社会の産物である「普通の組織」に頼ることができたからこそ、ホロコーストは実行可能になったのだという挑発的な問題提起を行う。「拷問や殺人を専門とする組織は、病人の世話やアイスクリームの宣伝、生徒への教育、自動車の製造を任務とする組織と根本的に機能が異なるわけではない。憂慮すべき知見は、大量殺戮を専門とする組織のメンバーがしばしば普通の人びとであるということだけでなく、大量殺戮を計画・実行する組織もまた普通の組織の特徴を示しているということである」（三二二頁）。厳密に言えば、この主張はそれほど新しいものではない。すでにラウル・ヒルバーグはその古典的な著作（『ヨーロッパ・ユダヤ人の絶滅』）の中で、ホロコーストを遂行した「絶滅機構」はドイツの社会組織全体から区別できるものではなく、その違いはもっぱら機能的なものにすぎなかったと指摘していた。ブラウニングも自著の中で、警察大隊の隊員たちが特別な選抜や育成を受けていないごく「普通の男たち」から構成されていた事実を強調することで、絶滅政策の遂行を担った大隊の組織としての通常性を示唆している。キュールの功績はむしろ、これまで曖昧に示唆されるにとどまっていた「普通の組織」のメカニズムにはっきりと照準を合わせ、より進んだ組織社会学的な視点から、それを作動させる諸要因の働きとそれらの関連を詳細かつ体系的に解明したことにある。

もっとも、キュールが本書で提示した分析によって、何百万人もの人びとの大量殺戮が可能になったのはなぜかという問題がすべて解決されるわけではない。キュールが「普通の組織」に見出す様々な要因の働きがホロコーストの殺戮部隊にも当てはまるとしても、それだけではそうした組織による暴力実践を十分に説明することはできない。彼自身も認めているように、国家による社会の全面的な統制、「共同体の敵」に対する迫害と排除の実践、そして何よりも大量虐殺を可能にする「機会の窓」としての戦争なしには、これらの組織は形成されることはなかったし、活動を開始することもなかっただろう。組織内部だけに視野を限定すると、警察大隊のような組織とその活動を可能にした重要な社会的背景を見落とすことになる。ホロコーストの原因を考える上では、組織と社会全体の関係にも目を向ける必要がある。

キュールの洞察がホロコースト研究にもたらした貢献は疑いなく大きい。少なくともそれは、百年も前のヴェーバーの官僚制概念に依拠し、様々な要因を列挙するだけにとどまっていたこれまでの研究を乗り越え、ホロコーストの原因を解明するのに役立つ説得的な説明モデルを提示している。現代社会における暴力の問題、つまり大量殺戮がいかにして可能になるのか、それを実行する組織がどのように機能するのかという問題を考える上で、本書が何よりも参照すべき著作であることは間違いない。

二〇二五年一月

田野大輔

文書館史料

APL Lublin	Archivum Państwowe Lublinie（国立文書館、ルブリン）
APMM Majdanek	Archivum Państwowe Muzeum Majdaneku（国立博物館文書館、マイダネク）
BA Berlin	Bundesarchiv Berlin-Lichterfelde（連邦文書館、ベルリン＝リヒターフェルデ）
BA Freiburg	Bundesarchiv, Abteilung Militärarchiv Freiburg（連邦文書館・軍事文書館分館、フライブルク）
BA Ludwigsburg	Bundesarchiv Ludwigsburg（連邦文書館、ルートヴィヒスブルク）
BSTU Berlin	Archiv des Bundesbeauftragten für die Unterlagen des Staatssicherheitsdienstes der ehemaligen DDR Berlin（旧ドイツ民主共和国国家保安省文書連邦受託官文書館、ベルリン）
FZH Hamburg	Archiv der Forschungsstelle für Zeitgeschichte Hamburg（ハンブルク現代史研究所文書館）
GSA Neuengamme	Archiv der Gedenkstätte KZ Neuengamme（ノイエンガメ強制収容所記念館文書館）
IfZA München	Archiv des Instituts für Zeitgeschichte München（ミュンヘン現代史研究所文書館）
IPN Lublin	Instytut Pamięci Narodowej Lublinie（国民追悼研究所、ルブリン）
LVVA Riga	LVVA Riga（ラトヴィア国立歴史文書館、リガ）
LAW Münster	Landesarchiv Westfalen Abteilung Münster（ヴェストファーレン州立文書館・ミュンスター分館）
NARA Washington	National Archives and Record Administration Washington（国立公文書記録管理局、ワシントン）
PHS Münster	Polizeihistorische Sammlung, Hochschule der Polizei Münster（ミュンスター警察大学・警察史資料室）
StA Hamburg	Staatsarchiv Hamburg（ハンブルク州立文書館）
VTHA Münster	Geschichtsort Villa Ten Hompel Münster（史跡ヴィラ・テン・ホンペル、ミュンスター）
YVA Jerusalem	Yad Vashem Archive Jerusalem（ヤド・ヴァシェム文書館、エルサレム）
ŻIHA Warschau	Żydowski Instytut Historyczny Archiv Warschau（ユダヤ歴史研究所文書館、ワルシャワ）

これらの文書館の史料を私自身が原本で閲覧していない場合は、その旨をそのつど注に記した。史料についての情報や、場合によっては原本の写しを提供してくれた同僚たちに感謝する。

Don M. Snider; Gayle L. Watkins (Hg.): *The Future of the Army Profession*. Boston: Custom Publishing, S. 491-513.

—— (2006): »Combat Motivation in Today's Soldiers«, *Armed Forces & Society*, Jg. 32, S. 659-663.

Wulf, Joseph (1961): *Das Dritte Reich und seine Vollstrecker. Die Liquidation der Juden im Warschauer Ghetto. Dokumente und Analysen*. Berlin: Arani.

Zechmeister, Herbert (1998): *Das Polizeibataillon 322 aus Wien Kagran. Österreichische Polizisten und der Vernichtungskrieg im Osten*. Klagenfurt: o. Vlg.

Zimbardo, Philip G. (1974): »On ›Obedience to Authority‹«, *American Psychologist*, Jg. 29, S. 566-567.

—— (2008): *Der Luzifer-Effekt. Die Macht der Umstände und die Psychologie des Bösen*. Heidelberg: Springer Spektrum.〔鬼澤忍、中山宥訳『ルシファー・エフェクト——ふつうの人が悪魔に変わるとき』海と月社、2015 年〕

Ziok, Ilona (2010): *Fritz Bauer – Tod auf Raten*. Berlin: CV Films.

評論、2007 年〕
Wildt, Michael (2000): »Differierende Wahrheiten. Historiker und Staatsanwälte als Ermittler von NS-Verbrechen«, in: Norbert Frei; Dirk van Laak; Michael Stolleis (Hg.): *Geschichte vor Gericht. Historiker, Richter und die Suche nach Gerechtigkeit*. München: C.H. Beck, S. 46-59.
—— (2002): *Generation des Unbedingten. Das Führungskorps des Reichssicherheitshauptamtes*. Hamburg: Hamburger Edition.
—— (2003): »Gewaltpolitik. Volksgemeinschaft und Judenverfolgung in der deutschen Provinz 1932 bis 1935«, *Werkstattgeschichte*, Jg. 35, S. 23-43.
—— (2004): »Erich Ehrlinger. Ein Vertreter ›kämpfender Verwaltung‹«, in: Klaus-Michael Mallmann; Gerhard Paul (Hg.): *Karrieren der Gewalt. Nationalsozialistische Täterbiographien*. Darmstadt: Wissenschaftliche Buchgesellschaft, S. 76-85.
—— (2007): *Volksgemeinschaft als Selbstermächtigung*. Hamburg: Hamburger Edition.
—— (2011): »Der Fall Reinhard Höhn. Vom Reichssicherheitshauptamt zur Harzburger Akademie«, in: Alexander Gallus; Axel Schildt (Hg.): *Rückblickend in die Zukunft. Politische Öffentlichkeit und intellektuelle Positionen in Deutschland um 1950 und um 1930*. Göttingen: Walter de Gruyter, S. 254-274.
—— (2013): »›Volksgemeinschaft‹ – eine Zwischenbilanz«, in: Dietmar von Reeken (Hg.): *»Volksgemeinschaft« als soziale Praxis*. Paderborn: Schöningh, S. 355-370.
Wilfling, Josef (2010): *Abgründe. Wenn aus Menschen Mörder werden*. München: Wilhelm Heyne Verlag.
Wilhelm, Friedrich (1997): *Die Polizei im NS-Staat. Die Geschichte ihrer Organisation im Überblick*. Paderborn: Schöningh.
Winckelmann, Johannes (1952): *Legitimität und Legalität in Max Webers Herrschaftssoziologie*. Tübingen: J.C.B. Mohr.
Winkler, Heinrich August (1977): »Vom Mythos der Volksgemeinschaft«, *Archiv für Sozialgeschichte*, Jg. 17, S. 484-490.
Wippermann, Wolfgang (1997): *Wessen Schuld. Vom Historikerstreit zur Goldhagen-Kontroverse*. Berlin: Elefanten Press.〔増谷英樹訳『ドイツ戦争責任論争——ドイツ「再」統一とナチズムの「過去」』未來社、1999 年〕
Wirte, Peter; Wildt, Michael; Voigt; Martina; Pohl, Dieter; Klein, Peter; Gerlach, Christian; Dieckmann, Christoph; Angrick, Andrej (Hg.) (1999): *Der Dienstkalender Heinrich Himmlers 1941/1942*. Hamburg: Hamburger Edition.
Wojak, Irmtrud (2001): *Eichmanns Memoiren. Ein kritischer Essay*. Frankfurt/M., New York: Campus.
Wolf, Gerhard (2012): *Ideologie und Herrschaftsrationalität. Nationalsozialistische Germanisierungspolitik in Polen*. Hamburg: Hamburger Edition.
Wong, Leonard (2002): »Why Professionals Fight: Combat Motivation in the Iraq War«, in:

Weinke, Annette (2006): *Die Nürnberger Prozesse*. München: C.H. Beck.〔板橋拓己訳『ニュルンベルク裁判——ナチ・ドイツはどのように裁かれたのか』中公新書、2015 年〕

Weisbrod, Bernd (2009): »Die ›Vergangenheitsbewältigung‹ der NS-Prozesse: Gerichtskultur und Öffentlichkeit«, in: Eva Schumann (Hg.): *Kontinuität und Zäsuren. Rechtswissenschaft und Justiz im »Dritten Reich« und in der Nachkriegszeit*. Göttingen: Wallstein, S. 247-270.

Weißmann, Martin (2015): »Organisierte Entmenschlichung. Zur Produktion, Funktion und Ersetzbarkeit sozialer und psychischer Dehumanisierung in Genoziden«, in: Alexander Gruber; Stefan Kühl (Hg.): *Soziologische Analysen des Holocaust. Jenseits der Debatte über »ganz normale Männer« und »ganz normale Deutsche«*. Wiesbaden: Springer VS-Verlag, S. 79-128.

Welzer, Harald (1993): »Härte und Rollendistanz. Zur Sozialpsychologie des Verwaltungsselbstmordes«, *Leviathan*, Jg. 21, S. 358-373.

—— (1997): *Verweilen beim Grauen. Essays zum wissenschaftlichen Umgang mit dem Holocaust*. Tübingen: Edition Diskord.

—— (2005): *Täter. Wie aus ganz normalen Menschen Massenmörder werden*. Frankfurt/M.: S. Fischer.

Westemeier, Jens (1996): *Joachim Peiper (1915-1976). SS-Standartenführer. Eine Biographie*. Osnabrück: Biblio.

—— (2014): *Himmlers Krieger. Joachim Peiper und die Junkerschulgeneration der Waffen-SS in Krieg und Nachkriegszeit*. Paderborn: Schöningh.

Westermann, Edward B. (1998): »›Ordinary Men‹ or ›Ideological Soldiers‹? Police Battalion 310 in Russia, 1942«, *German Studies Review*, Jg. 21, S. 41-68.

—— (2003): »Shaping the Police Soldier as an Instrument of Annihilation«, in: Alan E. Steinweis; Daniel E. Rogers (Hg.): *The Impact of Nazism. New Perspectives on the Third Reich and Its Legacy*. Lincoln: University of Nebraska Press, S. 129-150.

—— (2005): *Hitler's Police Battalions. Enforcing Racial War in the East*. Lawrence: University Press of Kansas.

Whyte, William Foote (1943): *The Street Corner Society*. Chicago: University of Chicago Press.〔奥田道大、有里典三訳『ストリート・コーナー・ソサエティ』有斐閣、2000 年〕

—— (1951): »Small Groups and Large Organizations«, in: John R. Roher; Muzafer Sherif (Hg.): *Social Psychology at the Crossroads*. New York: Harper, S. 297-312.

Wiener Library (1956): *Ausnahme-Gesetze gegen Juden in den von Nazi-Deutschland besetzten Gebieten Europas*. London: Wiener Library.

Wieseltier, Leon (1996): »Final Comments«, in: Michael Berenbaum (Hg.): *The »Willing Executioners«/»Ordinary Men« Debate*. Washington, D.C.: United States Holocaust Memorial Museum/Center for Advanced Holocaust Studies, S. 39-44.

Wieviorka, Michel (2006): *Die Gewalt*. Hamburg: Hamburger Edition.〔田川光照訳『暴力』新

USHMM (Hg.) (1996): *The »Willing Executioners«/»Ordinary Men« Debate. Selections from the Symposium April 8, 1996*. Washington, D.C.: United States Holocaust Memorial Museum/Center for Advanced Holocaust Studies.

Vest, Hans (2002): *Genozid durch organisatorische Machtapparate. An der Grenze von individueller und kollektiver Verantwortlichkeit*. Baden-Baden: Nomos.

Vollmer, Hendrik (2010): »Kohäsion und Desintegration militärischer Einheiten. Von der Primärgruppenthese zur doppelten sozialen Einbettung militärischen Handelns«, in: Maja Apelt (Hg.): *Forschungsthema: Militär. Militärische Organisationen im Spannungsfeld von Krieg, Gesellschaft und soldatischen Subjekten*. Wiesbaden: VS-Verlag für Sozialwissenschaften, S. 163-192.

Voss, Thomas; Abraham, Martin (2000): »Rational Choice Theory in Sociology. A Survey«, in: Arnaud Sales; Stella R. Quah (Hg.): *The International Handbook of Sociology*. London, Thousand Oaks: Sage, S. 50-83.

Waller, James E. (1996): »Perpetrators of the Holocaust: Divided and Unitary Self Conception of Evildoing«, *Holocaust and Genocide Studies*, Jg. 10, S. 11-33.

—— (2010): »The Social Sciences«, in: Peter Hayes; John K. Roth (Hg.): *The Oxford Handbook of Holocaust Studies*. Oxford, New York: Oxford University Press, S. 667-679.

Weber, Max (1976): *Wirtschaft und Gesellschaft*. Tübingen: J.C.B. Mohr (Paul Siebeck).〔世良晃志郎ほか訳『経済と社会』全 7 冊、創文社、2000-2013 年〕

Wechsler Segal, Mady (1986): »The Military and the Family as Greedy Institutions«, *Armed Forces & Society*, Jg. 13, S. 9-38.

Wefing, Heinrich (2011): *Der Fall Demjanjuk. Der letzte große NS-Prozess*. München: C.H. Beck.

Wegner, Bernd (1997): *Hitlers Politische Soldaten: Die Waffen-SS 1933-1945. Leitbild, Struktur und Funktion einer nationalsozialistischen Elite*. Paderborn: Schöningh.

Weh, Albert (Hg.) (1941): *Das Recht des Generalgouvernements*. Krakau: Burgverlag.

Wehler, Hans-Ulrich (2003): *Konflikte zu Beginn des 21. Jahrhunderts. Essays*. München: C.H. Beck.

Weick, Karl E. (1990): »The Vulnerable System: An Analysis of the Tenerife Air Disaster«, *Journal of Management*, Jg. 16, S. 571-593.

—— (1993): »The Collapse of Sensemaking in Organizations. The Mann Gulch Disaster«, *Adminstrative Science Quarterly*, Jg. 38, S. 628-652.

Weinert, Rainer (1993): *»Die Sauberkeit der Verwaltung im Kriege«. Der Rechnungshof des Deutschen Reiches 1938-1946*. Opladen: WDV.

Weingart, Peter; Pansegrau, Petra (1999): »Reputation in Science and Prominence in the Media: the Goldhagen Debate«, *Public Understanding of Science*, Jg. 8, S. 1-16.

University Press.

Tenenbaum, Joseph (1955): »The Einsatzgruppen«, *Jewish Social Studies*, Jg. 17, S. 43-64.

Tessin, Georg (1957): »Die Stäbe und Truppeneinheiten der Ordnungspolizei«, in: Hans-Joachim Neufeldt; Jürgen Huck; Georg Tessin (Hg.): *Zur Geschichte der Ordnungspolizei 1936-1945*. Koblenz: Bundesarchiv, S. 5-110.

Thamer, Hans-Ulrich; Deutsches Historisches Museum (Hg.) (2010): *Hitler und die Deutschen. Volksgemeinschaft und Verbrechen*. Dresden: Sandstein-Verlag.

Tilly, Charles (1985): »War Making and State Making as Organized Crime«, in: Peter B. Evans; Dietrich Rueschemeyer; Theda Skocpol (Hg.): *Bringing the State Back In*. Cambridge, New York: Cambridge University Press, S. 169-186.

—— (2003): *The Politics of Collective Violence*. Cambridge: Cambridge University Press.

Totten, Samuel (1988): »First Person Accounts of Genocidal Acts«, in: Israel W. Charny (Hg.): *Genocide. A Critical Bibliographic Review*. London: Mansell, S. 321-362.

Treiber, Hubert (1973): *Wie man Soldaten macht*. Düsseldorf: Bertelsmann.

Trotha, Trutz von (1997): »Zur Soziologie der Gewalt«, in: Trutz von Trotha (Hg.): *Soziologie der Gewalt. Sonderheft der Kölner Zeitschrift für Soziologie und Sozialpsychologie*. Opladen: WDV, S. 9-56.

—— (2000): »Gewaltforschung auf Popitzschen Wegen«, *Mittelweg 36*, Jg. 9, S. 26-36.

Trunk, Isaiah (1996): *Judenrat: The Jewish Councils in Eastern Europe under Nazi Occupation*. Lincoln: University of Nebraska Press.

Tuchel, Johannes (1984): »Die NS-Prozesse als Materialgrundlage für die historische Forschung. Thesen zu Möglichkeiten und Grenzen interdisziplinärer Zusammenarbeit«, in: Jürgen Weber; Peter Steinbach (Hg.): *Vergangenheitsbewältigung durch Strafrecht? NS-Prozesse in der Bundesrepublik Deutschland*. München: Olzog, S. 134-144.

—— (1994): *Die Inspektion der Konzentrationslager 1938-1945*. Berlin: Stiftung Brandenburgische Gedenkstätten.

Tucholsky, Kurt (1931): »Der bewachte Kriegsschauplatz«, *Weltbühne*, 4. 8. 1931.

Türk, Klaus (1995): *»Die Organisation der Welt«. Herrschaft durch Organisation in der modernen Gesellschaft*. Opladen: WDV.

Türk, Klaus; Lemke, Thomas; Bruch, Michael (2002): *Organisation in der modernen Gesellschaft*. Opladen: WDV.

Tyas, Stephen (2004): »Der britische Nachrichtendienst: Entschlüsselte Funkmeldung aus dem Generalgouvernement«, in: Bogdan Musial (Hg.): *»Aktion Reinhardt«. Der Völkermord an den Juden im Generalgouvernement 1941-1944*. Osnabrück: fibre, S. 431-447.

Urban, Thomas (2001): »Zur historiographischen Kritik an Jan T. Gross in Polen. Korrekturen an seinem Buch über Jedwabne«, *Osteuropa*, Jg. 51, S. 1480-1487.

Stollberg-Rilinger, Barbara (Hg.) (2010): *Herstellung und Darstellung von Entscheidungen. Verfahren, Verwalten und Verhandeln in der Vormoderne*. Berlin: Duncker & Humblot.
Stolleis, Michael (1972): »Gemeinschaft und Volksgemeinschaft. Zur juristischen Terminologie im Nationalsozialismus«, *Vierteljahrshefte für Zeitgeschichte*, Jg. 20, S. 16-38.
—— (1974): *Gemeinwohlformeln im nationalsozialistischen Recht*. Berlin: Schweitzer.
—— (1993): »Theodor Maunz – ein Staatsrechtslehrerleben«, *Kritische Justiz,* Jg. 4, S. 393-396.
—— (1994): *Recht im Unrecht. Studien zur Rechtsgeschichte im Nationalsozialismus*. Frankfurt/M.: Suhrkamp.
—— (2000): »Der Historiker als Richter – der Richter als Historiker«, in: Norbert Frei; Dirk van Laak; Michael Stolleis (Hg.): *Geschichte vor Gericht. Historiker, Richter und die Suche nach Gerechtigkeit*. München: C.H. Beck, S. 173-182.
Stone, Dan (2003): *Constructing the Holocaust*. London: Vallentine Mitchell.
—— (2010): *Histories of the Holocaust*. Oxford, New York: Oxford University Press.〔武井彩佳訳『ホロコースト・スタディーズ――最新研究への手引き』白水社、2012 年〕
Storjohann, Uwe (1993): *Hauptsache Überleben. Eine Jugend im Krieg, 1936-1945*. Hamburg: Dölling und Galitz.
Stouffer, Samuel A.; Lumsdaine, Arthur A.; Lumsdaine, Marion Harper; Williams, Robin M.; Smith, M. Brewster; Janis, Irving L.; Star, Shirley A.; Cottrell, Leonhard S. (1949): *The American Soldier. Volume II. Combat and its Aftermath*. Princeton: Princeton University Press.
Stöver, Bernd (1993): *Volksgemeinschaft im Dritten Reich*. Düsseldorf: Droste.
Streit, Christian (1978): *Keine Kameraden. Die Wehrmacht und die sowjetischen Kriegsgefangenen 1941-1945*. Bonn: J.H.W. Dietz Nachfolger.
Stuckart, Wilhelm (1941): »Besprechung von Best, Werner: Die Deutsche Polizei (1940)«, *Reich – Volksordnung – Lebensraum*, Jg. 1, S. 363-365.
Suderland, Maja (2004): *Territorien des Selbst. Kulturelle Identität als Ressource für das tägliche Überleben im Konzentrationslager*. Frankfurt/M., New York: Campus.
—— (2009): *Ein Extremfall des Sozialen*. Frankfurt/M., New York: Campus.
Syon, Guillaume de (2011): »The Einsatzgruppe and the Issue of ›Ordinary Men‹«, in: Jonathan C. Friedman (Hg.): *The Routledge History of the Holcocaust*. London, New York: Routledge, S. 148-155.

Tanner, Jakob (1994): »Körpererfahrung, Schmerz und die Konstruktion des Kulturellen«, *Historische Anthropologie*, Jg. 2, S. 489-502.
Taylor, Frederick W. (1967): *The Principles of Scientific Management*. London: Norton & Company.〔有賀裕子訳『新訳　科学的管理法――マネジメントの原点』ダイヤモンド社、2009 年〕
Tec, Nechama (1990): *In the Lion's Den. The Life of Oswald Rufeisen*. New York, Oxford: Oxford

Snyder, Timothy (2010): *Bloodlands. Europa zwischen Hitler und Stalin*. München: C.H. Beck.〔布施由紀子訳『ブラッドランド――ヒトラーとスターリン 大虐殺の真実』上・下、ちくま学芸文庫、2022 年〕

Sofsky, Wolfgang (1994): »Zivilisation, Organisation, Gewalt«, *Mittelweg 36*, Jg. 3, S. 57-67.

—— (1996): *Traktat über die Gewalt*. Frankfurt/M.: S. Fischer.

—— (1997): *Die Ordnung des Terrors. Das Konzentrationslager*. Frankfurt/M.: S. Fischer.

—— (2002): *Zeiten des Schreckens. Amok, Terror, Krieg*. Frankfurt/M.: S. Fischer.

Sofsky, Wolfgang; Paris, Rainer (1994): *Figurationen sozialer Macht. Autorität, Stellvertretung, Koalition*. Frankfurt/M.: Suhrkamp.

Sösemann, Bernd (2002): »Propaganda und Öffentlichkeit in der ›Volksgemeinschaft‹«, in: Bernd Sösemann (Hg.): *Der Nationalsozialismus und die deutsche Gesellschaft. Einführung und Überblick*. München: DVA, S. 114-155.

—— (2013): »Mediale Inszenierung von Soldatentum und militärischer Führung in der NS-Volksgemeinschaft«, in: Christian Th. Müller; Matthias Rogg (Hg.): *Das ist Militärgeschichte! Probleme – Projekte – Perspektiven*. Paderborn, München, Wien, Zürich: Schöningh, S. 358-380.

Sösemann, Bernd; Lange, Marius (Hg.) (2011): *Propaganda. Medien und Öffentlichkeit in der NS-Diktatur*. Stuttgart: Steiner.

Spieker, Christoph (2005): »Polizeibilder unter SS-Runen. Die Film- und Bildstelle der Ordnungspolizei«, in: Sabine Mecking; Stefan Schröder (Hg.): *Kontrapunkt. Vergangenheitsdiskurse und Gegenwartsverständnis*. Essen: Klartext, S. 83-98.

Spiller, Roger J. (1988): »S.L.A. Marshall and the Ratio of Fire«, *Journal of the Royal United Service Institution*, S. 63-71.

Steinbach, Peter (1999): »Der Nürnberger Prozeß gegen die Hauptkriegsverbrecher«, in: Gerd R. Ueberschär (Hg.): *Der Nationalsozialismus vor Gericht. Die alliierten Prozesse gegen Kriegsverbrecher und Soldaten 1943-1952*. Frankfurt/M.: S. Fischer, S. 32-44.

Steinborn, Norbert; Schanzenbach, Karin (1990): *Die Hamburger Polizei nach 1945. Ein Neuanfang, der keiner war*. Hamburg: Verlag Heiner Biller.

Steinert, Heinz (1973): »Militär, Polizei, Gefängnis, usw. Über die Sozialisation in der ›totalen Institution‹ als Paradigma des Verhältnisses von Individuum und Gesellschaft«, in: Heinz Walter (Hg.): *Sozialisationsforschung. Band 2*. Stuttgart: Klett, S. 227-249.

Steinmetz, Willibald (Hg.) (2007): *»Politik«. Situationen eines Wortgebrauchs im Europa der Neuzeit*. Frankfurt/M., New York: Campus.

Stern, Frank (2006): »Voyeure der Vernichtung. Verbildlichung und Zeitbewusstsein«, in: Helgard Kramer (Hg.): *NS-Täter aus interdisziplinärer Perspektive*. München: Martin Meidenbauer, S. 45-66.

Stern, Fritz (1999): »The Past Distorted: The Goldhagen Controversy«, in: Fritz Stern (Hg.): *Einstein's German World*. Princeton: Princeton University Press, S. 272-288.

Seidler, Franz W. (2007): *Das Recht in Siegerhand. Die 13 Nürnberger Prozesse 1945-1949*. Selent: Verlag Pour le Mérite.

Selznick, Philip (1949): *TVA and the Grass Roots*. Berkeley: University of California Press.

Sémelin, Jacques (2003): »Éléments pour une grammaire du massacre«, *Le débat*, S. 154-170.

—— (2003): »Toward a Vocabulary of Massacre and Genocide«, *Journal of Genocide Research*, Jg. 5, S. 193-210.

—— (2005): *Purifier et détruire. Usages politiques des massacres et génocides*. Paris: Seuil.

—— (2007): *Purify and Destroy: The Political Uses of Massacre and Genocide*. New York: Columbia University Press.

—— (2007): *Säubern und Vernichten. Die Politik der Massaker und Völkermorde*. Hamburg: Hamburger Edition.

Sereny, Gitta (1995): *Am Abgrund. Gespräche mit dem Henker. Franz Stangl und die Morde von Treblinka*. München: Piper.〔小俣和一郎訳『人間の暗闇——ナチ絶滅収容所長との対話』岩波書店、2005 年〕

Shandley, Robert R. (Hg.) (1998): *Unwilling Germans? The Goldhagen Debate*. Minneapolis, London: University of Minnesota Press.

Shaw, Martin (2010): »Sociology and Genocide«, in: Donald Bloxham; A. Dirk Moses (Hg.): *The Oxford Handbook of Genocide Studies*. Oxford, New York: Oxford University Press, S. 142-162.

Shils, Edward A. (1950): »Primary Groups in the American Army«, in: Robert K. Merton; Paul F. Lazarsfeld (Hg.): *Continuities in Social Research. Studies in the Scope and Method of »The American Soldier«*. Glencoe, Ill.: Free Press, S. 16-39.

Shils, Edward A.; Janowitz, Morris (1948): »Cohesion and Disintegration in the Wehrmacht in World War II«, *The Public Opinion Quarterly*, Jg. 12, S. 280-315.

Siebold, Guy L. (2007): »The Essence of Military Group Cohesion«, *Armed Forces & Society*, Jg. 33, S. 286-295.

Siggemann, Jürgen (1980): *Die kasernierte Polizei und das Problem der inneren Sicherheit in der Weimarer Republik*. Frankfurt/M.: S. Fischer.

Sigrist, Christian (1989): »Das gesellschaftliche Milieu der Luhmannschen Theorie«, *Das Argument*, Jg. 31, S. 837-854.

Silberklang, David (2004): »Die Juden und die ersten Deportationen aus dem Distrikt Lublin«, in: Bogdan Musial (Hg.): *»Aktion Reinhardt«. Der Völkermord an den Juden im Generalgouvernement 1941-1944*. Osnabrück: fibre, S. 141-164.

Simon, Herbert A. (1955): »Recent Advances in Organization Theory«, in: Brookings Institution (Hg.): *Research Frontiers in Politics and Government. Brookings Lectures*. Washington, D.C.: Brookings Institution, S. 23-44.

—— (1966): *Perspektiven der Automation für Entscheider*. Quickborn: Quickborner Team.

Smith, Arthur L. (1983): *Die Hexe von Buchenwald*. Köln: Böhlau.

718.
—— (2005): *Legalität und Legitimität*. Berlin: Duncker & Humblot.〔田中浩、原田武雄訳『合法性と正当性——〔付〕中性化と非政治化の時代』未來社、1983 年〕
Schneider, Christoph (2011): »Täter ohne Eigenschaften. Über die Tragweite sozialpsychologischer Modelle in der Holocaust-Forschung«, *Mittelweg 36*, S. 3-23.
Schneider, Karl (2002): »Ein Bremer Kaufmann und Rottwachtmeister im Reserve Polizeibataillon 105«, *Arbeiterbewegung und Sozialgeschichte*, Jg. 19, S. 70-74.
—— (2011): *»Auswärts eingesetzt«*. Essen: Klartext.
Schneider, Wolfgang Ludwig (2002): *Grundlagen der soziologischen Theorie. Band 2. Garfinkel – RC – Habermas – Luhmann*. Opladen: WDV.
Schoenmakers, Christine (2013): »Gestalter und Hüter der Gemeinschaftsgrenzen. NS-Justiz und ›Volksgemeinschaft‹«, in: Dietmar von Reeken (Hg.): *»Volksgemeinschaft« als soziale Praxis*. Paderborn: Schöningh, S. 209-224.
Schoeps, Julius H. (Hg.) (1996): *Ein Volk von Mördern? Die Dokumentation zur Goldhagen-Kontroverse um die Rolle der Deutschen im Holocaust*. Hamburg: Hoffmann & Campe.
Schreckenberg, Heinz (2003): *Ideologie und Alltag im Dritten Reich*. Frankfurt/M.: Peter Lang.
Schudnagies, Christian (1989): *Hans Frank. Aufstieg und Fall des NS-Juristen und Generalgouverneurs*. Frankfurt/M.: Lang.
Schüle, Annegret (2011): *Industrie und Holocaust. Topf & Söhne – die Ofenbauer von Auschwitz*. Göttingen: Walter de Gruyter.
Schwartz, Michael (2013): *Ethnische »Säuberungen« in der Moderne. Globale Wechselwirkungen nationalistischer Gewaltpolitik im 19. und 20. Jahrhundert*. München: Oldenbourg.
Schwegel, Andreas (2005): *Der Polizeibegriff im NS-Staat*. Tübingen: Mohr Siebeck.
Segev, Tom (1992): *Die Soldaten des Bösen. Zur Geschichte der KZ-Kommandanten*. Reinbek: Rowohlt.
—— (1993): *The Seventh Million. The Israelis and the Holocaust*. New York: Hill and Wang.〔脇浜義明訳『七番目の百万人——イスラエル人とホロコースト』ミネルヴァ書房、2013 年〕
Seibel, Wolfgang (2002): »A Market for Mass Crime? Inter-Institutional Competition and the Initiation of the Holocaust in France, 1940-1942«, *Journal of Organization Theory and Behavior*, Jg. 5, S. 219-257.
—— (2005): »Restraining or Radicalizing? Division of Labor and Persecution Effectiveness«, in: Gerald D. Feldman; Wolfgang Seibel (Hg.): *Networks of Nazi Persecution. Bureaucracy, Business, and the Organization of the Holocaust*. New York: Berghahn Books, S. 340-360.
Seibert, Thomas Michael (1981): *Aktenanalyse. Zur Schriftform juristischer Deutungen*. Tübingen: Gunter Narr.

für Ernst Fraenkel zum 75. Geburtstag. Hamburg: Hoffmann & Campe, S. 224-236.
—— (1984): »Rassenfanatismus und Judenverfolgung«, in: Wolfgang Treue; Jürgen Schmädeke (Hg.): *Deutschland 1933. Rassenfanatismus und Judenverfolgung*. Berlin: Colloquium-Verlag, S. 16-44.
—— (1987): »Probleme der Holocaustforschung«, in: Stefi Jersch-Wenzel (Hg.): *Deutsche – Polen – Juden. Ihre Beziehungen von den Anfängen bis ins 20. Jahrhundert*. Berlin: Colloquium-Verlag, S. 259-281.
—— (1988): »NS-Prozesse als Geschichtsquelle. Bedeutung und Grenzen ihrer Auswertbarkeit durch den Historiker«, in: Wolfgang Scheffler; Werner Bergmann (Hg.): *Lerntag über den Holocaust als Thema im Geschichtsunterricht und in der politischen Bildung*. Berlin: Technische Universität Berlin, S. 13-27.
—— (1996): »Ein Rückschritt in der Holocaustforschung«, *Tagesspiegel*, 3. 9. 1996.
Scheffler, Wolfgang; Grabitz, Helge (1999): »Einleitung«, in: Helge Grabitz; Justizbehörde Hamburg (Hg.): *Täter und Gehilfen des Endlösungswahns. Hamburger Verfahren wegen NS-Gewaltverbrechen 1946-1996*. Hamburg: Ergebnisse-Verlag, S. 9-26.
Schein, Edgar H. (1984): »Coming to a New Awareness of Organizational Culture«, *Sloan Management Review*, Jg. 25, S. 3-16.
Schenk, Dieter (2006): *Hans Frank. Hitlers Kronjurist und Generalgouverneur*. Frankfurt/M.: S. Fischer.
Schimank, Uwe (1981): *Identitätsbehauptung in Arbeitsorganisationen. Individualität in der Formalstruktur*. Frankfurt/M., New York: Campus.
Schlangen, Walter (1976): *Die Totalitarismus-Theorie*. Stuttgart: Kohlhammer.
Schlink, Bernhard (2002): *Vergangenheitsschuld und gegenwärtiges Recht*. Frankfurt/M.: Suhrkamp.〔岩淵達治、藤倉孚子、中村昌子、岩井智子訳『過去の責任と現在の法――ドイツの場合』岩波書店、2005 年〕
Schlögl, Rudolf (2001): »Historiker, Max Weber und Niklas Luhmann. Zum schwierigen (aber möglicherweise produktiven) Verhältnis von Geschichtswissenschaft und Systemtheorie«, *Soziale Systeme*, Jg. 7, S. 23-45.
Schlögl, Rudolf (Hg.) (2004): *Interaktion und Herrschaft. Die Politik der frühneuzeitlichen Stadt*. Konstanz: UVK.
Schlosser, Horst Dieter (2013): *Sprache unterm Hakenkreuz*. Köln: Böhlau.
Schmiechen-Ackermann, Detlef (2012): »Einführung«, in: Detlef Schmiechen-Ackermann (Hg.): *»Volksgemeinschaft«: Mythos, wirkungsmächtige soziale Verheißung oder soziale Realität im »Dritten Reich«? Zwischenbilanz einer kontroversen Debatte*. Paderborn: Schöningh, S. 13-54.
Schmitt, Carl (1933): *Staat, Bewegung, Volk. Die Dreigliederung der politischen Einheit*. Hamburg: Hanseatische Verlagsanstalt.
—— (1934): »Nationalsozialismus und Rechtsstaat«, *Juristische Wochenschrift*, Jg. 63, S. 713-

und Öffentlichkeit. Der Streit um Daniel Goldhagen. Frankfurt/M.: S. Fischer, S. 110-130.

Rüter, Christiaan Frederik; Mildt, Dick W. de (1998): *Die westdeutschen Strafverfahren wegen nationalsozialistischer Tötungsverbrechen 1945-1997. Eine systematische Verfahrensbeschreibung*. Amsterdam, Maarssen, München: Holland University Press; K.G. Saur.

Rüthers, Bernd (1989): *Carl Schmitt im Dritten Reich*. München: C.H. Beck.〔古賀敬太訳『カール・シュミットとナチズム』風行社、1997 年〕

—— (1989): *Entartetes Recht. Rechtslehren und Kronjuristen im Dritten Reich*. München: C.H. Beck.

Rüweler, Axel (2008): *Informale Strukturen im Polizeibataillon 101*. Bielefeld: Working Paper Soziologische Analyse des Holocaust.

Safrian, Hans (1995): *Eichmann und seine Gehilfen*. Frankfurt/M.: S. Fischer.

Sandkühler, Thomas (1996): *»Endlösung« in Galizien. Der Judenmord in Ostpolen und die Rettungsinitiativen von Berthold Beitz; 1941-1944*. Bonn: J.H.W. Dietz Nachfolger.

—— (1999): »Die Täter des Holocaust. Neuere Überlegungen und Kontroversen«, in: Karl Heinrich Pohl (Hg.): *Wehrmacht und Vernichtungspolitik*. Göttingen: Vandenhoeck & Ruprecht, S. 39-66.

Sandkühler, Thomas; Schmuhl, Hans Walter (1998): »Milgram für Historiker. Reichweite und Grenzen einer Übertragung des Milgram Experiments auf den Nationalsozialismus«, *Analyse & Kritik*, Jg. 20, S. 3-26.

Schäfer, Karl (Hg.) (1944): *Das Polizeiverwaltungsgesetz vom 1. 6. 1931. Mit Ausführungsbestimmungen und ergänzenden Gesetzes- und Verwaltungsvorschriften*. Berlin: Kameradschaft Verlagsgesellschaft Gersbach.

Schäfer, Torsten (2007): *»Jedenfalls habe ich auch mitgeschossen«. Das NSG-Verfahren gegen Johann Josef Kuhr und andere ehemalige Angehörige des Polizeibataillons 306, der Polizeireiterabteilung 2 und der SD-Dienststelle von Pinsk beim Landgericht Frankfurt am Main 1962-1973*. Münster: Lit Verlag.

Schaub, Gary (2010): »Unit Cohesion and the Impact of DADT«, *Strategic Studies Quarterly*, Jg. 4, S. 85-101.

Scheer, Bernhard; Bartsch, Georg (1941): *Das Polizeiverwaltungsgesetz. Wesen und Rechtsgrundlagen der Polizei. Ein Leitfaden zum Handgebrauch für Studium und Praxis*. Berlin: Freiheitsverlag E. Bahre.

Scheerbarth, Walter (1942): *Beamtenrecht*. Berlin: Spaeth & Linde.

—— (1942): *Polizeirecht, Feuer- und Fremdenpolizei, Bauund Siedlungswesen, Gesundheitswesen*. Berlin: Spaeth & Linde.

Scheffler, Wolfgang (1973): »Zur Praxis der SS- und Polizeigerichtsbarkeit im Dritten Reich«, in: Günther Doeker; Winfried Steffani (Hg.): *Klassenjustiz und Pluralismus. Festschrift*

Riege, Paul (1959): *Kleine Polizei-Geschichte*. Lübeck: Verlag für Polizeiliches Fachschrifttum Schmidt-Römhild.

Roethlisberger, Fritz Jules; Dickson, William J. (1939): *Management and the Worker. An Account of a Research Program Conducted by the Western Electric Company, Hawthorne Works, Chicago*. Cambridge, Mass.: Harvard University Press.

Rohlfing, Theodor; Schraut, Rudolf (Hg.) (1940): *Die Neuordnung des Rechts in den Ostgebieten*. Berlin: Walter de Gruyter.

Rohrkamp, René (2009): *»Weltanschaulich gefestigte Kämpfer«: Die Soldaten der Waffen-SS 1933-1945*. Paderborn: Schöningh.

Römer, Felix (2012): *Kameraden. Die Wehrmacht von innen*. München: Piper.

—— (2013): »Milieus in the Military. Soldierly Ethos, Nationalism and Conformism Among Workers in the Wehrmacht«, *Journal of Contemporary History*, Jg. 48, S. 125-149.

Rosenfeld, Gavriel D. (1999): »The Controversy that isn't. The Debate over Daniel J. Goldhagen's Hitler's Willing Executioners in Comparative Perspective«, *Contemporary European History*, Jg. 8, S. 249-273.

Rosenstrauch, Hazel (1988): *Aus Nachbarn wurden Juden. Ausgrenzung und Selbstbehauptung 1933-1942*. Berlin: Transit.

Rosenthal, Gabriele (1992): »Kollektives Schweigen zu den Naziverbrechen. Bedingungen der Institutionalisierung einer Abwehrhaltung«, *Psychosozial*, Jg. 15, S. 22-33.

—— (1995): »Vom Krieg erzählen, von den Verbrechen schweigen«, in: Hannes Heer; Klaus Naumann (Hg.): *Vernichtungskrieg. Verbrechen der Wehrmacht 1941-1945*. Hamburg: Hamburger Edition, S. 51-66.

Roth, Karl Heinz (1987): »Die Modernisierung der Folter in den beiden Weltkriegen. Der Konflikt der Psychotherapeuten und Schulpsychiater um die deutschen ›Kriegsneurotiker‹ 1915-1945«, *1999 Zeitschrift für Sozialgeschichte*, Jg. 2, S. 8-75.

Rückerl, Adalbert (1979): *Die Strafverfolgung von NS-Verbrechen 1945-1978*. Heidelberg: c.f. müller.

—— (1982): *NS-Verbrechen vor Gericht. Versuch einer Vergangenheitsbewältigung*. Heidelberg: c.f. müller.

Rürup, Reinhard (Hg.) (1991): *Der Krieg gegen die Sowjetunion 1941-1945. Eine Dokumentation*. Berlin: Argon.

—— (1996): »Viel Lärm um nichts? D.J. Goldhagens ›radikale Revision‹ der Holocaust-Forschung«, *Neue Politische Literatur*, Jg. 41, S. 357-363.

Rusch, Gebhard (2003): »Die Wahrheit der Geschichte. Zehn Fußnoten zur Viabilität (auto-)biographischer und historiographischer Konstruktionen«, *Zeitschrift für Genozidforschung*, Jg. 4, S. 8-21.

Rusinek, Bernd-A. (1998): »Die Kritiker-Falle: Wie man in Verdacht gerate kann. Goldhagen und der Funktionalismus«, in: Johannes Heil; Rainer Erb (Hg.): *Geschichtswissenschaft*

und Vernichtungspolitik«, in: Wolfgang Schneider (Hg.): »*Vernichtungspolitik«. Eine Debatte über den Zusammenhang von Sozialpolitik und Genozid im nationalsozialistischen Deutschland.* Hamburg: Junius, S. 135-163.
—— (1996): »Die Mörder waren unter uns. Daniel Jonah Goldhagens Hitlers willige Vollstrecker. Eine notwendige Provokation«, *Süddeutsche Zeitung*, 24. 8. 1996.
—— (2002): *Die Gewalt spricht nicht. Drei Reden.* Stuttgart: Reclam.
—— (2002): »Über den Begriff ›Handlungsspielräume‹«, *Mittelweg 36*, Jg. 11, S. 5-24.
—— (2006): »Die Natur der Gewalt als Problem der Soziologie«, *Mittelweg 36*, Jg. 15, S. 2-25.
—— (2007): »Lust an Gewalt«, *Die Zeit*, 8. 3. 2007.
—— (2008): *Vertrauen und Gewalt. Versuch über eine besondere Konstellation der Moderne.* Hamburg: Hamburger Edition.
—— (2008): »Hässliche Wirklichkeit und liebgewordene Illusionen«, *Süddeutsche Zeitung*, 25. 1. 2008.
Reibert, Wilhelm (1937): *Der Dienstunterricht im Heere.* Berlin: Mittler.
Reichsführer SS, SS-Hauptamt – Schulungsamt (1942): *Der Untermensch.* Berlin: Nordland.
Reichsführer-SS und Chef der Deutschen Polizei Hauptamt SS-Gericht (1944): *Die SS- und Polizeigerichtsbarkeit. Ein Leitfaden.* Leipzig: Wordel Verlag.
Reifarth, Dieter; Schmidt-Linsenhoff, Viktoria (1984): »Die Kamera der Henker«, *Fotogeschichte*, Jg. 3, S. 57-71.
—— (1995): »Die Kamera der Täter«, in: Hannes Heer; Klaus Naumann (Hg.): *Vernichtungskrieg. Verbrechen der Wehrmacht 1941-1945.* Hamburg: Hamburger Edition, S. 475-503.
Reifner, Udo (1981): »Institutionen des faschistischen Rechtssystems«, in: Udo Reifner (Hg.): *Das Recht des Unrechtsstaates. Arbeitsrecht und Staatsrechtswissenschaft im Faschismus.* Frankfurt/M., New York: Campus, S. 11-85.
Reitlinger, Gerald (1956): *The SS: Alibi of a Nation, 1922-1945.* London: Heinemann.
Renn, Joachim; Straub, Jürgen (2002): »Gewalt in modernen Gesellschaften. Stichworte zu Entwicklungen und aktuellen Debatten in der sozialwissenschaftlichen Forschung«, *Handlung Kultur Interpretation*, Jg. 11, S. 199-224.
Rhodes, Richard (2004): *Die deutschen Mörder. Die SS-Einsatzgruppen und der Holocaust.* Bergisch Gladbach: Lübbe.
Richter, Hans (1941): *Einsatz der Polizei. Bei den Polizeibataillonen in Ost, Nord und West.* Berlin: Zentralverlag der NSDAP Franz Eher.
—— (1943): *Ordnungspolizei auf den Rollbahnen des Ostens. Bildberichte von den Einsätzen der Ordnungspolizei im Sommer 1941 im Osten.* Berlin: Zentralverlag der NSDAP Franz Eher.
Richter, Horst Eberhard (1984): *Zur Psychologie des Friedens.* Reinbek: Rowohlt.
Riedesser, Peter (1974): »Militär und Medizin. Materialien zur Kritik der Sanitätsmedizin am Beispiel der Militärpsychiatrie«, *Das Argument, Sonderband 4*, S. 231-279.

Centaurus.
Poliakov, Léon; Wulf, Joseph (1955): *Das Dritte Reich und die Juden*. Berlin: Arani.
—— (1956): *Das Dritte Reich und seine Diener*. Berlin: Arani.
Polizeibekleidungsverordnung (1942): *Polizeibekleidungsverordnung*. Berlin: o. Vlg.
Popitz, Heinrich (1992): *Phänomene der Macht*. Tübingen: Mohr Siebeck.
Porter, Jack Nusan (2005): »Sociology of Perpetrators«, in: Dinah L. Shelton (Hg.): *Encyclopedia of Genocide and Crimes Against Humanity*. Detroit: Thomson Gale Macmillan Reference, S. 969-971.
—— (2006): *The Genocidal Mind. Sociological and Sexual Perspectives*. Lanham: University Press of America.
Posen, Barry (1993): *Nationalism, the Mass Army, and Military Power*. Cambridge, Mass.: MIT Press.
Prazan, Michaël (2010): *Einsatzgruppen. Sur les traces des commandos de la mort nazis*. Paris: Seuil.
Pressac, Jean-Claude (1995): *Die Krematorien von Auschwitz. Die Technik des Massenmordes*. München: Piper.
Presthus, Robert V. (1962): *The Organizational Society*. New York: Random House.
Prinz, Michael; Zitelmann, Rainer (1991): »Vorwort«, in: Michael Prinz; Rainer Zitelmann (Hg.): *Nationalsozialismus und Modernisierung*. Darmstadt: Wissenschaftliche Buchgesellschaft, S. vii-xi.
Probst, Ernst (1940): *Notdienstverordnung. Dritte Verordnung zur Sicherstellung des Kräftebedarfs für Aufgaben von besonderer staatspolitischer Bedeutung vom 15. Oktober 1938*. Berlin: Franz Vahlen.
Przyrembel, Alexandra (2004): »Ilse Koch – ›normale‹ SS-Ehefrau oder ›Kommandeuse von Buchenwald‹?«, in: Klaus-Michael Mallmann; Gerhard Paul (Hg.): *Karrieren der Gewalt. Nationalsozialistische Täterbiographien*. Darmstadt: Wissenschaftliche Buchgesellschaft, S. 126-133.
Püschel, Marko (2009): *Die Polizeibataillone 101 und 301. Soziologische Analysen*. Bielefeld: Diplomarbeit Universität Bielefeld.

Rae, John (1970): *Conscience and Politics. The British Government and the Conscientious Objector to Military Service 1916-1919*. Oxford: Oxford University Press.
Raible, Eugen (1963): *Geschichte der Polizei. Ihre Entwicklung in den alten Ländern Baden und Württemberg und in dem neuen Bundesland Baden-Württemberg unter besonderer Berücksichtigung der kasernierten Polizei (Bereitschaftspolizei)*. Stuttgart: Boorberg.
Rammstedt, Otthein (1986): *Deutsche Soziologie 1933-1945. Die Normalität einer Anpassung*. Frankfurt/M.: Suhrkamp.
Reemtsma, Jan Philipp (1991): »Terroratio. Überlegungen zum Zusammenhang von Terror, Rationalität

Press.
Payne, Stanley G. (1995): *A History of Fascism*. Madison: University of Wisconsin Press.
Pegler, Martin (2004): *Out of Nowhere. A History of the Military Sniper*. Oxford: Osprey.〔岡崎淳子訳『ミリタリー・スナイパー――見えざる敵の恐怖』大日本絵画、2006 年〕
Pesch, Volker (1997): »Die künstlichen Wilden. Zu Daniel Goldhagens Methode und theoretischem Rahmen«, *Geschichte und Gesellschaft*, Jg. 23, S. 152-162.
Petropoulos, Jonathan; Roth, John K. (Hg.) (2005): *Gray Zones. Ambiguity and Compromise in the Holocaust and Its Aftermath*. New York, Oxford: Berghahn.
Pfeiffer, Lorenz; Wahlig, Henry (2012): »Die Exklusion jüdischer Mitglieder aus deutschen Turn- und Sportvereinen im nationalsozialistischen Deutschland«, in: Detlef Schmiechen-Ackermann (Hg.): *»Volksgemeinschaft«: Mythos, wirkungsmächtige soziale Verheißung oder soziale Realität im »Dritten Reich«? Zwischenbilanz einer kontroversen Debatte*. Paderborn: Schöningh, S. 199-210.
Piper, Franciszek (1993): *Die Zahl der Opfer von Auschwitz. Aufgrund der Quellen und der Erträge der Forschung 1945 bis 1990*. Auschwitz: Verlag Staatliches Museum Auschwitz-Birkenau.
Pohl, Dieter (1996): *Nationalsozialistische Judenverfolgung in Ostgalizien 1941-1944. Organisation und Durchführung eines staatlichen Massenverbrechens*. München: Oldenbourg.
―― (1997): »Die Einsatzgruppe C 1941/42.«, in: Peter Klein; Andrej Angrick (Hg.): *Die Einsatzgruppen in der besetzten Sowjetunion, 1941/42. Die Tätigkeits- und Lageberichte des Chefs der Sicherheitspolizei und des SD*. Berlin: Edition Hentrich, S. 71-87.
―― (1997): »Die Holocaust-Forschung und Goldhagens Thesen«, *Vierteljahrshefte für Zeitgeschichte*, Jg. 45, S. 1-48.
―― (2002): »Ukrainische Hilfskräfte beim Mord an den Juden«, in: Gerhard Paul (Hg.): *Die Täter der Shoah. Fanatische Nationalsozialisten oder ganz normale Deutsche?* Göttingen: Wallstein, S. 187-205.
―― (2005): »Die Trawniki-Männer im Vernichtungslager Belzec 1941-1943«, in: Alfred Bernd Gottwaldt; Norbert Kampe (Hg.): *NS-Gewaltherrschaft. Beiträge zur historischen Forschung und juristischen Aufarbeitung*. Berlin: Edition Hentrich, S. 278-289.
―― (2007): »The Robbery of Jewish Property in Eastern Europe under German Occupation, 1939-1942«, in: Martin C. Dean; Constantin Goschler; Philipp Ther (Hg.): *Robbery and Restitution. The Conflict over Jewish Property in Europe*. New York, Oxford: Berghahn, S. 68-80.
―― (2009): »Sowjetische und polnische Strafverfahren wegen NSVerbrechen – Quellen für den Historiker?«, in: Jürgen Finger (Hg.): *Vom Recht zur Geschichte. Akten aus NS-Prozessen als Quellen der Zeitgeschichte*. Göttingen: Vandenhoeck & Ruprecht, S. 132-141.
Pohlmann, Friedrich (1992): *Ideologie und Terror im Nationalsozialismus*. Pfaffenweiler:

—— (1968): »Man konnte sich weigern, mitzumorden«, *Hamburger Abendblatt*, 1. 2. 1968.
—— (1968): »Wir mußten nicht schießen«, *Die Welt*, 9. 2. 1968.
—— (1968): »In der Flitterwoche zur Mord-Aktion«, *Bild*, 5. 3. 1968.
—— (1968): »Von Befehlsnotstand kann keine Rede sein«, *Hamburger Abendblatt*, 5. 3. 1968.
—— (1968): »In Härte und Größe«, *Der Spiegel*, 22. 4. 1968.
Okroy, Michael (2001): »›Man will unserem Batl. was tun ...‹. Der Wuppertaler Bialystok-Prozeß 1967/68 und die Ermittlung gegen Angehörige des Polizeibataillons 309«, in: Alfons Kenkmann; Christoph Spieker (Hg.): *Im Auftrag. Polizei, Verwaltung und Verantwortung*. Essen: Klartext, S. 301-317.
Orth, Karin (2000): *Die Konzentrationslager-SS. Sozialstrukturelle Analysen und biographische Studien*. Göttingen: Wallstein.
Osiel, Mark J. (1999): *Obeying Orders. Atrocity, Military Discipline & the Law of War*. New Brunswick, London: Transaction Publishers.
Overy, Richard J. (2013): *The Bombing War. Europe, 1939-1945*. London: Penguin.

Parsons, Talcott (1993): »Memorandum: The Development of Groups and Organizations Amenable to Use Against American Institutions and Foreign Policy and Possible Measures of Prevention«, in: Uta Gerhardt (Hg.): *Talcott Parsons on National Socialism*. Piscataway: Aldine Transaction, S. 101-130.
Pätzold, Kurt (1998): »On the Broad Trail of the German Perpetrators«, in: Robert R. Shandley (Hg.): *Unwilling Germans? The Goldhagen Debate*. Minneapolis, London: University of Minnesota Press, S. 163-166.
Pauer-Studer, Herlinde; Fink, Julian (Hg.) (2014): *Rechtfertigungen des Unrechts. Das Rechtsdenken im Nationalsozialismus in Originaltexten*. Berlin: Suhrkamp.
Paul, Gerhard (1995): »Ganz normale Akademiker. Eine Fallstudie zur regionalen staatspolizeilichen Funktionselite«, in: Gerhard Paul; Klaus-Michael Mallmann (Hg.): *Die Gestapo. Mythos und Realität*. Darmstadt: Wissenschaftliche Buchgesellschaft, S. 236-255.
—— (2002): »Von Psychopathen, Technokraten des Terrors und ›ganz gewöhnlichen‹ Deutschen. Die Täter der Shoah im Spiegel der Forschung«, in: Gerhard Paul (Hg.): *Die Täter der Shoah. Fanatische Nationalsozialisten oder ganz normale Deutsche?* Göttingen: Wallstein, S. 13-87.
Paul, Gerhard; Mallmann, Klaus-Michael (Hg.) (1995): *Die Gestapo. Mythos und Realität*. Darmstadt: Wissenschaftliche Buchgesellschaft.
—— (2004): »Sozialisation, Milieu und Gewalt. Fortschritte und Probleme der neueren Täterforschung«, in: Klaus-Michael Mallmann; Gerhard Paul (Hg.): *Karrieren der Gewalt. Nationalsozialistische Täterbiographien*. Darmstadt: Wissenschaftliche Buchgesellschaft, S. 1-32.
Pawełczyńska, Anna (1979): *Values and Violence in Auschwitz*. Berkeley: University of California

記録に見る戦争の心理』みすず書房、2018年〕
Neumann, Franz (2004): *Behemoth. Struktur und Praxis des Nationalsozialismus 1933-1944*. Frankfurt/M.: S. Fischer.
Neumann, Michael (1995): »Schwierigkeiten der Soziologie mit der Gewaltanalyse«, *Mittelweg 36*, Jg. 4, S. 65-68.
Newman, Leonard S. (2002): »What Is a ›Social Psychological‹ Account of Perpetrator Behavior? The Person Versus the Situation in Goldhagen's Hitler's Willing Executioners«, in: Leonard S. Newman; Ralph Erber (Hg.): *Understanding Genocide. The Social Psychology of the Holocaust*. Oxford, New York: Oxford University Press, S. 43-67.
Nicolai, Helmut (1932): *Die rassengesetzliche Rechtslehre*. München: Zentralverlag der NSDAP Franz Eher.
Niroumand, Mariam (1996): »Little Historians. Das Buch des amerikanischen Politologen Daniel Jonah Goldhagen wird keinen neuen Historikerstreit auslösen«, *taz*, 13. 4. 1996.
Noelle-Neumann, Elisabeth (1980): *Die Schweigespirale. Öffentliche Meinung – unsere soziale Haut*. München: Piper.〔池田謙一、安野智子訳『改訂復刻版　沈黙の螺旋理論——世論形成過程の社会心理学』北大路書房、2013年〕
Nolzen, Armin (2010): »Moderne Gesellschaft und Organisation. Transformation der NSDAP nach 1944«, in: Manfred Grieger; Christian Jansen; Irmtrud Wojak (Hg.): *Interessen, Strukturen und Entscheidungsprozesse! Für eine politische Kontextualisierung des Nationalsozialismus*. Essen: Klartext, S. 91-112.
—— (2012): »›Totaler Antisemitismus‹. Die Gewalt der NSDAP gegen die Juden, 1933-1938/39«, in: Detlef Schmiechen-Ackermann (Hg.): *»Volksgemeinschaft«: Mythos, wirkungsmächtige soziale Verheißung oder soziale Realität im »Dritten Reich«? Zwischenbilanz einer kontroversen Debatte*. Paderborn: Schöningh, S. 179-198.
North, Douglass C.; Wallis, John Joseph; Weingast, Barry R. (2009): *Violence and Social Order. A Conceptual Framework for Interpreting Recorded Human History*. Cambridge: Cambridge University Press.〔杉之原真子訳『暴力と社会秩序——制度の歴史学のために』NTT出版、2017年〕
Nuernberg Military Tribunals (Hg.) (1949): *Trials of War Criminals before the Nuernberg Military Tribunals. Volume 1-15*. Washington, D.C.: U.S. Government Printing Office.

o. V. (1967): »Der grausige Auftrag des Polizei-Bataillons 101«, *Die Welt*, 2. 11. 1967.
—— (1967): »Ein Mann stand grinsend vor den Todesopfern«, *Bild*, 2. 11. 1967.
—— (1967): »Keiner wurde gemeldet«, *Hamburger Abendblatt*, 5. 12. 1967.
—— (1967): »Mord-Gesang«, *Hamburger Morgenpost*, 16. 12. 1967.
—— (1967): »Gegendarstellung von Julius Wohlauf«, *Die Welt*, 23. 12. 1967.
—— (1968): »V-Männer gaben den Mord-Tip«, *Hamburger Morgenpost*, 6. 1. 1968.
—— (1968): »Zweifel an drei Zeugen«, *Die Welt*, 25. 1. 1968.

Arendt face a ses contradicteurs«, *Revue d'histoire de la Shoah*, S. 25-52.
Müller, Christian Th. (2013): »Kasernierte Vergesellschaftung und militärische Subkultur. Überlegungen zur Alltags- und Sozialgeschichte des deutschen Militärs im 19. und 20. Jahrhundert«, in: Christian Th. Müller; Matthias Rogg (Hg.): *Das ist Militärgeschichte! Probleme – Projekte – Perspektiven*. Paderborn u. a.: Schöningh, S. 479-497.
Müller, Norbert (1984): »Zum Charakter und Kriegseinsatz der faschistischen Ordnungspolizei«, *Militärgeschichte*, Jg. 23, S. 515-520.
Müller, Roland (1994): »Militärpsychiatrie vor Gericht«, in: Michael Eberlein; Roland Müller; Michael Schöngarth; Thomas Werther (Hg.): *Militärjustiz im Nationalsozialismus*. Marburg: Geschichtswerkstatt Marburg, S. 165-243.
Müller-Hohagen, Jürgen (1988): *Verleugnet, verdrängt, verschwiegen. Die seelischen Auswirkungen der Nazizeit*. München: Kösel.
Münkler, Herfried (1992): *Gewalt und Ordnung. Das Bild des Krieges im politischen Denken*. Frankfurt/M.: S. Fischer.
Mürlebach, Kai (2009): *Zu schwach zum Morden? »Unnormale« Männer im Holocaust*. Bielefeld: Working Paper Soziologische Analyse des Holocaust.
Musial, Bogdan (1999): *Deutsche Zivilverwaltung und Judenverfolgung im Generalgouvernement. Eine Fallstudie zum Distrikt Lublin 1939-1944*. Wiesbaden: Harrassowitz.
—— (2000): »The Origins of ›Operation Reinhardt‹: The Decision Making Process for the Mass Murder of the Jews in the Generalgouvernement«, *Yad Vashem Studies,* Jg. 28, S. 113-153.
—— (2002): »Verfolgung und Vernichtung der Juden im Generalgouvernement. Die Zivilverwaltung und die Shoah«, in: Gerhard Paul (Hg.): *Die Täter der Shoah. Fanatische Nationalsozialisten oder ganz normale Deutsche?* Göttingen: Wallstein, S. 187-204.
—— (2004): »Ursprünge der ›Aktion Reinhardt‹. Planung des Massenmordes an den Juden im Generalgouvernement«, in: Bogdan Musial (Hg.): *»Aktion Reinhardt«. Der Völkermord an den Juden im Generalgouvernement 1941-1944*. Osnabrück: fibre, S. 49-85.
Naas, Stefan (2003): *Die Entstehung des Preußischen Polizeiverwaltungsgesetzes von 1931. Ein Beitrag zur Geschichte des Polizeirechts in der Weimarer Republik*. Tübingen: Mohr Siebeck.
Nedelmann, Birgitta (1997): »Gewaltsoziologie am Scheideweg. Die Auseinandersetzung in der gegenwärtigen und Wege der künftigen Gewaltforschung«, in: Trutz von Trotha (Hg.): *Soziologie der Gewalt. Sonderheft der Kölner Zeitschrift für Soziologie und Sozialpsychologie*. Opladen: WDV, S. 59-85.
Neitzel, Sönke; Welzer, Harald (2011): *Soldaten. Protokolle vom Kämpfen, Töten und Sterben*. Frankfurt/M.: S. Fischer.〔小野寺拓也訳『兵士というもの——ドイツ兵捕虜盗聴

Młynarczyk, Jacek Andrzej (2007): *Judenmord in Zentralpolen. Der Distrikt Radom im Generalgouvernement 1939-1945*. Darmstadt: Wissenschaftliche Buchgesellschaft.

Moe, Terry M. (1984): »The New Economics of Organizations«, *American Journal of Political Science*, Jg. 28, S. 739-777.

Mommsen, Hans (1983): »Die Realisierung des Utopischen. Die ›Endlösung der Judenfrage‹ im ›Dritten Reich‹«, *Geschichte und Gesellschaft*, Jg. 9, S. 381-420.

— (1996): »Die Deutschen und der Holocaust«, in: Dieter Dowe (Hg.): *Die Deutschen – ein Volk von Tätern?* Bonn: Friedrich-Ebert-Stiftung, S. 11-27.

— (1998): »The Thin Patina of Civilization. Anti-Semitism Was a Necessary, but by No Means a Sufficient Condition for the Holocaust«, in: Robert R. Shandley (Hg.): *Unwilling Germans? The Goldhagen Debate*. Minneapolis, London: University of Minnesota Press, S. 183-196.

— (2006): »Die Goldhagen-Debatte: Zeithistoriker im öffentlichen Konflikt«, *Zeitschrift für Geschichtswissenschaft*, Jg. 54, S. 1063-1067.

— (2006): »Probleme der Täterforschung«, in: Helgard Kramer (Hg.): *NS-Täter aus interdisziplinärer Perspektive*. München: Martin Meidenbauer, S. 425-433.

— (2010): *Zur Geschichte Deutschlands im 20. Jahrhundert. Demokratie, Diktatur, Widerstand*. München: DVA.

— (2014): *Das NS-Regime und die Auslöschung des Judentums in Europa*. Göttingen: Wallstein.

Mommsen, Hans; Obst, Dieter (1988): »Die Reaktion der deutschen Bevölkerung auf die Verfolgung der Juden 1933-1943«, in: Hans Mommsen (Hg.): *Herrschaftsalltag im Dritten Reich. Studien und Texte*. Düsseldorf: Schwann, S. 374-426.

Morsey, Rudolf (Hg.) (1992): *Das »Ermächtigungsgesetz« vom 24. März 1933. Quellen zur Geschichte und Interpretation des »Gesetzes zur Behebung der Not von Volk und Reich«*. Düsseldorf: Droste.

Moskos, Charles C. (1968): »Eigeninteresse, Primärgruppen und Ideologie. Eine Untersuchung der Kampfmotivation amerikanischer Truppen in Vietnam«, in: René König (Hg.): *Militärsoziologie*. Opladen: WDV, S. 199-220.

— (1968): *Latent Ideology and American Combat Behavior in South Vietnam*. Chicago: Working Paper No. 98, Center for Social Organization Studies, University of Chicago.

— (1970): *The American Enlisted Man. The Rank and File in Today's Military*. New York: Russel Sage Foundation.

Mouzelis, Nicos P. (1991): *Back to Sociological Theory. The Construction of Social Orders*. New York: St. Martin's Press.

Mühlenfeld, Daniel (2013): »Die Vergesellschaftung von ›Volksgemeinschaft‹ in der sozialen Interaktion«, *Zeitschrift für Geschichtswissenschaft*, Jg. 61, S. 826-846.

Muhlmann, Géraldine (1998): »Le comportement des agents de la ›Solution finale‹. Hannah europäischen Juden«, *Theresienstädter Studien und Dokumente*, S. 306-336.

Matysek, Sebastian (2015): »Heinz Bumanns ungestrafter Entzug bei der ›Endlösung‹ in Polen. Eine Fallstudie zu den Grenzen der Formalisierbarkeit von Mordaufträgen«, in: Alexander Gruber; Stefan Kühl (Hg.): *Soziologische Analysen des Holocaust. Jenseits der Debatte über »ganz normale Männer« und »ganz normale Deutsche«*. Wiesbaden: Springer VS-Verlag, S. 215-240.

Maunz, Theodor (1937): »Die Rechtmäßigkeit der Verwaltung«, in: Hans Frank (Hg.): *Deutsches Verwaltungsrecht*. München: Zentralverlag der NSDAP Franz Eher, S. 51-65.

—— (1937): *Verwaltung*. Hamburg: Hanseatische Verlagsanstalt.

—— (1943): *Gestalt und Recht der Polizei*. Hamburg: Hanseatische Verlagsanstalt.

Mayntz, Renate (1965): »Max Webers Idealtypus der Bürokratie und die Organisationssoziologie«, *Kölner Zeitschrift für Soziologie und Sozialpsychologie*, Jg. 17, S. 493-502.

Mayo, Elton (1933): *The Human Problems of an Industrial Civilization*. New York: Macmillan. 〔村本栄一訳『新訳　産業文明における人間問題——ホーソン実験とその展開』日本能率協会、1967 年〕

Mergel, Thomas (2005): »Führer, Volksgemeinschaft und Maschine. Politische Erwartungsstrukturen in der Weimarer Republik und dem Nationalsozialismus 1918-1936«, in: Wolfgang Hardtwig (Hg.): *Politische Kulturgeschichte der Zwischenkriegszeit 1918-1939*. Göttingen: Vandenhoeck & Ruprecht, S. 91-128.

Merkl, Peter H. (1975): *Political Violence under the Swastika. 581 Early Nazis*. Princeton: Princeton University Press.

Meyer, Ahlrich (2005): *Täter im Verhör. Die »Endlösung der Judenfrage« in Frankreich 1940-1944*. Darmstadt: Wissenschaftliche Buchgesellschaft.

Meyer, Beate (2006): »Das ›Schicksaljahr 1938‹ und die Folgen«, in: Beate Meyer (Hg.): *Die Verfolgung und Ermordung der Hamburger Juden 1933-1945. Geschichte, Zeugnis, Erinnerung*. Göttingen: Wallstein, S. 25-32.

—— (2006): »Die Verfolgung der Hamburger Juden 1933-1938«, in: Beate Meyer (Hg.): *Die Verfolgung und Ermordung der Hamburger Juden 1933-1945. Geschichte, Zeugnis, Erinnerung*. Göttingen: Wallstein, S. 15-24.

Meyer, Beate (Hg.) (2006): *Die Verfolgung und Ermordung der Hamburger Juden 1933-1945. Geschichte, Zeugnis, Erinnerung*. Göttingen: Wallstein.

Milgram, Stanley (1963): »Behavioral Study of Obedience«, *Journal of Abnormal and Social Psychology*, Jg. 67, S. 371-378.

Mills, C. Wright (1940): »Situated Actions and Vocabularies of Motive«, *American Sociological Review*, Jg. 5, S. 904-913.

Mitscherlich, Alexander; Mitscherlich, Margarete (1967): *Die Unfähigkeit zu trauern. Grundlagen kollektiven Verhaltens*. Stuttgart, Hamburg. 〔林峻一郎、馬場謙一訳『喪われた悲哀——ファシズムの精神構造』河出書房新社、1984 年〕

Angeles: University of California Press.
Mann, Michael (2006): »In the Twenty-First Century, Still the Dark Side of Democracy. Reply to Bartov and Levene«, *Journal of Genocide Research*, Jg. 8, S. 485-490.
—— (2007): *Die dunkle Seite der Demokratie. Eine Theorie der ethnischen Säuberung*. Hamburg: Hamburger Edition.
Manoschek, Walter (1993): »*Serbien ist judenfrei«. Militärische Besatzungspolitik und Judenvernichtung in Serbien 1941/42*. München, Wien: Oldenbourg.
—— (2002): »›Wo der Partisan ist, ist der Jude, und wo der Jude ist, ist der Partisan‹. Die Wehrmacht und die Shoah«, in: Gerhard Paul (Hg.): *Die Täter der Shoah. Fanatische Nationalsozialisten oder ganz normale Deutsche?* Göttingen: Wallstein, S. 167-186.
Markusen, Eric (1996): »Genocide and Warfare«, in: Charles B. Strozier; Michael Flynn (Hg.): *Genocide, War and Human Survival*. Lanham: Rowman & Littlefield Publishers, S. 76-86.
Markusen, Eric; Kopf, David (1995): *The Holocaust and Strategic Bombing. Genocide and Total War in the Twentieth Century*. Boulder: Westview Press.
Marrus, Michael R. (1987): *The Holocaust in History*. Hanover: University Press of New England.〔長田浩彰訳『ホロコースト——歴史的考察』時事通信社、1996 年〕
Marshall, S. L. A. (1947): *Men Against Fire. The Problem of Battle Command*. New York: William Morrow & Co.
Marx, Karl (1962): *Das Kapital. Erstes Buch*, in: *Marx-Engels-Werke*, Band 23. Berlin: Dietz, S. 11-955.〔今村仁司、鈴木直、三島憲一訳『資本論　第一巻』上・下、ちくま学芸文庫、2024 年〕
Matthäus, Jürgen (1999): »Ausbildungsziel Judenmord? Zum Stellenwert der ›weltanschaulichen‹ Erziehung von SS und Polizei im Rahmen der ›Endlösung‹«, *Zeitschrift für Geschichtswissenschaft*, Jg. 47, S. 673-699.
—— (2000): »›Warum wird über das Judentum geschult?‹ Die ideologische Vorbereitung der deutschen Polizei auf den Holocaust«, in: Gerhard Paul; Klaus-Michael Mallmann (Hg.): *Die Gestapo im Zweiten Weltkrieg. »Heimatfront« und besetztes Europa*. Darmstadt: Wissenschaftliche Buchgesellschaft, S. 100-124.
—— (2002): »An vorderster Front. Voraussetzungen für die Beteiligung der Ordnungspolizei an der Shoah«, in: Gerhard Paul (Hg.): *Die Täter der Shoah. Fanatische Nationalsozialisten oder ganz normale Deutsche?* Göttingen: Wallstein, S. 137-166.
—— (2002): »Die Beteiligung der Ordnungspolizei im Holocaust«, in: Wolf Kaiser (Hg.): *Täter im Vernichtungskrieg*. Berlin, München: Propyläen, S. 166-185.
—— (2004): »Historiography and the Perpetrators of the Holocaust«, in: Dan Stone (Hg.): *The Historiography of the Holocaust*. Houndmills, New York: Palgrave Macmillan, S. 197-215.
—— (2004): »›Weltanschauliche Erziehung‹ in Himmlers Machtapparat und der Mord an den

Motivation in Combat? An Old Answer to an Old Question«, *Armed Forces & Society*, Jg. 32, S. 646-654.
Maier, Charles S. (1997): *The Unmasterable Past. History, Holocaust, and German National Identity*. Cambridge: Harvard University Press.
Mailänder Koslov, Elissa (2009): *Gewalt im Dienstalltag*. Hamburg: Hamburger Edition.
Majer, Diemut (1978): »Der Kampf um die Einführung des Preußischen Polizeiverwaltungsgesetzes in den ›eingegliederten Ostgebieten‹. Ein Beitrag zum Prozeß der politischen Willensbildung im totalitären Staat«, *Der Staat*, Jg. 17, S. 49-72.
—— (1981): *»Fremdvölkische« im Dritten Reich*. Boppard am Rhein: Boldt.
—— (1986): »Führerunmittelbare Sondergewalten in den besetzten Ostgebieten«, in: Dieter Rebentisch; Karl Teppe (Hg.): *Verwaltung contra Menschenführung im Staat Hitlers. Studien zum politisch-administrativen System*. Göttingen: Vandenhoeck & Ruprecht, S. 374-395.
—— (1987): *Grundlagen des nationalsozialistischen Rechtssystems. Führerprinzip, Sonderrecht, Einheitspartei*. Stuttgart: Kohlhammer.
—— (2002): *Nationalsozialismus im Lichte der juristischen Zeitgeschichte*. Baden-Baden: Nomos.
Majewski, Piotr (2009): »Nationalsozialialistische Unterdrückungsmaßnahmen im Generalgouvernement während der Besatzung«, in: Jacek Andrzej Młynarczyk (Hg.): *Polen unter deutscher und sowjetischer Besatzung*. Osnabrück: fibre, S. 173-196.
Mallmann, Klaus-Michael (1997): »Vom Fußvolk der ›Endlösung‹. Ordnungspolizei, Ostkrieg und Judenmord«, *Tel Aviver Jahrbuch für deutsche Geschichte*, Jg. 26, S. 355-391.
—— (2002): »›Mensch, ich feiere heut' den tausendsten Genickschuß‹. Die Sicherheitspolizei und die Shoah in Westgalizien«, in: Gerhard Paul (Hg.): *Die Täter der Shoah. Fanatische Nationalsozialisten oder ganz normale Deutsche?* Göttingen: Walter de Gruyter, S. 109-136.
—— (2003): *Deutscher Osten 1939-1945*. Darmstadt: Wissenschaftliche Buchgesellschaft.
—— (2004): »›... Mißgeburten, die nicht auf diese Welt gehören‹. Die deutsche Ordnungspolizei in Polen, 1939-1941«, in: Klaus-Michael Mallmann; Bogdan Musial (Hg.): *Genesis des Genozids. Polen 1939-1941*. Darmstadt: Wissenschaftliche Buchgesellschaft, S. 71-89.
Mallmann, Klaus-Michael; Böhler, Jochen; Matthäus, Jürgen (2008): *Einsatzgruppen in Polen. Darstellung und Dokumentation*. Darmstadt: Wissenschaftliche Buchgesellschaft.
Mallmann, Klaus-Michael; Paul, Gerhard (1993): »Resistenz oder loyale Widerwilligkeit? Anmerkungen zu einem umstrittenen Begriff«, *Zeitschrift für Geschichtswissenschaft*, Jg. 41, S. 99-116.
—— (Hg.) (2004): *Karrieren der Gewalt. Nationalsozialistische Täterbiographien*. Darmstadt: Wissenschaftliche Buchgesellschaft.
Mandelbaum, David Goodman (1952): *Soldier Groups and Negro Soldiers*. Berkeley, Los

Frankfurt/M.: Suhrkamp, S. 25-100.〔佐藤嘉一、山口節郎、藤沢賢一郎訳『批判理論と社会システム理論――ハーバーマス＝ルーマン論争』木鐸社、1984 年〕
—— (1971): »Zweck – Herrschaft – System. Grundbegriffe und Prämissen Max Webers«, in: Niklas Luhmann: *Politische Planung*. Opladen: WDV, S. 90-112.
—— (1972): *Rechtssoziologie*. Reinbek: Rowohlt.〔村上淳一、六本佳平訳『法社会学』岩波書店、1977 年〕
—— (1973): »Das Phänomen des Gewissens und die normative Selbstbestimmung der Persönlichkeit«, in: Franz Böckle; Ernst-Wolfgang Böckenförde (Hg.): *Naturrecht in der Kritik*. Mainz: Matthias-Grünewald-Verlag, S. 223-243.
—— (1973): *Zweckbegriff und Systemrationalität*. Frankfurt/M.: Suhrkamp.〔馬場靖雄、上村隆広訳『目的概念とシステム合理性――社会システムにおける目的の機能について』勁草書房、1990 年〕
—— (1974): »Symbiotische Mechanismen«, in: Otthein Rammstedt (Hg.): *Gewaltverhältnisse und die Ohnmacht der Kritik*. Frankfurt/M.: Suhrkamp, S. 107-131.
—— (1975): *Macht*. Stuttgart: Enke.〔長岡克行訳『権力』勁草書房、1986 年〕
—— (1981): »Die Gewissensfreiheit und das Gewissen«, in: Niklas Luhmann: *Ausdifferenzierung des Rechts*. Frankfurt/M.: Suhrkamp, S. 326-359.
—— (1981): »Positivität des Rechts als Voraussetzung einer modernen Gesellschaft«, in: Niklas Luhmann: *Ausdifferenzierung des Rechts*. Frankfurt/M.: Suhrkamp, S. 113-153.
—— (1983): *Legitimation durch Verfahren*. Frankfurt/M.: Suhrkamp.〔今井弘道訳『手続を通しての正統化』(新装版)、風行社、2003 年〕
—— (1984): *Soziale Systeme*. Frankfurt/M.: Suhrkamp.〔馬場靖雄訳『社会システム――或る普遍的理論の要綱』上・下、勁草書房、2020 年〕
—— (1993): *Das Recht der Gesellschaft*. Frankfurt/M.: Suhrkamp.〔馬場靖雄、上村隆広、江口厚仁訳『社会の法』(新装版) 1・2、法政大学出版局、2016 年〕
—— (1994): »Ansprüche an historische Soziologie«, *Soziologische Revue*, Jg. 17, S. 259-264.
—— (1995): *Funktionen und Folgen formaler Organisation. Mit einem Epilog von 1994*. Berlin: Duncker & Humblot.
—— (1997): *Die Gesellschaft der Gesellschaft*. Frankfurt/M.: Suhrkamp.〔馬場靖雄、赤堀三郎、菅原謙、高橋徹訳『社会の社会』(新装版) 1・2、法政大学出版局、2017 年〕
—— (2000): *Organisation und Entscheidung*. Opladen: WDV.
—— (2005): »Erleben und Handeln«, in: Niklas Luhmann: *Soziologische Aufklärung 3. Soziales System, Gesellschaft und Organisation*. Wiesbaden: VS Verlag für Sozialwissenschaften, S. 77-92.〔土方昭監訳『法と社会システム――社会学的啓蒙』(ニクラス・ルーマン論文集 1)、新泉社、1984 年所収〕
—— (2013): *Kontingenz und Recht*. Berlin: Suhrkamp.

Maccoun, Robert; Kier, Elizabeth; Belkin, Aaron (2006): »Does Social Cohesion Determine

New York: Basic Books.
Lifton, Robert Jay; Markusen, Eric (1979): *The Genocidal Mentality. Nazi Holocaust and Nuclear Threat*. London: Basic Books.
Linck, Stephan (2000): *Der Ordnung verpflichtet: Deutsche Polizei 1933-1949*. Paderborn, München: Schöningh.
Link, Jürgen (1999): *Versuch über den Normalismus. Wie Normalität produziert wird*. Opladen: WDV.
Little, Roger W. (1964): »Buddy Relations and Combat Performance«, in: Morris Janowitz (Hg.): *The New Military: Changing Patterns of Organization*. New York: Russel Sage Foundation, S. 195-223.
Locke, Hubert G. (1997): »The Goldhagen Fallacy«, in: Franklin H. Littell (Hg.): *Hyping the Holocaust. Scholars answer Goldhagen*. Merion Station: Merion Westfield Press, S. 19-29.
Lohmann, Hans-Martin (1984): »Die Normalität im Ausnahmezustand. Anmerkungen zu Raul Hilbergs ›Gesamtgeschichte des Holocaust‹«, in: Hans-Martin Lohmann (Hg.): *Psychoanalyse und Nationalsozialismus. Beiträge zur Bearbeitung eines unbewältigten Traumas*. Frankfurt/M.: S. Fischer, S. 259-266.
Longerich, Peter (1998): *Politik der Vernichtung. Eine Gesamtdarstellung der nationalsozialistischen Judenverfolgung*. München: Piper.
Lower, Wendy (2013): *Hitler's Furies. German Women in the Nazi Killing Fields*. London: Chatto & Windus.〔武井彩佳監訳、石川ミカ訳『ヒトラーの娘たち――ホロコーストに加担したドイツ女性』明石書店、2016 年〕
Lozowick, Yaacov (2000): *Hitler's Bureaucrats: The Nazi Security Police and the Banality of Evil*. New York: Continuum.
Lüdtke, Alf (1996): »Der Bann der Wörter: ›Todesfabriken‹. Vom Reden über den NS-Völkermord – das auch ein Verschweigen ist«, *Werkstattgeschichte*, Jg. 13, S. 5-18.
Luhmann, Niklas (1964): *Funktionen und Folgen formaler Organisation*. Berlin: Duncker & Humblot.〔沢谷豊、関口光春、長谷川幸一訳『公式組織の機能とその派生的問題』上・下、新泉社、1992-1996 年〕
—— (1965): *Allgemeine Theorie der Verwaltung*. Bielefeld: Unveröff. Ms.
—— (1965): *Grundrechte als Institution*. Berlin: Duncker & Humblot.〔今井弘道、大野達司訳『制度としての基本権』木鐸社、1989 年〕
—— (1965): »Spontane Ordnungsbildung«, in: Fritz Morstein Marx (Hg.): *Verwaltung*. Berlin: Duncker & Humblot, S. 163-183.
—— (1968): *Vertrauen*. Stuttgart: Lucius & Lucius.〔大庭健、正村俊之訳『信頼――社会的な複雑性の縮減メカニズム』勁草書房、1990 年〕
—— (1971): »Der Sinn als Grundbegriff der Soziologie«, in: Jürgen Habermas; Niklas Luhmann: *Theorie der Gesellschaft oder Sozialtechnologie. Was leistet die Systemforschung?*

S. 531-634.

Lang, Johannes (2010): »Questioning Dehumanization. Intersubjective Dimensions of Violence in the Nazi Concentration and Death Camps«, *Holocaust and Genocide Studies*, Jg. 24, S. 225-246.

Lange, Heiko; Stephan Linck (2003): »Ein Hamburger Polizeibataillon im Osteinsatz. Anmerkungen zu einer neu entdeckten Quelle«, *Informationen zur Schleswig-Holsteinischen Zeitgeschichte*, S. 166-183.

LaPiere, R. T. (1934): »Attitudes vs. Actions«, *Social Forces*, Jg. 14, S. 230-237.

Latzel, Klaus (1997): »Von Kriegserlebnis zur Kriegserfahrung. Theoretische und methodische Überlegungen zur erfahrungsgeschichtlichen Untersuchung von Feldpostbriefen«, *Militärgeschichtliche Mitteilungen*, Jg. 56, S. 1-31.

—— (1998): *Deutsche Soldaten – nationalsozialistischer Krieg? Kriegserlebnis – Kriegserfahrung 1939-1945*. Paderborn: Schöningh.

Lazarsfeld, Paul F. (1949): »The American Soldier. An Expository Review«, *Public Opinion Quarterly*, Jg. 13, S. 377-404.

Leitfaden Wirtschafts-Verwaltungsdienst Polizei (1940): *Vorschrift über den Wirtschafts-Verwaltungsdienst bei Verwendung der Polizei außerhalb des Standortes (VdPaS), gültig ab 15. 7. 1940 durchnummerierte Ausgabe*. Berlin: Otto Drewitz.

—— (1941): *Leitfaden zur Vorschrift über den Wirtschafts-Verwaltungsdienst bei Verwendung der Polizei außerhalb des Standortes (LaV), gültig ab 1. November 1941*. Berlin: Otto Drewitz.

Lemkin, Raphael (1944): *Axis Rule in Occupied Europe*. Washington, D.C.: Carnegie Endowment for International Peace.

Lepsius, M. Rainer (1995): »Plädoyer für eine Soziologisierung der beiden deutschen Diktaturen«, in: Christian Jansen; Lutz Niethammer; Bernd Weisbrod (Hg.): *Von der Aufgabe der Freiheit. Politische Verantwortung und bürgerliche Gesellschaft im 19. und 20. Jahrhundert; Festschrift für Hans Mommsen*. Berlin: Akademie-Verlag, S. 609-615.

Leszczyński, Kazimierz (1967): »Dziennik wojenny batailonu policji 322«, *Biuletyn Głównej Komisji Badania Zbrodni Hitlerowskich w Polsce*, Jg. 17, S. 170-232.

Levene, Mark (2006): »Dark Side of Democracy. Review of Michael Mann«, *Journal of Genocide Research*, Jg. 8, S. 473-479.

Levi, Primo (2002): *Die Untergegangenen und die Geretteten*. München: Hanser.〔竹山博英訳『溺れるものと救われるもの』朝日文庫、2019 年〕

—— (2013): *Ist das ein Mensch? Ein autobiographischer Bericht*. München: dtv.〔竹山博英訳『改訂完全版　これが人間か——アウシュヴィッツは終わらない』朝日選書、2017 年〕

Liersch, Werner (2008): »Erwin Strittmatters unbekannter Krieg«, *FAS*, 8. 6. 2008.

Lifton, Robert Jay (1986): *The Nazi Doctors. Medical Killing and the Psychology of Genocide*.

Kühne, Thomas (1996): »Kameradschaft. ›Das Beste im Leben des Mannes‹. Die deutschen Soldaten des Zweiten Weltkriegs in erfahrungs- und geschlechtergeschichtlicher Perspektive«, *Geschichte und Gesellschaft*, Jg. 22, S. 504-529.

—— (1998): »Zwischen Männerbund und Volksgemeinschaft. Hitlers Soldaten und der Mythos der Kameradschaft«, *Archiv für Sozialgeschichte*, Jg. 38, S. 165-189.

—— (2004): »Massen-Töten. Diskurse und Praktiken der kriegerischen und genozidalen Gewalt im 20. Jahrhundert«, in: Peter Gleichmann; Thomas Kühne (Hg.): *Massenhaftes Töten. Kriege und Genozide im 20. Jahrhundert*. Essen: Klartext, S. 11-54.

—— (2006): *Kameradschaft. Die Soldaten des nationalsozialistischen Krieges und das 20. Jahrhundert*. Göttingen: Vandenhoeck & Ruprecht.

—— (2010): *Belonging and Genocide. Hitler's Community, 1918-1945*. New Haven: Yale University Press.

—— (2013): Rezension zu: Römer, Felix: Kameraden. Die Wehrmacht von innen. München 2012. Download unter: 〈hsozkult. geschichte.hu-berlin.de/rezensionen/2013-2-112〉 (Zugriff am 10. Juni 2014).

Kulka, Otto Dov; Jäckel, Eberhard (Hg.) (2004): *Die Juden in den geheimen NS-Stimmungsberichten 1933-1945*. Düsseldorf: Droste.

Kundrus, Birthe (2010): »Der Holocaust. Die ›Volksgemeinschaft‹ als Verbrechensgemeinschaft?«, in: Hans-Ulrich Thamer; Deutsches Historisches Museum (Hg.): *Hitler und die Deutschen. Volksgemeinschaft und Verbrechen*. Dresden: Sandstein-Verlag, S. 130-135.

Kuper, Leo (1982): *Genocide. Its Political Use in the Twentieth Century*. New Haven, London, New York: Yale University Press.〔高尾利数訳『ジェノサイド——20世紀におけるその現実』法政大学出版局、1986年〕

Kusch, Regina; Beckmann, Andreas (2013): Schwerpunktthema Emotionen und Gewalt im 20. Jahrhundert. Download unter: 〈http://www.dradio.de/dlf/sendungen/studiozeit-ks/2162986/〉 (Zugriff am 5. Juli 2013).

Kuwałek, Robert (2006): *Von Lublin nach Belzec. Auf Spurensuche; Leben und Vernichtung der Juden im südöstlichen Lubliner Land*. Lublin: Ad Rem.

—— (2013): *Das Vernichtungslager Belzec*. Berlin: Metropol.

Kwiet, Konrad (1993): »From the Diary of a Killing Unit«, in: John Milfull (Hg.): *Why Germany? National Socialist Antisemitism and the European Context*. Oxford: Berg, S. 75-90.

LaCapra, Dominick (2001): »Perpetrators and Victims«, in: Dominick LaCapra (Hg.): *Writing History, Writing Trauma*. Baltimore: Johns Hopkins University Press, S. 114-140.

Landgericht Hamburg (2003): »Urteil vom 8. 4. 1968 gegen Hoffmann, Wohlauf und andere«, in: Christiaan Frederik Rüter; Dick W. de Mildt (Hg.): *Justiz und NS-Verbrechen. Sammlung deutscher Strafurteile wegen nationalsozialistischer Tötungsverbrechen 1945-1999. Band 27*. Amsterdam, München: Amsterdam University Press; K.G. Saur,

Kruse, Volker (2009): »Mobilisierung und kriegsgesellschaftliches Dilemma«, *Zeitschrift für Soziologie*, Jg. 38, S. 198-214.

—— (2010): »Krieg und Gesellschaft in der frühen soziologischen Theorie. Auguste Comte, Ludwig Gumplowicz, Franz Oppenheimer, Herbert Spencer, Werner Sombart«, in: Maja Apelt (Hg.): *Forschungsthema: Militär. Militärische Organisationen im Spannungsfeld von Krieg, Gesellschaft und soldatischen Subjekten*. Wiesbaden: VS-Verlag für Sozialwissenschaften, S. 27-48.

Kuchler, Barbara (2013): »Krieg und gesellschaftliche Differenzierung«, *Zeitschrift für Soziologie*, Jg. 42, S. 502-520.

—— (2013): *Kriege. Eine Gesellschaftstheorie gewaltsamer Konflikte*. Frankfurt/M., New York: Campus.

Kühl, Stefan (2005): »Moden in der Entwicklungszusammenarbeit. Capacity Building und Capacity Development als neue Leitbilder von Entwicklungshilfeorganisationen«, *Soziale Welt*, Jg. 55, S. 231-262.

—— (2007): »Formalität, Informalität und Illegalität in der Organisationsberatung. Systemtheoretische Analyse eines Beratungsprozesses«, *Soziale Welt*, Jg. 58, S. 269-291.

—— (2007): »Willkommen im Club. Zur Diskussion über die Organisationshaftigkeit des Deportations-, Soda Cracker-, Stanford Prison- und Milgram-Experiments«, *Zeitschrift für Soziologie*, Jg. 36, S. 313-319.

—— (2009): »Die Fußvölker der ›Endlösung‹. Der Fall John Demjanjuk lenkt den Blick auf die Beteiligung von Nichtdeutschen der Shoah«, *Die Zeit*, 23. 4. 2009.

—— (2011): *Organisationen. Eine sehr kurze Einführung*. Wiesbaden: VS-Verlag für Sozialwissenschaften.

—— (2012): »Zwangsorganisationen«, in: Maja Apelt; Veronika Tacke (Hg.): *Handbuch Organisationstypen*. Wiesbaden: Springer VS, S. 345-358.

—— (2013): Im Prinzip ganz einfach. Zur Diskussion über den Ort des Nationalsozialismus in der Soziologie. Bielefeld, Working Papers. Download unter: 〈http://www.uni-bielefeld.de/soz/forschung/orgsoz/Stefan_Kuehl/workingpapers.html〉.

—— (2013): »Ein letzter kläglicher Versuch der Verdrängung«, *FAZ*, 8. 5. 2013.

—— (2014): *Die Internationale der Rassisten. Aufstieg und Niedergang der internationalen eugenischen Bewegung im 20. Jahrhundert*. Frankfurt/M., New York: Campus.

—— (2014): »Gruppen, Organisationen, Familien und Bewegungen. Zur Soziologie mitgliedschaftsbasierter Systeme zwischen Interaktion und Gesellschaft«, in: Bettina Heintz; Hartmann Tyrell (Hg.): *Interaktion – Organisation – Gesellschaft revisited. Sonderband der Zeitschrift für Soziologie*. Stuttgart: Lucius & Lucius, S. 65-85.

—— (2015): »Gesellschaft der Organisation, organisierte Gesellschaft, Organisationsgesellschaft. Zu den Grenzen einer an Organisationen ansetzenden Zeitdiagnose«, in: Maja Apelt; Uwe Wilkesmann (Hg.): *Zur Zukunft der Organisationssoziologie*. Wiesbaden: Springer VS, S. 73-91.

—— (2001): *Die Tat als Bild. Fotografien des Holocaust in der deutschen Erinnerungskultur*. Hamburg: Hamburger Edition.

Knoch, Peter (1996): »Feldpost – eine unentdeckte Quellengattung«, *Geschichtsdidaktik*, Jg. 11, S. 154-171.

Kobierska-Motas, Elżbieta (1992): *Ekstradycja ürzestrępców wojennych do polsko z czterech stref okupacyjnych niemic, 1946-1950*. Warschau: IPN.

Kogon, Eugen (1946): *Der SS-Staat. Das System der deutschen Konzentrationslager*. München: Karl Alber.〔林功三訳『SS国家——ドイツ強制収容所のシステム』ミネルヴァ書房、2001年〕

Köhler, Thomas (2001): »Anstiftung zu Versklavung und Völkermord. ›Weltanschauliche Schulung‹ durch Literatur. Lesestoff für Polizeibeamte während des ›Dritten Reichs‹«, in: Alfons Kenkmann; Christoph Spieker (Hg.): *Im Auftrag. Polizei, Verwaltung und Verantwortung*. Essen: Klartext, S. 130-158.

König, René (1980): *Leben im Widerspruch. Versuch einer intellektuellen Autobiographie*. München, Wien: Carl Hanser.

Königseder, Angelika (1994): »Zur Chronologie des Rechtsextremismus Daten und Zahlen 1946-1993«, in: Wolfgang Benz (Hg.): *Rechtsextremismus in Deutschland. Voraussetzungen, Zusammenhänge, Wirkungen*. Frankfurt/M.: S. Fischer, S. 246-317.

Kopitzsch, Wolfgang (1997): »Hamburger Polizeibataillone im Zweiten Weltkrieg«, in: Angelika Ebbinghaus; Karsten Linne (Hg.): *Kein abgeschlossenes Kapitel*. Hamburg: EVA, S. 293-318.

Koschorke, Helmuth (1939): *Jederzeit einsatzbereit*. Berlin: Zeitgeschichte Verlag.

—— (1940): *Polizeireiter in Polen*. Berlin, Leipzig: Franz Schneider.

—— (1941): *Polizei greift ein*. Berlin, Leipzig: Franz Schneider.

Koselleck, Reinhart (1977): »Standortbindung und Zeitlichkeit. Ein Beitrag zur historiographischen Erschließung der geschichtlichen Welt«, in: Wolfgang J. Mommsen; Jörn Rüsen; Reinhart Koselleck (Hg.): *Objektivität und Parteilichkeit in der Geschichtswissenschaft*. München: dtv, S. 17-46.

—— (1979): »Erfahrungsraum und Erwartungshorizont«, in: Reinhart Koselleck (Hg.): *Vergangene Zukunft. Zur Semantik geschichtlicher Zeiten*. Frankfurt/M.: Suhrkamp, S. 349-375.

Krakowski, Shmuel (1984): *The War of the Doomed. Jewish Armed Resistance in Poland, 1942-1944*. New York: Holmes & Meier.

Kramer, Helgard (2006): »Tätertypologien«, in: Helgard Kramer (Hg.): *NS-Täter aus interdisziplinärer Perspektive*. München: Martin Meidenbauer, S. 253-310.

Krausnick, Helmut (1998): *Hitlers Einsatzgruppen. Die Truppe des Weltanschauungskrieges 1938-1942*. Frankfurt/M.: S. Fischer.

Kren, George M.; Rappoport, Leon (1980): *The Holocaust and the Crisis of Human Behavior*. New York: Holmes & Meier.

36, S. 302-312.

Klee, Ernst; Dreßen, Willi; Rieß, Volker (1988): »*Schöne Zeiten*«. *Judenmord aus der Sicht der Täter und Gaffer*. Frankfurt/M.: S. Fischer.

Kleist, Heinrich von (1986): *Prinz Friedrich von Homburg*. Ditzingen: Reclam.〔佐藤恵三訳「公子フリードリヒ・フォン・ホムブルク」、同訳『クライスト全集』3、沖積舎、1998年所収〕

Klemm, Otto (1944): *Die Einsatzbesoldung (Aktivenbesoldung) der Polizei- Reservisten. Erläuterungen zu den grundlegenden Bestimmungen und zu den Durchführungserlassen vom 17. 11. 1942 und 22. 6. 1943*. Berlin: Otto Stollberg.

Klemp, Stefan (1998): *Freispruch für das »Mord-Bataillon«. Die NS-Ordnungspolizei und die Nachkriegsjustiz*. Münster: Lit Verlag.

—— (2005): »*Nicht ermittelt*«. *Polizeibataillone und die Nachkriegsjustiz. Ein Handbuch*. Essen: Klartext.

—— (2011): »*Nicht ermittelt*«. *Polizeibataillone und die Nachkriegsjustiz. Ein Handbuch*. 2., erweiterte u. überarbeitete Auflage. Essen: Klartext.

Klemp, Stefan; Schneider, Andreas (2009): »Kollaborateure, Deserteure, Resistenzler? Vom ›Corps des Gendarmes et Volontaires‹ zum Polizei-Ausbildungs-Bataillon (L) und seinem opferreichen Weg im II. Weltkrieg«, in: Wolfgang Schulte (Hg.): *Die Polizei im NS-Staat. Beiträge eines internationalen Symposiums an der Deutschen Hochschule der Polizei in Münster*. Frankfurt/M.: Verlag für Polizeiwissenschaft, S. 451-477.

Klemperer, Victor (1947): *LTI. Notizbuch eines Philologen*. Berlin: Aufbau.〔羽田洋、藤平浩之、赤井慧爾、中村元保訳『第三帝国の言語「LTI」――ある言語学者のノート』法政大学出版局、1974年〕

Klingemann, Carsten (1996): *Soziologie im Dritten Reich*. Baden-Baden: Nomos.

—— (2009): *Soziologie und Politik. Sozialwissenschaftliches Expertenwissen im Dritten Reich und in der frühen westdeutschen Nachkriegszeit*. Wiesbaden: VS-Verlag für Sozialwissenschaften.

Klukowski, Zygmunt (1993): *Diary from the Years of Occupation, 1939-44*. Urbana, Chicago: University of Illinois Press.

Klundt, Michael (2000): *Geschichtspolitik. Die Kontroversen um Goldhagen, die Wehrmachtsausstellung und das »Schwarzbuch des Kommunismus«*. Köln: Papy Rossa.

Klusemann, Stefan (2010): »Micro-Situational Antecedents of Violent Atrocity«, *Sociological Forum*, Jg. 25, S. 272-295.

—— (2012): »Massacres as Process. A Micro-Sociological Theory of Internal Patterns of Mass Atrocities«, *European Journal of Criminology*, Jg. 9, S. 468-480.

Knoch, Habbo (1998): »Im Bann der Bilder. Goldhagens virtuelle Täter und die deutsche Öffentlichkeit«, in: Johannes Heil; Rainer Erb (Hg.): *Geschichtswissenschaft und Öffentlichkeit. Der Streit um Daniel Goldhagen*. Frankfurt/M.: S. Fischer, S. 167-183.

Band IV. Herrschaft und Gesellschaft im Konflikt. München, Wien: Oldenbourg, S. 281-348.

—— (1981): »The Persecution of the Jews and German Public Opinion in the Third Reich«, *Leo Baeck Institute Yearbook*, Jg. 26, S. 261-289.

—— (1983): *Popular Opinion and Political Dissent in the Third Reich. Bavaria, 1933-1945.* Oxford: Clarendon Press.

—— (1993): »›Normality‹ and Genocide«, in: Thomas Childers; Jane Caplan (Hg.): *Reevaluating the Third Reich.* New York, London: Holmes & Meier, S. 20-41.

—— (1994): »›Widerstand ohne Volk?‹. Dissenz und Widerstand im Dritten Reich«, in: Jürgen Schmädeke; Peter Steinbach (Hg.): *Der Widerstand gegen den Nationalsozialismus. Die deutsche Gesellschaft und der Widerstand gegen Hitler.* München: Piper, S. 779-798.

—— (1999): *Der Hitler-Mythos.* Stuttgart: dtv.

—— (1999): *Der NS-Staat. Geschichtsinterpretationen und Kontroversen im Überblick.* Reinbek: Rowohlt.

—— (2008): *Hitler, the Germans and the Final Solution.* New Haven, London: Yale University Press.

—— (2011): »›Volksgemeinschaft‹. Potenzial und Grenzen eines neuen Forschungskonzepts«, *Vierteljahrshefte für Zeitgeschichte*, Jg. 59, S. 1-17.

Kiełboń, Janina (2004): »Judendeportationen in den Distrikt Lublin (1939-1943)«, in: Bogdan Musial (Hg.): *»Aktion Reinhardt«. Der Völkermord an den Juden im Generalgouvernement 1941-1944.* Osnabrück: fibre, S. 111-140.

Kiepe, Jan (2007): *Das Reservepolizeibataillon 101 vor Gericht. NS-Täter in Selbst- und Fremddarstellungen.* Hamburg: LIT.

Kieser, Alfred (1995): »Human Relations Bewegung und Organisationspsychologie«, in: Alfred Kieser (Hg.): *Organisationstheorien.* Stuttgart, Köln, Berlin: Kohlhammer, S. 91-122.

—— (1995): »Managementlehre und Taylorismus«, in: Alfred Kieser (Hg.): *Organisationstheorien.* Stuttgart, Köln, Berlin: Kohlhammer, S. 57-90.

Kieserling, André (1999): *Kommunikation unter Anwesenden.* Frankfurt/M.: Suhrkamp.

King, Anthony (2006): »The Word of Command. Communication and Cohesion in the Military«, *Armed Forces & Society*, Jg. 32, S. 493-512.

Kipp, Michaela (2007): »The Holocaust in the Letters of German Soldiers on the Eastern Front«, *Journal of Genocide Research*, Jg. 9, S. 601-615.

Kirstein, Wolfgang (1992): *Das Konzentrationslager als Institution totalen Terrors.* Pfaffenweiler: Centaurus.

Kitterman, David H. (1988): »›Those who said »no!«‹. Germans Who Refused to Execute Civilians During World War II«, *German Studies Review*, Jg. 11, S. 241-254.

Klatetzki, Thomas (2007): »Keine ganz normalen Organisationen«, *Zeitschrift für Soziologie,* Jg.

Kaiser, Wolf; Köhler, Thomas; Gryglewski, Elke (2012): »*Nicht durch formale Schranken gehemmt«. Die deutsche Polizei im Nationalsozialismus*. Bonn: Bundeszentrale für politische Bildung.

Kameradschaftsbund Deutscher Polizeibeamter (1939): »Neudruck der Satzung des Kameradschaftsbundes Deutscher Polizeibeamter (im Reichsbund der deutschen Beamten e.V.) vom September 1939.«, *Die Deutsche Polizei*, Jg. 7, S. 681-684.

—— (1942): *Die Deutsche Polizei. Taschenkalender für die Schutzpolizei des Reiches und der Gemeinden und die Verwaltungspolizei*. Berlin: Verlag Deutsche Kultur-Wacht Oscar Berger.

Kassow, Samuel D. (2007): *Who Will Write Our History? Emanuel Ringelblum, the Warsaw Ghetto, and the Oyneg Shabes Archive*. Bloomington: Indiana University Press.

Katz, Daniel (1964): »The Motivational Basis of Organizational Behavior«, *Behavioral Science*, Jg. 9, S. 131-146.

Katz, Fred E. (1968): *Autonomy and Organization*. New York: Random House.

—— (1982): »A Sociological Perspective to the Holocaust«, *Modern Judaism*, Jg. 2, S. 273-296.

—— (1982): »Implementation of the Holocaust. The Behavior of Nazi Officials«, *Comparative Studies in Society and History*, Jg. 24, S. 510-529.

—— (1993): *Ordinary People and Extraordinary Evil. A Report on the Beguilings of Evil*. Albany: State University of New York Press.

—— (2007): »Holocaust«, in: George Ritzer (Hg.): *The Blackwell Encyclopedia of Sociology*. Malden, Mass: Blackwell, S. 2142-2143.

Katz, Jack (1988): *Seductions of Crime. Moral and Sensual Attractions in Doing Evil*. New York: Basic Books.

Kautter, Eberhard (1942): *Ueber Volksgemeinschaft zur Wehrgemeinschaft*. Berlin: Hochmuth.

Kautz, Fred (1998): *Gold-Hagen und die »Hürnen Sewfriedte«. Die Holocaust-Forschung im Sperrfeuer der Flakhelfer*. Hamburg: Argument Verlag.

Keckeisen, Wolfgang (1974): *Die gesellschaftliche Definition abweichenden Verhaltens. Perspektiven und Grenzen des labeling approach*. München: Juventa.

Keller, Sven (2013): *Volksgemeinschaft am Ende. Gesellschaft und Gewalt 1944/45*. München: Oldenbourg.

Kelman, Herbert C. (1973): »Violence Without Moral Restraint. Reflections on the Dehumanization of Victims and Victimizers«, *Journal of Social Issues*, Jg. 29, S. 25-60.

Kenkmann, Alfons (2006): »›Ich war aber nicht der böse Mann, der Sie mit Wollust fortbringen wollte ...‹. Rechts- und Unrechtswahrnehmungen deutscher Polizisten vor und nach 1945«, in: Helmut Gebhardt (Hg.): *Polizei, Recht und Geschichte. Europäische Aspekte einer wechselvollen Entwicklung*. Graz: Grazer Universitätsverlag, S. 147-156.

Kershaw, Ian (1979): »Antisemitismus und Volksmeinung. Reaktionen auf die Judenverfolgung«, in: Martin Broszat; Elke Fröhlich; Anton Grossmann (Hg.): *Bayern in der NS-Zeit.*

Internationaler Militärgerichtshof (Hg.) (1947): *Der Prozeß gegen die Hauptkriegsverbrecher vor dem Internationalen Militärgerichtshof. Band 33*. Nürnberg: IMT.

Ionescu, Dominic (2015): »›Befehl ist Befehl‹. Drei Fälle systemfunktionaler Rollendistanz im Holocaust«, in: Alexander Gruber; Stefan Kühl (Hg.): *Soziologische Analysen des Holocaust. Jenseits der Debatte über »ganz normale Männer« und »ganz normale Deutsche«*. Wiesbaden: Springer VSVerlag, S. 241-258.

Jacobs, Tino (2001): *Himmlers Mann in Hamburg*. Hamburg: Ergebnisse-Verlag.

Jacoby, Louis; Trauffler, René (1986): *Freiwellege Kompanie 1940-1945*. Luxemburg: Imprimerie St. Paul.

Jäger, Herbert (1982): *Verbrechen unter totalitärer Herrschaft. Studien zur nationalsozialistischen Gewaltkriminalität*. Frankfurt/M.: Suhrkamp.

—— (1989): *Makrokriminalität. Studien zur Kriminologie kollektiver Gewalt*. Frankfurt/M.: Suhrkamp.

—— (1997): »Die Widerlegung des funktionalistischen Täterbildes. Daniel Goldhagens Beitrag zur Kriminologie des Völkermordes«, *Mittelweg 36*, S. 73-85.

Janowitz, Morris (1960): *The Professional Soldier*. New York: Free Press.

Jasch, Hans Christian (2012): *Staatssekretär Wilhelm Stuckart und die Judenpolitik*. München: Oldenbourg.

Jensen, Olaf (2013): »Evaluating Genocidal Intent. The Inconsistent Perpetrator and the Dynamics of Killing«, *Journal of Genocide Research*, Jg. 15, S. 1-19.

Jersak, Tobias (1999): »Die Interaktion von Kriegsverlauf und Judenvernichtung. Ein Blick auf Hitlers Strategie im Spätsommer 1941«, *Historische Zeitschrift*, Jg. 268, S. 311-374.

Joas, Hans (1996): »Soziologie nach Auschwitz. Zygmunt Baumans Werk und das deutsche Selbstverständnis«, *Mittelweg 36*, Jg. 5, S. 18-28.

Jobst, Dionys (1953): *Der Polizeibegriff in Deutschland*. München: Dissertation Ludwig Maximilians-Universität München.

Johnson, Paul (1996): »Eine Epidemie des Hasses«, in: Julius H. Schoeps (Hg.): *Ein Volk von Mördern? Die Dokumentation zur Goldhagen-Kontroverse um die Rolle der Deutschen im Holocaust*. Hamburg: Hoffmann & Campe, S. 28-31.

Johnson, Robert (2006): *Death Work. A Study of the Modern Execution Process*. Mason: Thomson/Wadsworth.

Jonassohn, Kurt (1992): »What Is Genocide?«, in: Helen Fein (Hg.): *Genocide Watch*. New Haven, London: Yale University Press, S. 17-26.

Just, Steffen (1990): *Der Polizeibegriff und Polizeirecht im Nationalsozialismus unter besonderer Berücksichtigung der Arbeit des Ausschusses für Polizeirecht bei der Akademie für Deutsches Recht*. Würzburg: Dissertation Universität Würzburg.

Ordnungspolizisten Massenmörder werden«, in: Alexander Gruber; Stefan Kühl (Hg.): *Soziologische Analysen des Holocaust. Jenseits der Debatte über »ganz normale Männer« und »ganz normale Deutsche«*. Wiesbaden: Springer VS-Verlag, S. 129-169.

Höhn, Reinhard (1935): *Rechtsgemeinschaft und Volksgemeinschaft*. Hamburg: Hanseatische Verlagsanstalt.

Honwana, Alcinda (2006): *Child Soldiers in Africa*. Philadelphia: University of Pennsylvania Press.

Horkheimer, Max; Adorno, Theodor W. (1969): *Dialektik der Aufklärung*. Frankfurt/M.: Suhrkamp.〔徳永恂訳『啓蒙の弁証法——哲学的断想』岩波文庫、2007 年〕

Horn, Yosef (1952): *Mezrich Zamlbuch*. Buenos Aires: o. Vlg.

Horowitz, Irving Louis (1997): *Taking Lives. Genocide and State Power*. New Brunswick, London: Transaction Publishers.

Höß, Rudolf (1981): *Kommandant in Auschwitz*. München: dtv.〔片岡啓治『アウシュヴィッツ収容所』講談社学術文庫、1999 年〕

Huber, Christian Thomas (2007): *Die Rechtsprechung der deutschen Feldkriegsgerichte bei Straftaten von Wehrmachtssoldaten gegen Angehörige der Zivilbevölkerung in den besetzten Gebieten*. Marburg: Tectum.

Humburg, Martin (1998): *Das Gesicht des Krieges. Feldpostbriefe von Wehrmachtsoldaten aus der Sowjetunion 1941-1944*. Opladen: WDV.

—— (1999): »Feldpostbriefe aus dem Zweiten Weltkrieg. Zur möglichen Bedeutung im aktuellen Meinungsstreit unter besonderer Berücksichtigung des Themas ›Antisemitismus‹«, *Militärgeschichtliche Mitteilungen*, Jg. 58, S. 321-343.

Hunt, Richard (1987): »Entering the Future Looking Backwards«, *The Hastings Center Report*, S. 6.

Hüttermann, Jörg (2004): »›Dichte Beschreibung‹ oder Ursachenforschung der Gewalt? Anmerkung zu einer falschen Alternative im Lichte der Problematik funktionaler Erklärungen«, in: Wilhelm Heitmeyer; Hans-Georg Soeffner (Hg.): *Gewalt. Entwicklungen, Strukturen, Analyseprobleme*. Frankfurt/M.: Suhrkamp, S. 107-124.

IdS Hamburg (1941): *Begriff, Recht und Aufbau der deutschen Polizei. Druckbogen, Februar 1941*. Hamburg.

Imbusch, Peter (2001): »Deutsche Geschichte, der Holocaust an den Juden und die Besonderheit der bundesrepublikanischen Genozidforschung. Acht Thesen«, in: Hartwig Hummel; Ulrich Albrecht (Hg.): *Völkermord. Friedenswissenschaftliche Annäherungen*. Baden-Baden: Nomos, S. 123-134.

—— (2004): »›Mainstreamer‹ versus ›Innovateure‹ der Gewaltforschung. Eine kuriose Debatte«, in: Wilhelm Heitmeyer; Hans-Georg Soeffner (Hg.): *Gewalt. Entwicklungen, Strukturen, Analyseprobleme*. Frankfurt/M.: Suhrkamp, S. 125-150.

—— (2005): *Moderne und Gewalt. Zivilisationstheoretische Perspektiven auf das 20. Jahrhundert*. Wiesbaden: VS-Verlag für Sozialwissenschaften.

Forschungen und Kontroversen. Frankfurt/M.: S. Fischer, S. 9-66.

—— (1999): »Academic and Public Discourses on the Holocaust. The Goldhagen Debate in Germany«, *German Politics and Society*, Jg. 17, S. 33-54.

Herwig, Malte (2013): *Die Flakhelfer. Wie aus Hitlers jüngsten Parteimitgliedern Deutschlands führende Demokraten wurden*. München: DVA.

Heyl, Matthias (1996): *Zur Diskussion um Goldhagens Buch »Hitlers willige Vollstrecker«*. Hamburg: Unveröff. Ms.

Hilberg, Raul (1961): *The Destruction of the European Jews*. London: Allen.〔望田幸男、原田一美、井上茂子訳『ヨーロッパ・ユダヤ人の絶滅』(新装版) 上・下、柏書房、2012 年〕

—— (1980): »The Significance of the Holocaust«, in: Henry Friedlander; Sybil Milton (Hg.): *The Holocaust: Ideology*. Millwood: Kraus International Publications, S. 95-102.

—— (1981): *Sonderzüge nach Auschwitz*. Mainz: Dumjahn.

—— (1990): *Die Vernichtung der europäischen Juden*. Frankfurt/M.: S. Fischer.

—— (1992): *Perpetrators, Victims, Bystanders. The Jewish Catastrophe 1933-1945*. New York: HarperCollins.

—— (1994): *Unerbetene Erinnerung. Der Weg eines Holocaust-Forschers*. Frankfurt/M.: S. Fischer.

—— (1996): *Täter, Opfer, Zuschauer. Die Vernichtung der Juden 1933-1945*. Frankfurt/M.: S. Fischer.

—— (2002): *Die Quellen des Holocaust. Entschlüsseln und interpretieren*. Frankfurt/M.: S. Fischer.

Hildebrand, Klaus (1996): »Stufen der Totalitarismus-Forschung«, in: Eckhard Jesse (Hg.): *Totalitarismus im 20. Jahrhundert*. Bonn: Bundeszentrale für politische Bildung, S. 70-94.

Himmler, Heinrich (1947): »Rede auf der SS-Gruppenführertagung in Posen am 4. 10. 1943«, in: Internationaler Militärgerichtshof (Hg.): *Der Prozeß gegen die Hauptkriegsverbrecher vor dem Internationalen Militärgerichtshof. Band 29*. Nürnberg: IMT, S. 110-173.

Hinton, Alex (1998): »Why Did the Nazis Kill? Anthropology, Genocide and the Goldhagen Controversy«, *Anthropology Today*, Jg. 14, S. 9-15.

Hirche, Bruno Hans (1941): *Erlebtes Generalgouvernement*. Krakau: Buchverlag Deutscher Osten.

Hirsch, Herbert; Smith, Roger W. (1988): »The Language of Extermination in Genocide«, in: Israel W. Charny (Hg.): *Genocide. A Critical Bibliographic Review*. London: Mansell, S. 386-404.

Hitler, Adolf (1938): »Rede vor Kreisleitern in Reichenberg am 2. 12. 1938«, *Völkischer Beobachter*, 4. 12. 1938.

Hoebel, Thomas (2015): »Organisierte Plötzlichkeit. Timing, Territorialität und die Frage, wie aus

DVA.〔中村牧子『ナチスとのわが闘争——あるドイツ人の回想　1914～1933』東林書林、2002年〕

Hamel, Walter (1937): »Wesen und Rechtsgrundlage der Polizei im nationalsozialistischen Staate«, in: Hans Frank (Hg.): *Deutsches Verwaltungsrecht*. München: Zentralverlag der NSDAP Franz Eher, S. 381-398.

Haney, Craig; Banks, Curtis; Zimbardo, Philip G. (1973): »Interpersonal Dynamics in a Simulated Prison«, *International Journal of Criminology and Penology*, Jg. 1, S. 69-97.

Hauffe, Tobias (2013): *Hier ist kein Warum. Willkür in den nationalsozialistischen Konzentrationslagern – eine soziologische Analyse*. Bielefeld: Unveröff. Ms.

Heidegger, Martin (1994): »Bremer und Freiburger Vorträge (Vorträge 1949 und 1957)«, in: Martin Heidegger: *Gesamtausgabe. Band 79*. Frankfurt/M.: Klostermann.〔ハルトムート・ブフナー、森一郎訳『ブレーメン講演とフライブルク講演』(ハイデッガー全集　第79巻)、創文社、2003年〕

Heigl, Peter (2001): *Nürnberger Prozesse – Nuremberg Trials*. Nürnberg: Hans Carl.

Heil, Johannes; Erb, Rainer (Hg.) (1998): *Geschichtswissenschaft und Öffentlichkeit. Der Streit um Daniel Goldhagen*. Frankfurt/M.: S. Fischer.

Heim, Susanne (Hg.) (2009): *Deutsches Reich, 1938 – August 1939*. München: Oldenbourg.

Heinemann, Isabel (2005): »›Ethnic Resettlement‹ and Inter-Agency Cooperation in the Occupied Eastern Territories«, in: Gerald D. Feldman; Wolfgang Seibel (Hg.): *Networks of Nazi Persecution. Bureaucracy, Business, and the Organization of the Holocaust*. New York: Berghahn Books, S. 213-235.

Heitmeyer, Wilhelm (Hg.) (1994): *Das Gewalt-Dilemma. Gesellschaftliche Reaktionen auf fremdenfeindliche Gewalt und Rechtsextremismus*. Frankfurt/M.: Suhrkamp.

Heller, Karl Heinz (1981): »The Remodeled Praetorians. The German Ordnungspolizei as Guardians of the ›New Order‹«, in: Otis L. Mitchell (Hg.): *Nazism and the Common Man*. Washington, D.C.: University Press of America, S. 45-64.

Heller, Karl-Heinz (1970): *The Reshaping and Political Conditioning of the German Order Police, 1935-1945: A Study of Techniques Used in the Nazi State to Conform*. Ann Arbor: Dissertation University of Michigan.

Henderson, William Darryl (1985): *Cohesion, the Human Element in Combat. Leadership and Societal Influence in the Armies of the Soviet Union, the United States, North Vietnam, and Israel*. Washington, D.C.: National Defense University Press.

Hepp, Michael; Otto, Viktor (Hg.) (1996): *»Soldaten sind Mörder«. Dokumentation einer Debatte 1931-1996*. Berlin: Links.

Herbert, Ulrich (1996): *Best. Biographische Studien über Radikalismus, Weltanschauung und Vernunft, 1903-1989*. Bonn: Dietz.

—— (1998): »Vernichtungspolitik. Neue Antworten und Fragen zur Geschichte des ›Holocaust‹«, in: Ulrich Herbert (Hg.): *Nationalsozialistische Vernichtungspolitik 1939-1945. Neue*

Deutsche«. Wiesbaden: Springer VS-Verlag, S. 29-54.
Gruber, Alexander; Kühl, Stefan (Hg.) (2015): *Soziologische Analysen des Holocaust. Jenseits der Debatte über »ganz normale Männer« und »ganz normale Deutsche«*. Wiesbaden: Springer VS-Verlag.
Gruchmann, Lothar (1983): »›Blutschutzgesetz‹ und Justiz. Zur Entstehung und Auswirkung des Nürnberger Gesetzes vom 15. September 1935«, *Vierteljahrshefte für Zeitgeschichte*, Jg. 31, S. 418-442.
—— (1988): *Justiz im Dritten Reich 1933-1940. Anpassung und Unterwerfung in der Ära Gürtner*. München: Oldenbourg.
Grüneisen, Sven (2010): *Kameradschaft in Militärorganisationen – Kameradschaft in Extremsituationen*. Bielefeld: Working Paper Soziologische Analyse des Holocaust.
—— (2015): »Kameradschaft im Reserve-Polizeibataillon 101 und der Genozid an den Juden. Eine soziologische Rekonstruktion von Verhaltenserwartungen in Extremsituationen«, in: Alexander Gruber; Stefan Kühl (Hg.): *Soziologische Analysen des Holocaust. Jenseits der Debatte über »ganz normale Männer« und »ganz normale Deutsche«*. Wiesbaden: Springer VS-Verlag, S. 171-214.
Gruner, Wolf (Hg.) (2008): *Deutsches Reich 1933-1937*. München: Oldenbourg.
Gurfein, Murray; Janowitz, Morris (1951): »Propaganda in War and Crisis«, in: Daniel Lerner (Hg.): *Propaganda in War and Crisis*. New York: Arno Press, S. 200-208.

Haar, Ingo (2009): »Bevölkerungspolitik im Generalgouvernement. Nationalitäten-, Juden- und Siedlungspolitik im Spannungsfeld regionaler und zentraler Initiativen«, in: Jacek Andrzej Młynarczyk (Hg.): *Polen unter deutscher und sowjetischer Besatzung*. Osnabrück: fibre, S. 281-306.
Habermas, Jürgen (1987): *Eine Art Schadensabwicklung. Kleine politische Schriften VI*. Frankfurt/M.: Suhrkamp.
—— (1997): »Über den öffentlichen Gebrauch der Historie. Warum ein ›Demokratiepreis‹ für Daniel Goldhagen?«, in: Karl D. Bredthauer; Arthur Heinrich (Hg.): *Aus der Geschichte lernen – How to Learn from History*. Bonn: Blätter-Verlag, S. 14-37.
—— (1998): »Goldhagen and the Public Use of History: Why a Democracy Prize for Daniel Goldhagen?«, in: Robert R. Shandley (Hg.): *Unwilling Germans? The Goldhagen Debate*. Minneapolis, London: University of Minnesota Press, S. 263-274.
Habermas, Jürgen; Luhmann, Niklas (1971): *Theorie der Gesellschaft oder Sozialtechnologie. Was leistet die Systemforschung?* Frankfurt/M.: Suhrkamp.〔佐藤嘉一訳『批判理論と社会システムの理論――ハーバーマス＝ルーマン論争』木鐸社、1984 年〕
Hadamovsky, Eugen (1941): *Weltgeschichte im Sturmschritt*. München: Zentralverlag der NSDAP Franz Eher.
Haffner, Sebastian (2004): *Geschichte eines Deutschen. Die Erinnerungen 1914-1933*. Stuttgart:

Genocide Studies, Jg. 3, S. 209-222.

—— (1994): »Die Verfolgung von NS-Gewaltverbrechen in Hamburg in der Zeit von 1956 bis heute«, in: Helge Grabitz; Klaus Bästlein; Johannes Tuchel (Hg.): *Die Normalität des Verbrechens*. Berlin: Edition Hentrich, S. 300-324.

—— (1999): »Überblick«, in: Helge Grabitz; Justizbehörde Hamburg (Hg.): *Täter und Gehilfen des Endlösungswahns. Hamburger Verfahren wegen NS-Gewaltverbrechen 1946-1996*. Hamburg: Ergebnisse-Verlag, S. 27-162.

Grabitz, Helge; Justizbehörde Hamburg (Hg.) (1999): *Täter und Gehilfen des Endlösungswahns. Hamburger Verfahren wegen NS-Gewaltverbrechen 1946-1996*. Hamburg: Ergebnisse-Verlag.

Granovetter, Mark S. (1973): »The Strength of Weak Ties«, *American Journal of Sociology*, Jg. 78, S. 1360-1380.〔大岡栄美訳「弱い紐帯の強さ」、野沢慎司編・監訳『リーディングス　ネットワーク論――家族・コミュニティ・社会関係資本』勁草書房、2006 年所収〕

Gray, J. Glenn (1959): *The Warriors. Reflections on Men in Battle*. New York: Harcourt Brace.〔吉田一彦監訳、谷さつき訳『戦場の哲学者　戦争ではなぜ平気で人が殺せるのか』PHP 研究所、2009 年〕

Greenspan, Henry (2010): »Survivors' Account«, in: Peter Hayes; John K. Roth (Hg.): *The Oxford Handbook of Holocaust Studies*. Oxford, New York: Oxford University Press, S. 414-427.

Greiser, Katrin (2008): *Die Todesmärsche von Buchenwald. Räumung, Befreiung und Spuren der Erinnerung*. Göttingen: Wallstein.

Greve, Michael (2001): *Der justitielle und rechtspolitische Umgang mit den NS-Gewaltverbrechen in den sechziger Jahren*. Frankfurt/M.: Peter Lang.

Groebner, Valentin (2009): »Theoriegesättigt. Angekommen in Bielefeld 1989«, in: Sonja Asal; Stephan Schlak (Hg.): *Was war Bielefeld? Eine ideengeschichtliche Nachfrage*. Göttingen: Wallstein, S. 179-189.

Gross, Jan Tomasz (1979): *Polish Society under German Occupation. The Generalgouvernement 1939-1944*. Princeton: Princeton University Press.

—— (2001): *Neighbors. The Destruction of the Jewish Community in Jedwabne Poland*. Princeton: Princeton University Press.

Grossman, Dave (2009): *On Killing. The Psychological Cost of Learning to Kill in War and Society*. New York: Back Bay Books.〔安原和見訳『戦争における「人殺し」の心理学』ちくま学芸文庫、2004 年〕

Gruber, Alexander (2015): »›... zunächst wurde nach Freiwilligen gesucht‹. Soziologische Erklärungsansätze zur freiwilligen Beteiligung von Ordnungspolizisten an der ›Endlösung‹«, in: Alexander Gruber; Stefan Kühl (Hg.): *Soziologische Analysen des Holocaust. Jenseits der Debatte über »ganz normale Männer« und »ganz normale*

Zahl der jüdischen Opfer des Nationalsozialismus. München: dtv, S. 411-497.
—— (2002): »Der Jedwabne-Diskurs. Bemerkungen im Anschluß an den Artikel von Bogdan Musial«, *Jahrbücher für Geschichte Osteuropas*, Jg. 50, S. 412-437.
Goldberg, Amos (2010): »Jews' Diaries and Chronicles«, in: Peter Hayes; John K. Roth (Hg.): *The Oxford Handbook of Holocaust Studies*. Oxford, New York: Oxford University Press, S. 397-413.
Goldhagen, Daniel Jonah (1996): *Hitler's Willing Executioners. Ordinary Germans and the Holocaust*. New York: Knopf.〔望田幸男監訳『普通のドイツ人とホロコースト——ヒトラーの自発的死刑執行人たち』ミネルヴァ書房、2007 年〕
—— (1996): *Hitlers willige Vollstrecker. Ganz gewöhnliche Deutsche und der Holocaust*. Berlin: Siedler.
—— (1996): »Was dachten die Mörder? Der US-Politologe Daniel Jonah Goldhagen über den Streit um sein Holocaust Buch und das Bild der Täter«, *Der Spiegel*, 12. 8. 1996, S. 128.
—— (1996): »A Reply to My Critics: Motives, Causes and Alibis«, *New Republic*, 23. 12. 1996, S. 37-45.
—— (1997): *Briefe an Goldhagen*. Berlin: Siedler.
—— (1998): »Ordinary Men or Ordinary Germans?«, in: Michael Berenbaum; Abraham J. Peck (Hg.): *The Holocaust and History*. Bloomington: Indiana University Press, S. 301-308.
—— (1999): »Die Notwendigkeit eines neuen Paradigmas«, in: Jürgen Elsässer; Andrej S. Markovits (Hg.): *»Die Fratze der eigenen Geschichte«. Von der Goldhagen-Debatte zum Jugoslawien-Krieg*. Berlin: Elefanten Press, S. 80-102.
—— (2009): *Worse than War. Genocide, Eliminationism, and the Ongoing Assault on Humanity*. New York: PublicAffairs.
Goldschmidt, Dietrich (1964): »Soziologische Überlegungen zur Strafrechtsreform angesichts der Prozesse gegen nationalsozialistische Gewaltverbrecher«, in: Freie Universität Berlin (Hg.): *Gesellschaftliche Wirklichkeit im 20. Jahrhundert und Strafrechtsreform*. Berlin: Walter de Gruyter, S. 71-89.
Gottwaldt, Alfred; Schulle, Diana (2005): *Die »Judendeportationen« aus dem Deutschen Reich 1941-1945. Eine kommentierte Chronologie*. Wiesbaden: Matrix Verlag.
Götz, Norbert (2001): *Ungleiche Geschwister. Die Konstruktion von nationalsozialistischer Volksgemeinschaft und schwedischem Volksheim*. Baden-Baden: Nomos.
Grabitz, Helge (1984): »Die Verfolgung nationalsozialistischer Gewaltverbrechen aus der Sicht einer damit befassten Staatsanwältin«, in: Jürgen Weber; Peter Steinbach (Hg.): *Vergangenheitsbewältigung durch Strafrecht? NS-Prozesse in der Bundesrepublik Deutschland*. München: Olzog, S. 84-99.
—— (1985): *NS-Prozesse. Psychogramme der Beteiligten*. Heidelberg: c.f. müller.
—— (1988): »Problems of the Nazi Trials in the Federal Republic of Germany«, *Holocaust and*

Aktionsfeld kleiner und mittlerer Firmen im Zweiten Weltkrieg«, in: Aleida Assmann; Frank Hiddemann; Eckhard Schwarzenberger (Hg.): *Firma Topf & Söhne – Hersteller der Öfen für Auschwitz. Ein Fabrikgelände als Erinnerungsort?* Frankfurt/M., New York: Campus, S. 72-94.

—— (2006): »Extremely Violent Societies. An Alternative to the Concept of Genocide«, *Journal of Genocide Research*, Jg. 8, S. 455-472.

—— (2011): *Extrem gewalttätige Gesellschaften. Massengewalt im 20. Jahrhundert*. München: DVA.

Gerth, Hans; Mills, C. Wright (1954): *Character and Social Structure*. London: Routledge & Kegan Paul.〔古城利明、杉森創吉訳『性格と社会構造——社会制度の心理学』青木書店、2005 年〕

—— (1973): »Motivvokabulare«, in: Heinz Steinert (Hg.): *Symbolische Interaktion*. Stuttgart: Klett-Cotta, S. 156-161.

Geser, Hans (1983): »Organisationsprobleme des Militärs«, in: Günther Wachtler (Hg.): *Militär, Krieg und Gesellschaft. Texte zur Militärsoziologie*. Frankfurt/M., New York: Campus, S. 139-165.

Giddens, Anthony (1984): *The Constitution of Society*. Cambridge: Polity Press.〔門田健一訳『社会の構成』勁草書房、2015 年〕

—— (1985): *The Nation State and Violence*. Berkeley: University of California Press.〔松尾精文、小幡正敏訳『国民国家と暴力』而立書房、1999 年〕

Gilcher-Holtey, Ingrid (1996): »Die Mentalität der Täter«, in: Julius H. Schoeps (Hg.): *Ein Volk von Mördern? Die Dokumentation zur Goldhagen-Kontroverse um die Rolle der Deutschen im Holocaust*. Hamburg: Hoffmann & Campe, S. 210-213.

Gippert, Wolfgang (2008): *Neue Tendenzen in der NS-Täterforschung*. Köln: Unveröff. Ms.

Girard, René (1982): *Le bouc émissaire*. Paris: Grasset.〔織田年和、富永茂樹訳『身代わりの山羊』(新装版)、法政大学出版局、2010 年〕

Goebbels, Joseph (1944): »Krieg und Weltanschauung«, *Mitteilungsblätter für die weltanschauliche Schulung der Ordnungspolizei*, 10. 7. 1944, S 1-4.

Goffman, Erving (1956): *The Presentation of Self in Everyday Life*. New York: Doubleday.〔中河伸俊、小島奈名子訳『日常生活における自己呈示』ちくま学芸文庫、2023 年〕

—— (1961): *Asylums*. New York: Doubleday.〔石黒毅訳『アサイラム——施設被収容者の日常世界』誠信書房、1984 年〕

—— (1961): »Role Distance«, in: Erving Goffman (Hg.): *Encounters. Two Studies in the Sociology of Interaction*. London: Allen Lane, S. 73-134.〔佐藤毅、折橋徹彦訳『出会い——相互行為の社会学』誠信書房、1985 年所収〕

—— (1963): *Stigma*. Englewood Cliffs: Prentice Hall.〔石黒毅訳『スティグマの社会学——烙印を押されたアイデンティティ』せりか書房、1970 年〕

Golczewski, Frank (1991): »Polen«, in: Wolfgang Benz (Hg.): *Dimension des Völkermordes. Die*

Harper Collins.
—— (2006): *Die Jahre der Vernichtung. Das Dritte Reich und die Juden. Zweiter Band 1933-1945*. München: C.H. Beck.
—— (2012): »Wege der Holocaust-Geschichtsschreibung«, in: Ulrich Bielefeld; Heinz Bude; Bernd Greiner (Hg.): *Gesellschaft – Gewalt – Vertrauen. Jan Philipp Reemtsma zum 60. Geburtstag*. Hamburg: Hamburger Edition, S. 471-488.
Friedrich, Carl Joachim (1957): *Totalitäre Diktatur*. Stuttgart: Kohlhammer.
Friedrich, Carl Joachim; Brzezinski, Zbigniew (1996): »Die allgemeinen Merkmale der Totalitarismus-Theorie«, in: Eckhard Jesse (Hg.): *Totalitarismus im 20. Jahrhundert*. Bonn: Bundeszentrale für politische Bildung, S. 225-236.
Friedrich, Klaus-Peter (Hg.) (2011): *Polen, September 1939-Juli 1941*. München: Oldenbourg.
—— (2014): *Polen: Generalgouvernement August 1941-1945*. München: Oldenbourg.
Friedrich, Stefan (2012): *Soziologie des Genozids. Grenzen und Möglichkeiten einer Forschungsperspektive*. Paderborn: Fink.
Frisch, Max (2011): *Tagebuch 1946-1949*. Berlin: Suhrkamp.

Galtung, Johan (1975): *Strukturelle Gewalt. Beiträge zur Friedens- und Konfliktforschung*. Reinbek: Rowohlt.
Gambetta, Diego (1993): *The Sicilian Mafia*. Cambridge, Mass.: Harvard University Press.
Garfinkel, Harold (1956): »Conditions of Successful Degradation Ceremonies«, *American Journal of Sociology*, Jg. 61, S. 420-424.
Geiger, Theodor (1932): *Die soziale Schichtung des deutschen Volkes. Soziographischer Versuch auf statistischer Grundlage*. Stuttgart: Ferdinand Enke.
Geldbach, Erich (1997): »Goldhagen: Another Kind of Revisionism«, in: Franklin H. Littell (Hg.): *Hyping the Holocaust. Scholars answer Goldhagen*. Merion Station: Merion Westfield Press, S. 89-102.
Gellately, Robert (1990): *The Gestapo and German Society*. Oxford: Clarendon Press.
—— (2002): *Hingeschaut und weggesehen. Hitler und sein Volk*. Stuttgart, München: DVA.
George, Alexander L. (1971): »Primary Groups, Organization and Military Performance«, in: Roger W. Little (Hg.): *Handbook of Military Institutions*. Beverly Hills, London: Sage, S. 293-318.
Gerhardt, Uta (Hg.) (1993): *Talcott Parsons on National Socialism*. Piscataway: Aldine Transaction.
Gerlach, Christian (Hg.) (2000): *»Durchschnittstäter«. Handeln und Motivation*. Berlin: Assoziation Schwarze Risse Rote Straße.
—— (2000): *Kalkulierte Morde. Die deutsche Wirtschafts- und Vernichtungspolitik in Weißrußland 1941 bis 1944*. Hamburg: Hamburger Edition.
—— (2002): »Die Firma J.A. Topf & Söhne, die deutsche Vernichtungspolitik und der ›Osten‹ als

– Evidence and Analytical Challenges«, in: Gerald D. Feldman; Wolfgang Seibel (Hg.): *Networks of Nazi Persecution. Bureaucracy, Business, and the Organization of the Holocaust*. New York: Berghahn Books, S. 1-12.

Festinger, Leon (1957): *A Theory of Cognitive Dissonance*. Stanford: Stanford University Press. 〔末永俊郎監訳『認知的不協和の理論——社会心理学序説』誠信書房、1965 年〕

Finger, Jürgen (2009): »Zeithistorische Quellenkunde von Strafprozessakten«, in: Jürgen Finger (Hg.): *Vom Recht zur Geschichte. Akten aus NS-Prozessen als Quellen der Zeitgeschichte*. Göttingen: Vandenhoeck & Ruprecht, S. 97-113.

Finger, Jürgen; Keller, Sven (2009): »Täter und Opfer – Gedanken zu Quellenkritik und Aussagekontext«, in: Jürgen Finger (Hg.): *Vom Recht zur Geschichte. Akten aus NS-Prozessen als Quellen der Zeitgeschichte*. Göttingen: Vandenhoeck & Ruprecht, S. 114-131.

Follath, Erich (2009): »Holocaust als Karriere. Völkermord: ›Duch‹, Eichmann und die Banalität des Bösen«, *Der Spiegel*, 14. 12. 2009, S. 114-116.

Forster, Iris (2009): *Euphemistische Sprache im Nationalsozialismus*. Bremen: Hempen.

Fraenkel, Ernst (1941): *The Dual State. A Contribution to the Theory of Dictatorship*. New York, Oxford: Oxford University Press. 〔中道寿一訳『二重国家』ミネルヴァ書房、1994 年〕

—— (1974): *Der Doppelstaat*. Frankfurt/M.: EVA.

Frank, Jerome D. (1944): »Experimental Study of Personal Pressures and Resistance«, *Journal of General Psychology*, Jg. 30, S. 23-64.

Freeman, Michael (1995): »Genocide, Civilization and Modernity«, *British Journal of Sociology*, Jg. 46, S. 207-223.

Frei, Norbert (2007): *Der Führerstaat. Nationalsozialistische Herrschaft 1933 bis 1945*. München: dtv. 〔芝健介訳『総統国家——ナチスの支配 1933—1945 年』岩波書店、1994 年〕

Frei, Norbert (Hg.) (2007): *Martin Broszat, der »Staat Hitlers« und die Historisierung des Nationalsozialismus*. Göttingen: Walter de Gruyter.

Freudiger, Kerstin (2002): *Die juristische Aufarbeitung von NS-Verbrechen*. Tübingen: J.C.B. Mohr.

Friedlander, Henry (1995): *The Origins of Nazi Genocide. From Euthanasia to the Final Solution*. Chapel Hill: University of North Carolina Press.

Friedländer, Saul (1985): »Vom Antisemitismus zur Judenvernichtung. Eine historiographische Studie zur nationalsozialistischen Judenpolitik und Versuch einer Interpretation«, in: Eberhard Jäckel; Jürgen Rohwer (Hg.): *Der Mord an den Juden im Zweiten Weltkrieg*. Stuttgart: DVA, S. 18-60.

—— (1987): »Some Reflections on the Historicisation of National Socialism«, *Tel Aviver Jahrbuch für deutsche Geschichte*, Jg. 16, S. 310-324.

—— (1997): *Nazi Germany and the Jews. The Years of Persecution. 1933-1939*. New York:

Earl, Hilary Camille (2009): *The Nuremberg SS-Einsatzgruppen Trial, 1945-1958. Atrocity, Law, and History*. Cambridge: Cambridge University Press.

Eiber, Ludwig (1991): »›... ein bißchen Wahrheit‹. Briefe eines Bremer Kaufmanns von seinem Einsatz beim Reserve-Bataillon 105 in der Sowjetunion 1941«, *1999 Zeitschrift für Sozialgeschichte*, Jg. 5, S. 58-83.

Eisenstadt, Shmuel N. (1958): »Bureaucracy and Bureaucratization«, *Current Sociology*, Jg. 7, S. 99-164.

Eisner, Manuel (2009): »The Use of Violence. An Examination of Some Cross-Cutting Issues«, *International Journal of Conflict and Violence*, Jg. 3, S. 40-59.

Eley, Geoff (Hg.) (2000): *The »Goldhagen Effect«. History Memory Nazism– Facing the German Past*. Ann Arbor: University of Michigan Press.

Elias, Norbert (1981): »Zivilisation und Gewalt. Über das Staatsmonopol der körperlichen Gewalt und seine Durchbrechungen«, in: Joachim Matthes (Hg.): *Lebenswelt und soziale Probleme. Verhandlungen des 20. deutschen Soziologentages in Bremen 1980*. Frankfurt/M., New York: Campus, S. 98-122.

Elsässer, Jürgen; Markovits, Andrej S. (Hg.) (1999): *»Die Fratze der eigenen Geschichte«. Von der Goldhagen-Debatte zum Jugoslawien-Krieg*. Berlin: Elefanten Press.

Erdmann, Karl Dietrich (1975): »›Lebensunwertes Leben‹«, *Geschichte in Wissenschaft und Unterricht*, Jg. 26, S. 215-225.

Eschebach, Insa (1995): »›Ich bin unschuldig‹. Der Rostocker Ravensbrück-Prozeß 1966«, *Werkstattgeschichte*, Jg. 12, S. 65-70.

Etzioni, Amitai (1975): *A Comparative Analysis of Complex Organizations. On Power, Inolvement, and Their Correlates*. New York: Free Press.〔綿貫譲治監訳『組織の社会学的分析』培風館、1966 年〕

Evans, Richard J. (2006): *Das Dritte Reich. Band II/1 Diktatur*. München: DVA.

—— (2009): *Das Dritte Reich. Band III, Krieg*. München: DVA.

Falter, Jürgen W. (1991): *Hitlers Wähler*. München: C.H. Beck.

Fangmann, Helmut D. (1984): »Faschistische Polizeirechtslehre«, in: Udo Reifner; Bernd-Rüdeger Sonnen (Hg.): *Strafjustiz und Polizei im Dritten Reich*. Frankfurt/M., New York: Campus, S. 173-207.

Fechner, Eberhard (1983): *Der Prozess. Eine Darstellung des sogenannten »Majdanek-Verfahrens« gegen Angehörige des Konzentrationslagers Lublin/Majdanek in Düsseldorf von 1975 bis 1981*. Hamburg: NDR.

Fein, Helen (1979): *Accounting for Genocide. National Responses and Jewish Victimization during the Holocaust*. New York: The Free Press.

Feldman, Gerald D.; Seibel, Wolfgang (2005): »The Holocaust as Division-of-Labor-Based Crime

1945. Cambridge: Cambridge University Press.
Della Porta, Donatella (1998): *Policing Protest. The Control of Mass Demonstrations in Western Democracies*. Minneapolis: University of Minnesota Press.
Deutscher, Isaac (1982): *The Non-Jewish Jew and other Essays*. Boston: Alyson. 〔鈴木一郎訳『非ユダヤ的ユダヤ人』岩波新書、1970 年〕
Dierl, Florian (2001): »Das Hauptamt Ordnungspolizei 1936 bis 1945«, in: Alfons Kenkmann; Christoph Spieker (Hg.): *Im Auftrag. Polizei, Verwaltung und Verantwortung*. Essen: Klartext, S. 159-175.
Dietrich, Otto (1940): *Auf den Straßen des Sieges. Erlebnisse mit dem Führer in Polen*. München: Zentralverlag der NSDAP Franz Eher.
Diner, Dan (1991): »Historisierung und Rationalität«, in: Hans-Uwe Otto; Heinz Sünker (Hg.): *Politische Formierung und soziale Erziehung im Nationalsozialismus*. Frankfurt/M.: Suhrkamp, S. 9-17.
Dipper, Christof (1998): »Warum werden deutsche Historiker nicht gelesen. Anmerkungen zur Goldhagen-Debatte«, in: Johannes Heil; Rainer Erb (Hg.): *Geschichtswissenschaft und Öffentlichkeit. Der Streit um Daniel Goldhagen*. Frankfurt/M.: S. Fischer, S. 93-109.
Doebel, Günter (2005): *»So etwas wie Weltuntergang«. Kriegstagebücher eines Polizeioffiziers 1939-1945*. Mainz: C.P.-Verlag.
Dokumentationszentrum der staatlichen Archivverwaltung der DDR (Hg.) (1963): *Braunbuch Kriegs- und Naziverbrecher in der Bundesrepublik*. Berlin: Staatsverlag der Deutschen Demokratischen Republik.
Dombrowski, Hanns (Hg.) (1940): *Kriegsstrafrecht*. Berlin: Franz Vahlen.
Dörken, Georg; Scherer, Werner (1942): *Das Militärstrafgesetzbuch und die Kriegssonderstrafrechtsordnung mit Erläuterungen*. Berlin: Vandenhoeck & Ruprecht.
Dostert, Paul (2000): »Die Luxemburger im Reserve-Polizei-Bataillon 101 und der Judenmord in Polen«, *Hémecht*, Jg. 552, S. 81-99.
Dreßen, Willi (1994): »Probleme und Erfahrungen der Ermittler bei der Aufklärung von NS-Gewaltverbrechen«, *Archiv für Polizeigeschichte*, Jg. 5, S. 75-83.
Drews, Bill (1929): *Preußisches Polizeirecht. Ein Leitfaden für Verwaltungsbeamte*. Berlin: Heymann.
Du Gay, Paul (2000): *In Praise of Bureaucracy*. London: Sage.
Durkheim, Émile (1975): »Débat sur l'explication en histoire et en sociologie«, in: Émile Durkheim: *Textes*. Paris: Minuit, S. 199-217.
Duster, Troy (1971): »Conditions for Guilt Free Massacre«, in: Nevitt Sanford; Craig Comstock (Hg.): *Sanctions for Evil*. San Francisco: Jossey-Bass, S. 25-36.
—— (1973): »Bedingungen für Massenmord ohne Schuldgefühl«, in: Heinz Steinert (Hg.): *Symbolische Interaktion*. Stuttgart: Klett-Cotta, S. 76-87.
Dyer, Gwynne (1985): *War*. New York: Crown.

SS und die Judenvernichtung 1939-1945. Darmstadt: Wissenschaftliche Buchgesellschaft.

Curilla, Wolfgang (2006): *Die deutsche Ordnungspolizei und der Holocaust im Baltikum und in Weißrussland*. Paderborn: Schöningh.

—— (2011): *Der Judenmord in Polen und die deutsche Ordnungspolizei. 1939-1945*. Paderborn: Schöningh.

Dabrowska, Danuta; Wein, Abraham (1976): *Pinkas Hakehillot. Encyclopedia of Jewish Communities, Poland. Band 1*. Jerusalem: Yad Vashem.

Dalton, Melville (1959): *Men Who Manage*. New York: Wiley.〔高橋達男、栗山盛彦訳『伝統的管理論の終焉』産業能率短期大学出版部、1969 年〕

Dammann, Klaus (2002): *Garbage Can Decision Processes? A Sociological Redescription of the Functionalist Research Programme in Shoah Historiography*. Bielefeld: Unveröff. Ms.

—— (2007): *Genocide, Individuals and Organization: Choice, Actions and Consequences for Contemporary Contexts*. Bielefeld: Unveröff. Ms.

—— (2010): »Verwaltungsmenschen beim Verwaltungsselbstmord. Grunows und Luhmanns Personaltheorie in der Genozidforschung«, in: Heinz-Jürgen Dahme; Norbert Wohlfahrt (Hg.): *Systemanalyse als politische Reformstrategie*. Wiesbaden: VS-Verlag für Sozialwissenschaften, S. 196-211.

Dank, Barry M. (1979): »Review of On the Edge of Destruction by Celia S. Heller«, *Contemporary Sociology*, Jg. 8, S. 129-130.

Danner, Lothar (1958): *Ordnungspolizei Hamburg. Betrachtungen zu ihrer Geschichte 1918-1933*. Hamburg: Verlag Deutsche Polizei.

Dawidowicz, Lucy (1981): *The Holocaust and the Historians*. Cambridge, Mass.: Harvard University Press.

Deák, István (1997): »Holocaust Views. The Goldhagen Controversy in Retrospect«, *Central European History*, Jg. 30, S. 295-307.

Dean, Martin C. (2004): »Local Collaboration in the Holocaust in Eastern Europe«, in: Dan Stone (Hg.): *The Historiography of the Holocaust*. Houndmills, New York: Palgrave Macmillan, S. 120-140.

—— (2005): »Seizure of Jewish Property and Inter-Agency Rivalry in the Reich and in the Occupied Soviet Territories«, in: Gerald D. Feldman; Wolfgang Seibel (Hg.): *Networks of Nazi Persecution. Bureaucracy, Business, and the Organization of the Holocaust*. New York: Berghahn, S. 88-102.

—— (2007): »The Seizure of Jewish Property in Europe: Comparative Aspects of Nazi Methods and Local Responses«, in: Martin C. Dean; Constantin Goschler; Philipp Ther (Hg.): *Robbery and Restitution. The Conflict over Jewish Property in Europe*. New York: Berghahn, S. 21-32.

—— (2008): *Robbing the Jews. The Confiscation of Jewish Property in the Holocaust, 1933-*

historischer Sozialisationsforschung«, *Sozialund Zeitgeschichte des Sports*, Jg. 5, S. 7-29.

Cesarani, David (2004): *Adolf Eichmann. Bürokrat und Massenmörder*. Berlin: Propyläen.

—— (2012): »Review Thomas Kühne Belonging and Genocide«, *Central European History*, Jg. 45, S. 162-165.

Chalk, Frank Robert; Jonassohn, Kurt (1990): *The History and Sociology of Genocide. Analyses and Case Studies*. New Haven: Yale University Press.

Christ, Michaela (2011): *Die Dynamik des Tötens. Die Ermordung der Juden von Berditschew; Ukraine 1941-1944*. Frankfurt/M.: S. Fischer.

—— (2011): »Die Soziologie und das ›Dritte Reich‹. Weshalb Holocaust und Nationalsozialismus in der Soziologie ein Schattendasein führen«, *Soziologie*, Jg. 40, S. 407-431.

Christ, Michaela; Suderland, Maja (Hg.) (2014): *Soziologie und Nationalsozialismus. Positionen, Debatten, Perspektiven*. Berlin: Suhrkamp.

Coleman, James S. (1990): *Foundations of Social Theory*. Cambridge: Belknap Press.〔久慈利武監訳『社会理論の基礎』上・下、青木書店、2004 年〕

Collins, Randall (1981): »On the Microfoundations of Macrosociology«, *American Journal of Sociology*, Jg. 86, S. 984-1014.

—— (2009): »Micro and Macro Causes of Violence«, *International Journal of Conflict and Violence*, Jg. 3, S. 9-22.

—— (2009): »The Micro-Sociology of Violence«, *The British Journal of Sociology*, Jg. 60, S. 566-576.

—— (2011): *Dynamik der Gewalt. Eine mikrosoziologische Theorie*. Hamburg: Hamburger Edition.

—— (2011): »The Invention and Diffusion of Social Techniques of Violence. How Micro-Sociology Can Explain Historical Trends«, *Sociologica*, Jg. 2, S. 1-10.

—— (2013): »Entering and Leaving the Tunnel of Violence. Micro-Sociological Dynamics of Emotional Entrainment in Violent Interactions«, *Current Sociology*, Jg. 61, S. 132-151.

Commons, John R. (1924): *Legal Foundation of Capitalism*. New York: Macmillan.〔新田隆信、中村一彦、志村治美訳『資本主義の法律的基礎』上、コロナ社、1964 年（第 5 章まで)〕

Cooney, Mark (2009): »The Scientific Significance of Collins' Violence«, *British Journal of Sociology*, Jg. 60, S. 586-595.

Coser, Lewis A. (1967): »Greedy Organizations«, *Europäisches Archiv für Soziologie*, Jg. 8, S. 198-215.

—— (1974): *Greedy Institutions. Patterns of Undivided Commitment*. New York: Free Press.

Crankshaw, Edward (1959): *Die Gestapo*. Berlin: Colloquium-Verlag.〔西城信訳『秘密警察　ゲシュタポ——ヒトラー帝国の兇手』図書出版社、1972 年〕

Cüppers, Martin (2005): *Wegbereiter der Shoah. Die Waffen-SS, der Kommandostab Reichsführer-*

Browning, Christopher R. (1992): *Ordinary Men. Reserve Police Battalion 101 and the Final Solution in Poland*. New York: HarperCollins.〔谷喬夫訳『増補　普通の人びと——ホロコーストと第 101 警察予備大隊』ちくま学芸文庫、2019 年〕
—— (1996): »Dämonisierung erklärt nichts«, in: Julius H. Schoeps (Hg.): *Ein Volk von Mördern? Die Dokumentation zur Goldhagen-Kontroverse um die Rolle der Deutschen im Holocaust*. Hamburg: Hoffmann & Campe, S. 118-124.
—— (1998): »Die Debatte über die Täter des Holocaust«, in: Ulrich Herbert (Hg.): *Nationalsozialistische Vernichtungspolitik 1939-1945. Neue Forschungen und Kontroversen*. Frankfurt/M.: S. Fischer, S. 148-169.
—— (1998): »Ordinary Germans or Ordinary Men? A Reply to Critics«, in: Michael Berenbaum; Abraham J. Peck (Hg.): *The Holocaust and History*. Bloomington: Indiana University Press, S. 252-265.
—— (2005): *Ganz normale Männer. Das Reserve-Polizeibataillon 101 und die »Endlösung« in Polen*. Reinbek: Rowohlt.
—— (2005): »Ideology, Culture, Situation, and Disposition. Holocaust Perpetrators and the Group Dynamic of Mass Killing«, in: Alfred B. Gottwaldt; Norbert Kampe; Peter Klein (Hg.): *NS-Gewaltherrschaft. Beiträge zur historischen Forschung und juristischen Aufarbeitung*. Berlin: Hentrich, S. 66-76.
—— (2006): »›Judenjagd‹. Die Schlußphase der ›Endlösung‹ in Polen«, in: Jürgen Matthäus; Klaus-Michael Mallmann (Hg.): *Deutsche, Juden, Völkermord. Der Holocaust als Geschichte und Gegenwart*. Darmstadt: Wissenschaftliche Buchgesellschaft, S. 177-189.
—— (2011): *Revisiting the Holocaust Perpetrators. Why Did They Kill?* The University of Vermont, The Raul Hilberg Memorial Lecture, 2011. Burlington: Unveröff. Ms.
Bruendel, Steffen (2003): *Volksgemeinschaft oder Volksstaat. Die »Ideen von 1914« und die Neuordnung Deutschlands im Ersten Weltkrieg*. Berlin: Akademie-Verlag.
Buchheim, Hans (1962): *Totalitäre Herrschaft*. München: Kösel.
Büchner, Stefanie (2009): *Das Reservepolizeibataillon 101 als totale Organisation? Versuch einer graduellen Reformulierung von Totalität*. Bielefeld: Working Paper Soziologische Analyse des Holocaust.
—— (2015): »Mythos Vera Wohlauf. Empörung und Ensemblebildung bei der Deportation von Międzyrzec Podlaski«, in: Alexander Gruber; Stefan Kühl (Hg.): *Soziologische Analysen des Holocaust. Jenseits der Debatte über »ganz normale Männer« und »ganz normale Deutsche«*. Wiesbaden: Springer VS-Verlag, S. 55-78.
Bundesarchiv Koblenz (1974): *Findbuch R 19 Chef der Ordnungspolizei (Hauptamt Ordnungspolizei)*. Koblenz: Bundesarchiv.

Cachay, Klaus (1991): »Sport und Sozialisation im Nationalsozialismus. Feldpostbriefe als Quelle

und Schlagwörter aus der Zeit des Nationalsozialismus. Straelen: Straelener Manuskripte Verlag.

Braham, John Randall Daniel (1961): *Night Fighter*. New York: Norton.

Braverman, Harry (1974): *Labor and Monopoly Capital. The Degradation of Work in the Twentieth Century*. New York, London: Monthly Review Press.〔富沢賢治訳『労働と独占資本——20 世紀における労働の衰退』岩波書店、1978 年〕

Brennan, Michael (2001): »Some Sociological Contemplations on Daniel J. Goldhagen's Hitler's Willing Executioners«, *Theory, Culture and Society*, Jg. 18, S. 83-109.

Breuer, Stefan (2012): *Carl Schmitt im Kontext. Intellektuellenpolitik in der Weimarer Republik*. Berlin: Akademie-Verlag.

Bröckling, Ulrich (1997): *Disziplin. Soziologie und Geschichte militärischer Gehorsamsproduktion*. München: Fink.

Brodeur, Jean-Paul (2003): *Les visages de la police. Pratiques et perceptions*. Montreal: Presses de l'Université de Montréal.

Brodkorb, Mathias (2011): »Habermas gegen Habermas verteidigen! Ein etwas anderes Vorwort«, in: Mathias Brodkorb (Hg.): *Singuläres Auschwitz? Erich Nolte, Jürgen Habermas und 25 Jahre »Historikerstreit«*. Banzkow: Adebor, S. 5-16.

Broom, Leonard; Selznick, Philip (Hg.) (1955): *Sociology. A Text with Adapted Readings*. Evanston, White Plains: Row, Peterson and Company.〔今田高俊監訳『社会学』ハーベスト社、1987 年〕

Broszat, Martin (1965): *Nationalsozialistische Polenpolitik, 1939-1945*. Frankfurt/M.: S. Fischer.

—— (1978): *Der Staat Hitlers*. München: dtv.

—— (1979): »Resistenz und Widerstand. Eine Zwischenbilanz des Forschungsprojektes«, in: Martin Broszat; Elke Fröhlich; Anton Grossmann (Hg.): *Bayern in der NS-Zeit. Band IV. Herrschaft und Gesellschaft im Konflikt*. München, Wien: Oldenbourg, S. 691-709.

—— (1985): »Plädoyer für eine Historisierung des Nationalsozialismus«, *Merkur*, Jg. 39, S. 373-385.

Broszat, Martin; Friedländer, Saul (1988): »Um die ›Historisierung im Nationalsozialismus‹. Ein Briefwechsel«, *Vierteljahrshefte für Zeitgeschichte*, Jg. 36, S. 339-372.

Broszat, Martin; Präg, Werner (1967): *Grundzüge der Besatzungspolitik und Judenverfolgung, der Verwaltung und Polizeiorganisation im Generalgouvernement. Mit besonderer Berücksichtigung des Distrikts Lublin und der Beteiligung der Ordnungspolizei*. München: Gutachten für die Staatsanwaltschaft bei dem Landgericht Amberg im Ermittulungsverfahren gegen Bruno Muttersbach.

Browder, George C. (1996): *Hitler's Enforcers. The Gestapo and the SS Security Service in the Nazi Revolution*. New York, Oxford: Oxford University Press.

—— (2003): »No Middle Ground for the Eichmann Männer?«, *Yad Vashem Studies*, Jg. 31, S. 403-424.

Comparative Perspective«, *Holocaust and Genocide Studies*, Jg. 22, S. 203-245.
—— (2009): *The Final Solution. A Genocide*. Oxford: Oxford University Press.
Bloxham, Donald; Moses, A. Dirk (2011): »Genocide and Ethnic Cleansing«, in: Donald Bloxham; Robert Gerwarth (Hg.): *Political Violence in Twentieth-Century Europe*. Cambridge: Cambridge University Press, S. 87-139.
Blum, Alan F.; McHugh, Peter (1971): »The Sociological Ascription of Motives«, *American Sociological Review*, Jg. 36, S. 98-109.
Blum, Mechtild; Storz, Wolfgang (1998): »Killing for Desire. Interview with Klaus Theweleit«, in: Robert R. Shandley (Hg.): *Unwilling Germans? The Goldhagen Debate*. Minneapolis, London: University of Minnesota Press, S. 211-216.
Blumenthal, Michael (2010): »Das war meine Rettung«, *Die Zeit*, 21. 10. 2010.
Boberach, Heinz (2003): »Überwachungs- und Stimmungsberichte als Quellen für die Einstellung der deutschen Bevölkerung zur Judenverfolgung«, in: Ursula Büttner (Hg.): *Die Deutschen und die Judenverfolgung im Dritten Reich*. Frankfurt/M.: S. Fischer, S. 47-68.
Bock, Gisela (1990): »Rassenpolitik, Medizin und Massenmord«, *Archiv für Sozialgeschichte*, Jg. 30, S. 423-453.
—— (1991): »Krankenmord, Judenmord und nationalsozialistische Rassenpolitik. Überlegungen zu einigen neueren Forschungshypothesen«, in: Frank Bajohr; Werner Johe; Uwe Lohalm (Hg.): *Zivilisation und Barbarei. Die widersprüchlichen Potentiale der Moderne. Detlev Peukert zum Gedenken*. Hamburg: Christians, S. 285-306.
—— (1997): »Ganz normale Frauen. Täter, Opfer, Mitläufer und Zuschauer im Nationalsozialismus«, in: Kirsten Heinsohn; Barbara Vogel; Ulrike Weckel (Hg.): *Zwischen Karriere und Verfolgung. Handlungsräume von Frauen im nationalsozialistischen Deutschland*. Frankfurt/M., New York: Campus, S. 245-277.
—— (2010): *Zwangssterilisation im Nationalsozialismus. Studien zur Rassenpolitik und Geschlechterpolitik*. Münster: Monsenstein und Vannerdat.
Boltanski, Luc (1976): »Die soziale Verwendung des Körpers«, in: Dieter Kamper; Volker Rittner (Hg.): *Zur Geschichte des Körpers*. München: Hanser, S. 138-183.
Bonacker, Thorsten (2002): »Zuschreibungen der Gewalt. Zur Sinnförmigkeit interaktiver, organisierter und gesellschaftlicher Gewalt«, *Soziale Welt*, Jg. 53, S. 31-48.
Borgatta, Edgar F. (1960): »Small Group Research«, *Current Sociology*, Jg. 9, S. 173-270.
Bosetzky, Horst (1973): »Das ›Überleben‹ in Großorganisationen und der Prinz-von-Homburg-Effekt«, *Deutsche Verwaltungspraxis*, Jg. 29, S. 2-5.
Bourdieu, Pierre (1977): »Sur le pouvoir symbolique«, *Annales*, Jg. 3, S. 405-411.
—— (2014): *Über den Staat*. Berlin: Suhrkamp.
Bourke, Joanna (1999): *An Intimate History of Killing*. New York: Basic Books.
Brackmann, Karl Heinz; Birkenhauer, Renate (1988): *NS-Deutsch. Selbstverständliche Begriffe*

Anchor Books.〔山口節郎訳『現実の社会的構成――知識社会学論考』新曜社、2003 年〕
Bergmann, Werner (1998): »Im falschen System. Die Goldhagen Debatte in Wissenschaft und Öffentlichkeit«, in: Johannes Heil; Rainer Erb (Hg.): *Geschichtswissenschaft und Öffentlichkeit. Der Streit um Daniel Goldhagen*. Frankfurt/M.: S. Fischer, S. 131-147.
Best, Werner (1940): *Die Deutsche Polizei*. Darmstadt: L.C. Wittich Verlag.
Bettendorf, Gunnar (2008): »Das Reserve-Polizeibataillon 111 im Osteinsatz«, *Hannoversche Geschichtsblätter*, Jg. 62, S. 91-167.
Binding, Karl; Hoche, Alfred (2006): *Die Freigabe der Vernichtung lebensunwerten Lebens. Ihr Maß und ihre Form*. Berlin: BWV Berliner Wissenschaftsverlag.〔森下直貴、佐野誠訳『新版「生きるに値しない命」とは誰のことか――ナチス安楽死思想の原典からの考察』中央公論社、2020 年〕
Birn, Ruth Bettina (1986): *Die höheren SS- und Polizeiführer. Himmlers Vertreter im Reich und in den besetzten Gebieten*. Düsseldorf: Droste.
―― (1998): »Eine neue Sicht des Holocaust«, in: Norman G. Finkelstein; Ruth Bettina Birn (Hg.): *Eine Nation auf dem Prüfstand. Die Goldhagen-These und die historische Wahrheit*. Hildesheim: Claassen, S. 137-192.
Birn, Ruth Bettina; Rieß, Volker (1998): »Das Goldhagen-Phänomen oder fünfzig Jahre danach«, *Geschichte in Wissenschaft und Unterricht*, Jg. 49, S. 80-98.
Black, Edwin (2001): *IBM and the Holocaust. The Strategic Alliance between Nazi Germany and America's Most Powerful Corporation*. New York: Crown.〔宇京頼三監修、小川京子訳『IBM とホロコースト――ナチスと手を結んだ大企業』柏書房、2001 年〕
―― (2009): *Nazi Nexus. America's Corporate Connections to Hitler's Holocaust*. Washington, D.C.: Dialog Press.
Black, Peter R. (2004): »Die Trawniki-Männer und die Aktion Reinhard«, in: Bogdan Musial (Hg.): *»Aktion Reinhardt«. Der Völkermord an den Juden im Generalgouvernement 1941-1944*. Osnabrück: fibre, S. 309-352.
Blake, Joseph A. (1970): »The Organization as Instrument of Violence: The Military Case«, *The Sociological Quarterly*, Jg. 11, S. 331-350.
Blasius, Dirk (2001): *Carl Schmitt. Preußischer Staatsrat in Hitlers Reich*. Göttingen: Vandenhoeck & Ruprecht.
Blatman, Daniel (2011): *Die Todesmärsche 1944/45. Das letzte Kapitel des nationalsozialistischen Massenmords*. Reinbek: Rowohlt.
Blatt, Thomas Toivi (1997): *From the Ashes of Sobibor. A Story of Survival*. Evanston: Northwestern University Press.
―― (2000): *Nur die Schatten bleiben. Der Aufstand im Vernichtungslager Sobibor*. Berlin: Aufbau.
Bloxham, Donald (2008): »Organized Mass Murder: Structure, Participation, and Motivation in

—— (1990): »Is the Holocaust Explicable?«, *Holocaust and Genocide Studies*, Jg. 5, S. 145-156.

Baum, Gerhart (2007): »Dämonisierung des Terrors. Eine Antwort auf Jan Philipp Reemtsma«, *Die Zeit*, 15. 3. 2007.

Bauman, Zygmunt (1989): *Modernity and the Holocaust*. Ithaca: Cornell University Press.〔森田典正訳『近代とホロコースト（完全版)』ちくま学芸文庫、2021 年〕

—— (1992): *Dialektik der Ordnung. Die Moderne und der Holocaust*. Hamburg: EVA.

—— (1994): *Ist der Holocaust wiederholbar?* Wiesbaden: Polis Hessische Landeszentrale für politische Bildung.

—— (2002): »Die Pflicht, nicht zu vergessen – aber was?«, in: Aleida Assmann; Frank Hiddemann; Eckhard Schwarzenberger (Hg.): *Firma Topf & Söhne – Hersteller der Öfen für Auschwitz. Ein Fabrikgelände als Erinnerungsort?* Frankfurt/M., New York: Campus, S. 237-274.

Bavelas, Alex (1951): *Réseaux de communications au sein de groupes placés dans des conditions expérimentales de travail*. Paris: Cahiers de la Fondation nationale des sciences politiques.

Beck, Ulrich (1993): *Die Erfindung des Politischen*. Frankfurt/M.: Suhrkamp.

—— (1996): »Wie aus Nachbarn Juden werden. Zur politischen Konstruktion des Fremden in der reflexiven Moderne«, in: Max Miller; Hans-Georg Soeffner (Hg.): *Modernität und Barbarei. Soziologische Zeitdiagnose am Ende des 20. Jahrhunderts*. Frankfurt/M.: Suhrkamp, S. 318-343.

Becker, Howard S. (1963): *Outsiders. Studies in the Sociology of Deviance*. New York: Free Press.〔村上直之訳『完訳　アウトサイダーズ——ラベリング理論再考』現代人文社、2011 年〕

Behrend-Rosenfeld, Else R. (1968): *Lebenszeichen aus Piaski. Briefe Deportierter aus dem Distrikt Lublin 1940-1943*. München: Biederstein.

Benz, Wolfgang (Hg.) (1991): *Dimension des Völkermordes. Die Zahl der jüdischen Opfer des Nationalsozialismus*. München: dtv.

Berenstein, Tatjana (1957): *Widerstand und Vernichtung der jüdischen Bevölkerung im Distrikt Lublin*. Lublin: Bericht des jüdischen historischen Instituts Warschau, Januar-März 1957, Nr. 21.

Berg, Nicolas (2003): *Der Holocaust und die westdeutschen Historiker. Erforschung und Erinnerung*. Göttingen: Wallstein.

Bergen, Doris L. (2000): »Controversies about the Holocaust: Goldhagen, Arendt, and the Historians' Conflict«, in: Hartmut Lehmann (Hg.): *Historikerkontroversen*. Göttingen: Walter de Gruyter, S. 141-174.

—— (2010): »World Wars«, in: Peter Hayes; John K. Roth (Hg.): *The Oxford Handbook of Holocaust Studies*. Oxford, New York: Oxford University Press, S. 95-112.

Berger, Peter L.; Luckmann, Thomas (1966): *The Social Construction of Reality*. New York:

– *Politik. Korruption im neuzeitlichen Europa*. München: Oldenbourg, S. 231-248.

Bajohr, Frank; Wildt, Michael (Hg.) (2009): *Volksgemeinschaft. Neue Forschungen zur Gesellschaft des Nationalsozialismus*. Frankfurt/M.: S. Fischer.

Balcke, Jörg (2001): *Verantwortungsentlastung durch Organisation. Die »Inspektion der Konzentrationslager« und der KZ-Terror*. Tübingen: Edition Diskord.

Bandura, Albert (1999): »Moral Disengagement«, in: Israel W. Charny (Hg.): *Encyclopedia of Genocide*. Santa Barbara: ABC-CLIO, S. 415-418.

Barnard, Chester I. (1938): *The Functions of the Executive*. Cambridge, Mass.: Harvard University Press.〔山本安次郎、田杉競、飯野春樹訳『新訳　経営者の役割』ダイヤモンド社、1968年〕

Barnett, Victoria J. (1999): *Bystanders. Conscience and Complicity during the Holocaust*. Westport: Praeger.

Bar-On, Dan (2001): »The Bystander in Relation to the Victim and the Perpetrator. Today and During the Holocaust«, *Social Justice Research*, Jg. 14, S. 125-148.

Bartov, Omer (1985): *The Eastern Front, 1941-45. German Troops and the Barbarisation of Warfare*. Basingstoke: Macmillan.

—— (1986): »Indoctrination and Motivation in the Wehrmacht: The Importance of the Unquantifiable«, *The Journal of Strategic Studies*, Jg. 9, S. 16-34.

—— (1991): *Hitler's Army. Soldiers, Nazis, and War in the Third Reich*. Oxford, New York: Oxford University Press.

—— (1992): »The Conduct of War. Soldiers and the Barbarization of Warfare«, *Journal of Modern History*, Jg. 32, S. 32-45.

—— (1995): *Hitlers Wehrmacht. Soldaten, Fanatismus und die Brutalisierung des Krieges*. Reinbek: Rowohlt.

—— (1998): »Defining Enemies, Making Victims. Germans, Jews, and the Holocaust«, *American Historical Review*, Jg. 103, S. 771-816.

—— (2000): *Mirrors of Destruction*. Oxford, New York: Oxford University Press.

—— (2003): *Germany's War and the Holocaust*. Ithaca: Cornell University Press.

—— (2006): »The Bright Side. Review of Michael Mann«, *Journal of Genocide Research*, Jg. 8, S. 479-485.

Bašic, Natalija; Welzer, Harald (2000): »Die Bereitschaft zum Töten. Überlegungen zum Zusammenspiel von Sinn, Mord und Moral«, *Zeitschrift für Genozidforschung*, Jg. 1, S. 78-100.

Bauer, Fritz (1964): *Heute Abend im Keller Club des Hessischen Rundfunks*. Wiesbaden: Hessischer Rundfunk Radiosendung.

Bauer, Gerhard (1988): *Sprache und Sprachlosigkeit im »Dritten Reich«*. Köln: Bund.

Bauer, Yehuda (1984): »The Place of the Holocaust in Contemporary History«, *Studies in Contemporary Jewry*, Jg. 1, S. 201-224.

Ash, Mitchell G. (1997): »American and German Perspectives on the Goldhagen Debate. History, Identity, and the Media«, *Holocaust and Genocide Studies*, Jg. 11, S. 396-411.

Asher, Harvey (2001): »Ganz normale Täter. Variablen sozialpsychologischer Analysen«, *Zeitschrift für Genozidforschung*, Jg. 3, S. 81-115.

Augstein, Rudolf (1996): »Der Soziologe als Scharfrichter«, in: Julius H. Schoeps (Hg.): *Ein Volk von Mördern? Die Dokumentation zur Goldhagen-Kontroverse um die Rolle der Deutschen im Holocaust*. Hamburg: Hoffmann & Campe, S. 106-109.

—— (1996): »Der Soziologe als Scharfrichter«, *Der Spiegel*, 15. 4. 1996, S. 29-30.

Baberowski, Jörg; Doering-Manteuffel, Anselm (2006): *Ordnung durch Terror. Gewaltexzesse und Vernichtung im nationalsozialistischen und im stalinistischen Imperium*. Bonn: Dietz.

Bader, Kurt (1943): *Aufbau und Gliederung der Ordnungspolizei. Reichspolizeirecht – Sammlung reichsrechtlicher Polizeivorschriften*. Berlin: Verlag für Recht und Verwaltung.

Bahrdt, Hans Paul (1987): *Die Gesellschaft und ihre Soldaten. Zur Soziologie des Militärs*. München: C.H. Beck.

Bajohr, Frank (1995): »Hamburgs ›Führer‹. Zur Person und Tätigkeit des Hamburger NSDAP-Gauleiters Karl Kaufmann (1900-1969)«, in: Frank Bajohr; Joachim Szodrzynski (Hg.): *Hamburg in der NS-Zeit*. Hamburg: Ergebnisse-Verlag, S. 59-91.

—— (1997): *»Arisierung« in Hamburg*. Hamburg: Christians.

—— (1998): »The Beneficiaries of ›Aryanization‹«, *Yad Vashem Studies*, Jg. 26, S. 173-203.

—— (2001): *Parvenüs und Profiteure*. Frankfurt/M.: S. Fischer.

—— (2003): *»Unser Hotel ist judenfrei«. Bäder-Antisemitismus im 19. und 20. Jahrhundert*. Frankfurt/M.: S. Fischer.

—— (2004): »Über die Entwicklung eines schlechten Gewissens. Die deutsche Bevölkerung und die Deportationen 1941-1945«, in: Birthe Kundrus; Beate Meyer (Hg.): *Die Deportation der Juden aus Deutschland. Pläne – Praxis – Reaktionen; 1938-1945*. Göttingen: Wallstein, S. 180-195.

—— (2005): »The Holocaust and Corruption«, in: Gerald D. Feldman; Wolfgang Seibel (Hg.): *Networks of Nazi Persecution. Bureaucracy, Business, and the Organization of the Holocaust*. New York: Berghahn Books, S. 118-140.

—— (2006): »Die Deportation der Juden: Initiativen und Reaktionen aus Hamburg«, in: Beate Meyer (Hg.): *Die Verfolgung und Ermordung der Hamburger Juden 1933-1945. Geschichte, Zeugnis, Erinnerung*. Göttingen: Wallstein, S. 33-41.

—— (2007): »Aryanization and Restitution in Germany«, in: Martin C. Dean; Constantin Goschler; Philipp Ther (Hg.): *Robbery and Restitution. The Conflict over Jewish Property in Europe*. New York, Oxford: Berghahn, S. 33-52.

—— (2009): »Korruption in der NS-Zeit als Spiegel des nationalsozialistischen Herrschaftssystems«, in: Jens Ivo Engels; Andreas Fahrmeir; Alexander Nützenadel (Hg.): *Geld – Geschenke*

Landgericht 1965-1967«, in: Freia Anders; Hauke-Hendrik Kutscher; Katrin Stoll (Hg.): *Bialystok in Bielefeld. Nationalsozialistische Verbrechen vor dem Landgericht Bielefeld 1958 bis 1967*. Bielefeld: Verlag für Regionalgeschichte, S. 76-133.

Anderson, Robert T. (1965): »From Mafia to Cosa Nostra«, *American Journal of Sociology*, Jg. 7, S. 302-310.

Angermund, Ralph (1988): »Die geprellten ›Richterkönige‹. Zum Niedergang der Justiz im NS-Staat«, in: Hans Mommsen (Hg.): *Herrschaftsalltag im Dritten Reich. Studien und Texte*. Düsseldorf: Schwann, S. 304- 342.

—— (1990): *Deutsche Richterschaft 1919-1945. Krisenerfahrung, Illusion, politische Rechtsprechung*. Frankfurt/M.: S. Fischer.

Angrick, Andrej (2003): *Besatzungspolitik und Massenmord. Die Einsatzgruppe D in der südlichen Sowjetunion 1941-1943*. Hamburg: Hamburger Edition.

Angrick, Andrej; Voigt, Martina; Ammerschubert, Silke; Klein, Peter; Alheit, Christa; Tycher, Michael (1994): »›Da hätte man schon ein Tagebuch führen müssen‹. Das Polizeibataillon 322 und die Judenmorde im Bereich der Heeresgruppe Mitte während des Sommers und Herbstes 1941«, in: Helge Grabitz; Klaus Bästlein; Johannes Tuchel (Hg.): *Die Normalität des Verbrechens*. Berlin: Edition Hentrich, S. 325-385.

Apel, Linde (Hg.) (2009): *In den Tod geschickt. Die Deportationen von Juden, Roma und Sinti aus Hamburg 1940 bis 1945*. Berlin: Metropol.

Arad, Yitzhak (1987): *The Operation Reinhard Death Camps*. Bloomington: Indiana University Press.

—— (2001): »Plunder of Jewish Property in the Nazi Occupied Areas of the Sowjet Union«, *Yad Vashem Studies*, Jg. 29, S. 109-148.

Arendes, Cord (2012): *Zwischen Justiz und Tagespresse. »Durchschnittstäter« in regionalen NS-Verfahren*. Paderborn: Schöningh.

Arendt, Hannah (1970): *Macht und Gewalt*. München: Piper.〔山田正行訳『暴力について――共和国の危機』みすず書房、2000年〕

—— (1979): *The Origins of Totalitarianism*. London: Harcourt Brate.〔大久保和郎、大島通義、大島かおり訳『新版　全体主義の起原』全3冊、みすず書房、2017年〕

—— (1984): *Eichmann in Jerusalem. A Report on the Banality of Evil*. London: Penguin.〔大久保和郎訳『新版　エルサレムのアイヒマン――悪の陳腐さについての報告』みすず書房、2017年〕

—— (1986): *Elemente und Ursprünge totaler Herrschaft*. München: Piper.

—— (1989): *Nach Auschwitz. Essays & Kommentare*. Berlin: TIAMAT.

Arning, Matthias; Paasch, Rolf (1996): »Die provokanten Thesen des Mister Goldhagen«, *Frankfurter Rundschau*, 12. 4. 1996.

Artzt, Heinz (1979): *Mörder in Uniform. Organisationen, die zu Vollstreckern nationalsozialistischer Verbrechen wurden.* München: Kindler.

文献一覧

Absolon, Rudolf (Hg.) (1958): *Das Wehrmachtstrafrecht im 2. Weltkrieg. Sammlung der grundlegenden Gesetze, Verordnungen und Erlasse*. Kornelimünster: Bundesarchiv Zentralnachweisstelle.

Adler, H. G. (1955): *Theresienstadt 1941-1945*. Tübingen: J.C.B. Mohr.

Adorno, Theodor W. (1959): »Kultur und Cultur. Vortrag«, in: Hessische Hochschulwochen (Hg.): *Hessische Hochschulwochen für staatswissenschaftliche Fortbildungen, 29. Juni bis 19. Juli 1958*. Bad Homburg: o. Vlg., S. 246-259.

—— (1970): »Erziehung nach Auschwitz«, in: Theodor W. Adorno: *Erziehung zur Mündigkeit*. Frankfurt/M.: Suhrkamp, S. 92-109.

Agamben, Giorgio (2003): *Was von Auschwitz bleibt. Das Archiv und der Zeuge*. Frankfurt/M.: Suhrkamp.〔上村忠男、廣石正和訳『アウシュヴィッツの残りのもの――アルシーヴと証人』(新装版)、月曜社、2022 年〕

Aglietta, Michel (1976): *Régulation et crises du capitalisme*. Paris: Calmann-Lévy.〔若森章孝他訳『資本主義のレギュラシオン理論――政治経済学の革新』(増補新版)、大村書店、2000 年〕

Alexander, Jeffrey C. (2003): »On the Social Construction of Moral Universals«, in: Jeffrey C. Alexander: *The Meaning of Social Life. A Cultural Sociology*. Oxford: Oxford University Press, S. 27-84.

Allen, Michael Thad (2002): *The Business of Genocide. The SS, Slave Labor, and the Concentration Camps*. Chapel Hill, London: University of North Carolina Press.

—— (2005): »Grey-Collar Worker. Organisation Theory in Holocaust Studies«, *Holocaust Studies*, Jg. 11, S. 27-54.

Allert, Tilman (2005): *Der deutsche Gruß. Geschichte einer unheilvollen Geste*. Frankfurt/M.: Eichborn.

Aly, Götz (2003): *Rasse und Klasse. Nachforschungen zum deutschen Wesen*. Frankfurt/M.: S. Fischer.

—— (2005): *Hitlers Volksstaat. Raub, Rassenkrieg und nationaler Sozialismus*. Frankfurt/M.: S. Fischer.〔芝健介訳『ヒトラーの国民国家――強奪・人種戦争・国民的社会主義』岩波書店、2012 年〕

—— (Hg.) (2006): *Volkes Stimme. Skepsis und Führervertrauen im Nationalsozialismus*. Frankfurt/M.: S. Fischer.

Aly, Götz; Heim, Susanne (2013): *Vordenker der Vernichtung. Auschwitz und die deutschen Pläne für eine neue europäische Ordnung*. Frankfurt/M.: S. Fischer.

Anders, Freia; Kutscher, Hauke-Hendrik (2003): »Der Bialystok-Prozess vor dem Bielefelder

ヤ　行

ラ　行

ワ　行

マ　行

ハ 行

ナ　行

タ　行

サ　行

事項索引

ワ 行

マ 行

ヤ 行

ラ 行

タ　行

ナ　行

ハ　行

サ　行

人名索引

ア 行

カ 行

著者紹介

シュテファン・キュール（Stefan Kühl）

1966年生まれ。ビーレフェルト大学などで社会学、歴史学、経済学を学び、社会学と経済学の博士号、社会学の教授資格を取得。ハンブルク連邦軍大学社会学部教授などを経て、2007年よりビーレフェルト大学社会学部教授。専門は社会理論、組織社会学、相互行為社会学、産業・労働社会学、職業社会学、科学史。著書に *The Nazi Connection. Eugenics, American Racism and German National Socialism* (Oxford University Press, 1994)〔麻生九美訳『ナチ・コネクション——アメリカの優生学とナチ優生思想』（明石書店、1999年）〕、*Wenn die Affen den Zoo regieren. Die Tücken der flachen Hierarchien* (Campus Verlag, 1998)、*For the Betterment of the Race. The Rise and Fall of the International Movement for Eugenics and Racial Hygiene* (Palgrave Macmillan, 2013)、*Organizations. A Systems Approach* (Routledge, 2017)、*Brauchbare Illegalität. Vom Nutzen des Regelbruchs in Organisationen* (Campus Verlag, 2022) などがある。

訳者紹介

田野大輔（たの　だいすけ）

1970年生まれ。京都大学大学院文学研究科博士後期課程研究指導認定退学。京都大学博士（文学）。現在、甲南大学文学部教授。専門は歴史社会学、ドイツ現代史。著書に『魅惑する帝国——政治の美学化とナチズム』（名古屋大学出版会、2007年）、『ファシズムの教室——なぜ集団は暴走するのか』（大月書店、2020年）、『検証　ナチスは「良いこと」もしたのか？』（共著、岩波ブックレット、2023年）、『〈悪の凡庸さ〉を問い直す』（共編著、大月書店、2023年）、『愛と欲望のナチズム』（講談社学術文庫、2024年）などがある。

JIMBUN SHOIN Printed in Japan
ISBN978-4-409-24169-1 C3036

普通の組織
――ホロコーストの社会学

二〇二五年四月二〇日　初版第一刷印刷
二〇二五年四月三〇日　初版第一刷発行

著　者　シュテファン・キュール
訳　者　田野大輔

発行者　渡辺博史
発行所　人文書院
〒六一二-八四四七
京都市伏見区竹田西内畑町九
電話〇七五（六〇三）一三四四
振替〇一〇〇〇-八-一一〇三

装丁　間村俊一
印刷・製本　モリモト印刷株式会社

http://www.jimbunshoin.co.jp/